本书为黑龙江省艺术科学规划课题重点项目——
黑龙江省普通高中美术学科的课堂构建与教学实践
（立项编号　2018A021）课题的研究成果

中国传统美术文化与高中美术教育

张淞强　刘学明 ◇ 主编

吉林出版集团股份有限公司

图书在版编目（CIP）数据

中国传统美术文化与高中美术教育 / 张淞强 , 刘学明主编 . — 长春 : 吉林出版集团股份有限公司 , 2020.5
　ISBN 978-7-5581-8459-8

　Ⅰ . ①中… Ⅱ . ①张… ②刘… Ⅲ . ①美术课—课堂教学—教学研究—高中 Ⅳ . ① G633.955.2

中国版本图书馆CIP数据核字(2020)第060068号

中国传统美术文化与高中美术教育

主　　编	张淞强　刘学明
责任编辑	齐　琳　白聪响
封面设计	邢海燕
开　　本	710mm×1000mm　1/16
字　　数	315千
印　　张	20.5
版　　次	2020年5月第1版
印　　次	2020年5月第1次印刷

出　　版	吉林出版集团股份有限公司
电　　话	总编办：010—63109269
	发行部：010—67482953
印　　刷	河北盛世彩捷印刷有限公司

ISBN 978-7-5581-8459-8　　　　　定价：58.00元
版权所有　侵权必究

《中国传统美术文化与高中美术教育》

编委会

主　编：张淞强　刘学明

副主编：白凤娟　白凯丽　安云峰

前　言

文化是人类的宝贵财富，学校教育要培养和提高学生人文素养，以传播和发展人类文化。美术教育作为我国教育的重要组成部分，能很好地促进学生人文素养的提高和全面发展，美术已成为高中学生必修的课程之一，通过视觉角度和艺术在美术欣赏课程中的应用，帮助学生提高真善美的感受和鉴赏的能力。

高中美术教学具有突出的艺术性特点，对学生的审美能力等进行很好的培养，是高中教学体系中不可缺少的一部分，传统文化中包含的与美术教学相关的艺术性内容也是非常丰富的，但实际的美术教学中忽略了对中国传统文化的渗透，不利于美术教学的长远发展，高中美术教学与中国传统文化相互结合意义重大，有利于高中美术教学的改革进步。

在高中美术教育中，我们应树立保护和传承优秀传统美术文化的意识。丰富的传统美术资源为高中美术教育教学的发展提供了素材。深入认识和学习传统美术，能激发学生主动学习美术的兴趣，使其实践能力得以提升，促进美术教学目标的实现。

本书以在高中美术教育中加强传统美术文化为研究基础，力从基层美术教育课堂发现问题，解决身边最常见、最普通的美术学习问题，从身边的社会文化素质中得到启发，利用人文教育等美术教育的点滴进行贯穿，从我国应试教育着手，在了解美术教学中存在的问题的基础上，提出在高中美术欣赏教学中加强和实现传统美术文化传播的应用策略。

本书研究的目的是希望通过对传统美术教学的探索和研究，为高中美术教师提供更为丰富的教学思路，更好地传承和发扬中华传统文化的目的。

在本书的编写过程中，我们参阅了相关的书籍及专家学者的研究成果，得到了很大的启示，在此表示感谢！第一主编张淞强（黑龙江教师发展学院）编写第二章、四章、七章，共计15.2万字；第二主编刘学明（佳木斯市教育研究院）编写第一章、三章，共计5.3万字；第一副主编白凤娟（哈尔滨市第五十八中学）

编写第五章，共计3.3万字；第二副主编白凯丽（佳木斯市第二中学）编写第六章（第一节、第二节、第三节、第四节），共计3.1万字；第三副主编安云峰（大庆市第二十三中学）编写第六章（第五节、第六节），第八章，共计3.1万字；书中仍存在许多不足，敬请读者提出宝贵意见，谢谢！

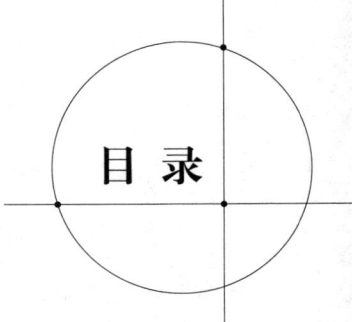

目 录

上篇　中国传统美术文化

第一章　中国美术历史进程 2
- 第一节　先秦美术 3
- 第二节　秦汉美术 7
- 第三节　魏晋南北朝美术 11
- 第四节　隋唐时期美术 14
- 第五节　五代两宋美术 20
- 第六节　元代美术 25
- 第七节　明清美术 30
- 第八节　近代美术 36

第二章　中国传统美术 40
- 第一节　民间美术的生活功能 41
- 第二节　民间美术的文化功能 47
- 第三节　民间美术的审美系统 54

第四节　中国绘画的系统化 ⋯⋯⋯⋯⋯⋯⋯⋯⋯⋯⋯⋯⋯⋯⋯⋯⋯ 61

   第五节　中国绘画的艺术特征及美学传统 ⋯⋯⋯⋯⋯⋯⋯⋯⋯⋯ 69

   第六节　陶瓷文化的概念与特征 ⋯⋯⋯⋯⋯⋯⋯⋯⋯⋯⋯⋯⋯⋯ 78

   第七节　瓷画艺术的探索 ⋯⋯⋯⋯⋯⋯⋯⋯⋯⋯⋯⋯⋯⋯⋯⋯⋯ 84

第三章　中国传统美术教育思想 ⋯⋯⋯⋯⋯⋯⋯⋯⋯⋯⋯⋯⋯⋯⋯⋯ 91

   第一节　中国传统美术教育概观 ⋯⋯⋯⋯⋯⋯⋯⋯⋯⋯⋯⋯⋯⋯ 92

   第二节　中国传统美术教育思想 ⋯⋯⋯⋯⋯⋯⋯⋯⋯⋯⋯⋯⋯⋯ 99

   第三节　中国传统美术教育思想的现代价值 ⋯⋯⋯⋯⋯⋯⋯⋯⋯ 104

   第四节　中国传统美术教育思想的实际应用 ⋯⋯⋯⋯⋯⋯⋯⋯⋯ 109

   第五节　中国美术教育的展望 ⋯⋯⋯⋯⋯⋯⋯⋯⋯⋯⋯⋯⋯⋯⋯ 119

中篇　高中美术教育

第四章　现代美术教育思考 ⋯⋯⋯⋯⋯⋯⋯⋯⋯⋯⋯⋯⋯⋯⋯⋯⋯⋯ 124

   第一节　现代视域下美术教育概述 ⋯⋯⋯⋯⋯⋯⋯⋯⋯⋯⋯⋯⋯ 125

   第二节　美术教育的功能与目的 ⋯⋯⋯⋯⋯⋯⋯⋯⋯⋯⋯⋯⋯⋯ 141

   第三节　当代美学艺术与学校美术教育 ⋯⋯⋯⋯⋯⋯⋯⋯⋯⋯⋯ 151

   第四节　美术创作中的艺术教学 ⋯⋯⋯⋯⋯⋯⋯⋯⋯⋯⋯⋯⋯⋯ 171

   第五节　美术教育资源的开发与利用 ⋯⋯⋯⋯⋯⋯⋯⋯⋯⋯⋯⋯ 181

第五章　高中美术教学理论与方法 ⋯⋯⋯⋯⋯⋯⋯⋯⋯⋯⋯⋯⋯⋯⋯ 210

   第一节　高中美术课程与教材 ⋯⋯⋯⋯⋯⋯⋯⋯⋯⋯⋯⋯⋯⋯⋯ 211

   第二节　高中美术教学过程 ⋯⋯⋯⋯⋯⋯⋯⋯⋯⋯⋯⋯⋯⋯⋯⋯ 216

   第三节　高中美术鉴赏 ⋯⋯⋯⋯⋯⋯⋯⋯⋯⋯⋯⋯⋯⋯⋯⋯⋯⋯ 221

   第四节　高中绘画·雕塑 ⋯⋯⋯⋯⋯⋯⋯⋯⋯⋯⋯⋯⋯⋯⋯⋯⋯ 225

第五节　高中设计·工艺 228

　　第六节　高中书法·篆刻 232

第六章　高中美术教学中的问题与对策 237

　　第一节　普通高中美术课程新理念与教学反思 238

　　第二节　"美术鉴赏"系列审美素养的问题 250

　　第三节　"绘画·雕塑"系列基本技能的问题 262

　　第四节　"书法·篆刻"系列文化传承的问题 277

　　第五节　开启学生思维的文化性美术教学 287

　　第六节　将信息技术与美术教学完美融合 294

下篇　中国传统美术文化与高中美术教育整合

第七章　民间美术走进高中美术课堂 300

　　第一节　民间美术与高中美术 301

　　第二节　民间美术资源在高中美术教育中的运用 308

第八章　将中国传统美术文化渗透入高中美术教育 310

　　第一节　高中美术教学中渗透中国传统文化的意义与策略 311

　　第二节　从高中美术教学中传统文化的运用
　　　　　　看中国传统文化的继承与发展 314

参考文献 316

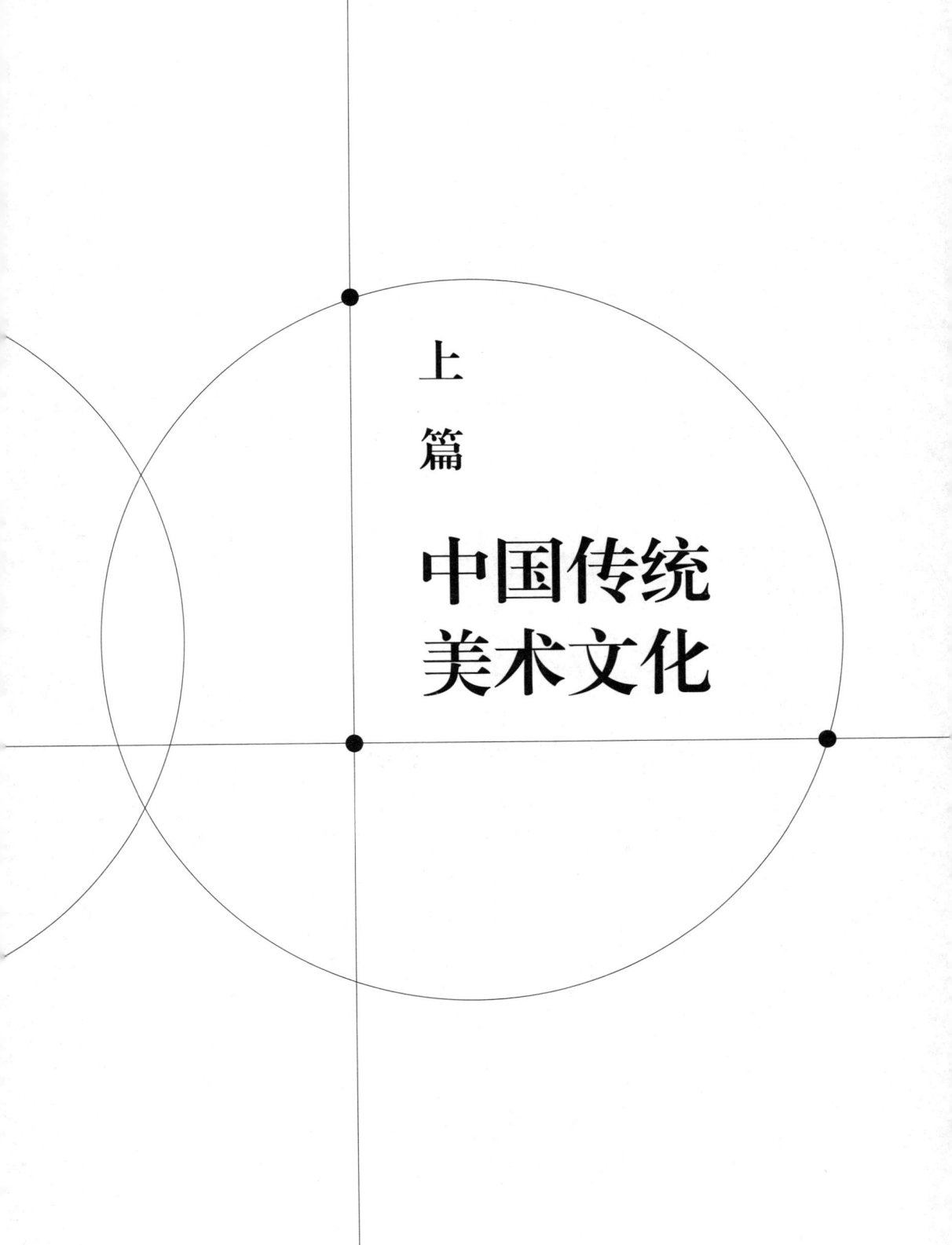

上篇

中国传统美术文化

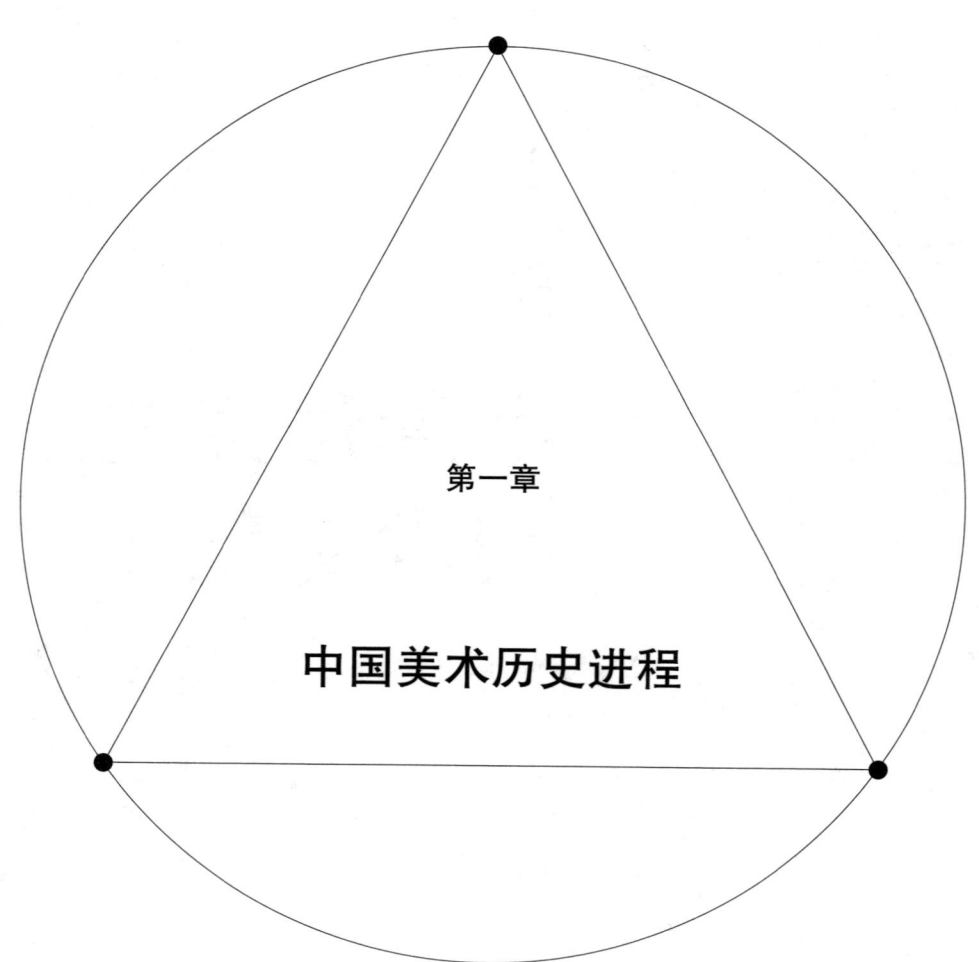

第一章

中国美术历史进程

第一节　先秦美术

一、绘画艺术

原始社会末期，绘画艺术已脱离器物装饰的地位开始独立存在了。夏商周三代的绘画实迹虽已不可详考，但商周时期就已出现壁画。

《周礼注疏》：周代曾设官执掌绘事，天子处理政务的明堂门上绘有猛虎，使人看后会慑服于最高统治者的权威。这种"虎门"上的画是壁画形式。西周还存在着重大历史题材的庙堂壁画。西周初年曾有"武王、成王伐商图及巡省东国图"的壁画创作。

春秋战国时期，壁画的创作昌盛，举凡公卿祠堂及贵族府第皆以壁画为饰。依据《楚辞·天问》提出的疑问，可知楚国庙堂壁画绘有神话传说、自然景象等浩繁的内容。

战国时期的绘画，见之于文献上的有关记载，常为画史所载的主要有《图书集成·艺术典》："齐起九重之台，国中有能画者则赐之钱……王以钱百万请妻，敬君惶怖许听。"说明了战国时的画工对人物形象的追忆表现能力达到了一定的水平。反映了当时画工地位过于低微，统治者可任意夺走他的妻子。这与当时百家争鸣，社会要求变革的风气是有联系的，因而"解衣盘礴"成为了文人画家要求解放个性的口头禅。

《韩非子·外储说》："客有为齐王画者，齐王问曰：'画孰最难者？'……夫犬马，人所知也，旦暮罄于前，不可类之……故易之也。"这是中国美术理论中最早提出绘画与现实关系的问题。这是朴素的唯物主义反映论。画犬马难、鬼魅易的理论对后世有很大影响。反映出在韩非子生活的时代，当时绘画题材的进一步扩大。《韩非子·外储说》："客有为周君画荚者……周君为之……万物之状备具。"韩非子认为，画荚与不画荚，从使用的角度看都是一样的。同时反映出这种画荚的表现方法，是采用了以色块组成画面的表现方法。我们认为传统绘画的特点是以线条为主，西方绘画以明暗为主。原始社会的绘画艺术中，没有这样明显的区别。

战国时期绘画，是从文献的角度来看的。从绘画实迹对美术进行观照，是从考古发现帛画开始的。

《龙凤人物图》的画面表现了长裙细腰的女子，两手向前作合掌状。郭沫若先生认为："画面中的龙即为夔，凤代表善灵，夔凤争斗的结果是凤得到了胜利。"画面表现善良女子，在幻想中祝祷经过斗争的生命的最终胜利。关于这幅帛画中的妇女形象，解释："巫女为墓中死者祝福；表现的是墓主人，正在祈祷飞腾的龙凤引导她升仙。"如果将这幅画与时代相去不远的马王堆出土的西汉帛画相比较，发现后一种解释更加合理，画面中表现的主人公形象是墓主人，性质是"引魂升天"的放蟠之物。从绘画的艺术性上看这幅画的造型，反映了崇尚的"楚王好细腰"的审美特点，整个画幅以墨线勾描为主，整幅帛画用色简单，在人物的嘴唇与衣袖上略施朱色。

《人物御龙图》反映的"御龙升天"的思想。古代神话中有许多类似的场景。这幅画的创作思想，是以这样的社会思想为基础，是我国绘画史上最早的浪漫主义表现形式。画面通过衣冠服饰来表现人物的身份，形象仪态肃穆，整个格调庄重而典雅。当时人物肖像画的杰出代表，造型与线条对魏晋人物画有着非常明显的影响。

《龙凤人物图》与《人物御龙图》在表现手法上既有一致，也有其相异的地方。画中人像具作正侧面，是人物画中线描肖像画早期阶段的特征，更容易掌握住对象的主要特征。女像较为古拙，装饰味强；男像线条较流畅，富有动感，作单线勾描。画中人物着彩，龙鹤及舆盖则基本上用白描。

《缯书》的缯是帛的总称。这件作品是以文字为主，墨书中间有朱书，笔画匀整。作品四周所画的神及草木的形象更值得珍视。图像以细线来描绘，四周画以树木，分青、赤、白、黑，每边还画有各种各样诡怪的形象，这大概与"一身三首"以及"三头民"有着联系。再联系韩非子所记载的鬼魅画，可以推断战国时代鬼神画是相当流行的，《缯书》从实物形态上提供了鬼神画的具体特征。

这些作品在用笔及设色等绘画创作实践上积累了经验，可以看到其用线描表现对象的能力已相当成熟。为后世传统绘画表现技法的发展奠定了基础，值得重视。

二、工艺美术

（一）陶瓷工艺

瓷器是中国文化的标志之一，于商代中期产生的。

陶与瓷相连属，但陶器与瓷器不同，区别：原料不同，陶器用普通黏土，而瓷器用高岭土；烧成温度不同，陶器在600~900℃，瓷器达1200℃以上，使得瓷器胎体烧结致密；陶器是素胎烧成，瓷器表面挂有人工配制的玻璃质釉。

商代的刻纹白陶以及商、周的青釉器皿，是两项突出成就。西周以后白陶衰落。

最早发现的瓷标本见于郑州二里岗商代文化层中，这时烧制的是青釉器皿。西周时期，青釉器有较大发展。

春秋战国的墓葬中，常以仿铜陶器随葬，沿袭了夏家店下层文化于陶器烧成之后加彩绘的传统。

（二）漆器工艺

商代漆器生产水平相当高，1973年，河北藁城台西商代墓葬发现几十片漆器残片，图案优美。

春秋战国时期，家具、乐器、兵器附件等，普遍器漆。旺盛的需求使漆器的生产成重要手工业。北方的山东沂水春秋墓等处所出漆器，属春秋早期，装饰纹样则基本沿袭了西周的青铜器纹饰。

出土的战国漆器出自南方的楚墓，数量丰富，造型新颖，彩绘纹饰精美华丽。战国至汉代的漆绘艺术的成就是在南方系统上发展起来的。

战国时期以实用功能为主的漆器在许多方面取代了青铜礼器，以青铜礼器象征统治者权势和地位的周代礼仪制度的解体和社会观念、伦理意识的抬头。变化在楚国表现得尤为鲜明。

（三）玉器艺术

史前玉雕：礼玉和饰玉。进入阶级社会以后，礼玉更受重视，成为礼制和最高伦理的载体。

夏代玉器，在河南偃师二里头遗址中不断获得形体长大的礼仪性玉器。随葬玉器数量日渐增多，江西新干大洋洲商墓中出土玉器达1072件，四川广汉三星堆的古蜀人祭祀坑中也发现了大量仪仗性玉器。

商代玉器还会运用"俏色"工艺和镂雕，是工艺美术史上的进步。

周代的礼玉趋于制度化，使用成组的葬玉，小型的供玩赏的玉雕和饰品有了新的变化。

（四）丝织工艺

我国新石器时代末期的丝绸纺织品。商周时代丝织工艺继续发展，商代已出现绮、纱、罗等品种。西周时期有了两色以上彩丝的提花技术。1982年发掘的江陵马山砖厂1号墓，打开了战国丝织品的宝库。

刺绣工艺在我国也有悠久的历史。江陵马山1号战国楚墓中所出土的绣品，不已经采用了满绣技法，代表刺绣工艺的成熟。

第二节 秦汉美术

一、工艺美术

秦汉时期的工艺美术,生产关系从奴隶制转变为封建制,汉代物质生活的普遍提高与生活的相对稳定,工艺品生产在制作水平上比以前都有了飞跃性的发展。体现在金属工艺、漆器与染织刺绣。

(一)金属工艺

秦汉两代以青铜为代表的金属工艺,铜镜和铜灯成为最重要的青铜实用工艺品,工艺发展到了新的高度。

秦代铜镜沿袭战国式样的仍用地纹,但其植物花纹与写实花鸟人物的应用日渐增多。西汉铜镜纹饰朴素而单纯,花草纹样的应用较为广泛。东汉花纹则异常复杂,神话与现实生活的题材更多,在雕刻方法上,风格写实但生动活泼。各地出土铜镜数量较多,秦汉铜镜多铸有铭文,通常以自夸性质与制作精良之类的话作为表饰。

秦代铜镜以武士刺客虎豹纹镜为代表,镜背中央有三弦纹的小钮,生动地再现了搏斗时的紧张气氛。

汉代金银错纹饰比战国更加繁富而生动,人物、动物纹饰的表现有了发展与普及。如河北定县出土的《金银错狩猎纹铜车饰》出现了象、熊、龟、龙、虎、狼、野牛、野猪、孔雀、獐等20多种动物,表现这么多的动物,在青铜纹饰中是少见的。

从战国晚期开始,贵族把灯具视为重要的案头实用雕塑品,至秦汉则得到了发展。最为突出的是河北满城窦绾墓出土的鎏金"长信宫灯",巧妙地将人物造型与通烟等实用性相结合。器具中捧灯之宫女作跪地侍奉状,人物形象及其性格特征极其鲜明。

（二）漆器

漆器的产生源远流长，新石器时代的河姆渡文化遗址中有所发现。瓜棱形的圈足木质漆碗，外表涂朱红色，经化学和光谱分析鉴定为生漆，这是我国迄今为止发现最早的漆器制品。战国时代，漆器已有了多种工艺表现方法，以"彩绘"的表现力最强。漆器上的彩绘多为平涂，后渐发展为多层次的变化。汉代的漆器制造业相对于战国时期有了更大的发展，最著名的产地是四川、湖南。

汉代漆器的内胎有用木雕等。装饰方法有彩绘、雕刻等，湖南长沙马王堆汉墓出土的漆器上的装饰画用的是平涂。

西汉漆器，以长沙马王堆1号汉墓出土的器皿为代表。色泽鲜丽而工艺精致，图绘非常精细。其中两具彩漆大棺，是现存最大的漆器。内棺以深漆为地，画有各种神仙怪物110多个。特别是堆纹线条的运用，强化了画面整体的云气流动感。

东汉的漆器，在古乐浪发现了不少，许多作品都注明了制作年代和作者姓名。

（三）染织刺绣

传说蚕丝是由黄帝的妃子螺祖所发明。在一定程度上说明了蚕丝在我国有着非常悠久的历史。良渚文化钱山漾出土的丝麻织品，是考古的重要发现之一，发现的丝织品有绢片、丝线等，纤维原料都属家蚕丝，是我国迄今发现的年代最早的丝织品实物之一。

河南信阳、湖南长沙等楚墓都发现有纺织物和刺绣，从长沙楚墓丝织物残片看，有回纹、梭子式的重菱纹，还有丝带上的十字锦纹，反映出纺织工艺技术的发展程度。

秦代的纺织遗物不多见，出土衣服可辨者有单、丝绵衣等，编织带的几何、动物花纹生动活泼而新颖华丽。

汉代是我国丝绸工艺发展的高峰，出土的和有关的文献记载来看，品种就有绢、锦、绣等。长沙马王堆一件素纱蝉衣，重仅49克，质轻而薄。起绒锦说明了在汉代初期，纺织工艺体系已近完成。刺绣法有"十字绣"、"平绣"等，其中以锁绣法最为常见，在武威、满城的汉代遗村中都有所发现。从画像砖石的图绘资料来看，织机已创造发明出了脚踏板，促进了汉代丝绸工艺的发展。

丝绸工艺的发达，促进了秦汉王朝对外的交流。汉武帝时，派张骞出使西域，形成了世界上最为著名的丝绸之路。丝绸之路东起中国长安，经甘肃到新疆，直到地中海东岸，长达几万里，对当时世界的经济文化交流起到了极大的推动作用。丝绸之路在历史上延续了十五六个世纪，至今沿途还遗留很多史迹与实物。

二、书法艺术

秦汉时期是中国书体变化最丰富，最复杂的时期。实行"书同文"前，七国文字有所异同，只有大篆这一种字体。大篆经过整理，成为小篆。这一时期，隶书得到广泛使用，草书应运而生。

秦汉时期出现了有名有姓的书法家，著名的有秦代的李斯、汉代的史游、张芝等。这还出现了书法实践总结的理论，在很多方面给予绘画理论以启示。

（一）秦代书法

秦始皇统一六国后，将原来六国的文字取而代之以小篆，在民间使用隶书。

用小篆作为文字的书法以秦刻石为代表，秦刻石是秦始皇统一六国后，在全国东巡时所刻于名山之上的石刻。小篆为秦国丞相李斯所书，与大篆相比，笔画简约，结体更为规矩典雅，提笔疾过，形似玉箸，又称玉箸篆。

秦代民间使用隶书，隶书将圆转的笔法改为方折的笔法，比篆书更为简化。隶书是快速篆书写法的变异。隶书始于战国时期，秦始皇统一文字后，获得了合法的地位。

（二）西汉书法

西汉流传下来的书迹石刻很少，流传下来的石刻，不是封山祭祀、歌功颂德的丰碑巨石。从作品的完整性和艺术性来看，《五凤刻石》笔法圆浑，较朴实；《莱子侯》笔势近方、朴中有妍，章法行距小于字距，几条直线也极有趣味。从以上西汉石刻来看，隶书的波挑还不明显。

草书是汉代新出现的书体。草书分为章草和今草，东晋为成熟期的今草阶段。文字应用量的增加和书写速度要求，草书应运而生，不久后就作为艺术形式进入了欣赏的领域。

（三）东汉书法

东汉是中国书法史上的辉煌时期。隶书取代篆书，成为日常使用的正统书体。隶书由秦历西汉至东汉，完全成熟，在汉碑中得到发展。篆书受到隶书的影响，产生了缪篆。隶书是汉代，是东汉书体轴心。

东汉隶书的成就体现在碑刻中，东汉刻碑之风兴盛的原因之一。碑刻的碑额用端庄高古的篆书来书写，碑文便于认读又不失稳重的隶书来写。

汉碑从形制上：碑刻和摩崖；笔法上：方笔为主，圆笔为辅，方圆兼具，方中寓圆。从艺术特点上：典雅，秀逸，拙朴，雄浑，纵肆，平正，古峭，奇谲。典雅类的有《华山庙碑》《乙瑛碑》；秀逸类的有《礼器碑》《孔宙碑》等；拙朴类的有《张迁碑》等；雄浑类的有《西狭颂》等。纵肆类的有《石门颂》等；平正类的有《嘉平石经》等；古峭类的有《褒斜道》等；奇谲类的有《夏承碑》等。

东汉隶书是一时之主流，其篆书与秦篆有很大的不同，东汉篆书受到隶法的影响——缪篆。缪篆在印章中使用。汉碑额、木简、帛书、刻碑中的篆书，很有特点。

第三节 魏晋南北朝美术

一、工艺美术

（一）丝织工艺

魏晋南北朝时期，织绣工艺相当发达，江南广陵、北方的定州和四川成都，是高级丝织物的中心。北魏太和年间，允许民间自由制造，使锦绣花饰按社会民间习俗自由发展，获得更宽泛的发展空间。

新疆吐鲁番阿司塔的古墓中，出土物之最早者有东晋升平八年的，是"绞缬"和"纬缬"染色技术的最早标本。敦煌莫高窟发现的北魏太和十一年的刺绣佛像，是精巧之作，虽是残片，内容尚可认出。绣品中部为一佛二菩萨的说法图，佛作双脚盘坐的结枷式于莲台上。绣品满地施绣，针势的走向、线条的运用等，无不与画面协调一致。特别是三晕的配色法，增强了形象的质感。

新疆巴楚的遗址，1959年发现相当于北朝中期的织花毛毯。花纹用通经断纬的织法纺出的，吐鲁番出土了腊缬毛织物和棉织物，显示当时我国西北地区传统的毛织物技术及印染技艺已达相当高的水平。

（二）瓷器与漆器

瓷器早在殷商时期就已经出现，至魏晋南北朝时，青瓷技术发展成熟，墓中殉葬品开始以瓷器来代替陶器。青瓷以浙江越窑质量最高，釉色均匀。器物类型鸡首壶、魂瓶等具有独特的时代特征，以魂瓶中的佛像最值得重视，是南方佛教艺术的实物遗存。莲花尊通体选取莲花为造型手段，厚重而饱满，光亮的釉色增加了器物的高雅。北齐墓出土的黄釉乐舞扁壶，壶体塑造出多人组成的胡人乐舞，生动再现了胡旋舞的风貌。

两晋南北朝漆器发现不多，却很有特色。北魏司马金龙墓出土彩绘漆屏风很少见，采用了勾描等手法绘制出的故事画。宁夏固原出土了北魏漆棺，绘满宴饮、孝子故事、游猎的图案，以代表北方漆工制作的工艺水平。漆器的发展主要表现在：夹纻造像的兴起。夹纻造像，又称干漆造像，今日脱胎像，佛教徒常在传教中使用，称之为"形像"；新发展出了绿沉色漆，绿沉色就是一种暗绿色；金玉镶嵌漆器得到了发展，有七宝镶嵌等区别。

二、书法艺术

魏晋南北朝时期，中国书法艺术进入了重要的发展阶段。书法上承秦篆汉隶，下启隋唐正楷，处于篆隶向楷书过渡。

这一时期涌现出一批著名的书家和优秀的书作。当时杰出的书法家被作为典范来尊崇学习，有着深远的影响；研究、著述较绘画方面更为活跃。著名的书家有钟繇，索靖和王羲之等；书论书评有卫铄的《笔阵图》、王羲之的《自论书》、王僧虔的《书赋》等。

（一）魏晋南北朝书法名家

三国时期著名书家钟繇是推进隶书向楷书的演变上最有影响的书家。钟繇工篆隶、行草，尤以楷书著名。钟繇的墨迹已无遗存，除后人摹本，主要见于刻帖《淳化阁帖》中的《宣示表》等。

索靖的草书被誉为"如飘风忽举，鸷鸟乍飞"。传世有《出师颂》《淳化阁帖》刻有《戴妖》等帖。《月仪帖》被认为是章草的重要代表作。

三国时期的其他书家，据史籍记载不少，如皇象、梁鹄等，但少有作品传世。

"二王"与东晋南朝书家；"二王"指东晋王羲之、王献之父子。陆机是著名文学家，擅长草书。《平复帖》由《宣和画谱》著录，多渴笔，为隶变草之初。

王羲之，字逸少，琅琊临沂人。他出身世族，官至右军将军，世称"王右军"。书法具有古质的风格，张怀瓘称——"耀文含质""动必中庸"。代表作品《兰亭序》，作于东晋永和九年，其文心和书艺，体现了晋人的风骨。章法上长短配合，深得似倚反正、若断还连之妙——天下第一行书。这奠定了妍美流变的新体行书风格，经后世千百年的发展而未有大变。章草产生于秦末汉初，盛行于两汉魏晋。汉末，章草脱去隶书笔画行迹，上下字之间笔势牵连相通，开始向今草演变。东晋"二王"奠定了今草的基础，王羲之父子在新书体所作的贡献是非常重要的，"二王"的书法代表了"晋人法度"，对中国书法发展产生了极其深远的影响。

在王羲之的周边，也有一大批重要的书家，以王献之最为突出。王献之字子敬，人称"王大令"。王献之传世墨迹有《鸭头丸帖》等。《鸭头丸帖》因起首"鸭头丸"三字而得名，内容与"问疾"之类相同，笔法圆润流畅。全篇一气旋折，体现了"小王"开朗多姿的书风。

南朝书法多受"二王"影响，南朝书家在"二王"的影响下，各有所长。

北朝书家北方崔、卢二家是世传书法名家。太武帝时的崔浩和孝文帝时的卢渊，是北朝最有影响的书法家。

北魏书家郑道昭也有作品流传。北周时庾信等文士将"二王"书风带到北方，进一步起到南北交流的作用。到隋唐时形成了统一的时代风格。

（二）魏晋南北朝石刻

三国石刻承东汉余绪，然立碑之风衰竭。曹操于建安十年，魏只有《上尊号奏》《孔羡碑》等流传，吴有《天发神谶碑》等遗存，蜀无石刻流传。

现存的两晋石刻均为隶书，是魏隶的延续。东晋石刻中，书体间于隶楷之间，楷书摆脱隶书影响，在《广武将军碑》和《爨宝子碑》中表现明显。《广武将军碑》虽隶书成分多，但作者似乎要摆脱正统隶书规矩。《爨宝子碑》碑文为六朝文体，仍存不少篆隶遗姿。

南北朝时期楷书从篆隶中摆脱出来，进入巩固阶段。南朝因袭晋制不准立碑，遗存较少，但仍有些佳品，如《暴龙颜碑》《吴郡造维卫尊佛记》等。北朝不禁碑，刻碑之风极盛，大量造像记，形式多样，书风各异。北朝碑刻重要者有《嵩高灵庙碑》等。《嵩高灵庙碑》为存世最早的北魏碑，此碑字体介乎隶、楷之间，风骨磊落。《张猛龙碑》方笔为立，结字茂密整练。在北朝石刻中"造像铭"占有相当的比重。

第四节　隋唐时期美术

一、绘画艺术

（一）人物画

隋唐绘画中以人物画和道释人物画为主流。隋代善画人物画的画家有田僧亮、郑法士、展子虔等。画家的绘画内容和风格沿袭前代而略增以自己的好尚。

隋代统一后，南朝和北朝的画家仍在继续创作，从"初董与展同召入隋室……后乃颇采其意"的记载来看，展子虔已负盛名。北宋末宫廷内尚收藏他19件作品，现仅存《游春图》。

他们的绘画题材以反映贵族生活为主，多是豪华的游宴等。艺术上继承了兴盛于齐梁时代的"细密精致而臻丽"的画风。画风是对魏晋遗风的沉淀，左右着隋代的南北画坛，阎立德、阎立本的画风是在这种风格上加以发展的。隋代绘画起着承先启后的作用。

随着封建经济的发展，唐代的人物画进入了黄金时期。阎立本、吴道子、周昉等都是人物画的代表画家，人物画艺术分别体现了初唐、盛唐、中晚唐的成就和审美特征。

1. 阎立本与尉迟乙僧画风

初唐画坛以阎立本的中原画风和尉迟乙僧的西域画风为代表，绘画代表着初唐美术的新水平。

阎立本，出身贵族。其父和其兄善画，均任职于朝廷。艺术上受家庭的影响不小。阎立本追随唐太宗李世民，绘画创作适应着唐初巩固政权的需要。他工于写真，取材多是贵族、官宦及宫廷历史事件。

《步辇图》以文成公主与吐蕃松赞干布联姻之事为背景，记录了这个历史性的场面。突出描绘人物而省略背景，勾线细劲坚实，设色浓重妍丽。

《职贡图》描绘了外国进贡队伍的场景，显示了政权强大、文化先进，是

"中国既安，四夷自服"的形象说明。

传为阎立本的《历代帝王图》反映初唐绘画艺术水平的极为重要的作品。描绘了从汉昭帝到隋炀帝及其侍从的形象。作者通过人物的不同相貌特征揭示内心世界、性格特征和政治作为。每个人物形象都包含着鲜明的褒贬态度，显示了对有建树的帝王的崇敬和对亡国之君的否定。

阎立本的艺术继承并发展了"以线描画""以形写神"的审美精神。用线遒劲坚实，用笔沉着清俊，精神刻画方面取得了重大成就。

尉迟乙僧，以擅画佛像和外国人物著称，因其独特风格和成就与阎立本齐名。继承了其父尉迟跋质那的西域画风，与传统画法迥然有别。他的技法特点是：用线"曲铁盘丝"，具有"身若出壁""逼之标标然"的立体效果。

初唐画坛兼容并蓄，流行着丰富多彩的不同风格，西域绘画风格让人耳目一新，使他与顾、陆、阎、吴齐名。他促进了中西艺术的交融，为发展、丰富民族传统绘画风格做出了贡献。

2. 吴道子及传派

贞观以后的八九十年间，中国美术史揭开了新的一页。很多卓有成就的画师以娴熟的技巧，创作了大量的宗教壁画。寺观壁画体现此时绘画水平的重要方面。吴道子是最杰出的画家，是古代最负盛名的画家之一——画圣。

吴道子，阳翟人，出身贫寒。早年浪迹洛阳，因绘制壁画而出名。"年未弱冠，穷丹青之妙"。后被唐玄宗授以"内教博士"的官职，画了表现玄宗宫廷生活的作品和壁画。

吴道子是精神充沛的画家。尤其在宗教画上有突出的成就，他一生作壁画三百多幅。《东观余论》著录的赵景公寺壁画《地狱变相图》，被评为"笔力劲怒，变状阴怪，睹之不觉毛戴"。说明他观察的敏锐、技巧的精湛，确有独到之处。吴道子的作品经著录的不少，今存流的作品仅有《鬼伯》《搜山图》《送子天王图》。

吴道子在用笔技法上，早年常摹顾恺之，行笔相当细密。中年以后，技法更具有豪放的特点，加强了物象的分量感和立体感，人物、衣袖、飘带具有迎风起舞的动势。他在设色上"傅采于焦墨痕中……谓之'吴装'"。吴道子的画以线条为主体，渗透着强烈的情感，使形象有立体感，提高了绘画艺术中诸种表现因素的统一度。他肯定和发扬了民族传统中具有特色和优秀的部分，又吸收外来的营养，使线条和色彩相互映衬。

吴道子的宗教图像样式——"吴家样"，是一种新兴的、更成熟的中国佛教美术的样式。"吴家祥"与"曹家样"的显著区别存在于绘画艺术中，因此，吴氏的风格被称为"吴装"。

吴道子的画风对宗教人物画有重大影响。北宋宗教画家高益、武宗元等都没有超出吴道子的范围。

3. 张萱、周昉与仕女画

仕女画在初唐时期已受到重视。执失奉节墓的舞蹈仕女人物，形象清秀，用笔简约奔放。《仕女乐舞屏风》体现了初唐仕女画的特色。《宫女图》描绘了宫女游憩苑囿的情景，充满闲适优雅的宫苑气息。经过初唐画家的不断探索，孕育出了张萱和周昉。

张萱，盛唐画家，曾为画直。开元时期创作臻于成熟。擅长人物画，尤擅仕女画，题材有贵公子、宫苑等。据载，他画贵族妇女"以朱色晕染耳根"，说明他对赋色和补景都很注意。妇女形象丰颊硕体，是盛唐以后仕女画的典型风格。

《捣练图》是妇女制作丝绢的劳动场面。12个人物，共分三组：起首是捣丝；理丝、缝合；把绢拉直、熨平。

张萱以王昌龄的《长信宫词》作画，描写宫廷被遗弃的冷落寂寞之情。它与周昉宫怨题材的绘画都具有重要的社会意义。

周昉，出生于"节度之后"，官至宣州长史，擅画贵族人物肖像及宗教壁画，尤以仕女画为突出。

周昉"初效张萱，后则小异，颇具风姿"。他笔下的仕女以关注贵妇为形象依据，体现了大官僚贵族的审美情趣。仕女具有"衣裳劲简，色彩柔丽"的特点。周昉通过画笔提示出人物的心理和性情。安史之乱后社会矛盾显露，文学作品中描写妇女不幸和苦闷的作品陆续出现。周昉对上层社会有较多的了解，妇女形象也由欢愉转向挖掘她们精神上的苦闷和空虚，反映生活的深度。

周昉现存的作品，有《簪花仕女图》《听琴图》等。《簪花仕女图》中，画家以极其细腻的画笔，塑造了宫中妇女的典型形象。面部的晕染，着力夸张肌肤的娇嫩丰肤；衣褶、薄纱的轻柔透亮，见形见质。"绮罗人物"在张首晕染基础上得到了发展。

4. 孙位及其《高逸图》

晚唐的贵族官僚和追求物质和精神的享受，在魏晋名流雅士的生活趣味中寻求精神的寄托。人物画在突出了对闲情逸致的游乐生活的表现。最具代表——孙位的《高逸图》。

孙位，唐僖宗时期的宫廷画家，为人旷达不羁，不拘礼法。当黄巢起义的大军逼近长安时,随同禧宗逃往四川。其画风对当时画坛影响不小。《高逸图》是孙位的代表作品。画卷呈现了4个隐士,描绘他们操琴、赏画、饮酒等清淡文人生活。人物服装是六朝规制。形象刻画上较《女史箴图》深入细腻而设色复杂凝净等,都是超越前人的。树石芭蕉又表现出了晚唐的特点。说明孙位是既有深厚传统基础,又富于创新精神的画家。

(二) 山水画

山水画在南北朝时所呈现的独立趋势。初、盛唐之际,山水画成独立画科。盛唐时,出现了画法工致和笔迹豪放等不同风格及流派。山水画形成了中国古代绘画独特的发展体系。

1. 展子虔、李思训的青山绿水

展子虔,更擅长山水画,传世作品《游春图》被认为是他的作品。画虽经唐、宋画家摹绘,仍可看出展子虔的画风和成就。

《游春图》画面取俯瞰式的构图,平远的河水,营造了"远近山川,咫尺千里"的效果。人物及画面呈现出的春天的气息,是在追求"画外有情"的艺术境界。反映出作者观察与认识自然景物的能力提高了。

唐代的李思训与李昭道父子,继承和发展了展子虔山水画艺术,形成了具有鲜明特色的青绿山水画派。

李思训,为唐朝宗室,史称大李将军。唐朝人推崇他的作品为"国朝山水第一"。《历代名画记》称其绘画为"其画山水树石……时睹神仙之事"。他对山水画的追求尚未脱离六朝以来求仙访道的范围。

《江帆楼阁图》被认为是李思训的作品,将这幅作品与《游春图》对比,看出在艺术上对展子虔青绿山水的继承与发展。作品明显追求着特定的季节效果,岸边林间的院落及悠闲人物的畅游获得了成功的表现。

李思训之子李昭道,同样以山水画创作享有盛名。在画山水楼阁上,设色用笔稍变其父法。传为李昭道的《明皇幸蜀图》表现的是唐明皇避难入蜀的故事。画面表现在崇山峻岭中,唐明皇及其随从路途跋涉的情景。

2. 王维、张璪的水墨山水

盛唐期间,山水画出现重大变革。

王维,著名诗人,是影响深远的山水画家。他一生居官慕隐,苏轼评价他的作品为"味摩诘之诗……画中有诗"。王维以诗入画,创造出简淡抒情的意境。他采用"破墨"山水的技法,发展了山水画的笔墨意境,把山水画艺术推向新的高度。

王维在中国山水画史上曾被推崇为"南宗"之祖。在于他在水墨技巧方面的开拓，重要的是他笃信佛学禅理，首创了"禅境"。画意境幽深富含天趣，在山水画中实现了"天人合一"的审美境界。

在水墨一派的山水画创作中卓有成就的还有张璪。张璪的作品多以水墨作山水松石，意趣追摹王维。"外师造化，中得心源"强调的是通过摹写传达人物的主观性情。

中晚唐较著名的水墨山水画家有王墨、项容等。他们为山水画的繁荣作出了贡献。王墨，是天宝年间活跃于江南一带的画家。个性豪爽嗜酒，在酣醉时乘兴挥毫。画出的山石、烟霞或者风雨之景，如自然生成一般——"王泼墨"。

唐代画家在山水画领域形成的风格面貌，在表现技巧上的不断探索，为晚唐五代山水画的成熟创造了条件。

二、陶瓷艺术

（一）隋代瓷器

隋代瓷器出土的地区相当广泛，以河南安阳为中心的关东地区，以山东济南为中心的黄河下游地区。南方出土有湖南、江西、安徽、广东等省区。隋时瓷器品种增加，器形多样。

隋代瓷罐类器形较秀气，为短颈、直口，腹部、中部有粗壮的宽棱，明显地分为两部分。下部较上部为长；隋代瓷瓶、尊、壶等的口部做成盘状或浅杯状，颈部较长，肩部比较斜；隋代瓷有龙柄双身壶；隋代天鸡壶造型较修长；隋代高足盘的口沿比较宽，喇叭形高足，比较宽矮；隋代瓷器一般为小平底，底下安一圆瓶实足。

隋代还出现了彩绘瓷。

隋代瓷的装饰内容有几何图案、动物图案等。工匠们根据造型特点安排花纹。如白瓷托莲博山炉，以龙的形象做主题装饰。两条龙各举起有力的大爪共同托起熏炉，炉的周壁塑成莲花形。

隋代瓷工艺技术也大有提高，对釉料中铁元素性能的掌握，白色护胎釉的采用等，都比以前大有进步。

（二）唐代瓷器

唐代瓷器，以青瓷、白瓷、三彩陶瓷成就最高。唐代瓷业有"南青北白"之说。北朝末期白瓷兴起，经隋至唐渐趋成熟。唐三彩更是风行海内外的名优产品。

瓷器以窑口称始于唐。唐代青瓷器的窑口有浙江的越窑、婺州窑，湖南的岳州窑、长沙窑，江西的洪州窑、临川白浒窑等。白瓷的窑品有河北临安邢窑，河南的巩县窑、密县窑、登封窑、山西的浑源窑，陕西的耀州窑等。《茶经》：烧制白瓷茶具盆的窑口还有鼎州窑、洪州窑。各窑口盘泡出来的茶质量不一样。

唐代瓷器造型特点：

由于陶瓷制品使用范围扩大，器类增多，新的器物应时而兴，茶具、酒具、玩具、及实用的瓶罐等几乎无所不备。为适应人的需要，造型多美观大方；瓷器造型倾向是趋于圆浑饱满；器型新颖，釉色器大兴。从陶瓷艺术角度看，唐三彩值得介绍。唐三彩是在汉代以来发展起来的，是唐代铅釉器的总称。唐三彩系采用白色茹土模制进行初烧，在初步焙烧过的器物上施以矿物和金属氧化物制成的几种颜色釉料。

唐三彩可分：俑和器物。俑有人物和动物。人的形象如天王、文官、男童、牵马牵驼胡人、杂技和镇墓兽等。动物形象有马、驴、羊、虎等。器物有尊、罐、碗、钵、砚台、香炉以及房屋、假山、车等模型。

唐三彩是驰名中外的艺术杰作，深受各国人士的欢迎。发现唐三彩的国家，有印度尼西亚，有伊拉克、叙利亚，有苏丹，有意大利等，朝鲜和日本更多。

1987年，陕西扶风法门寺唐代地宫的发掘，其中有十几件秘色瓷，解决了秘色瓷产生的年代。唐陆龟蒙《秘色越器》："九秋风露越窑开……共秘中散斗遗杯。"此次发掘得以物证，色彩以青绿色者为多。如这次出土的秘瓷盘，呈青绿色，色泽温润，造型作五莲瓣形。

同时出土的贴花盘口玻璃瓶，表明当时大唐与东罗马及西亚诸国的交往。

"唐三彩"的特点在于釉彩。艺术工匠们利用铅釉流动性强，在焙烧时任其下淌，艺术品的颜色都呈现高淡低浓的层次，几种颜色皆融为一体、斑驳淋漓，形成天然绚烂的审美效果。三彩在以后的漫长年代里，仍有制作，但大都色釉平淡，不能与唐三彩同日而语。

第五节　五代两宋美术

一、工艺美术

（一）陶瓷工艺

瓷器在五代发展的基础上，宋代进入非常繁荣的时代，官窑、民窑都各具特色，大大超过以往的水平。定窑、汝窑、官窑、哥窑、钧窑为专供皇家用品的。

1. 官窑

北宋的官窑在开封，釉色有天青、翠青、粉白、月下白，名铁骨大观釉。

南宋官窑有两处，修内司官窑，在杭州凤凰山下；郊坛窑，在雄武营山郊坛附近。

汝窑，本系私窑，宋徽宗特命将作少监萧服在汝州设青器窑，专供御用。釉色有天青、卵青、隐约蟹爪等纹。

2. 民窑

定窑：河北曲阳。釉色白、紫、黑镶铜口。

钧窑：河南禹县。釉色有青、茄子紫、猪肝红等。

磁州窑：河北磁县。色白，有划花、雕花、堆花、黑绘、黑花。

龙泉窑：浙江龙泉，瓷器有哥窑和弟窑两种风格。哥窑：釉色有灰青、淡白、米黄，表面形成碎裂开片。弟窑：釉色翠青、粉鲎，无开片。

景德镇窑：昌南窑，釉色青、白、影青。

建阳窑：福建建安建阳，其色釉于黑色中显银色之白波纹。

宋代瓷器以青瓷和白瓷为主，造型稳当、优雅。釉色纯净，图案清新隐约，给人以纯洁滋润的感觉。

（二）染织工艺

宋代在苏州、杭州建有丝织工场，除发展织锦方法外时锦的花纹，还发展了缂丝的艺术。缂丝是"通经断纬"的编织法——刻丝。南宋高宗时缂丝名手——

朱克柔，专织绘画楼阁、人物、山水、花鸟。运丝如运笔，风格"古淡清雅"。

丝织品中以锦最为著名，纹饰活泼典雅。织锦在苏州织造的叫"宋锦""织锦"，在四川织造的则叫"蜀锦"。

由于封建统治阶级爱好书画和工艺品，刺绣在宋代很为流行，配色精妙，楼阁花鸟宛如图画，为顾绣、湘绣的先声。

（三）漆器工艺

宋代漆器在普遍发展的基础上，出现了专卖漆器的商店。漆器的产地有杭州、江宁等，以杭州、温州突出。

宋代漆器有单色漆器、金漆、犀皮等品种，单色漆器以朱、黑、酱色漆器物为多，造型厚重端雅。

雕漆在漆胎上多次涂漆后，厚至数十百层，雕刻人物、花鸟等。宫中用者多以金银为胎。宋代雕漆刀法奇巧，除朱色雕漆外还有剔彩及剔犀。

金漆有泥金、描金、戗金漆器。泥金即在漆器上贴金；描金用金粉在漆器上画出花纹；戗金是在漆面上刻出花纹，方法起源于战国的针刻。

螺钿镶嵌是用铜或金丝嵌成花纹，然后镶以螺钿。

犀皮来源于唐瓷的绞釉，纹理犹犀牛皮。

宋代漆器多作花瓣形，追求造型的艺术效果，典雅质朴。

（四）金属与雕琢工艺

宋代铜器以镜为突出，以有柄铜镜最流行。民间制造的多为素面镜，镜背常铸出产地、商号的地址等。制镜产地有浙江湖州、江西饶州等，以湖州石家为最著名。

宋代的金银器也很发达，造型、纹饰，均素雅生动。皇室、贵族、官僚及民间，大量使用金银器。城市有专门的金银铺进行交易。

宋代雕刻工艺品种很多，统治者的重视，玉雕有了划时代的发展。在琢玉工艺上，具有划时代的发展。雕琢工艺中的牙雕、木雕等，都取得了成就，以詹成的竹雕为著名。

二、书法艺术

五代和宋代的文人促进了书法的发展。宋元时代的书法是行草时代。宋代书法家在楷书和狂草方面不及唐代书法家，行草方面却表现出文人个性品质。法帖的普及使王羲之、王献之的书法艺术具有典范意义，宋代书法家不同程度地受到中晚唐书法的影响，特别是颜真卿的影响。宋对金石学的重视使书法和篆刻艺术置于更大的历史尺度之下。

（一）五代书法

中唐以来的书法革新浪潮影响深远，五代时期杨凝式的书法，实现了由唐至宋元的重要转折，为宋朝"尚意"书风的崛起作了铺垫。杨凝式之外，还有李煜、徐铉等有成就的书法家。

杨凝式，唐昭宗时进士，官秘书郎，后官至太子太保——"杨少师"。因五代战乱，他以装疯蔽人耳目。杨凝式性格放荡不羁——"杨疯子"。久居洛阳，兴起时常在粉壁上题字，洛阳寺观随处可见他的书迹。

他的书法初学欧阳询、颜真卿，又学习王羲之、王献之，加以变通，唐法晋韵俱在，反映出他的高明之处，正是宋人需要的。故而他用笔奔放奇逸。无论布白还是结体，令人耳目一新。

《韭花帖》是他流传于世的代表作。《卢鸿草堂十志图跋》深得颜真卿的神髓，错落有致，一股朴茂雄浑之气扑面而来。狂草《神仙起居法》和《夏热帖》更加恣肆纵横，点画狼藉，表现出对时局郁悒不平之气。

杨凝式在书法史上被视为承唐启宋的重要人物。

李煜，其书法传二王执笔法——"拨镫法"。擅长行书，喜欢使用虬曲的笔法写字——"金错刀"。作大字不用笔，卷帛而书。他的墨迹几乎不传。李煜曾命徐铉刻成《升元帖》，供人欣赏和临习，是目前所知的最早的法帖，惜今已不存。

徐铉，曾在南唐为官，后入宋。精于文字学，考订了《说文解字》。他擅长李斯小篆，与其弟徐锴是杰出的篆书书法家——"二徐"。徐铉所书的篆书，映日视之，笔画中心有缕浓墨，笔锋常在画中。

宋人书法大致特点：突破唐人重法的束缚，以自己为主，努力追求能表现自我意志情趣。苏轼的"我书意造本无法"，皆是此意；有意将书法同其他文学艺术形式结合起来，如宋代书法大家、文学家、画家苏轼："诗不能尽，溢而为书，变而为画。"认为书画和诗一样，是表现自我的手段，强调文学修养对书法艺术的作用，

（二）宋代法帖

法帖：汇刻名家书法墨迹在石、木板上并拓印，供人们学习的墨本。南唐已有《升元帖》等法帖，宋代最早的法帖是《淳化阁帖》。此后风气渐盛，又有潘师旦摹刻的《绛帖》、尚摹刻的《潭帖》等宋代法帖。

宋太宗即位后，开始书画作品的收藏。命侍书王著主持编刻了一部法帖，赐

给大臣。其中,"二王"作品占了一半,所以书法风格受到"二王"的影响。但作为为临摹而刻制的法帖,不能与名家书法作品原作相比。

(三)宋代书法家

1. 宋初李建中

李建中,进士出身,曾任西京留司御史台——"李西台"。李建中尤精于楷、行草。得力于欧阳询、颜真卿。流传下来的书法作品颇有唐代遗风,转折顿挫分明,肥厚温润为其特色。李建中书法有唐人遗韵,此后的宋代书家就面貌一新了。他的传世作品不多,有《土母帖》《同年帖》等。

2. 宋四家及其他书家

苏轼为"宋四家"之首,是宋"尚意"书风的倡导者。早年学"二王",中年学颜真卿、杨凝式,晚年学李邕等,涉猎晋唐其他书家,形成深厚朴茂的风格。用笔多取侧势,结体扁平稍肥。苏轼执笔为"侧卧笔",类似于现在握钢笔的姿势,故其字右斜,扁肥。

黄庭坚将苏轼书法分为:早年姿媚、中年圆劲、晚年沉着。早期《治平帖》,笔触精到,字态妩媚。中年《黄州寒食诗帖》。晚年《洞庭春色赋》等,以古雅胜,姿态百出而结构紧密,反映了苏轼书法"结体短肥"。苏轼书法后人赞誉颇高,最具发言权的莫过于黄庭坚,《山谷集》:"本朝善书者,自当推为第一。"

黄庭坚,曾任著书郎,后屡遭贬。工诗词,精鉴赏,尤擅行草。诗追求奇拗的风格,开创"江西诗派"。书法为"宋四家"之一,与苏轼为"尚意"书风的倡导者。书法主张创新,自家面貌特别突出。他的学书道路,自言先学周越,后从苏舜钦兄弟,又从张旭、高闲墨迹得笔法,遂悟狂草三昧。明代王世贞:"生平见山谷书,以侧险为势……种种槎出。"准确地概括了黄庭坚书法的特点。

黄庭坚的行书源头来自"二王",将《瘗鹤铭》内紧敛外伸展的结构特点加以有意夸张。书体与他执笔的习惯"高执笔"有关:将手指捏住笔管尾部,保证了手腕、肘部乃至肩部的最大自由度,从物质上保证了他"长枪大戟"的笔画。苏轼曾形象地称黄庭坚的书法如"树梢挂蛇"。

黄庭坚的草书用笔奇崛生涩,点画长短互补,章法如行云流水,是宋代唯一的草书大家。以《松风阁诗》最著名;草书代表作《诸上座帖》《刘禹锡竹枝词》《李白忆旧游诗卷》等。

米芾的书法初学颜真卿,最后归于"二王"。米芾虽同为"尚意"一派,但更多的属于传统"尚法"派。崇尚"二王",深得"二王"父子笔意,人称其字为"集古字"。提倡在"二王"基础上概括"平淡天真"的意趣。

米芾取得划时代的成就，诀窍有：读书、临帖、善思。这也是"宋四家"取得新成就的共同途径。

宋四家中以米芾行书成就最高。米芾临摹前人的基础上，善于化古为新，成自家面目。运笔迅疾，用笔中侧锋相互配合，他自称为"刷字"。字的结体错落有致，章法疏密相间。行书以《蜀素帖》《苕溪诗卷》流传最广。草书有《论书帖》《元日帖》等。

米芾的书法受到同时代人及后代人的极高评价。总体上看，"宋四家"中苏、黄以唐人为归宿，蔡、米以晋人为法祖。黄、米多以势取胜，黄字横张，米字鹰展。而苏与蔡则以韵胜。

蔡襄，官至端明殿学士，世称"蔡端明"。"宋四家"中，他年最长而居末，有人认为"苏黄米蔡"之蔡，原指奸臣蔡京，因蔡京祸国殃民，以蔡襄代之。

蔡襄书法宋人皆奉为第一，苏东坡认为他为"本朝第一"。书法由唐溯晋，楷书得力于虞世南，行书有欧阳询等人之长。其书法讲究结构，很少放纵之笔。传世书迹很多，楷书有《万安桥记》等，行书有《澄心堂帖》等。

赵佶，是北宋最后一个皇帝，政治上昏庸，艺术上颇有才能。他精通音律，擅长书画鉴赏，建立了翰林书画院；他的书法上最大的贡献是创制了"瘦金书"。这种书法是由薛翟、薛耀兄弟上溯褚遂良发展而来，笔画瘦直挺拔，顿挫分明，介于行楷之间，代表作《楷书千字文》《闰中秋月》。他也擅长行草，有《草书千字文》、行书《蔡行敕》流传至今。

张即之的楷书结构严谨、端庄。行书则用笔枯硬，毫无温润典雅之感。有人称之为"宋书殿军"。作品有楷书《汪氏报本庵记》等。

第六节 元代美术

一、工艺美术

元统一中国后,蒙古族上层统治者的审美理想与宋代有所不同,设置了管理手工艺的机构。元统治者对工艺技艺有特殊的兴趣,有时攻入一个城池把全城人杀光,唯独不杀手艺人。元对外交通也空前扩大,不断吸收外来艺术的影响。

这使元代工艺方面出现了新技术,增加了新品种。元代在金银、雕漆等方面取得了特殊的成就。

(一)瓷器工艺

蒙古族的生活流动不定,瓷器被视为无用之物,远不如金银器受欢迎。由于元朝对瓷器的生产不甚重视,民间瓷器的生产有了更为广泛的自由。元瓷器以兴盛于宋代的景德镇为全国瓷业中心。产品大量销往国外。青花、红釉等新品种,拓宽了瓷器釉下彩的新途径。元朝规定瓷器上不准描金,艺人们多在瓷器釉下彩等方面下功夫。专供皇室使用的白瓷,质地细腻,呈透明状。

青花是元瓷中最负盛名的品种。

元与东南亚及非洲沿海诸国贸易中,青花瓷器是主要出口品。青花瓷胎质呈青豆色,有的绘有蓝色或红色人物或动物图案,增加了瓷器的华美感。青花瓷在中国陶瓷史上具有划时代的意义。

青花釉里红使瓷器成为综合性的艺术品。釉里红釉是将含铜物质作为着色剂调入釉中,烧成后出现浓艳的红色花纹,热烈艳丽。釉里红烧制需要很高的技巧,元代尚处于初创阶段,到明初时期才开始成熟。

1964年在保定出土了青花釉里红雕花盖罐,器体上综合使用了彩绘、镂、贴多种技法,以蓝、红两种色釉表现。用镂堆法突出了红花、蓝叶四季园景的主题装饰,使器物显得古朴典雅。

1979年在江西丰城县发现了元代纪年釉里红瓷器,釉色光泽温润、瓷胎洁白细腻。

（二）织绣工艺

元代棉花栽植地扩大到全国，棉纺工艺有了发展。

松江黄道婆幼年曾在海南岛学会制棉纺织技艺，结合经验加以改进，在家乡传授推广，能织成折枝、棋局等美丽花纹，广传于大江南北。松江成为全国最大的棉织中心。

元代织绣工艺花色繁多，传统的丝织工艺继续发展，棉、毛织工艺迅速普及。

织金锦缎的特点是在丝织物上加织金银线。纳石失最宝贵。纳石失源于阿拉伯，纳石失给人的感觉是花满地少，耀眼夺目。元朝对织金锦缎生产十分重视，设立了管理机构。纳石失成为上层统治者举行庆典及日常生活中不可缺少的装饰品。

元代织绣、刺绣相当发达。1975年，在山李裕墓中出土了几件元人刺绣衣服，具有典型的鲁绣特点。绣工能根据内容要求，采取多种绣法，整齐匀称，所绣人物等形象生动。在皇族中还流行织绣肖像的活动，技术性要求极强。织一张肖像需要几年时间，织法类似缂丝，但更细腻。

二、书法艺术

元代书法与绘画有所不同，书法总的倾向"尚古"。因为宋人的书法"尚意"，对体、法传统有所放松。元初书坛几乎没有风格独具的书家，只有当赵孟頫步入政坛，元代书法才真正出现了转机。他号召恢复晋唐清隽流便的书风，实践倡行"匀净平顺"的新书体，在某些方面超唐迈宋，为书坛树起新的丰碑。在他的影响下，元初书坛出现了一批书家，如鲜于枢、康里巎巎、柯九思、饶介等。这些书家的书风不尽相同，但殊途同归，共同创造了元前期清新典雅的新书风。

元前期多姿多彩的局面被单一的风格所取代。一些富有创新精神的书家有意避开赵字的工稳秀媚，从黄、米书中汲取营养，险劲、古拙等方面另辟蹊径，开"尚趣"新风。先是在冯子振书中首见端倪，继有杨维桢等形成势力，为明代书坛"尚趣"树立了旗帜。

（一）赵孟頫

赵孟頫在元代画坛是旗帜，是书坛开创元代"古意"新风的领袖人物。赵孟頫在书法方面，不满宋朝末流振弃古法的书风，竭力提倡恢复"二王"的书法传统。他身体力行，刻苦临习，尤其是"二王"系统的书法着力最勤。在他的影响下，元代书坛形成复古风气，"二王"又成为书法发展的主流。

赵孟頫以行、草、小楷最佳。楷书博采众家之长，世人大都认为"钟、王笔法难，唐楷法度严"，赵孟頫变难为易，形成外观温文尔雅而内寓刚劲的书法风格。他的行草书来源于王羲之、王献之，用笔灵活流利，如行云流水。他的传世书法作品极多，楷书有《玄妙观重修三门记》等，小揩有《汲黯传》等；行草书《洛神赋》等。

赵孟頫是最先在画上题诗，将"诗、书、画"合为一体的始创者。

赵孟頫的书法，毁誉不一。赞之者，以为"上下一千年，举无此书"。

傅山则因他以宋朝王孙身份而入元朝为官，遂厌恶其书熟媚。董其昌早年："赵书因熟得俗态，吾书因生得秀色"。赵孟頫的书法强调用笔、结构的匀整划一，同时为了规整，将前人用笔的精微之处加以简化，以致一生勤奋仍不能自创新境界。他倡导的元代复古书风，是对南宋以后"尚意"书风末流所造成的时弊的矫正，缺乏创新精神。元代的复古主义书法家在效仿"二王"法度的书法时，缺乏鲜明的个性特色。如果说宋朝书坛有着"宋四家"等群星璀璨的局面，元朝基本上是赵孟頫"一枝独秀"了。

（二）其他书家及作品

元初与赵孟頫并称三大家的还有鲜于枢、邓文原。元四大画家黄公望、王蒙、吴镇、倪瓒也善书。吴的草书、倪的楷书颇具特色。

鲜于枢，出身于书香门第，祖父辈未曾做官。鲜于枢的主要功绩在于与赵孟頫共同振兴晋唐古法，使传统书道免于中断的厄运。行草书成就最高。

鲜于枢的行草书师法王献之、怀素，因他深厚的楷书功底，下笔一丝不苟，骨力强劲。但在章法等方面比起王献之等唐以前草书大家来，都趋于简单。《苏轼海棠诗卷》《草书千字文》等，在元代是上乘之作。

邓文原，人称素履先生，绵州人。其书法早年学"二王"，后法李邕。其流传墨迹较少，只有《急就章》是长篇，其他多为信札之类。

杨维祯，读书铁崖山中故自号铁崖；早年称老铁，会稽人。

杨维桢工诗文，被视为诗坛领袖。其书亦一反外文内劲的古意书风，体态扭曲，用墨燥湿分明。字与字的大小、笔画的粗细差别很大，都是精心而为的。有《周尚清墓志铭》《小游仙辞后续》《游仙唱和诗》《梦梅花处诗并序》《竹西草堂记》等存世作品。

（三）元代篆刻

随着书画鉴藏之风、金石考据之风的推动，印章艺术得以迅速发展。宋元以后，以王冕自己动手刻印代替匠人刻印为标志，篆刻上升为独立的艺术。

宋代印章的名称，增加了"合同""图章"的新名目。元代沿袭旧制称为"印"外，把印章称为"押"。

1. 官印

印章上的字体，因历代官印由南北朝以来逐渐变大，宋代官印印文多用九叠篆。元代官印上文字有两种，印文用汉字篆书；用元国书八思巴文为篆。

2. 私印

宋代文人使私印中出现了记号印，用来盖在书画作品上。文字内容既有表字，又有别号。以文字游戏制成的印章，说明了文人士大夫对此采取的是审美态度。当时文人亲自书写印文，亲手刻制印章。

元私印与唐宋以来求古求雅的文人印风相对应，庶民私印走的是从简从俗的道路，印文只有楷书和隶书，元代的押印由此而来。

元代花押印的来源，可追溯到秦汉的半通印和肖形印，及宋代以来的那些等级较低的楷书阳文官印等。其最直接的来源，还有唐宋时期的署押等。

署押是以具有装饰性的草书署名制成的押。不采取传统的印章形式，在唐宋帝王和文人士大夫中很流行。少数民族的文字押因为元时少数民族官吏文化素养低，为解决署名之难的权宜之计。元人入主中原后，私印、署押混合体的元押便大量出现。

元押采用的是阳文以矩形为主，上半部为楷书印文，下半部或为少数民族文。上、下半尽管形式不一，却能浑然天成。

元代的复兴古典主义运动推动了印章艺术的发展。赵孟頫在篆刻上的美学观点，崇尚"古雅"，认为宋人篆刻与秦汉传统不相符合，最高境界是存在于汉魏印中的古雅质朴之美，举起了"复古"的大旗。

赵孟頫的印章，从篆文到章法全出于自己之手，印文用小篆，是与《说文解字》更为相近的篆书，优美典雅，被称为"玉箸篆"。

元代篆刻的另一个重要人物——吾丘衍。他对印学的重要贡献是《学古编》，是印学史上最早的经典著作。前十七举教人如何习篆，后十八举教人如何篆印。这种具体创作方法与理论探讨具有重要意义，对后来的篆刻创作和理论也具有深刻的影响。

吾丘衍的印章也由自己篆稿，别人完成。因当时材质坚硬，文人感到棘手，难以自己操作。

　　王冕开始用石材后，明代文人中变为普遍适用的印材，越来越多的文人从事此道。从王冕留下来的方印看，看到他对多种刀法的运用。出现了与以前集古印谱不同的篆刻家自制的印谱。

第七节　明清美术

一、工艺美术

（一）明代工艺美术

明代工艺美术有较大发展，由于明中叶起，资本主义萌芽在江南生长，国家奢靡之风有增无减。有专为宫廷寺庙和封建贵族服务的工艺品，也有行销南洋、日本等地作为国际交流的商品。这些工艺美术品中，较重要的有瓷器、家具等。

1. 瓷器

明代窑址遍于各地，景德镇成为全国陶瓷生产中心。江苏宜兴、福建德化与广东佛山等也有一定规模。明代宣德时的霁红、霁蓝，永乐时期的甜白等，都十分有名。但以青花和五彩最具特色。

青花是釉下彩瓷，青花在继承元代青花瓷的基础上得到发展，宣德年的青花瓷彩画，有"青花贵宣德"之称。五彩为釉上彩瓷，以成化年间的制作最为精美。

2. 织绣

明代丝织工艺的织锦缎，色彩丰富，有的加金线织，富丽堂皇。全国设有许多官营织造局，其中南京、苏州、嘉兴尤见著名。

以私人闺阁手工艺著称的上海露香园"顾绣"，以名人书画为粉本，使刺绣脱离实用生活。传世作品《花鸟草虫册》即为其中的杰作。针法细腻，色彩过渡衔接自然天成，通过不同针法的运用加强了刺绣艺术的特殊表现力，深受人们欢迎。

3. 家具

明代家具形成了较为固定的风格，人们称之为"明式家具"。明式家具的产地有：北京皇家的"御用监"，苏州与广州民间生产中心。有椅凳、柜架等各大类。明代家具以造型简洁，装饰适度为特点，重视实用美术功能性与艺术性的统一。

（二）清代工艺美术

清代对工艺美术的生产特别重视，在南京、苏州、杭州等地还设有织造衙门，在制作上不计成本，大量生产官府需要的高级豪华工艺品。乾隆时南京的织机多达三万台，工艺品产量不断增加。

清代的陶瓷业在前代的基础上，有了显著的发展，烧造技术和装饰方法，获得了成就。宜兴的紫砂陶器声名远扬，出现了许多著名的艺人。清代的陶瓷理论著作有朱琰的《陶说》、寂园叟的《陶雅》等。景德镇仍为全国制瓷业的中心，全盛时从事者达二十几万人，乾隆年间，代表了中国瓷器发展史的最高峰。乾隆年间的瓷器更有仿古尊、画轴、香炉、壁瓶、砚屏等。色彩方面，则有霁红、茶花、粉青、葱青、天蓝、猪肝、葡萄、珊瑚、甜白、月白等，极为复杂多样。此时的粉彩，即以粉调彩，阴阳向背，其花纹则于图案外，以山水、人物、花鸟等绘制，颇具历代画家的风格。

清代景德镇官窑，多以督造官的姓来命名。如：康熙年间的臧窑、郎窑，以官员臧应远、郎廷极为名；雍正年间有年窑，当时年希尧兼管厂务，其中有仿古式尊、垒，人称"雨过天青"，创制了粉彩技术，产品最精妙者名古月轩。唐窑仿制历代官私各窑无不逼肖，装饰彩绘更富，并能仿玉、漆、竹、木等色。

清代的棉纺织业和丝织业，是手工业的重要部门，远销日本、欧洲等国家地区。清代大规模的手工业工场，多属私家经营，官营纺织业所占比重还是偏小。

南京云锦，是南京丝织品的总称，因为产品质地厚重，花色庄重且在同一色中用不同的深浅色调的"退晕"方法，故有"云锦"之称。清年间盛极一时，清代更是遍及全国各地，尤以苏州等地为发达。清朝末年，苏州还有十三家最大的染坊。

清代刺绣有了更大的发展，"苏绣、粤绣、蜀绣、湘绣"，有四大名绣之称。苏绣最为著名。

清代雕漆继承明代作风的基础上又有了突破，特别发展了大型的雕漆器物。螺钿镶嵌也是继承明代而有所发展。

二、书法艺术

（一）明代书法

1. 明初书法

明初书法中的草书、楷书成就较大，著名的书法家有宋克、宋璲和宋广。

三人的书法既受古风影响，又有创新，对形态美的追求和技巧的娴熟与结体的妍媚。

（1）三宋

宋克，善章草、楷、行和草书。宋克的章草专法皇象《急就章》，以劲健见长；行、草书吸收了章草的波势，体现出古雅遒劲的书风特点。宋璲，各体皆精，尤擅小篆，作品有行草书《敬覆帖》。宋广，善行、草书，师法张旭、怀素，讲求笔势，作品有《风入松洞》。同时期的书家还有詹希元，取法唐代楷书，"三宋"及詹希元等人书法的平正娴熟，为"台阁体"开了先路。

（2）台阁体

皇帝对书法的喜好和宫廷缮写文书的需要，帖学书法得到发展，产生了"台阁体"书法。"台阁体"书法是由供奉内廷的中书舍人创作的。永乐、正统年间，杨士奇、杨荣和杨溥写了大量的制诰碑版，号称"博大昌明之体"——台阁体。"台阁体"的代表书家是沈度、沈粲兄弟。沈度，善楷、隶书。楷书宗法智永、虞世南，雍容平正，深受明成祖的喜欢。其弟沈粲，擅行、楷，尤长草书。姜立纲，变"二沈"体为方整，亦颇为时所重。

2. 明中期书法

明代中期书法家开始有意识地摆脱"台阁体"的束缚，力矫"台阁体"之弊。尤其是苏州地区的书法家，如吴宽学苏轼，张弼学张旭等，书法更讲求形式的美与抒情言志，开创了吴门派书法新风。此外，被列入吴门书派的书法家还有陈淳、文嘉等人，故有"天下书法尽归吴门"之说。

祝允明，出身名门，家学深厚；在诗文书法上才华横溢，与唐寅、文征明、徐祯卿并称"吴中四才子"。书法既取晋唐高古之韵，又突出个性。他晚年临写的《黄庭经》，自抒己意，风骨烂漫，书风变化多端。祝允明的草书最具个性风格，尤重变化，云雷翻滚，风格奇宕，自成一家。

文征明，书法精雅。受吴宽的影响而追摹苏体，后受李应祯的影响。书风苍秀舒展，骨韵兼擅。小楷师法晋唐，极意结构，位置适宜，温纯精绝，且越老越见精熟。

王宠，苏州吴县人。精小楷，亦擅行、草书，楷书师智永、虞世南。其小揩既取文、祝二家之长，又上追晋人风范，运笔含蓄浑厚极具个性特色。

3. 明后期书法

明代后期书坛出现了许多风格独特的书法家，如徐渭、张瑞图、黄道周、王铎等。其邢侗、董其昌、米万钟、张瑞图——"晚明四家"，黄道周、倪元璐、王铎、傅山——"明末四大家"的称誉。

徐渭擅长行、草，尤以狂草著名。虽然临学米芾等前人，但更多出以己意，大胆出新。书法结字趋扁，于奔放苍劲中时见姿媚，在明代书法中颇为独特——"八法之散圣，字林之侠客也"。作品有草书《杜诗轴》、行草书《七言律诗》等。《七言律诗》通篇如笔走龙蛇，运笔浑圆沉着，字字分明。

邢侗，广师晋、唐、宋诸名家，书法笔力矫健。张瑞图，书风奇逸，在晋、唐书法外另辟蹊径，结体拙野狂怪，气势纵横凌厉，给人奇崛之感。米万钟，专学米字，笔法沉着浑厚。晚明书坛，董其昌影响最大，是明末集帖学大成的重要书法家。他始学颜真卿，师法晋唐宋名家，兼融王羲之的姿媚风神、宋人书法的率意自然，形成秀雅、自然平淡的书法风格。理论上，他强调书法贵有古意，即以生拙之态来掩饰技法的娴熟。董其昌重视书法家文化素养的培养，主张多阅、多临古人真迹，以提高艺术的悟性。

4. 明末书法

"明末四家"追求"气骨"的表现，开创了明末书坛刚健书风。倪元璐，官至礼部尚书，李自成农民军攻陷北京，他自缢身亡。书法擅长行草，学颜真卿而上溯"二王"，风格雄深高浑。黄道周，明亡后官至南明礼部尚书，兵败被俘而死。书法长于写古体草书，既具阳刚之美，又含朴拙之韵，别具一格。傅山，早年从晋唐楷书入手，后又得赵孟頫、董其昌笔意。中年后改宗颜真卿，力求"宁拙勿巧，宁丑勿媚，宁支离勿轻滑，宁真率勿安排"的境界，遂形成自家风格。其隶书笔力雄奇，自由飞动，率真之中生气郁勃，自成一家。王铎与黄道周、倪元璐为同榜进士，入清后官至礼部尚书。以行、草成就最高。行草出自二王、米芾，结体紧密，运笔八面出锋，章法疏密相间，以骨力和动势见胜。在纵笔求势中又能注意含蓄，形成和谐统一的面目。

（二）清代书法

1. 遗民书法与馆阁体

明清之交，隐居不仕，多继承明代书风，擅草书行书，笔法、结构奇崛。以八大山人、石涛最为卓著。八大山人书法深受董其昌影响，但因师承与心境的不同而呈现出多种面貌，善施秃笔、藏锋，代表书作有《草书轴》《百字铭》。石涛擅作行楷，运笔、结体多有变化，与六朝造像记笔意相仿佛，不囿绳墨。

清康熙帝好董字，乾隆帝好赵字，他们广泛搜集，习董学赵成一时之风气。清代科举将书法列为考核项目，乾隆中期以后，朝野崇尚的赵体强化了其规整、端庄的一面，"馆阁体"便应时而生。以乌黑、方正、光润为特征的"馆阁体"

用于官场、考场，扩大到其他众多实用领域。

2. 帖学书法

帖学到清已发展逾千年，帖学到清三代已达高峰。康熙时帖学名家有姜宸英、汪士鋐、笪重光、查升等人。姜宸英、何焯、汪士鋐、陈邦彦——"康熙四大书家"。普荷、龚鼎孳、查士标、吴雯亦等帖学大家。

刘墉，官至吏、礼、兵部尚书，体仁阁大学士。少习董其昌，中年转宗苏轼，70岁后，潜心于北朝碑版。他擅长楷书行书，喜用硬笔短毫，拙中藏巧，丰腴醇厚，体现了台阁大臣雍容华贵的气度。

梁同书，其父亦为著名书法家，为乾隆师。书法出入颜、柳、米、董各家。所作碑版笔力浑厚，擅作大字，也能写蝇头小楷。

王文治，出任编修、侍读、知府等职。他以诗文、书法闻名于世。书法秀逸潇洒，源出董其昌，又得意于李邕，晚年转宗张即之。与刘墉相比，王文治更取风神，喜用长锋柔毫，淡墨轻毫，潇洒清俊，故有"淡墨探花"之名。

翁方纲，官至内阁学士。书法初学颜真卿，继法欧阳修、虞世南。笔力浑厚，但谨守法度，尚显板结。

3. 碑学书法

清初金石摹印复兴，一些书家以古质朴拙的书风来纠正时尚。以郑簠、陈恭尹、朱彝尊、王时敏、巴慰祖为代表。郑簠，收藏古碑甚富。他擅隶书，汉碑而得朴拙奇古之妙，世人谓之"草隶"。朱彝尊，是清初著名的学者，博通经史，其隶书得力于《曹全碑》，笔意秀劲，韵致超逸。王时敏与郑簠、朱彝尊并称为"清初三隶"。巴慰祖尤长隶书，笔力劲健，讲求气势。

随着金石、考据学的发展，北朝石刻得到重视，从乾隆时书法开拓了"碑学"的新领域。书画家在清初诸隶书名家探索的基础上，以整肃和奇变各生新意。"扬州八怪"之一的金农，早年主张师法汉碑，对《夏承碑》《禅国山碑》等极为推崇。所创"漆书"，意趣创造上"以拙为妍、以重为巧"，体现强烈的个性和独特的面貌。郑燮创"六分半书"，在行楷笔画中，渗入隶书、行书运笔，结体扁形，又多夸张，古秀独绝。汪士慎初善八分，暮年乃作狂草。高翔尤精隶书，高凤翰隶法两汉，晚年字体更为放纵。"扬州八怪"的书法在开创雍、乾之世的碑学书风方面，作用不容忽视。

嘉、道年间，碑学日渐兴盛，碑学理论相继出现。包世臣的《艺舟双楫》的尊碑主张，加强了碑学的发展。邓石如篆书和伊秉绶隶书，给清后期的碑学家以影响——清代碑学的开山祖师。

邓石如，篆书用笔轻重顿挫，结体略方，一变唐宋风格，沉雄不失"婉而遒"，尤以隶书笔法作篆书，被誉为"集篆书之大成"。代表作品有《篆书四箴屏》等。隶书学汉魏、六朝碑刻，在扁方的体势中融进圆润之笔，被时人推为第一。

伊秉绶，字组似，他出身世家，是乾隆五十四年进士，早年亦攻帖学，以刘墉为师，又宗颜真卿，后受桂馥等名家的影响。其隶书最负盛名，融篆书圆润之笔，结体方正整肃，大胆变形，拙中见巧。尤擅大字，古朴严正。

包世臣，官江西新喻知县。他工书法，师邓石如，体势较密，用笔以侧取势。著《艺舟双楫》，品评古今书法，对当时书风变革有很大影响。

何绍基，为清代晚期化碑入帖的代表书家。书法初宗颜真卿《争座位帖》，楷书骏发雄强。中年着意北碑，尤得力于《张玄墓志》《礼器碑》。自创回腕执笔法，以隶意开其势，融颜体的圆厚、欧字的劲健和北碑的方直于一体，书风自成一家。

在晚清碑学发展的同时，各种书体呈现出全面发展的态势。碑学的代表——赵之谦，不仅是著名的画家，也是书法家和篆刻家。书法行、楷、篆、隶各体均擅，以楷书著称，研习北碑，以北魏形体方正的风格为主，故其楷书沉雄方正，字形端庄遒丽，骨势丰美。其篆、行书亦吸收北碑体势，为创新之格。

4. 清末民初书法

清末至民国初，书法家对清末以来新发现的甲骨、帛书等书迹加以审视，碑帖杂糅的新书风逐渐形成。

吴昌硕书法以篆书最著名。其篆书受邓石如、杨沂孙影响较大，书风苍劲朴茂，雄健酣畅，章法错落有致，极富气势和动感。篆书大家还有杨沂孙、吴大澂。杨沂孙的笔画细劲，体貌秀丽。吴大澂的整齐规矩，秀美端庄。碑、帖相参的书家有张裕钊、杨守敬、翁同和、郑孝胥等人，他们具有自己的艺术特色。清末碑学理论的集大成者康有为，学识广博，书法以行楷著称。初学欧阳询、赵孟𫖯，又师苏轼、米芾，最后主习北碑，其书法用笔讲提顿而少转折，笔锋顿挫跌宕。其著作《广艺舟双楫》，反映了他的书学思想。提出"尊魏推碑，抑帖卑唐"的艺术主张，对碑学发展，产生了深远的影响。

第八节 近代美术

一、西学东渐

(一) 西方绘画的早期进入

西方绘画的传入是伴随传教士文化活动展开：明朝万历年间，意大利传教士来中国见中国皇帝，呈上天主、圣母像油画；广东民间建有小型教堂，挂有圣母像，供民众参拜。明末清初，耶稣会士、油画家乔瓦尼等人在中国进行美术教育活动。传播西方油画有清代传教士活动，有作为御用画家进入清代宫廷进行绘画的郎世宁等人，他们在中国传播西方宗教的同时，也培养中国具有西画造型能力的画家。

"土山湾画馆"创建于19世纪中叶，是我国建立最早的传播西洋画场所。画馆由外籍教士传授擦笔炭画、油画等。据《绘事浅说》《铅笔习画帖》等教材看，学校的教学秩序严格，课堂作业以临摹西方宗教题材画为主，通过有组织的复制和销售西洋绘画，画馆对在中国传播西方美术起了重要作用。现代画家徐泳青、丁悚、杭樨英等，都与画馆有着密切关联。

20世纪初期，西方美术理论书籍进入中国，为中西文化交流提供了准备。同时有留学生赴日本、欧洲等国留学，他们在国外学习西洋绘画，为五四新文化运动中美术革命的兴起提供了人才储备。

李铁夫，曾在美国阿灵顿美术学校、美国纽约艺术学院攻读美术。1912年入美国纽约艺术大学深造，1931年回国，曾创办黄花考古美术院，建国后任华南文艺学院名誉教授、华南文联副主席。

李铁夫全盘接受西方古典绘画，在绘画的精神角度，更接近于现实主义，《音乐家》是李铁夫的代表作品，暗色的背景衬托着画中人物丰富的面部色彩，展现了一位潇洒高雅的音乐家形象。

李叔同，1906年赴日留学，考入上野东京美术学校学习油画，留学期间同时学习音乐,演出话剧,向中国介绍西方现代艺术。创办《醒狮》杂志,介绍西方油画创作的基本技法等基础知识。回国后任浙江两级师范学堂的音乐和西画老师,培养出了丰子恺等有影响的学者。1918年在杭州虎跑寺剃度为僧,为佛教律宗高僧。

(二)美术革命

20世纪初,中国传统绘画的衰弱越发被文人所关注。五四新文化运动使得对传统绘画冲击的浪潮更加猛烈。对中国绘画提出革新想法的是中国近代社会的几位大思想家。他们将美术革命看成是拯救旧文化的利器。

康有为,近代政治家、思想家、社会改革家、书法家和学者,康有为提出"中国近世之画衰败极矣",作为革命者,他对美术的关注和呼吁影响了中国画坛,打破了清末画坛的停滞。人们得以在康有为的呐喊声中重新认识传统。康有为提出,绘画应是写实的,是"各学之本"。其变法思想虽然是儒家中庸思想下的改良主义,改良想法使其成为美术革命的先驱者和倡导者。蔡元培,曾经留学德国和法国,辛亥革命后任第一任教育总长,他在《新青年》杂志上发表文章,希望推动美育在教育中的主导作用,达到陶冶国民精神的目的。他提出德、智、体、美四位一体理论,提出"以美育代宗教"。

在康有为、蔡元培为美术革命摇旗呐喊之时,陈独秀与吕澂以通讯的方式在《新青年》杂志上撰文。

吕澂,曾留学日本,研究哲学。他提出诗歌、戏曲需要改革,美术更需要革命。他认为新的美术应以新的形式表达新的思想。文章表达出要向世人阐明美术的范围与实质、中西美术的变迁以及现状,创立民族主义的新美术。

陈独秀,留学日本早稻田大学,1915年创办《新青年》,反对旧道德。大力提倡新道德,提倡新文学,他认为与其革命思想完全一致,以信件的形式回复吕澂"中国画改以,要革王画的命。因改良中国画,断不能不采用洋画写实的精神"。陈独秀提出了中国美术革命的核心命题——"写实"。在科学救国的思想氛围中,西画作用于中国主流文化形式,推动了新兴美术教育的发生。

(三)新兴美术教育发展

20世纪20年代后,众多学生赴欧洲或日本学习美术。很多人接受欧洲古典写实传统,带回西方绘画的技法和观念。

新式美术教育最早的开端是师范学堂。1902年,南京两江优级师范学堂在南京创办,1902年,创设了"图画手工科",标志着艺术专门教育的起步。图画专业教育科目——素描、水彩、用器画、中国画等,手工课目——纸工、绳类、黏土等。之后，北洋师范学堂，北京高等师范，福建、山东等地的高等师范都创办了图画手工科。

美术教育满足着"振兴实业"的社会需要。辛亥革命前，新型美术学校的兴起，为现代美术教育的发展准备了条件。1912年，刘海粟、汪亚尘等人创办我国第一所正规美术专科学校——上海图画美术院。1921年，学校更名为上海美术专门学校，开设中国画科、工艺图案科和高等师范科等。1930年定名为上海美术专科学校。从创办起即引进师资，提倡人体写生与风景写生，开创了美术教育的新局面。以刘海粟为首的艺术家坚持沿用西法进行美术教学，扩大了自己和学校在美术教育史中的影响。

20世纪初我国发展较快和影响较大的美术院校，有私立上海图画美术院、私立武昌艺术专科学校、国立杭州艺术专科学校等。这些学校在专业设置上多以绘画为主，引进西方绘画及其教学方式，成为现代美术教育的重要特点。教师把从国外学习来的西洋绘画写实造型方法教给学生，学生们通过写生，掌握了写实的手法，改造中国画或者发展西画。

二、雕塑艺术

（一）中国现代雕塑的早期发展

20世纪上半叶，西方写实主义美术影响中国。写实风格为中国近现代雕塑发展提供了良好环境，很多留学人员选择西方写实雕塑作为专业，带动现代美术教育中雕塑的发展。

中国现代雕塑的启蒙与发展，与蔡元培有着密切关联，他是西方雕塑在中国发展的重要倡导者。他撰写文章介绍西方雕塑，通过输出留学生等途径推动西方雕塑在中国的发展。1927年，蔡元培建议在大学中设立"雕塑院"。1928年，国立艺术院在杭州成立，设立了雕塑系。学院雕塑教育体系的建立和形成，使中国现代雕塑有了成长的沃土。

王子云，曾就读于上海美专和北京美术学校，1931年留学法国，留法期间，油画作品和雕塑人体习作五次入选巴黎"春季沙龙"和"独立沙龙"展出。回国为保护祖国文物不毁于战火，建议成立"教育部西北艺术文物考察团"，并任考察团团长。1940年开始，历经五年，足迹踏遍了古墓、古寺、石窟……收集、整理文化遗产，对艺术文物进行了复制、照相等保护措施。获得的重要成果在中国美术史上具有重要的价值。

滑田友，现代雕塑家。1924年毕业于江苏省立第六师范美术系，32岁时随徐悲鸿去法国，进入巴黎国立高等美术学院布沙尔工作室半工半读。第二年考入巴黎高等美术学院成为正式学生。雕塑作品多次在巴黎艺术家沙龙展获奖。作品《轰炸》《母爱》《少年中国》是滑田友艺术成熟时期的代表作品。

刘开渠，现代雕塑家。1920年考入北京美术专科学校。1928年赴法国留学，1933年回国，任杭州艺术专科学校教授兼雕塑系主任。1951年任中央美术学院华东分院院长。1953年，参加并领导人民英雄纪念碑的建造工作。

抗战期间，刘开渠归国后创作的大型雕塑作品是《淞沪抗日阵亡将士纪念碑》，在未全部完成的情况下立在西湖第六公园岸边。刘开渠以现实主义的表现手法进行创作。解放前最能体现刘开渠雕塑水平的作品是《农工之家》。作品借鉴埃及浮雕手法，真实地再现市井生活。作品极具时代精神和民族风格，是中国雕塑史上第一件表现工农题材的作品。

（二）民间小型玩赏性雕塑

小型玩赏性雕塑及工艺装饰性雕塑自宋代以来兴盛不衰。宫廷和民间各有制作，形式多样，或以工艺精巧擅长，风格各异，满足社会百姓的审美需求。

天津泥人张。是清朝道光年间发展起来的民间手工艺。创始人是张长林，自幼随父亲从事泥塑制作，少年时已经能独立创作，18岁时扬名天下。清朝时，慈禧太后两次大寿的贺礼礼单中，都列有"泥人张"这一项。

张长林的泥塑作品多取材于民间故事和古典名著中的人物。在塑造人物肖像的过程中，练就了绝活，与人交谈中就可抓住对方的特点，在袖子中捏出人像。

泥人张的作品色彩明快，使用的原料要做到"一晒二搅三过滤"，选用含沙量低的纯净胶泥，经风化等多道工序而成为黏合性强的"熟泥"。

无锡惠山泥人。明代崇祯年间，无锡的惠山泥人已作为商品出售。清代中期，惠山泥人发展到鼎盛期。

惠山泥人，前期在题材取材于日常生活，以儿童玩具居多，如大花猫等。后期的作品加入了装饰性的纹样，以表达吉祥的寓意；明代，惠山泥人出现了不少戏剧人物题材的作品，清代增加了京戏的内容。

惠山泥人在造型上首先强调的是"满"，讲求人物造型丰满。无锡泥人博物馆中收藏的《大阿福》是乾隆年间的模印制品，人物盘膝而坐，面相饱满，眉清目秀，面部表情虽然憨祥，但却透露威武之气。阿福的色彩多使用对比色，有时还勾勒金银线，这种造型上的特点一直延续到今天。

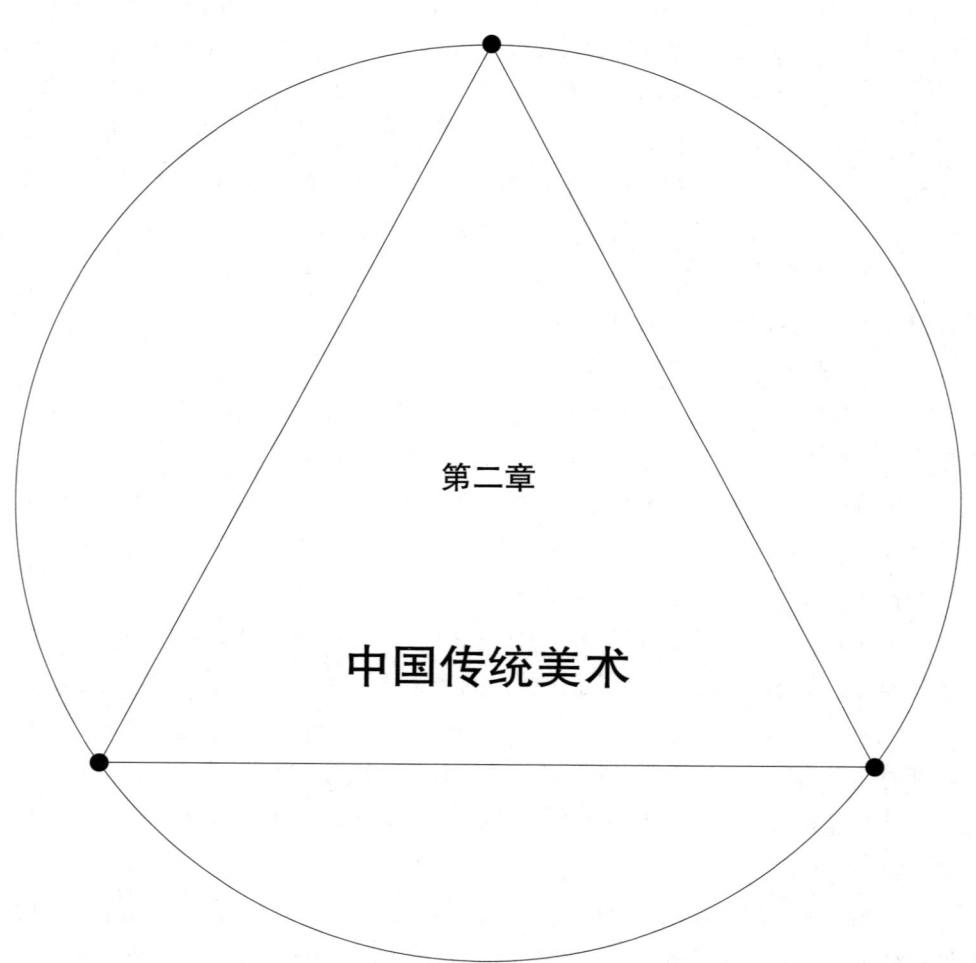

第二章

中国传统美术

第一节　民间美术的生活功能

一、民间美术的复功用性

原始人类活动是实践和精神掌握世界的不同方式的渗透，物质和精神生产是相互交织的。马克思说："思想、观念、意识直接与人们的物质活动、物质交往，与现实生活的语言交织在一起的。"艺术和非艺术领域的界限是十分模糊的。原始艺术活动并非纯粹的艺术生产，是原始人类生产活动或生活内容的重要部分。无论原始艺术中的非审美因素有多大，不影响人们将其视为艺术。在原始人类看似非艺术活动的功利性的生产或巫术性的活动中，创造了具有审美价值的作品。艺术因素有机地交织在各种实用物品中，如同人们面对建筑、包装等的实用功能和非审美因素时却不妨碍将其评定为艺术样式一样。莫·卡冈在论述原始艺术的功能的非审美内容与艺术因素交织在一起的性质时——原始艺术的"复功用性"。民间美术处在艺术与生产、生活的交汇处，很大程度上是不自觉的艺术加工，在日常生产、生活中创造了实用与审美同体的艺术。若原始先民的彩陶、石斧、石刀、骨针是实用与审美的艺术创造，民间的粗瓷器皿、竹篓等生活用具和生产工具与此并无质的区别。保留了原始艺术实用与审美共存的性质，并与人们的日常生活相重合。古谢夫提出："民间创作既是艺术又不是艺术；认识功能、审美功能和日常生活功构成了不可分割的整体。统一包含在艺术的形式之中。"从民间美术的发展看，民间美术的复功用性质的背后，也有审美功能与实用功能相去甚远的艺术创造。

从现实看，民间美术具有与现实生活密切相关的原初性。民间美术的诸多品类徘徊于物质性的实用形态和功利形态间。民间美术与现实生活紧密相连，带有生活原型的特点，最大限度地切近于人们的生产生活。它是民众生活的重要组成部分，与民间生活的各领域发生着联系，涉及到了物质和精神生活的各方面。从民间的居宅陈设到生活的日常用器等，都是民间生活的文化缩影。生活性特征决定了民间美术的创造随着生活的需要和改善不断进行。由于民间美术与生活的密切关系使本质特征、功能目的等都具有显著特点。

人类造物活动的目的是为了满足生产生活的需要，实用需要的满足与人的生命原则和生命价值相连。民间美术的创造把生命维系过程与造物活动相沟通，成为联系生活的重要方式，民间美术是遍及人们日常生活的各角落，为生活造福的艺术。各种家居陈设、居宅房屋、生产工具等无不是为满足现实生活而造物的结果，以实用生活功能为首要目的。民间美术的创造是真诚淳朴的生活的创造，形式上体现出生活的真实、质朴的风格。它源于生活的要求，实用生活性规约了民间美术在文化和艺术上的特征。淳朴自然的性质和通俗平易的形式在民间特定的生存环境和民众特定的心理条件下形成。这种区别正源自与现实生活的关系。

民间美术的复功用性同构于原始艺术，又与现实生活密切贴近，这与纯粹的精神审美性艺术有较大差异。规定了民间美术的实用生活功能是民间美术功能的重要方面。

二、民间美术的实用价值

民间美术与现实生活密切相关的原初性表明，是较为基础的生产生活更为接近的艺术创造民间美术不是为艺术而艺术，是生活的艺术，与人们的日常生产生活交织在一起。这种性质决定了民间美术的突出的生活实用功能。

人类的一切造物活动是在人类需要的驱动下进行的，人类的行为是有意识地为实现某种需要的满足而作出的努力。人类的造物活动要满足人类最基本的需要，进而才能获取更高层次的需要。人们为了生存生活，须解决最基本的物质方面的需要，获得最低层次的物质方面的满足，才能追求更高层次的精神方面的需要。马克思主义重视人类对基本生存条件的获取，认为物质是人类的第一需要。这种需要是有意识的、自觉的创造活动。

从民间美术品类来看，亭桥牌楼、碗盏杯盘及服装鞋帽等，是为了满足民众的实用需要进行的创造加工。实用生活功能是它的最基本目的，实用功能是最基础的功能，附着其中的审美的、教化的等其他功能无不是充实基本的实用功能。实用性的满足，需要的多层次性促使人们为提高生存质量的多样化创造了丰富多样的器物，从而满足人们更进一步的要求。饮茶在我国久有历史，从非专用陶制烹茶用具，到唐代的饮茶成俗出现了专用的烹饮用具，再到晚唐"点茶"的出现，茶具又有发展。壶、盏、碗、杯等用途造型各异，材质、装饰更为繁多。这种对造物更为多样、舒适的追求无不是人们对生活进一步要求的结果，蕴含了文化的、审美的等各种因素，首先解决的是造物作为用的基本的功能。

民间美术的生活功能并非体现在物质生活的充盈的功用。人类随着社会的进步，需要由基本的状态，发展到多方面、由低及高的要求。民众精神生活领域的充实使民间的精神功用与实际功用相统一，民间创造了祭祀、启蒙、娱玩以至纯粹审美的艺术品类，满足人们的精神需要体现出朴素淳厚的生活气息。

实用功能是人类造物的基本目的，民间美术品类的创造以实用生活为先决条件。实用功能具有更进一步的涵义。民间美术的实用功能呈现了造物原则的功利性与物质性功能的统一。其中蕴含了深沉的文化内涵、民间习俗及民间思维方式等诸多因素。民间美术的实用及精神审美功用是各有轻重的，多数情况下实用是第一性，审美是第二性。

民间美术是一种功用艺术，功用的目的和要求给民间美术的创造以较强的文化规约。规定来自于民间生产、生活对艺术的要求。随着民间社会的变更，审美性目的和功能相对于实用性目的发生偏离。

三、民间美术的造物观念

民间美术的实用生活形态和实用功能目的决定了工艺造物思想为实现功能和目的所做出的努力。传统的民间文化意识、社会环境及科技思想等，构成了民间美术工艺造物思想的价值尺度，方法论上也确定了民间工艺造物思想的主观与客观、情感与理性等的交融统一的基调。造物思想在实用功能下重视人与物的亲和关系，是感性与理性交织的造物思想。蕴含了丰富的实用科学涵义。

中国传统文化认识论的世界，是有机统一在一起的，人与客观世界是相互包容的。"天人合一"的思想——主张人与世界的沟通融合。将内心与外物协调的认识思想把人与天地等同并列，人是宇宙本体的构成部分，抽象为特殊尊严的理性存在，对民族思维方式有重要的影响。中国传统文化的现实原则根本地讲是生命化原则。生命的意义是衡量一切的价值标准，对生命原则的体验是人们认识世界的准则和尺度。在天地宇宙与人同为一体的认识论中，自然是内在于人的存在，认识和把握世界的真理——人以本己的心性去体悟宇宙之道，人处在主体的位置上。民间文化能体现认识世界的现实原则，能顺应自我的感性心理和自然生命性情。民间美术的工艺造物思想反映出重视整体意识和直观的感性把握，重视人的内在心理的体验等特征。传统的造物思想与西方传统文化认识下的科学理性认识有较大的不同。强调数理运算的思维方式，用知识和理性的力量来遏制人的内在感性因素，是西方科学理性认识的重要特征。这种认识世界的现实原则和造物思想带来了人类内心的疏离，为克服人与物关系的片面认识，有识之士正在做出努力。

民间美术工艺造物注重人的内在心性及道德伦理等因素，使造物具有实用功能与注重心理体悟结合的特征，是中国传统思维方式物我一体化的体现。中国传统民间文化把人视为主体，以物相补助，使民间工艺造物在注重实用功能时对人自身的热切关注。北方四合院的向心格局是以自我为本的观念和宗法伦理观念使然。靠背椅倚坐的舒适感，正襟危坐的姿态和心理感受是作为长者的威严与地位的象征。这种重内在心性的造物思想具有实用功能的合理性与使用者心理的稳定性的特征，至于民间服饰、陶瓷等心理情感因素更是显而易见。民间传统的伦理观念和社会意义渗透于民间工艺造物的过程中，人的主体性和情感性在实用造物形态中使物与人的内在心理相沟通，表现出重视实际功用和思想情感的人文观念。

传统民间文化认识论重视人与客观世界的融合沟通，从人的心灵出发，以人生需要为目的的主体意识影响了工艺造物活动。就民间造物的整体观念来看，蕴含了丰富的科学涵义，体现了实用理性精神。在追求自然生命需要的生产中，民众总结积累了丰富的自然科学的知识。民众在农具、建筑营造、印刷、造纸等制造方面取得的成就令世界瞩目，表现了民众在遵循传统思维方式的前提下的思维的明晰性，在清醒的科学理性意识的召唤下改善自身的生存生活环境的创举。建筑技术、车辆制造技术等体现出民间工艺造物思想的科学理性对实用价值实现的恩惠。民间美术工艺造物的科学理性知识，来源于人们的经验认识和总结；它的实用理性，随着民众自身需要而发展，建立在人们实用心理的基础之上。民间美术工艺造物实用功能的实现是人的心性与科学理性交织融合的结果。

民间工艺造物的整体意识是"天人合一"及天与人、文与质等统一观念的体现。自然物与人造物是客观的整体，造物的整体与局部是对立统一的。这种整体的造物原则只有和谐统一才具备造物的完整性。造物作为从自然到人工的过程和结果，在选材、技术加工等过程中重视科学性能的发挥，强调人与物的同构效应。自然环境、自然资源是民间工艺造物的源泉和物质条件，适应、协调自然及生态环境。工艺造物取决于地理环境和物质资源，造物是对自然的适应和充分合理的利用与开发。窑洞、四合院等是不同地理环境中的民居样式，蜡染、织锦、丝织品等是多水、产染料的产棉区、养蚕区的产品。这是民间工艺造物对实用生活的追求，是民众对自然的合理开发利用的表现。"天有时、地有气"的造物与自然的关系是人与宇宙天地和谐统一的整体关系。

中国传统文化中的道、气及五行说在民间工艺造物思想中发生着重要的作用。道是近乎自然的最佳境界，民间工艺造物的技是达到这一境界的手段。气具有生命起源的意义，气化生万物，万物皆以气为根本。五行说是古代哲学中对大千世界的物质形态所作的假定性分类，水、火、木、金、土象征了五方、五色、五帝、五味、五音等。巫术在民间工艺造物的过程中有较大的作用，科学理性明显地表现出自身的无力。科学与巫术意识在民间工艺造物中是水乳交融地共存于同一躯体中。

在民间工艺造物中民众对材料的认识是充满传统思维观念及情感和伦理色彩，在科学理性意识中反复陶冶的认知结构。在民众获取和利用材料的过程中，以科学理性为认知手段。科学理性的表述打上了人文意识的烙印。"生命一体化"的相融相生的原则及五行说等对人们认识、利用材料起了影响。民众常将某种理性认识与某种认识思维观念相联系，科学理性经验才充分发挥其作用。

民间美术工艺造物的实用观念是重视主观与客观、技术与艺术相融合的创造。尊重人自身内在心灵的要求及与宇宙天地相协调的思维观念超越了对科学理性的把握。认识和造物观念抑制了科技的进步与发展，现时的背景下，造物思想对现代工业设计具有多方面的启示。

四、民间美术的生活形态

民间美术保持了原始艺术的复功用性。这些性质决定了民间美术的实用形态，使民间美术与民众的日常生产生活紧密相连。

民间美术作为生活的一部分其特征是显而易见的。实用生活的功能和目的是生活的基本要求，民间美术的实用造物形态体现了对实用生活功能的实现，作为结果或作品形式是生活内容的一部分。民间美术不是纯粹形态的审美创造，创造目的是为满足实用生活的功能，实用功能实现的同时，创造了具有审美性质的艺术作品。这是民间美术在与人们衣食住行的现实生活相交融。这不能说明民间美术层次的低下和艺术品位，艺术存在创作途径和形态功能的不同及创作主体的差异，不能决定艺术价值的高低。

民间美术作为艺术形式或艺术活动是生活过程的一部分，它具有实用功能为实际生活服务，以艺术形象影响人们的思想情感。还以生活的形式参与到社会生活中去，成为社会生活的组成部分，具有动态的生活过程的意义。许多祭祀、游艺等活动中的民间美术品其静态特征消融在活动过程的动态结构中，富有丰富多样的生活底蕴。元宵节的龙灯、花灯、面具等既是静态的艺术品，也是民众现实生活的一部分。只有把它还原到民俗活动的动态结构中，探求它与社会生活的本质关系，赋予它以生活内容和过程的性质，才是全面的认识。民间祭祀供奉的丧俗纸扎，造型、色彩具有强烈的艺术性，但它却是祭奉各种神灵，具有象征意义的替代物，这种象征的涵义只有在祭祀供奉的仪式中，才能真正体现出功能和作用。仅仅将其视为美术作品，缺少了生活过程和文化学的意义。窗花剪纸放在展览厅的玻璃框中难以全面体味真实涵义。祭祀活动中的纸扎等，特别是各种玩具乐舞灯彩等，功能目的和审美方式只有在游戏娱玩的动态活动和生活中才能展现它飞扬的神采，以及全面整体的内在涵义。民间美术动态生活的意义表现在它是生活内容的一部分，也表现在某些作品存在的动态性。如许多玩具、木偶、皮影等只有在动态的娱玩表现过程中，启蒙、教化等功能才得以真正发挥，满足人们不同的审美心理需求，真正理解它们存在的文化内涵。

M·巴赫京在论述早期城市的民间创作时指出：民间游艺形式是"处在艺术和生活本身的交界处。这是生活本身，被赋予特殊的游戏的形式。狂欢节上没有表演者和观众之分。舞台会破坏狂欢节。人们不是观看狂欢节，而是生活在其中，是所有的人都生活在其中。"民间美术是静态的艺术创造，渗透到人们生活的各个角落，是生活的存在形式，是生活情境本身。民间美术自然地参与到民间社会中，调节人们的生活。特别是丰富的民俗活动，是民间美术作为生活内容的表现形式。

民间美术作为社会和生活整体的一部分，与现实生活重合的性质得到证实。随着时代变化，美学和艺术的内涵在不停地发生变化，艺术和非艺术的界限越来越模糊，各门类艺术之间也相互交叉，呈现球面连接。从原始艺术来看，原始彩陶径直是原始先民的生活用器，有对称、光滑等形式美感的石斧、石刀不过是农耕生产的工具，耳及文身也不见得是为美观而装饰，红山文化的地母像泥塑或许仅存在巫术意义，说明艺术概念的开放性。审美需要和艺术创造是每个人共同具有的，每个人都以自己的审美认识来进行造物活动、艺术欣赏。

民间美术体现大众美学的特征，百姓在发现生活的审美价值方面有特殊敏感性。他们从自我切身的需要出发，寄托了自己对美好生活的希望，从事满足生活需要的造物活动。从民间的造物活动来看，是为了满足自身生活的需要，这种造物过程和造物品中是生活主题与艺术主题与审美意识的统一，民众在造物活动中汇集了生活的希望、生活的情趣，是生活的过程。

第二节　民间美术的文化功能

一、民间美术与民俗文化

"民俗"被作为学术概念的提出和使用是现代的事，在五四运动前后由国外传入。在我国古已有之对民俗的重视，以"风俗"称之。孔子曰："移风易俗，莫善于乐；安上治民，莫善于礼。"；《汉书》载："上之所化为风，下之所化为俗。"这解释将民俗的基本涵义概括出来，人人传习自我教化的习俗。五四运动前后，北京大学发行的《歌谣》被看作是我国民俗学研究的起点，中山大学第一个民俗学会和《民俗周刊》的编辑出版将民俗研究提到新的历史高度。早期的民俗学研究拘泥于文学的角度，由于历史的原因民俗学研究后来陷入沉寂状态，直到20世纪70年代末，北京的学者倡议发起对民俗学的研究，民俗学研究进入全新的历史阶段。西方"民俗"用语的诞生，是由威廉·约翰·汤姆斯提出来的。在此之前，有许多对古老风习的研究，也无统一的研究范围和研究对象。19世纪70年代末英国"民俗学会"的成立使该学科获得了国际的认可，出现了不同的民俗学研究学派。1979年，联合国教科文组织的"亚洲口头传统文化研究会议"上提出了民俗的分类；其中门类之一的物质文化传统包括了艺术品、建筑、服饰及木偶等。四个门类的划分注重语言传承、信仰传承和音乐、戏剧传承，物质文化传承也是重要的方面。

民俗学的研究已成为国际性的学科，但对民俗学的概念、研究对象及学术研究取向，尚未达成一定的共识。无论哪种观点，都包含了民俗具有普遍模式的生活文化，是社会的、集体的，是传承的社会文化现象。民俗的存在有两种形态——文化的、生活的。民俗呈现为民俗文化和民俗生活，作为民俗的文化形态已形成人们的共识。钟敬文先生曾主张以"民间文化学"代替"民俗学""几十年来，世界学界民俗学的范围在不断扩大"。民俗的"俗"扩大到文化意义上去了。民俗作为文化，它是相对静止，表现为文明的结果、知识的积累，是文化传统的具体表现。人们通过分析民俗，透视文化现象。民俗学对文化形态的民俗予以充分的重视，中国民俗学把民俗作为文化来研究的，西方的人类学派、传播学派等是将民俗作为文化现象来看待的，对文化形态的民俗的重视体现了民俗作为历史的一面。以文化形态为取向的民俗研究注重民俗事象，将民俗活动中的活动主体剔除出来，将民俗简化为图式研究，这种研究具有可取性。民俗是一种动态的，表现为活动的过程和生活的事实，是活生生的民俗事件。将民俗活动主体和文化模式放置于整合的过程中，是生活整体的研究。这种研究方式和学术取向成为民俗文化形态研究的借鉴，导向全面整体的民俗理论研究。

民俗作为社会生活文化，有具体复杂的内容。其范围广大，种类繁多。国外对民俗研究对象的分类不再赘述，国内划分也各有特色——经济民俗、社会民俗、信仰民俗，游艺民俗。

有从民俗活动主体的表现形式出发——心理民俗、行为民俗和语言民俗；也将民俗分为物质生活、精神生活和社会行为民俗，民俗自身特有的内容与形式使社会文化现象得以充分表现。民间社会创造和流传的各种文化与民俗文化相连，对民俗事象的产生与发展有所规约。民俗和民俗学研究具有独立的学科性质，有独特的研究领域；独立性不是绝对的，民俗学与其他多种人文学科建立了联系，与人类学及心理学等都有所关联。民俗学与文学艺术的关系更是水乳交融。文学艺术曾经是民俗学研究的主体。从广义的文学艺术来看，民俗学与艺术学的研究是薄弱环节。民间美术作为艺术学的部门与民俗学具有近同的性质。民间美术是民间文化的形象载体。历史上曾将民间美术作为民俗学研究的一个部分——"民俗艺术"，缺乏自身独立的性质。

民间美术与民俗的关系是相互依存、融汇交织在一起的，二者的关系由民间美术特殊的性质决定。首先因为民间美术是民间文化的表现形式，与民俗紧密相连；由于民间美术与民众生活的联系，对实用功能和精神功利性的要求，使民间美术与民俗活动密切相关。民俗活动无论是作为社会文化的结构还是呈现为生活整体的动态面貌，美术都与它具有内在结构和表象的联系。研究民间美术须把它"当作民俗现象来考察，不研究它与其他民俗活动的联系，使民间艺术失去了依托"。

民间美术与民俗具有相同的性质。农村社会背景成就了民间文化的基本内容，是民间美术生成发展的生态环境。民间美术深受民间文化的影响，保持了民间文化的特征。民间美术具有民间文化的性质，是民间文化重要的表现形式。民俗事象作为民间文化的历史积累生动地反映了民间文化的性质特征。民间文化观念规约了民俗和民间美术的性质，民俗和民间美术是民间文化观念的符号。

民俗和民间美术属民间传统文化，民间文化在民俗和民间美术中得以形象地体现。民间文化更富有稳定性，民俗和民间美术自身延续性、模式化、地域性是传统文化的体现。民间文化的传承传播方式以物承、口承为主。民俗和民间美术是民间文化传承传播方式的重要形式，民俗、民间美术延续、传承也以物承、口承为主。民间文化的传承性决定了民间文化具有保守的一面。民俗和民间美术也是动态发展的，民俗作为生活整体的形态更是如此，民俗和民间美术的发展是民间文化变异性的体现。由于社会环境，及经济、政治、文化上的地位，使民间文化带有与现实生活密切贴近的性质。民间美术的生活的原初性，民俗活动的生活文化的性质，带有强烈的现实生活属性，体现了民间文化的现实生活特点。

民俗与民间美术是民间文化不同的表现形式，二者也有相同性。民俗——文化形态的民俗事象，是文化的符号，又是生活的情境，是活动的过程；民间美术是文化的结果，也同样是动态的。民俗与民间美术的活动与创作主体，及创作和生成环境具有交叉重叠的特征。民俗之"民"与民间美术之"民"交互存在，互相浸透。

民间美术与民俗具有相同的文化性质，民间美术与民俗的存在状态直接地体现了这种关系。民间美术是社会习俗的物化形式，民俗是民间美术发展的文化源泉。远古民俗在史前时代已存在，远古的生产习俗及饮食习俗、人生习俗、岁时习俗已影响了原始艺术。如果说原始生产工具及其他巫术用品等是原始艺术的起源，民间美术、民俗美术在原始艺术起源的地方产生，民俗成为原始艺术诞生的基础。如果难以确切证实和考察结论的真实性，众多民间美术品类的形成与发展提供了显见的事实。供奉祭祀用的神像、礼仪用具、神像画是民间信仰崇拜民俗的产物，大部分承担了人们祭祀信仰的愿望。风筝、剪纸、玩具等逐渐脱离原初的目的和功能，大都是起源于祈福攘灾的民俗活动。风筝释放晦气、剪纸招魂、泥娃娃是由祈子的拴娃娃求生习俗演变而来。许多民间服饰、宅居等与民间服饰习俗、居住习俗等密切相关。民间美术创作以民间习俗为基础，如果缺少了民俗活动这一丰饶的土地，民间美术不会呈现多姿多彩的景象。

民俗活动是民间美术的创作基础，民间美术的内容与形式受到民俗活动和民俗心理的约定。民俗心理和民俗观念是内在的民俗结构，民俗事象则是外在的活动内容。民间美术作为民俗活动体现了民俗的观念和心理，是民间文化观念的体现。春节的年画、婚礼的喜字花、祝寿的枣馍等表现为民间美术的精彩创造，是民俗事象在特定民俗活动中的显现，体现了不同民俗活动中的民俗心理。是民间美术作品的形式构成体现了不同的民俗心理、观念，出现的程式化的纹样，热烈鲜明的色彩等很大程度上受到民俗心理的制约，如福、禄、寿、禧的内容都是民俗观念使然。一件绚丽诡秘的凤翔泥挂虎，色彩及纹样传达了镇宅祈禳、吉祥如意等整体涵义。其他建筑的风水观念、信仰等主导着各种民俗活动和美术的创造。是民俗观念与美术的内外关联使民间美术成为民俗活动内容的一部分。民间美术受民俗观念、心理的支配，承载了艺术图式以外的种种涵义。也有许多民间美术脱离民俗的制约，但民俗的影子却时隐时现地存在，使民间美术呈现迷离的状态。

民俗活动包含了民间美术，为民间美术的创造提供了素材和原动力，民俗活动和民俗观念规约了民间美术的创造。民间美术又丰富了民俗活动的内容和活动情境，反映了一定的民俗事象。

民间美术以其形象、生动的形式强化了民俗的活动情境，使民俗的生活整体过程具有动态性。民间美术是被视为动态的民俗事象，不仅仅是静态的艺术形式。新年的年画、门笺、枣山馍、儿童生日的礼摸、虎头帽、婚礼上的"喜"字花、绣花鞋、居宅上的砖雕、木雕、居室格局及奠基、上梁立柱的面花等，无论是岁时节日民俗、居住习俗，还是饮食、游艺、竞技民俗，民间美术都丰富了民俗活动的气氛。民间美术是民俗的重要组成部分和民俗活动的重要内容，使我们看到民间美术的民俗价值及其生活内涵。民间美术贯穿于民俗活动中，是有形的文化、具体化的民俗，具有高扬民俗的社会意义和价值的作用。

民间美术与民俗有着难以割舍的联系，美术以民俗活动为基础，民俗活动以民间美术为表现形式。民间美术也不就是民俗美术，民间美术远离民俗而独立存在的，随着社会的发展，二者的关系可能使许多民间美术的品类走向相对独立自存的发展。民俗主体与民间美术的创造主体有所差异，民俗之"民"与民间美术之"民"不是同一的，民间美术之"民"具有较强的阶层，范围较小。民间美术与民俗是紧密相连的，是传统的民俗与民间美术关系尤为密切。

二、民间美术在民间文化中的作用

民间文化观念作为传统认知方式、价值准则和认识成果的积累和传承、传播，对人们现实生活的思想意识活动起着重要的作用。影响和支配民间美术创造活动的观念意识，与民间文化观念相联系，民间美术是民间文化观念的物化形式和重要的传播载体。对应民间文化的民间美术创造，与上层文化的宫廷美术、文人美术，也是士庶交流，反映了各自不同的文化观念和审美创造思想。

人类意识活动的对象和内容不外乎主体的内部现实和外部现实——主体的内部心灵世界和外部环境世界。中国民间文化观念作为民众的认知方式，内涵是由内部现实和外部现实的认识结构构成的。民间文化观念内涵的内部现实的认识成分是民众的自觉意识，是对人们的社会要求的肯定，显得诚实、坦率，有时过于裸露。传统民间文化观念对外部现实有一定的科学理性，对超出自身认识的事物作出了非科学的解释。民间美术的创造常常关联了社会生活的要求，并且不为纯粹的审美创造去从事艺术活动；由于执着的生命要求使人们不得不寻求非科学信仰的支持，致使原始崇拜观念渗入并长期影响民间美术的创造活动。信仰风俗及民间诸神是民众解释外部世界的结果。构成了作为认识成果的民间文化观念的基本内涵，深刻影响了民间美术的创作观念。

在民间美术审美创造活动中民间文化观念的形态化，吕品田先生将其概括为"求生、趋利、避害"，在民间美术造型中体现为"恒常的主题"及其功利倾向。功利倾向是：希冀宗族门姓承传延续，盼求日常生活丰衣足食，期望社稷农事免灾无害。三种主题包括了祈子延寿主题、纳福招财主题、驱邪攘灾主题。这三种主题的归纳划分具有相对性，但功利性倾向是显而易见的。功利倾向是民间文化观念作用于民间审美创造活动的结果，功利性的倾向是乡村民众认知方式的体现。民间美术与民间文化的关系得到直接的表述。

民间美术作为民间文化观念的形象化的载体，为民间文化的传播起了重要的作用。各式各样的民间美术品表达了民间文化观念，使间美术与民间文化在形象与含义、内容中，民间美术充当了民间文化观念的传播媒介。民间美术的物质形态化与包含了传说、神话、谚语等和以民俗活动等为主的事承文化构成了民间文化的传承结构，成为民间文化的传承载体。

植根于农村社会的民间文化受农村社会形态结构的影响，成就了民间文化观念的基本内容；充当了民间美术生成发展的文化背景，影响了民间美术的创造观念。民间美术广泛流行于民间社会的特定环境中，体现了民间文化的精神，是民间文化观念的形象载体，具有民间文化的诸多特征。

三、民间美术文化形态的社会意义

马克思主义认为：人类的历史活动掌握包括自然界、社会和人本身在内的对象世界，人掌握世界的方式是大系统：实践掌握和精神掌握，艺术掌握是精神掌握系统中的掌握形式。艺术掌握世界的方式看作是人类的心灵观照世界整体的方式，是人类进行艺术生产的方式。艺术是特殊的意识形态，同宗教、哲学等都属于为经济基础所决定的上层建筑，是生产形态。马克思在《〈政治经济学批判〉导言》中对历史唯物主义作经典表述时明确将艺术归入社会意识形态，恩格斯《在马克思墓前的讲话》中认为艺术具有上层建筑意识形态性，马克思、恩格斯在其他文章中也涉及了艺术的意识形态性。

民间美术具有意识形态的本质特征。是人类意识活动的产物，它深受民间社会背景、文化背景及生产、生活方式的制约，还是民间社会生活的反映，是民间文化的反映。民间美术的意识形态表现为精神性的文化形态，具有精神性的审美、认知等功能。艺术距离经济基础较远，民间美术的实用功能深受物质生产方式的制约，这种与现实生活的紧密关系是民间文化的特征。艺术作为意识形态是对现实世界的反映，社会生活包括客观现实的，也包括主观精神领域的生活。民间美术作为意识形态精神性的文化式样，反映了民间的认知方式、思想理念和创造动机等，是精神性的文化形态。

美术又不同于文学、戏曲等精神性较强的艺术门类，它是人类文化的客观存在，是物态的文化形态。马克思主义的艺术掌握理论认为艺术是生产形式，肯定了艺术产品形式的物质性，是"物化"的精神产品形式。艺术产品的"物化"形式不同于未经物化的思想观念，它是意识形式，也是物质形式，而且一经产生就具有相对独立性。戏曲、舞蹈等作为艺术产品是人们观念、思想的物化形式，而美术具有造型性、视觉性及物态性的特征，是更为实在的物质性。当美术作品被作为物质性的形态创造出来，是客观存在于现实世界当中，成为人们感知和进行思维的客观对象。客观实在性不同于其他现实世界的自然物质，具有人工性，具有鲜明的文化性特征。这种文化形态与其他意识性较强的文化形态如哲学等，是实体性的文化式样。

民间美术品类作为人工化的造物一经诞生，文化形态的客观现实性也就生成了。它是构成民间物质和民俗生活环境的造物品，在丰富、改造客观世界的面貌，使现实世界打上了民间文化的烙印。民间的剪纸、年画、杂画使现实生活环境更为绚丽多彩，生活用器用具为人们的生活带来便利，是人们生存空间的组成部分；家居陈设是以其庞大的物质性参与民间社会，改变了民间的生存生活环境。北方的四合院、闽南客家的土楼、湘鄂山区的吊脚楼等都使民间的生存环境改变了面貌，与自然一起构成了新的自然。至于各种游艺竞技用品更是与民俗活动共同创造了相对独立的文化世界。不仅是民间文化的产物，同时又构成了新的客观世界。

民间美术品作为客观的文化形态参与到自然和民间社会当中来，发挥了重要的文化作用。这种作用以物态化的文化生活环境组成"文化圈"，对人发生明暗程度不同的影响。它潜移默化地造就、影响了人们的价值观念、行为准则等各方面。马林诺夫斯基曾把这种文化环境喻为试验室。人工的环境或文化的物质设备，是机体在幼年时代养成反射作用，情感倾向的试验室。庶民百姓为五彩缤纷的民间美术的物质文化形态所包围，物态文化和文化环境塑造了人们的经验和行为，人也成为这种环境的新的"造物"。民间美术的物质文化形态具体地组成了生活内容的物质文化世界，构成了人文风习的文化基础，对民众产生文化的作用和影响，具有重要的文化参与功能。

民间美术作为文化形态具有两种存在方式：意识形态的精神性的文化形式；物质形态的文化形式。二者的显隐程度不同，表现的功能意义也不尽相同。在强调民间美术的意识形态的功能的同时，重视它的物质形态的文化功能，充分认识民间美术作为物质文化形态参与自然、社会具有的现实意义。

第三节 民间美术的审美系统

一、民间美术的审美创造心态

民间工艺造物的目的和基本功能是为满足人们生存生活的需要。人类与动物相区别不仅因为人类能进行物质生产劳动，同时，"人类的特性"在于人活动是"自由自觉的活动"，人类的劳动是有意识的自觉的创造活动，劳动不是为了满足物质生存需要的劳动。人的创造性与人类的特点直接联系，这种劳动为满足人类需要的丰富性和多层次性的劳动，是主观能动的全面的人类劳动。如同马克思在论述"异化劳动"中指出："实际创造一个对象世界，是人作为有意识的存在物的自我确证。动物也进行生产。为自己构筑巢穴或居所。但动物只生产它自己需要的东西；动物的生产是片面的，人的生产是全面的；动物只生产自己本身，人则再生产整个自然界。动物只按照所属的物种的尺度和需要进行塑造，而人按照任何物种的尺度来进行生产，且随时都能用内在固有的尺度来衡量对象；人也按照美的规律塑造物体。"马克思将人和动物的生产分四方面进行区别，最后指出动物生产活动的有限性。动物生产满足的是肉体的、基本的生理需要，人的生产摆脱了最基本的生理需要，为满足人类丰富多样的需要而进行生产。民间造物在摆脱了造物的第一需要，在以民间固有的审美尺度，按照美的规律进行造物活动。

在原始人类的造物活动中，实用与审美相交织和无利害的审美创造心态同时存在。审美活动是客观存在和时常发生的。博厄斯说审美愉快能够被所有人类感觉到，那些最贫困的部落也能创造出审美愉快的作品，在审美因素不背逆于原始艺术实用功能目的的情况下，自然而然地形成自律性的发展，导致对实用功能目的的偏离。

民间美术的创造心态是实用与审美交互存在的，民间美术的审美功能和意识有着突出的特征。民间美术向人们显示了庶民百姓协调审美与实用的能力，实用特质与审美特质表现出完美的谐调。即使纯粹实用的生产工具、交通运输工具，在造型以外，合乎视觉规律的选择是人们对形式美感产生兴趣；而桌椅几案、坛罐杯碗形式造型的美感更令人称羡。这种状态是民众将实用与审美因素逐渐融合起来，使器具获得了富有美感的形式。当然在人们不具备审美心态的创造活动中，结果是使创造产品具有意想不到的审美形式，使创造者的行为成为审美创造活动；有可能在进一步创造中使物品渗透这种审美因素。民间美术的创造活动中，审美创造心态和因素与其他功能目的是结合在一起的，对造物实用功能和目的的关注不是绝对和纯粹意义上的，常受到审美创造心态和审美因素的影响和制约。民间美术的审美创造是实际存在，有时是主要的创造心态和创造目的，使审美功能独立出来。庶民百姓在致力实用功能实现的创造过程中，获得了闲暇和心绪，使他们进行与实用目的若即若离的审美创造活动。许多建筑木雕、砖雕及服装饰品是人们将主体的审美情感附着其中，使某些造物的实用意义在情境结构中转化为审美功能。这种审美心态不断强化的过程中，审美因素和意识在不断地丰富和加强，民众对形式规律的把握、审美经验的传播等，都在使民间美术审美化的步子不断加快。

民间美术中许多具有精神性的实用意义的创造。随着社会的进步，支撑形式的观念和目的渐趋衰退，致使形式和目的日益分化，创作心态以审美心理为主。春节张贴的年画，最初是以巫术性的功利意义为目的，最早的门神画神荼、郁垒是驱邪避凶的保护神，演化出文门神、父子门神等多种形式；及象征吉祥如意、五谷丰登和娱悦性的各种体裁形式的年画。特别是年画、剪纸等，仍然以表达民众对向往美好生活的祈愿为目的，精神和观念上的功利追求通过带有审美色彩的装饰环境来实现。民间美术的精神性功用是通过审美功能的实现来实现的。

民间美术的审美创造意识和审美功能是一直存在的，是民间美术功能结构的重要部分。但审美形态不是民间美术存在的主要形态，审美功能依存于民间美术的其他功能中。是民间美术长期处在艺术与生活的交界处，较少具备纯粹艺术的性质的重要原因之一。

二、民间美术创作的存在形式

民间工艺造物活动渗透了强烈的民间审美意识，使审美创造活动和审美功能成为民间工艺造物的一个重要特征。但民间社会环境和民间文化观念深刻影响了民间审美意识的存在，决定了民间审美意识发展的特殊性。

原始社会人类造物活动的审美意识是混沌统一的状态，重叠了实用意识等，随着社会的发展，人类各方面的观念逐渐发展和加强。随着生产力和生产关系的发展，产生了相对独立的精神生产部门，审美领域的规律性的认识进一步提高。民间审美意识的发展遵循普遍规律，民间审美意识具有自身发展的特殊性，与以农耕为主的自然经济状况和民间文化观念相关联。

中国历史上也出现了农业与手工业的分工，这种分工是以家庭为基础的，缺乏复杂细致的社会性分工。农业与家庭手工业的发展是结合在一起的，是自然经济的基础和自给自足的保障。"一夫耕，一妇织，衣食百人"。男耕女织的家庭生产模式，是封建社会的经济链条运行的前提。中国古代的家庭有着严重的封闭性，即使出现了集体协作的工艺作坊，但没有形成商品生产与交流的主导力量。以家庭为生产体制的结构，由家庭手工业和以谋生为主要目的的专业户分化为作坊的形式，技术的所有权掌握在家庭内部、直系亲属手中，缺乏集体协作的大规模生产和商品的广泛流通，根本体制并没有改变。

从民间美术的诸门类品种看，大多不是作为纯粹艺术的创造。富有审美意义的年画、剪纸，是纯粹的审美创造，很长时期内表达了人们求生趋利为主的功利意愿；木偶、面具、及灯彩等是人们娱悦消遣的道具，也是由趋利避害的精神性实用功用发展而来；祭祀供奉的纸扎、神像、面塑礼花及礼仪用具具有艺术造型性，表达的是民众的信仰祭奉心理；许多富有造型意义的建筑营构、家居陈设及某些生产工具等更是实用价值为主的创造。它们都出自农家之手，与节日习俗、馈赠习俗及饮食习俗等密切相关，与民间的日常生产、生活融为一体。

从创作者和接受者的状态看，缺乏艺术生产的专业化形式。民间的美术活动是业余的，以自娱、自我欣赏为主要目的，是最大众化的生产形式，是庶民百姓依据自身进行的自由、随意的创造。艺术生产创造活动是零星的，也是小规模的，自然形不成专业的生产形式，在民间存在是最为普遍的。也有为聊补居家生活，利用农闲时节和工余，带有半职业性、半专业化的美术生产活动。它以家庭或村落为单位，具有随意性、季节性，不具备专业化生产的全部目的。如山东潍坊的杨家埠、高密，是传统的年画、泥玩具、剪纸之乡，在今天其生产制作也大多是在农闲季节，大都是在生产不紧张时节，以家庭为单位。后来特别是近现代以来，出现了以交换为目的专职生产者，有职业游方艺人，也有职业匠户的作坊生产，因为他们尚未完全脱离原先的生活基础，仍然不是完全意义上的职业艺术生产。后一种形态标志了民间文化的变异趋势，致使有可能向专业化方向发展。这种性质和状态又在向上层和雅化发展，逐渐与民间社会脱离。而前两种形态，基本上是民众自作自用，其创作者和受用者都是庶民百姓自己。民间美术没有形成相对独立的精神生产部门，专业意义上的职业艺术家较少存在。

民间美术生产在民间较少形成独立的存在形式，这种民间美术生产的经济背景和不仅决定了民间审美意识的发展，还造就了民间审美意识的特征。

三、民间美术审美意识的特性

中国传统的美学思想："美"最早是与人的味觉相联系的。味觉的快感包含了美感的萌芽，显示了美感具有的与科学认识不同的重要特征。以味为美的起源观念，"美"与味觉快感联系在一起的。两汉以后的文艺理论评著，常将"味"与艺术鉴赏相联系。中国传统对美的认识直接从身体感觉的对象中触发的，原初的美的感受是对人需求充实的愉悦感。实质内容是人们感受到的某种事物合人意，使人情感产生愉悦的幸福感。最早的意识中，"美"与"善"是混沌未分的，"美"有时是"善"，善引申含义又有吉祥、美满，这类含义在古代是合道理的，"美"和"善"有互训关系。在中国古代，美的事物不一定是善的，善的东西却是美的。中国传统的审美意识注重对人生生命价值的关注，是合于人的生命功利目的的善的内容。中国民间审美意识与传统审美意识是一脉承传的，传统审美意识在民间文化和上层文化中的发展情形不尽相同。民间审美意识更多地继承了传统审美意识的原初意义，更切实、执着于人的生命价值。

民间审美意识深受中国传统审美思想的影响，也深为民间价值观念所浸透。价值观念是价值关系在意识中的反映；当主体需要得以满足，便是有价值的，符合人们的价值需求判断。价值判断肯定或否定的态度反映了主体需求的程度，表明了自身的好恶取舍的行为方式。民间价值观念注重现实人生，追求主体的物质或精神性功利目的，是功利性较强的价值观念，价值观念的形成与民间所处的现实生活环境密切相关的。中国的大部分乡村，谋求基本的物质生活资料有时难以保障的，天灾、虫害等侵扰着人们，尽管人们不停地与之抗争，结果却又不尽人意。各种人生问题及思想意识困扰着人们渴求幸福的心理。如人的生老病死，人的尊卑贵贱等都是难以逃避和难以解答的问题。人的切身利益和功利需求，是人们要解决和满足的，成为人们个体行为和整个社会活动的共同目的。其中难以解决的愿望和要求，人们则诉诸精神性的手段。这种合于目的的实用，在民间价值观念中成为中心内容和价值尺度。对事物的价值判断以物质或精神的功利需求为依据。中国民间的功利性价值观念从人的内在心灵要求出发，以切实需要为目的的民间文化观念的实质体现。民间审美意识和民众内在需求与现实满足之间的关系，浸透了民间价值观念的功利性。

民间审美意识表现出来的功利倾向是精神性的。民间审美意识以人生要求和生命需要作为审美理想，以主体自身的功利意愿为审美选择和标准。民间文化观念中善的观念是美的观念，合目的性的事物是审美创造和观照的目的和对象。民间审美意识蕴含了强烈的功利性意识。民众相信，门神能镇宅辟邪，纸扎能抚慰亡灵，花灯能驱除邪魔；譬如春节张贴、焚化的各种纸马等，都表达了人们对人生的追求，对美好生活的理想、向往和祈愿，通过某些审美的形式表达出来的。许多游艺类的民间美术品，魅力是和游艺过程结合在一起的，其动态的活动过程使参与者的心理需求得到满足，通过对审美观照激发了主体的审美想象。审美想象中主体的功利得到了现实满足，获得自我肯定，在现实的满足中，合目的的善转化为自我力量对象化的美。

民间美术的品类中，对吉祥的渴求，对生命的关注和信仰无所不在，民间审美创造是趋于对善的肯定。民众喜欢以善的形式揭示对美的渴求。"红红绿绿，图个吉利"的民间技艺口诀道出了色彩观念，同样是吉祥功利意识。色彩的灰暗背离了民间的审美理想和情趣，人们期盼"红火热闹"，就是说红火热闹才是合目的的，符合审美判断。那些看似夸张浪漫、抽象的造型形式是独特的民间审美观念的外化，民间的农夫村妇们不理解毕加索、马蒂斯。审美创造中几乎看不到凄惨、贫弱的形式，这是人们更乐于通过对善的肯定表现。形式特征中构图的完整、对称；色彩的鲜艳、爽朗；造型的完美性、随意性、意象性等，反映了民间美术审美意识中的功利性特征。

审美的超功利性在于它是实现了的功利，在于它是替代性实现了的功利。审美不是完全、绝对超功利的。民间审美意识具有强烈的精神功利性，对美的认识与感受和对善的认识与感受是统一的。审美意识保持了中国传统审美意识的原初意义，具有执着地关注人的生命价值的性质，是现实、功利的美学，与中国传统的社会环境和文化背景有深刻的联系。

四、民间美术审美功能的多样性

实用生活目的从第一件工具的诞生开始，具支配意义。以实用为目的和以审美为目的的艺术创造虽有着质的差别，但体现了物质与精神生产的关系。民间美术同构于原始艺术的混合性，其审美价值和功能更为突出。

艺术的精神性功能在于对人的心灵产生有价值的贡献。艺术对人的精神产生的功能作用具有整体性，包括感觉、想象、认识等，促使人的精神活动的各方面协调发展。艺术的精神作用以感性审美的形式出现的，艺术的审美功能是它的主要功用，其他精神功用伴随着审美活动的展开进行。由于民间美术特定的文化背景及审美意识的功利性，使民间美术的审美功能受到其他精神功能的影响，呈现出审美功能的混沌统一状态。

艺术创作是形象思维的过程，以感性形象的方式来把握世界，艺术作品带有感性直观的特征。民间美术作为感知审美对象，对人们审美感觉的形成和发展起了作用，在人们创造和欣赏艺术品的过程中，使人的审美感觉变得丰富敏锐。民间美术的形式特征是实现审美愉悦感的反映。民间美术的形式特征服从于特定的审美趣味和审美理想，体现了民众对审美感知的关注。民间纺车，结构的对比均衡与和谐，有强烈的形式美；竹编背篓，造型饱满有力，还编织出各种美丽的图案；不同的民居屋檐，屋檐画出的线条或舒畅潇洒；剪纸、皮影等更是以悦目的视觉美感形式幻化出审美的世界。民间各种技艺口诀，以审美为内容的记录是人们对视觉形式规律的感性把握。

这种感性审美功能具有愉悦人的身心的作用，获得比现实生活中更强烈的审美体验和感受，象征性地改造世界，获得精神上的美的享受。民间美术的审美想象是自觉性和有目的性的想象。想象过程中审美的快乐体验是审美作用的结果，促进了想象力水平的提高。在民间美术中，审美想象是一种表象的解构，还是一种超越现实的、创造性的想象。民间常见的刺绣马甲、枕头及鞋垫、窗花等的五毒形象，是一种感性直观的审美愉悦，还通过对"五毒"的悦目的欣赏。

艺术是感性形式的存在，具有情感与理性的内容，艺术作用于人的精神的深层过程中，对人的情感与认识发生作用。民间美术具有的情感与理性认知内容是显而易见的，民间美术的情感认知功能发挥了重要的作用。民间美术的情感作用使情感活动更加丰富，能宣泄和充实生活中的情感内容。

艺术在作用于人的感觉和情感时，包含了思想理性内容。人们能从中认知把握，获得理性的认识，认识是将概念和情感形象统一的认识。民间美术的认知功能是非物质性的实用功能，在民间美术中具有重要的意义。实用性的工艺造物中，造物的心理因素，视觉感受等密切相关的；人们对自然的认识与选择，对加工制作经验与技巧的积累已经存在了。民间美术工艺造物中反映出对自然的认识，对经验的积累及造物的完善是认知不断提高的结果。大量的民间年画、玩具等，常以生动直观的形式实现人们的审美情感认知。如年画中的九九消寒图，神话、历史故事等，将某些历史、人生等内容诉诸感性的形象，帮助人们完善自身的智力精神。认知活动与科学理性的思维不同，而是带有审美情感的认知。随着科技文明和教育的普及这种认知功能在不断弱化。

民间美术中除了对静态的作品的思想理性的认识，获得一定的概念知识，特别表现在民间美术大量的娱乐游艺活动中。如皮影、空竹、风筝及其他的儿童玩具是将娱玩机制原理和筹划组织融于其中，起到益智启蒙的教育作用。儿童玩具的燕车、提线鼠、皮老虎、竹节等，都是依据物理原理而设置，融益智开发于审美愉悦的形式。认知教育具有比其他形式更为活泼生动的形式，是更为主动的艺术认知作用，是形象生动的教科书。

艺术对人类的意志、思想倾向及行为方式等都会产生各种影响。教育意义与法律道德的政治教育方式是不同的，以艺术形象的形式诉诸人的感性知觉、情感理智，使欣赏主体在艺术欣赏中接纳其中的某些内容，影响自己的价值观和行为导向。民间美术具有的艺术教化作用有着更为坦率的表现，表现在年画、皮影及许多游艺和祭祀供奉活动中。有历史人物故事、戏曲小说等，形式不拘一格。年画中的"二十四孝图""孟母三迁""日德青岛交战图""水浒故事"等；剪纸中的"老鼠嫁女""挂角苦读""张良纳履"等都劝诫教育世人去恶向善、知书达理、维新自救等。其中也有封建伦理思想和旧观念，"成教化，助人伦"的教化作用较之其他形式却是最直观、形象的手段。这种教化并非是道德伦理教育，也有思想理性认识的教育。民间美术教化功能的实现是在主体与客体的审美交流中，体会到生命的亲切感，交融中审美地把握了某种普遍的社会内容。当着教化作用影响人们的实践，形成社会行为准则和行为方式。

艺术作为意识形态对人的精神产生的作用不同于宗教、政治等对人的精神的作用。精神作用以感性审美的形式出现的，审美功能是艺术的基本精神性功能。审美作用贯穿于艺术的精神功能的各个环节中，伴随着其他精神功能进行。艺术产品的根本价值是以审美价值为主导价值的多样统一。民间美术的艺术形式真和善的内容及其他价值功能具有广义的审美价值和意义，作用于人的精神世界。

第四节 中国绘画的系统化

一、中国绘画语言之三大系统

从中国绘画本身发展的历史来看，陆探微、宗炳等大家的创作为绘画走向成熟奠定了基础，唐代基本成熟，宋代以后获得极大发展，达到东方绘画艺术的最高境界。

唐代作为中国绘画成熟的时代坐标，表现在"线"的发展、"色"的洗练和"墨"的使用。"色""线""墨"，是中国绘画的基本造型语言，是中国绘画艺术的"坚核"，确立了中国绘画的艺术观念。我们研究中国绘画艺术，不能不从"色""线""墨"开始。

（一）"笔墨结构"的解除及其回复变化的原点

笔墨是中国绘画的基本工具和媒材。经千余年的中国绘画艺术自身的发展，笔墨内化为水墨的基本语汇，升华为中国绘画的本体功能和本体结构。美术界人士认为："中国画之美就美在笔墨。""笔墨"成了中国画的代名词。古今画家们一直按照笔墨程式来创作水墨画作品，欣赏者也以笔墨程式来欣赏中国绘画艺术，近年来兴起的现代水墨画，打破由笔墨而升华的中国画的本体结构，提出"无笔之中国画"。

"无笔之中国画"和"中国画要不要笔墨"并不在同一个层面上提出。"无笔之中国画"是用所谓的"板刷"来作的画。主要指不使用一种带有观念而制作的画。传统的"笔墨"不完全是绘画制作应用中的一种媒材，隐含着"语言"的逻辑意义和结构意义，具有"能指"和"所指"的双重意义。"无笔之中国画"摆脱传统笔墨语言缠绕，进入现代水墨观念之文化语境的话语活动。

进入现代水墨的文化语境，停留在一种"反笔墨"的层面上，是不够的，真正达到现代形态，关键是对"笔墨"的转型。传统笔墨向现代笔墨的转型，要做以下两项：对传统笔墨语言结构的解除。各结构因素回归到变化的原点，在原点的基础上再生发、"重建"。"重建"是笔墨语言系统和结构的再造；把传统的笔墨投射到现在和未来的层面，具有现代性和未来性。在这里将这个问题提出来，因为它们对阐述中国绘画语言之三大系统有着方法论意义。我们阐述中国绘画语言系统，须跳出笔墨的语境。"回复到原点"，是回归到形成"线""墨""色"功能结构上。中国绘画里，功能结构是决定其本体内容的，如"以线为骨，骨有骨气""以色赋形，随类赋彩"等，"线""墨""色"，是绘画的本体内容。这种形式功能影响着不同画体。中国绘画的人物、山水、花鸟中，"线""墨""色"主要之职能——人物画重线，山水画重墨，花鸟画重色。

画体发展的充分和不充分，制约着线、墨、色形式功能的发展。如文人画体自宋代以后是中国古代绘画的主流，"墨"之系统发展得很完善。宫廷院画体受重墨轻色观念的影响，自宋代以后没有得到充分发展，"色"就没有像"墨"发展得那样充分。

只要我们离开笔墨的语境，中国绘画的存在形式就是"三元"的"线""墨""色"。

（二）完美的线条系统

当离开笔墨的语境，回复到变化的原点，中国绘画的第一个功能结构的存在形式——"线"。

"线"是中国绘画的最基本特征，《考工记》"画缋之事"，将"线"和"色"作为中国画的基本特征提出来。线是绘画的基础，线条是最基本的艺术语汇。点是线的起点，面是线的扩展。

1. 线的存在形式

（1）"线"的描法

"线"的描法——线描，是广义的"线"的一种。"线描"与汉魏六朝以后的线描有着本质上的区别。早期绘画的"线"是"他律"的，为填色而勾出物像的大体轮廓，《考工记》中的"凡画缋之事，后素功"等，指中国早期的原始的线描形式。"线"的任务是勾勒物像轮廓，线本身的粗细变化和颜色的深浅是无关紧要的。

线描形式只属于汉魏六朝以前的历史阶段，六朝以后，线描已不复存在。

（2）"线"的写法

六朝到唐宋，绘画中的"线"产生了质的变化。东晋顾恺之绘画中的"线"，主要是传统的线描方式。他明确提出"以形写神"——以写的方式刻画人物内心活动与表情动态的复杂性。他在线的描法上极其精细谨微，《论画》："若长短、刚软、深浅……有一毫小失，则神气与之俱变矣！"

顾恺之线的描法，吸收了书法用笔，吸取后汉张芝创立的一笔草书的笔法。张彦远对顾恺之人物画评价如此之高——顾恺之人物画"象人之妙"，顾恺之"描线之美"。"描线美"指顾恺之具有与一笔草书类似的坚韧的线描笔法。线描的高超促成了顾恺之人物画的"象人之妙"的写实艺术成就。

若顾恺之是开创了新的线描形式，南朝梁张僧繇吸取了《笔阵图》的用笔，给新的线描形式增加了新的内容。张僧繇在佛教画和人物肖像画方面有很高的成就，张僧繇的"描线之美"在于吸取了卫夫人《笔阵图》中"点""研"等用笔。用笔使张僧繇的画"笔不周而意周"，并形成了与顾恺之不同的笔意豪迈的"疏体"。

线的写法之妙，至吴道子发展到了极致。吴道子曾学书于张旭、贺知章，书法上功力较深。吴吸取了张僧繇在用笔上的长处，但又不受张之"法度"的束缚，故吴之"疏体"近乎粗放的逸写。苏轼说吴道子画人物如"以灯取影，逆来顺往……运斤成风，盖古今一人而已"。可见吴道子将线的传统写法发展到了极致，促成形似向写意的交替。

（3）"线"的皴法

线从描法发展到写法从根本上拓展了线的表现力。王维又开创了线的破法。效法，"一笔下来阔仄不一，浓淡有异的线——"皴"。最早，皴是在画水墨山水画中使用，慢慢发展到画动物和人物。从汉代到中唐，支配中国绘画史的是人物画。中唐以后，王维、张璪等开创了以墨为主的水墨山水画。对于以火成岩为主的华北崇山峻岭，一般线是不太可能的，王维将线拓展为皴。皴法可以表现山石的质感，还有较强的立体感，王维之后，郑虔等画家，相继使用效法。

王维开创效法和渲淡法本属事实，《唐宋绘画史》："王维一变勾研而为渲淡法，他的画有诗意，实在找不出来。"徐复观认为王维使用过效法"亦系缺乏画史常识的说法"。

从后人对王维作品的评论可以看出，《江山雪雾图》里面明显有对效染画法的尝试。《辋川图》虽原作同长安清源寺一同湮没而不存，北宋以后，对它的摹本很多。历代画论家认为王维开创效法，董其昌讲得最清楚、具体。董其昌："自右垂始用效法，似奇反正……顾蹊径已具，模拟不难。"张庚在《图画精意识》中的《辋川图》条下曾说"效是小斧劈"。综合以上，王维开创效法，不容否认。

"线"从"描法"到"写法"再到"皴法"，是中国绘画艺术走向成熟的标志。

2. 线的审美特性

"线"之于中国绘画艺术，从存在形式的功能结构看，用它界定描写对象使其获得独立的客体意义，"线"是画家表现情感、意绪的符号载体。

（1）线具有律动感

中国绘画的线以写为主，"写"出的线具有运动感。南朝谢赫提出"六法"："气韵生动""骨法用笔""应物象形""随类赋彩""经营位置""传移模写"。"六法"中关键是"写"。"气韵生动"是"骨法用笔"而讲的："夫象物必在于形似……故工画者多善书。"落脚点都在于"用笔"，才能使线具有运动感，以达到画之外的灵动。

（2）线具有生命节奏感

中国绘画中"线"的另一个表现形式是"以气接线"。就是人们通常说的"虚实相生"——有形生出无形，有限生出无限。绘画中的"两线相接，不在线接，而在气接……需在不让而让"。"气"即生气，生气是人的生命运动。线体现了生命运动的节奏。

（3）线的美学性质

"线"是画家抒发胸臆的载体，线本身具有美学性质——线条之美。线在不同的画家笔下，在表现艺术家们的情感同时形成了阴柔和阳刚美。顾恺之的"春蚕吐丝"是优美；吴道子的"吴带当风"是壮美。几十种效法大体分阳刚美和阴柔美。以表现北方山石的效是壮美；以表现以沉积岩为主的南方山石的披是优美。

中国绘画的线具有特异的美学气质：流畅而放逸、豪迈而沉雄，构成线的意态美、动静态美、韵律美等。

（三）缺失的色彩系统

1. 辉煌的色彩世界

六朝以前，都是使用丹青。《魏晋胜流画赞》说："竹、木、土，可令黑色彩轻……不可进素之上下也。"《画云台上记》中也谈到画天与水时："山有面，则背向有影……竞素上下以映日。"宗炳在《画山水序》写道："于是画象布色，构兹云岭"，以山水的本来颜色来画山水之形色。这个时期对色彩有较深入研究的还有萧绎。萧绎第一次从颜色对人的感觉的影响来研究中国绘画的色彩。"炎绯寒碧，暖日凉星。巨松沁水……兽走禽惊。高墨犹绿，下墨犹赪。"画上物象是靠颜色来表现的，绯红色给人炎热的感觉，碧绿色给人寒冷的感觉。首先画上必须达到冷暖的效果，说明画家已对色彩的情感价值有所认识。

中国的绘画，随着顾恺之、陆探微等的辈出以及宗炳、谢赫的大画论家的出现而奠定了艺术地位。宗炳的"以色貌色"指山水画的设色法，谢赫的"随类赋彩"指人物画的设色法。

隋唐五代的中国绘画也以色彩为主，其色彩皆艳丽丰富，设色技法渐渐成熟。《游春图》绢本山水画，以大青绿设色，笔墨和色彩都极秀丽。

盛唐时期的李思训师承展子虔，为中国山水画趋向独立画科打下了基础。设色技艺上，他施以大青绿，用泥金勾线，创立了"金碧山水画"。

2. 传统色彩学对绘画的影响。

（1）儒家伦理型色彩美学。

儒家伦理型色彩美学，由孔孟为代表的从"礼"的规范出发，实现以"仁"为目的的色彩主张。这种伦理型色彩美学，对色彩的感觉不是认识论的感觉，是伦理学的感觉。《论语·八情》子夏司曰："巧笑倩兮……何谓也？"子曰："绘事后素。"郑玄注："绘画，文也……亦需以礼成之。"色彩审美活动中的伦理化倾向，发展到后来以伦理价值观念决定色彩风貌。

儒家伦理型色彩美学，积极方面："使丰富的色彩应用于社会习惯，创造了使人在习俗活动中可接触和认识色彩的文化环境。"不过中国儒家伦理型色彩美学思想从创立以来，是在社会风俗中演进发展，没有进入绘画领域。无论是积极方面还是消极方面，真正对中国绘画的色彩产生影响的是道家素朴型色彩美学思想。

（2）道、禅素朴型色彩美学对中国绘画的影响。

老子提倡"见素抱朴"，反对人为的"五色"。"五色令人目盲"，所以要消除"五色"，主张"无色而五色成焉"。黑在古汉语中与'玄'相通，在道家看来黑是其精神体现。有黑色，而五色成焉。是道家色彩美学思想生成的简单公式，直接影响到中国绘画色彩系统的发展。

把道家的色彩美学运用到绘画中，首推唐代王维。王维："画道之中……成造化之功。"水墨因素朴的性质成为体现庄学之"道"的颜色。王维的诗："江流天地外，山色有无中"，就是体现道家精神的水墨画。张彦远：墨有代替五色之功用，"夫阴阳陶蒸，万象错布……意在五色，则物象乘矣。"以后色彩在中国绘画中就处在次要甚至可有可无的地位。在中国绘画发展的全盛时期，在文人画讲究笔墨的氛围的笼罩之下，"导致了与唐代以前绘画在色彩的使用技巧上极大的倒退。唐代以前那种自由、真率的用色技巧消失了"。

3. 缺失的色彩系统

唐代以后重墨轻色，色彩日益遭到排斥，唐代以后的画论中，对色彩的论述极少。即使在有限的论色彩的文章中，也是关于设色的技法规定——设色技法理论。如元代《辍耕录》中的"采绘法"，是对颜色的调配及色彩设法的规定，"绯红，用银朱紫花合；肉红，用粉为主，入胭脂合；鸭头绿，用枝条绿入高绿合。柳黄，用粉入三绿标，并少藤黄合……"这完全是颜色的调配方法。在色彩设法上他说："凡面色，先用三色赋粉……上面仍用底粉薄笼，然后用檀子墨水干染……红者，前件色入少土朱……已上看颜色清浊加减用，不可执一也。"

由于使用特殊的宣纸使矿物质颜料不易施，致使中国画论中有很多关于如何解决这一矛盾的文章。挥南田《论画》："画至着色……前功尽弃。"邹一桂《小山画谱》："设色宜轻而不宜重……以一色为主，而他色附之……花叶重，则叶不宜轻；落墨深，则着色尚淡。"

色彩的缺失是一个遗憾，但是遗憾不等于遗忘，艺术家们从20世纪以来为找回缺失的色彩世界作出努力。著名美学家宗白华早在20世纪30年代看到"中国画趋向抽象的笔墨……'色彩的音乐'在中国画久已衰落"针对当时中国绘画的状况，非常有远见地指出："中国画此后的道路，当倾心注目于彩色流韵的真景，创造清新的色相世界。"黄宾虹在研究继承传统课题时，指出水墨是中国画画法上一大进步，又肯定色彩对中国绘画形成和发展的作用。画家对继承传统色彩的重视，理论家使我们坚信在不久的将来，丰富多彩的色相世界将出现在中国画坛。

（四）极端发展的水墨系统

初唐以前，造型依赖于线和色来表现，墨自身的特性在绘画中尚未被认识。张彦远概括地提出"运墨而五色具，谓之得意"，水墨进入到作为中国绘画的独立的表现系统的阶段。

1. 水墨系统的形成

水墨作为中国绘画的独立表现系统，首先脱离了对笔的依赖——墨为用笔而存在，是具有色彩之效果——墨中含彩。墨的特性和功能，伴随着水来实施的。水与墨会，黑白两极色获得了无限的灰度。墨由概括色转变为抽象色。表现为原色的运用、对补色原理的重视及大面积的平涂等。原色有红、黄、蓝、白、黑五种，这五原色之中，"黑白两色，为独立自存之色彩""墨为五色之主"。墨指代表中国原色黑色——概括色而言。以黑、白、干、湿、浓、淡创造了画坛上丰富多姿的墨象世界。

水墨作为独立表现系统，由人物画向山水画的转变。山水画的形成，推进了水墨系统形成。唐代以前中国绘画以画道释人物为主，卫协、陆探微等都是这个时期道释人物画大家，中唐由以道释人物为中心的人物佛家的描写，引发山水画的抬头。中国的山水画在魏晋南北朝后慢慢有了发展，将山水画发展到绘画的一种形态,是中唐以后的事。张彦远称"由是山水之变始于吴,成于二李",说明山水画确立了形态和地位。吴道子是画道释人物,山水兼之。据美术史家的考证,吴道子的山水画"于墨汁扩散而具阴影,呈立体表现"。"成于二李"指李思训父子画着色山水,用金碧辉映,后被明代董其昌称为"北宗"之祖。中国山水画基本形态在唐代已确立,取代以道释人物为中心的人物画。

山水画基本形态的确立,特别是水墨山水画形态的确立,以及以水墨山水得势的王维的影响,对水墨系统的形成起了重大作用。

水墨系统的形成,与"写意"取代"写实"有密切关系。写意以水墨为表现形式,以画家的主观意象为创作源泉,画家须要把物质形式减少到最低限度,水墨是中国绘画最简单的物质形式。

水墨系统是在墨作为概括色向抽象色的转变,由重视格体笔法的写实向趋向性灵怀抱之抒写的写意的转变,水墨系统的发展,也是循着"水墨""山水写意"的轨迹向前推进。

2. 水墨的存在方式

水墨从绘画的功能结构进入到本体内容后,给水墨又增添了新的内容,到了宋元,随着文人画的兴起,形成了文人墨戏之作。

墨戏有"以墨游戏"之意,墨戏的作品有墨竹、墨葡萄、墨荷、竹石等。墨戏的特征从伽达默尔的"游戏说"找到答案。伽达默尔指出:游戏不是指行为,是指艺术作品的存在方式"。游戏的特征在于任务具有主体性,主体性是指游戏活动本身,"游戏的真正主体不是在其他所从事的活动中也能存在的主体性"。主体是有意识的活动而游戏是无意识的,游戏活动的主体是游戏活动本身。游戏不仅是无意识的,还是轻松愉快的。伽达默尔关于游戏无意图、无劳累感的论述,说明中国文人墨戏之作。文人墨戏属于人生命之内在精神活动之表露,带有自我享受的浪漫气息。中国文人墨戏之作的动机,原出于无为,画家在物我两忘下,即不自问出处,只耽于自证、自传。墨戏具有"自我表现"之特征。墨戏的来源是下意识,由心灵直接引发,纯属个人生命之内在精神的表露。水墨系统如此极端发展,创作的作品也不复存在,剩下的是画家生命活动的形式。

二、对中国画体系统化的尝试

在中国画体的研究中,无论是郭若虚等的"以体标体",或是董其昌等人的"以宗划体",标体划派都有牵强附会之处,都显得纷繁凌乱。怎样运用科学逻辑方法，进行梳理出较为明确而清晰的轮廓，这方面美术史论家做了不少工作。

（一）宫廷院画体

宫廷院画体虽是两宋时出现画院后产生的，但这一画体始祖是唐代的李思训。董其昌、陈继儒将李思训列为北宗之祖。

由于宫廷院画体的画家以"供奉"为目的的专业画家，艺术形式上，以定型化、命题化等为主要特征；艺术手法上，设色浓丽而精于雕饰见长。从气韵论角度看，宫廷院画体重色气；从意境说角度看，宫廷院画体重画意，注重绘画本身的意境；从本体论角度看，宫廷院画体重再现、重"外美"；从创作论角度看，宫廷院画体重雕饰；从"形神论"角度来看，宫廷院画体重以形写形；从存在方式看，宫廷院画体重结果。

（二）文人画体

"文人画"最早由明代董其昌提出，文人画的形成在唐代。

从绘画题材看，文人画偏爱山水、花鸟；从画面构成看，诗、书、画三体兼备齐集众美；从各家对文人画论述中看，将文人画的审美特征概括为以诗为魂，以写为法，水墨为尚，抒情写意。从气韵论的角度看，文人画体重墨气，心物交融；从意境论的层面看，文人画体重诗意的抒情性；从形神论的角度看，文人画体重画家之精神，写意传神不同于宫廷院画体的以形写形；从本体论的角度看，文人画体重表现、尚内美；从创作论的角度看，文人画体尊人品；从存在方式看，文人画体重过程。

（三）作家画体

作家画在我国画论中并不多见。将作家画作为独立画体提出的是明代陈洪绶。对作家画体进行系统阐述的是当代著名书画家王学仲。王学仲提出作家画"强调法古人的笔法和古人的意境"。

作家画的艺术特征与美学原则为师法古人；运笔取象，形神兼备；书法入画，笔力精蕴。从气韵论看，作家画体重笔气；从意境论看，作家画体重画境中的诗意，境中有我不同于宫廷院画的无我之境，也不同于有我之境；从形神论看，作家画体重形神俱似；从本体论看，作家画体重形式、求全美；从创作论看，作家画体摹古人；从存在方式看，作家画体重文本；从美学形态上看，作家画体为高古之美。

第五节　中国绘画的艺术特征及美学传统

一、院体画的艺术特征及美学传统

院体画——宫廷画家和由宫廷设置的画院画家的画。据《历代名画记·叙画之兴废》："汉武创置秘阁以聚图书。汉明雅好丹青，创立鸿都学以集奇艺，天下之艺云集。"唐代宫廷有"翰林院"，《旧唐书·职官志》："其待诏者，有词学……日晚而迢。""待诏"里面虽有画家在内，但"翰林院"不能算是真正的画院。廷画院的设置肇始于五代，五代最有代表性的画院是西蜀和南唐的翰林图画院。

院体画作为中国绘画重要画体，有其独特的艺术特征和审美原则，供我们继承的美学传统。

（一）格物象真，形似意生

院画体成于五代盛于宋，最能说明院画体的艺术特征和审美本质。

黄筌是执五代前蜀画界牛耳的花鸟画大家，其绘画风格、技巧影响西蜀整个画界。

画法上，黄筌多用淡墨细勾，沈括说他"画花妙在敷色……谓之写生"。黄筌注重"格物象真"，成为画界佳话。黄筌描绘出鹤的六种不同神态，生动逼真，使真鹤以为同类。蜀主大为惊奇，十分佩服黄筌的妙工。

宋徽宗所留画迹可信的不多，花鸟画有《桃鸿图》等，日本美术史论家金原省《唐宋之绘画》："图虽小幅，但有大天地……其沈静之色调，仿佛有早春未萌之心……存非常之德漫也。"宋徽宗的画，设色艳而沉，景少而意广。

从黄筌和宋徽宗的创作来看，五代至宋的院画的艺术特征为"格物象真，形似意生"。

院画画家大都为"供奉"而创作，创作态度相当严谨。院画家注重写生，师造化必须深入地观察自然，从外面观察，从内在孕育。院画家对一鸟、一草、一木、一山等有深切的体验,能在所画对象的形态上取其真,在对象的物性上取其意。

黄居寀早年为蜀画院待诏,蜀亡后随蜀后主入宋,现存画迹《山鹤棘雀图》。画中有泉石、竹丛、群鸟飞鸣,山鹤立于石上正俯身饮水,神态自然。画法上,用笔沉稳工致,设色精细富丽,"天真之意"是院画家特有的审美观和对自然体会的结果。

李安迪的《竹鸡图》用挺拔有力的勾勒和富丽艳华的色彩塑造出鸟、荆、竹的形体,形不作虚妄之改造,穷究物理之象征,是典型的写实之作。这是院画家写实精神到了出神入画的警人境界,外表形似的写实,连灵魂都传达得栩栩如生。

(二)体格高雅,彩绘清润

明屠隆《画笺》载:"评者谓之院画不以为重,以巧太过,而神不足也……画家虽以残山剩水目之,然可谓精工之极!"院画在宋元的评论家一般是贬之有过,这段文字是持平之论。

院画南渡以后,花鸟画转向山水画,代表画家:李唐、赵伯驹、刘松年及马远、夏圭,五人分为两派,但其画风仍都是院画画风,都属唐二李山水画系统。

李唐为宋徽宗时画院待诏,宋室南渡时曾流落街头卖画,后太尉邵宏渊发现,李唐重进画院,并赐金带。李唐画法师李思训,但又有很大的发展,《格古要论》载:"李唐山水画……水不用鱼鳞毅纹,有盘涡动荡之势。"《长夏江寺图》曰:"李唐可比李思训。"《书画记》记载其《万松宫胭图》:"画群松于壑内,两边斗立方块峻峰……为李之神品。"李唐的山水画体现了院画体格高雅,彩绘清润的艺术特征。

赵伯驹、赵伯骕为宋宗室。有论者将兄弟二人与唐代李思训、李昭道父子二人同列为"金碧山水"的两座双星。二赵山水画基本属于院画体,宋元的评论家对他们不很赞赏。赵希鹄认为赵伯骄、赵伯驹等人的画只有院画体那种色彩辉煌,元汤星《画继》肯定"千里得丹青之妙",指出"妩媚无古意"。

不管如何批评"二赵"绘画之不足,但对于"二赵"表现出来的体格高雅都是给予肯定的,如汤星《画继》说赵伯驹"善青绿山水……雅洁异常"。明董其昌《画禅室随笔》:"赵伯驹、赵伯骕精工之极……得其工不能得其雅。"

院画的"体格高雅,彩绘清润"的审美特征,在院画家的山水画中有充分体现,表现在院画的人物画中,《画鉴》:"士女之工,在于得其闺阁之态……皆得妙。"周防等都属宫廷画家;苏汉臣是后继者,《书画记》说他"用笔清劲,逼似唐人"，顾炳《画谱》说："汉臣制作极工……可谓神矣！"所以说，"体格高雅，彩绘清润"是院画艺术的审美特征，是中国绘画中重要的美学传统。

（三）精妙之笔，清刚之气

院画南渡以后，山水画有青绿工整和水墨苍劲一派。水墨苍劲的代表人物是马远和夏圭。创作形成了院画的审美特征——"精妙之笔，清刚之气"。

马、夏为画院人物，夏圭任待诏之职比马远略晚。二人都有极高的绘画艺术才能，与李唐、刘松年合称南宋画院"四大家"。艺术风格和表现手法上，二人很相近。在谈到艺术风格和表现手法时，将他们二人一并论之。马、夏构图简洁，多是一角半边之景。他们的共同点是偏重用笔。这一特点是在宫廷院画中的延伸和发展。董其昌《画禅》："李思训风骨奇峭，挥扫躁硬……日就狐禅衣钵。"董其昌虽是标榜南宗平淡，但已说明院画偏重于笔格，偏重于清刚之气这一美学原则。

马远的《踏歌图》有人物、峰峦、巨石、楼台等，是人物山水结合的山水画。"山石用细劲刚性的线条勾出轮廓，加以大斧劈效，大石头用侧笔刷扫，自然地留出空白。高耸的山峰暗处亦用侧笔扫出，用笔是猛地扎下。远峰亦用刚性线条勾出轮廓，色墨皆不冲击刚性线条。画法似李唐晚期作品的《清溪渔隐图》，但比李唐的线条更刚古。整个画面给人以简洁、刚劲的感觉"。

夏圭的创作主要风貌与马远差不多，元柯九思"画笔苍老……无能出其右者"。陆完题夏圭山水画云："云山苍苍江漠漠……但觉层层境不同……只许马远齐称雄。"《格古要论》："夏圭山水，布置、效法与马远同；……突兀奇怪，气韵尤高。"夏圭与马远在精妙之笔方面是一致的，马远用笔重，树石山峰生刚气；夏圭用笔轻重相兼，线中刚中有柔，而且自由多变。

对宋代院画的青绿工整和水墨苍劲一派的艺术特征分析后，再谈这"两派"与"南北宗"的关系。

傅抱石以轻视院画的心态谈宋画院画家马、夏、刘、赵、李与"南北宗"的关系的。他认为李、刘、赵、马、夏的院画创作已成院体，艺术价值不能与南宗相比。他认为马、夏创"水墨苍劲"背离"北宗"和"院体"的"青绿工整"。关于"前者"对"院体""北宗"轻视，是中国美术史界的普遍看法，"后者"将马、夏的"水墨苍劲"说成是与院画相对抗，使人难以理解和接受。马、夏是南宋宁宗时的画院待诏，二人政治地位甚高，从绘画艺术创作来讲，是无人能够比拟的。他们将院画艺术精神发扬光大，把宫廷院画的风格发展到了典型形态。他们创"水墨苍劲"一派，是宫廷院画体发展的必然结果。

（四）装饰造境，富贵之美

在所有艺术样式中，绘画最具装饰价值的。装饰是人与生俱来之本能需要，如原始社会的图腾、文身，或表现勇猛，或避免恐惧等。随着社会发展，装饰由本能之需升华为精神之需。绘画作为装饰性艺术，成了装饰生活环境的重要形式。在封建社会中，历代帝王为营造和美化生活环境，罗织天下艺士，为其供职，宫廷院画家不得不创作适合帝室所好，装饰性极强的作品，于是"装饰造境"成了宫廷院画的重要审美特征。

装饰造境的主要特点是色彩富丽，具有视觉极强的感官之美，李思训父子为宫廷院画体审美特征开启先河。

李思训是唐朝的宗室，是个贵族画家，画风富丽。他的"金碧山水"画意浓，后人将他的山水画风格概括为"青绿式装饰性画风"。

金碧山水画可作为宫廷艺术看待。这类画的精神风貌，与后来黄筌的花鸟画并称"富贵"。郭若虚在《图画见闻志》中关于"富贵"曰："谚云'黄家富贵'，'徐熙野逸'……黄筌与其子居寀，始并事蜀为待诏……多写禁御所有珍禽瑞鸟，奇花怪石……又羽毛骨气尚丰满，而天水分色。"黄家之所以富贵，因为黄筌在宫廷为官，花鸟多为"珍禽瑞鸟""奇花怪石"；所画花鸟均为华丽鲜艳者；所画的珍禽瑞鸟"翎毛骨气尚丰满，天水分色"，强调细节。黄筌所表现的对象珍禽瑞鸟天性尊贵，具视觉之美。

院画体之特点：形式、格法。"形式""格法"为很好地表现视觉形象，沈括说："黄画花，妙在赋色……但以轻色染成谓写生。"黄筌是受命而作的宫廷官吏画家，以天性尊贵的奇卉异禽作为表现对象。如果用"无我之境"和"有我之境"来论其性质，宫廷院画是属前者——"无我之境"。宫廷院画表现景物境界的与自然之客体相一致，画家将主体情致移入到对象之中。

宫廷院画表现在绘画的纯粹性上。绘画的纯粹性指绘画性，注重作品画面本身的意义。院画家作为宫廷的职业画家，态度是严谨的，能全心全意作画，对于绘画的立意、选材、创作都有程式和规范，对创作中的构图、着色都有周详的考虑，院画的"双勾填彩法"作为绘画技巧，它较为工整，注重格律韵致，能准确表现景物的外形，它被院画家广泛学习。院画从视觉效果来说注重外美。是对色彩的要求，因为色彩最具装饰性效果。

院画"装饰造境，富贵之美"的审美特征，表现在以自然山水、珍禽奇花为表现对象，注重视觉感官之美，注重作品的绘画性。

二、作家画的艺术特征及美学传统

"作家画"这个概念在中国画史和画论中很少提到,更没有将它作为一种画体提出来。把作家画作为中国绘画中的一个独立的风格系统,并明确地把它上升为一个独立的画体,是当代书画家王学仲。王学仲《中国画体论》在对明代陈洪绶"作家"概念涵义阐释的基础上,将这一概念上升为与宫廷院画体具有同等意义的作家画体。

作家画作为中国绘画的独立的画体,有其自身的审美特性和所坚持的美学原则。

(一)书法用笔,遗貌取神

唐代是中国绘画的全面发展时期,主要表现:吴道子"线"的高度发展;李思训父子"色"的竞相洗练;王维对"墨"的完成。宫廷院画体从气韵论论之,重色气,重色韵;从形神论论之,重形似;从意境论论之,它重画意。文人画体从气韵论论之,它重墨气;从形神论论之,重写意传神。而作家画体,以气韵、形神、意境论之,运笔取象,形神兼备。有些绘画理论著作,将吴道子列入文人画体系统,吴道子与王维在创作风格上很不相同。明代董其昌没有将他列入"南宗"系统,将王维列入"南宗"之首。

苏献曰:"吾观画品中,莫如二子尊……笔所未到气已吞……摩诘本诗老,佩芷袭芳荪……"吴道子、王维是唐代大画家,吴道子画雄放壮气,王维画清新敦厚,原因是吴道子的画属画工画,王维的画得于象外,是苏轼学习的榜样:"吴生虽妙绝……又于维也无间言。"苏轼把吴道子画说成是画工画,但吴道子不属于文人画家。在宋代学习过吴道子的是李公麟,李公麟实不属文人画家系统,属于吴道子作家画一系。

吴道子绘画最突出的特点是运笔绝妙。《历代名画记》载:"吴道玄者,天付劲毫。"朱景玄《唐朝名画录》云:"景玄每观吴生画,不以装背为妙……皆不用尺度规画,一笔而成。"苏轼说吴道子画人物,如"以灯取影,逆来顺往……运斤成风,善古今一人而已"。

吴道子运笔之绝妙,在于将书法入画法。"用笔全类于书,在乎柔中生刚,画近若远,思存远至",说明书法对绘画的作用。汤星《画鉴》论吴道子用笔"方圆、平正……莫不如意"。

作家画"书法用笔,遗貌取神",在其他画家的创作中均有明显体现。李公麟其书法有晋、宋书家之风。李公麟最喜画马,形神兼备,栩栩如生,表现出马的精神。说明时人对李公麟绘画才能的钦佩。李公麟的"白描"画法实为之最。"白描凭借墨笔线条的浓淡、虚实、刚柔，表现出对象的形体、量感及运动感"要达到这种效果，须具有深厚的书法功力。

"书法用笔，遗貌取神"的艺术特征和美学原则。赵孟頫为诗、书、画三绝。他的绘画以书法用笔最为明确。他学书法，重视用笔精到。赵孟頫以书入画，用笔通于书法："石如飞白木如籀……方知书画本来同。"他的绘画与吴道子讲究"笔力"，《陶渊明像》："盖公之胸次……可致、可慕、可感、可叹而不忍者若此。"《秋郊饮马图卷》"笔简意闲，古秀溢目"，山水画《玉湖溪隐图》"用笔粗细柔健相间，无不臻妙"。

作家画的"以书入画"，与文人画的"以写为法"有同有异。同者——将书法的写法用于画法。不同——文人画家用笔在着意与不着意之间，随笔写出；作家画家用笔着意谨严，文人画重在写意，作家画重在传神。

（二）质朴凝重，沉雄无华

作家画用笔着意谨严，庄重不做作，表现在用墨用色上——质朴凝重，沉雄无华。《图画见闻志》论吴生设色："尝观所画墙壁、卷轴落笔雄劲，而敷简淡。"所谓"吴装"是相对于李思训等人设色浓艳而创的一种简淡敷色的画风。李公麟无论是画马，还是画道释、人物均采用这种画法。马和之继承了吴道子、李公麟的画法，着色轻淡，一洗华藻之习尚。元代钱选的"七分用墨，三分设色"，赵孟頫的"焦墨落彩""拙朴稳沉"，都是"质朴凝重，沉雄无华"审美特征的体现。

最早提出"作家体"的陈洪绶，十岁临摹李公麟的孔子石刻画像，"不规规行似"，达到了遗貌取神的程度。陈洪绶用笔沉着而虚灵，笔如篆糟，笔下之线条，设色更脱尘凡气，艳而不俗，丽而不华。陈洪绶《屈子行吟图》最为突出，此画以简括质朴的构图，突出地表现了屈子庄重、傲岸的神情，使伟大诗人的高洁品质，洋溢于画面。

作家画的"质朴凝重，沉雄无华"，是从历代作家画家创作中总结出来的美学传统，有普遍而深刻的美学内涵。

（三）师法古人，求其古趣

"师法古人"指师古人之笔法和师古人之意趣。赵孟頫："作画贵有古意，若无古意……殊不知古意既亏，百病丛生，岂可观也……此可为知者道，不为不知者说也。"古意指宋以前绘画中质朴凝重的意趣，指吴道子人物画中质朴无华的笔墨。

赵孟頫"作画贵有古意"的创作思想，通过创作充分表现出来。人物画可以《陶渊明故事图卷》为例。五段画卷表现陶渊明珍爱人生，不与尘俗为伍；识运知命，留得一生清白；寄情于酣饮诗赋的人生境界和生活意趣。画面给人以"古意"逼人之感。

对于赵孟頫及整个作家体画家的师法古人的美学原则，认为赵孟頫及作家画的崇古思想，是复古主义。说赵孟頫、钱选等人只知摹仿古人，显然不符合事实。赵孟頫是复古主义者，这种画风对后画坛的影响应重新论之。

作家画是尊古人、尚法度的画体，作家画所尚之古，愈古愈高——高古。崇古的创作倾向影响了元、明、清几个时代的画风，影响着清代临摹风气之盛行。

师古与复古并不等同，是伟大艺术家必经之路。中国绘画发展史是不断继承、积累、创造的过程。

王时敏、王鉴、王石谷、王原祁被称为仿古之能手，王石谷、王原祁以仿古之作著称于世。从他们的理论以及创作来看，都不能认为他们是复古主义者。王石谷："己从师得指法……画学之博大如此，而非区区一家一派之所能尽也……沉精之久，乃悟一点一拂，皆有风韵……自喜不复为流派所惑，而稍稍可以自信矣。"王石谷主张"南北宗"兼容并包，他以古人为师——师古人之迹，师古人之心。他懂画理，知画学，摹古仿古中，既是摹仿，也是特殊的创作。王时敏说："石谷于宋元名迹，模仿无不夺真。"张庚《国朝画征录》："石谷画有根柢，其善仿诸家……不可强。"

王原祁同样是以仿古而闻名于世的画家。王原祁在临摹古人名作时，须用心去体会画的精神。他的仿黄子久题跋云："大痴画至《富春长卷》，笔墨可谓化工……虚机实理，油然而生。"这种临摹是"意摹"是'演奏'。"意摹"和"演奏"是再次审美、创造，将古代名作作为审美对象与自己的审美感受建立审美关系后，以高超的艺术技巧，进行的对美的创造活动。创造活动的结果——作品之美，具有高古之美，具有主体情思之美，是"全美"。

（四）笔墨兼妙，追求全美

清初王时敏云："画不在形似……能得此中三昧，方是作家。""笔妙而墨不妙者"——宫廷院画家；"墨妙而笔不妙者"——文人画家。前者重外美，后者重内美。王时敏在评其弟子王石谷："求其笔墨逼真，形神俱似……惟吾石谷一人而已。"虽有吹捧自己的弟子之嫌，说明作家画家追求笔墨兼妙，追求形神兼备。

从气韵论、形神论的层面，论述作家画体"笔墨兼妙，追求全美"。文人画重墨胜于重笔；宫廷院画偏于笔，用墨如用笔，偏于阳刚美；作家体画笔墨并重，韵、趣兼擅。

作家画作为中国绘画的独立的画体，有独特的审美本质和艺术特征。是中国绘画美学的重要内容。

三、文人画的艺术特征及美学传统

（一）以诗为魂，画的诗化

1. 诗的表现性和画的再现性

原本诗与画是不同的艺术样式，诗存于时间，画是存于空间，诗是听觉的艺术，画是视觉的艺术。诗、画在中西美学思想史上又超出了作为体裁的范围，扩大为普遍而深刻的美学范畴。诗作从本体内容来看，偏于表现、写意；画作主要偏于再现、写实。"诗中有画，画中有诗"诗与画的结合，是再现与表现与理智与写意的辩证结合。

诗与画的结合，指中西方的古典型艺术。古典型艺术"把再现和表现素朴地结合起来，有丰富的再现、写实的因素，有浓重的主观、写意的成分。再现和表现纠缠在一起，难解难分"。

诗与画的结合——表现与再现的结合，中国与西方有着显著的不同：中国古典型艺术，偏重于表现；西方古典型艺术偏重于再现。中国古典型艺术中的再现是为了更好地表现，西方表现是为了更好地再现。中国古典型艺术以表现、写意为基础，西方以再现、写实为基础。中国古典型艺术和美学的基本品格是"诗中有画"，决定了中国古典型艺术的本质特征；西方是"画中有诗"，决定了西方古典型艺术和美学的本质特征。

2. 移志于画，"画"的诗化

文人画作为中国最为独特的民族绘画，具有诗的表现性特征"诗中有画"，"画"也完全诗化了。苏东坡说："味摩洁之诗……画中有诗。"有人解释为，王维的诗是有声的画，也有人解释说，王维的诗所描写的自然景物，所画之画，像小诗那样抒情。王维作为中国文人画的始祖，画是"得之于象外"。王维的绘画艺术是以诗的表现性、写意性为最高美学原则的。

自王维确立了文人画美学原则后，宋代的苏东坡，明代的徐渭等都把画与诗看做一回事。如苏东坡云"画以适意"，郭若虚说"画乃心印"。

文人画家陈师曾在《文人画之价值》把诗的重精神、陶写性灵都纳入到文人画的范畴。"画之为物，是性灵者也……非器械者也，非单纯者也……所谓艺术者，即在陶写性灵，发表个性与其感想。""性灵说"是明中叶公安派袁氏兄弟提出的，陈师曾将这一诗论纳入到绘画范畴，确立了诗作为文人画的本体地位。

（二）以写为法，画的"书"化

1. "书"中有画，画中有"书"

中国文人画不是描，是写。寓书法于画法，书画同一。它削弱了绘画艺匠，强化文人的意趣，淡化了绘画本身的装饰性质，突出了绘画的文化品性。

我国古代书画论中早有"书画同道"之说——"书成而学画，则变其体不易其法……书即是画之法"。书、画虽不同体但同法，书法对文人画家是不可或缺的"法"。书法的笔墨变奏、风神、韵律、起伏，书法的松弛，使文人画获致笔墨之外的形象，达到画以外的灵动。文人画家都能将书法用笔高度用到绘画中。文人画家所画的每棵草、每棵藤、每片叶都是书法化线条的体现。

2. 移志于线，画的"书"化

中国文人画家取书法于画法，是文人画家以"书"的形式美法充分表达画的表现性、写意性。"书"是"写"的艺术，"写"与"泻"同义。苏东坡画怪怪奇奇的枯木图是"写胸中之盘郁"。书法是典型的线的艺术，"线"可以表现运动，线更能表现画家的生命意识，所以线又是画家抒发胸臆的载体。从中国文人画的线条里，领略他们那热烈奔放的情感和雄劲旷达的胸襟。移志于线，画的"书"化，是文人画的重要美学特征。

第六节 陶瓷文化的概念与特征

一、陶瓷及陶瓷相关的概念

(一)陶瓷的概念

从传统的角度看,陶瓷为陶器、炻器和瓷器的总称。陶瓷一般包括这三类。根据陶瓷所用的工艺材料不同,各类陶瓷的吸水率和颜色的不同,及性质和外观的效果不同作出的划分。它们以黏土及天然物质经过煅烧等过程得到制品。

按照陶瓷器在日常生活中的应用实际,分为日用陶瓷和陈设陶瓷。

从陶瓷的概念,陶瓷是陶和瓷的合称,不是陶和瓷的简单叠加。什么是陶?陶有哪些种类?瓷与陶又有什么区别?陶瓷品又有什么样的特征等。这都涉及陶瓷文化的基本问题,有必要作基本的阐述。

(二)陶器

陶器指用可塑性较好的黏土,通过成型、干燥而成的制品。有日用、艺术和建筑陶器等。按陶质分泥质和夹砂两大类。按色泽分,黏土含各种金属氧化物的不同百分比及烧成气氛的不同,呈红、褐、黑、白等色泽,有红陶、褐陶等之分。

陶器的发明,是进入新石器时代的标志之一,是人类进入野蛮时代的标志之一,恩格斯说:"野蛮时代的低级阶段,由制陶术的应用开始的。"可以说,陶器的发明,标志着人类文明新纪元的开始。陶器发明具备的前提条件是人类认识和掌握了火;认识和掌握了黏土的特性。陶器的发明,是科学技术的进步。

陶的发明是人类社会伟大的事件之一。中国古代重要的发明,把它和"圣人"联系在一起,把这发明当作"圣事"。在《考工记》:"知者创物,巧者述之……百工之事,皆圣人之作也。"

陶的发明,被称作"圣人"之作,当作"圣事"。在众多古籍中,记载着有关圣人发明陶器的传说:女娲造人的传说,《太平御览》:"俗说天地开辟,未有人民，女娲抟土作人。"

神农：神农制陶器的文献，据清马啸《经史》卷四引《周书》："神农之时，天雨粟。神农遂而种之，作陶冶斧斤。"

宁封子：据《列仙传》载："宁封子者，黄帝时人也……久则以教封子积火自烧，而随烟气上下……故谓之宁封子。"

（三）瓷器

瓷器是以高岭土、长石和石英等为原料，经加工、处理、干燥、经高温烧溶而成的制品。质地坚硬致密、表面光泽。较薄者呈半透明，敲击时铿锵有声。

瓷器是祖先的又一伟大发明，标志着人类文明的进步与发展，在世界文明史上，留下了光辉的篇章。

（四）陶器与瓷器的区别

瓷器与陶器，既有相似，也有差别。

陶器和瓷器的区别，可以从以下方面判断：烧成温度不同，陶器的烧成温度在800℃~1100℃，烧成温度较高；坚硬程度不同，烧成温度不同，胎体坚硬程度不同，陶器烧成温度低，敲击时声音发闷，有的可以用钢刀画出痕迹，烧成温度高，敲击时声音清亮悦耳；原料不同，陶器使用一般的黏土，瓷器则须选择特定的材料；透明度不同，陶器不具备半透明的特点，瓷器无论胎体厚薄，都有半透明的特征。两者的釉料也不相同，陶器有不挂釉和挂釉两种。瓷器的釉料有两种，可在高温下与胎体一次烧成。

由陶到瓷的发明，须具备三个条件：原料的精选；窑炉和烧成温度；釉的出现。

釉使陶瓷表面光洁，防止对液体、气体的吸收。按外观特征——透明釉、颜色釉、无光釉、变色釉等。釉的发明，成为瓷器发明条件，也成为美化瓷器的手段，给人以美不胜收之感。

（五）陶瓷的材质及成型方法

1. 材质

矿物是自然化合物或自然元素，地壳中经过物理化学作用的产物，成晶体状态存在，如高岭土、长石等。岩石是矿物的集合体，由多种矿物组合而成，如伟晶花岗岩是由石英、云母等矿物组合成。陶瓷的原料是石英、长石、黏土等和化工原料。

石英、黏土等原料是构成陶瓷的坯用原料。以性质分为可塑性和非可塑性的。可塑性的指黏土类物质，最典型——高岭土黏土由多种天然的微细矿物组成的混合体，有颗粒细、结合性好、收缩性适宜等工艺性能。黏土是成瓷的基础，有瓷土、陶土和耐火黏土等。

2. 成型

将制备好的坯料，制成具有形状和尺寸的坯件，成型后仅为半成品，经过干燥、施釉等才成为成坯。

成型的方法与品类有很大的关系，类别不同，成型方法不同。工业制品多用注浆成型和爪制成型。成型的方法有：可塑法、注浆和干压。

（六）陶瓷艺术及其特征

1. 陶瓷艺术的概念

陶瓷艺术，指陶瓷日用品、陈设品的造型等呈现的艺术特点，指陶器中的艺术陶器和瓷器中的艺术瓷。

陶瓷艺术作品是工艺美术，有其他工艺美术的共性，有区别于其他工艺美术的质的规定性。任何陶瓷艺术作品，是质地、造型和装饰三者的统一；是科学与造型的统一，与火有不解之缘——"火"的艺术。

2. 陶瓷艺术的特征

陶瓷艺术作为独特的工艺美术，区别于其他工艺美术的质的规定性和显著特征。

①材质特征

陶瓷的材质与其他工艺美术的材质不同，是陶瓷质的规定性。陶器、瓷器的材质有相同，也有不同。

陶瓷的材质：成型所用的材质、釉质和各种装饰材料。

①胎骨的材质

陶器胎骨：陶器以黏性和可塑性较强的黏土为胎质。

陶器中影响较大的品种：红陶、灰陶、夹砂陶、蛋壳陶、唐三彩等。

瓷器胎骨：瓷器胎骨的材质是黏土并配以长石或瓷石。

胎体材质不同，形成不同的瓷器种类：象牙瓷、滑石瓷、鲁玉瓷等。釉色分为青瓷、黑瓷、白瓷、彩瓷。不同质地特点的材料，形成相应的特点。景德镇地区硬质白瓷，细润光洁，具有明快、严谨、光挺的艺术风格。

①装饰陶瓷釉的材质

装饰陶瓷釉是覆盖在表面的无色或有色的玻璃质薄层，是用矿物原料和化工原料按比例配合研磨制成釉浆，经一定温度锻烧而成。最早发明的釉，以氧化钙为助熔剂，铁为着色元素。釉有如铁系高温釉类中有青瓷釉、青白釉、白瓷釉和黑釉、黑釉又分为酱色釉、兔毫釉等分支。

陶瓷色釉是不同釉料配合的结果，越瓷青色的美，建阳瓷黑色的美等。

釉的发明与运用有偶然性，也有必然性。"陶器艺术史上，人对陶器的应用，发生了很大的作用。釉是怎样发明的呢？泥坯在烧制之前，先涂上一层沙粒和苏打的混合物。混合物给炉子里的火焰融化后，沿着器皿表面流出来，制成品上盖了光滑的薄壳，这个坚硬光泽的薄壳叫做"釉""。

装饰陶瓷的材料装饰陶瓷的材料各有不同，釉上彩、釉下彩是不同的，不同品种的颜色釉，更是不同。古彩的色料：矾红、古大绿、古苦绿、古翠。各品种若采用不同质地的色料，呈色和艺术效果也会不同。"苏麻离青"是明初景德镇青花瓷器所使用的色料，成品——蓝色浓艳中银黑色结晶斑；珠明料产于云南，煅后呈黑色不透明状，色调青翠明亮。

②泥做火烧——生产性与科学性的统一

几乎所有工艺美术品，美术家都利用物质材料进行艺术创作，工艺美术家手下的艺术形体诞生——艺术品，如剪纸艺术，但陶瓷艺术家手下的纸面艺术设计和形体的制作，只是在创作历程中跨出的第一步。陶瓷艺术家是否把设计出来的艺术形体，变成艺术作品，要接受一系列的检验。因陶瓷原材料成型为造型形体后，随着水分溢出而产生收缩。高温烧成中，坯体为塑性状态，随着水分等物质挥发，坯体继续产生收缩的情况下，造型形体结构比例不合理，会引起产品变形。其附丽于瓷胎上面的色釉和装饰纹样的形成由烧成来决定。

③功能性和审美性的统一

功能性即实用性，陶瓷艺术在生活使用中所含目的性。狭义的功能性：具体的生活实用；广义的功能性：具有美化装饰的目的。

陶瓷艺术作品属于物质产品范畴，也属于精神产品，是文化艺术的组成部分。陶瓷艺术作品的审美功能，潜移默化地陶冶人们的思想感情，培养人们的审美情趣和情操。陶瓷艺术作品的使用与审美功能相统一的属性，区别于绘画等艺术的根本性特征。审美性在坚持实用的前提下，通过和谐的比例、起伏的轮廓及其附丽于器体的图案装饰、色彩对比的有机统一，传达思想、意境，表现出格调、风尚乃至氛围。

陶瓷艺术作品的特征，还有诸如时代性、地域性与艺术性的统一等特征。

从陶瓷艺术本质讲，属于工艺美术范畴。它有其独特的个性，区别于其他工艺美术的质的规定性。陶瓷艺术作品是材料的质地、陶瓷造型和陶瓷装饰的统一，是工艺技术、科学技术与造型艺术的统一。它也受民族性、地域性和文化性的制约。应从这个角度来认知、感受、品味陶瓷艺术，是人们对陶瓷艺术进行审美鉴赏和评价必意识到的。

二、陶瓷文化的概念与特征

陶瓷文化的概念，还没有统一的为大家所认同的说法。陶瓷是一种文化，是大家共同认同的。

在以往对陶瓷的研究，多从陶瓷发展史、陶瓷贸易史等角度，对陶瓷进行研究，缺乏系统性，对陶瓷进行文化学研究，是对陶瓷所进行的更为系统、更为综合的研究。

（一）关于陶瓷文化的研究与探索

人类历史上，制陶术的发明，标志着早期文化发展的程度，反映人们生活和生产的状况，以及改变物质材料的能力等。以物质产品形式存在的陶瓷中，包含着人们心理深层对创造形式的追求和完善。

陶瓷就其自身存在的形式，还是用于生活中与各方面发生的联系，和文化发展分不开。陶瓷与许多种文化有密切的关系；翻开中国美术史，绘画或雕塑，都有某一时期陶瓷作品成为重要标志。还有与陶瓷毫不相关的中国音乐史和舞蹈史，有陶瓷作品记载着发展的过程，如陶埙、瓷箫及绘有舞蹈人物的彩陶盆等，说明陶瓷作为文化形态涉及的范围是广泛的。由于陶瓷材料的坚固耐久性，提供给后人详实而又可靠的形象资料，陶瓷是研究文化发展中不可缺少的部分。

文化发展史要从各方面去认识，陶瓷以本身说明着许多历史情况。中国陶瓷史中可以学到许多宝贵的知识，使现代人了解过去人们的物质生活，发掘出过去人们的思维方式。陶瓷标志着古代科学技术发展的水平，具体到化学或数学的水平。

陶瓷是物质材料，经人们的智慧和双手创造成作品后，将物质与精神融为一体，是非常引人入胜的问题，需要诸多专家和学者深入研究探讨。

熊寥博士对陶瓷进行美学研究的系统和较有代表性的研究著作。邓白先生所写的序言中，对研究给予了较高评价。

对陶瓷进行美学研究，是对陶瓷研究深入的反映，文化学研究应比美学研究更广泛。

《中国工艺美学思想史》和《手艺的思想》中涉及到了对陶瓷进行美学、历史的研究，有的观点颇有见地。

在陶瓷文化研究学者中，李莉博士的《新工艺文化论——人类造物观念大趋势》等都是从新的视角对陶瓷文化进行研究的新的学术成果。她和熊寥博士一样，从景德镇走出去但钟情于景德镇的学者。研究角度是新的，从社会学和人类文化学对景德镇陶瓷文化进行研究；方法是田野考察，强调个案和社区研究。方法是独特的；观点是新颖的，成果得到了导师的赞赏和广泛的评价。这种研究视野，是文化研究的视野，是陶瓷文化研究日益深入的表现和反映。

兰州大学中文系教授程金诚博士，也涉足于陶瓷文化的研究，取得了相当的成就。程金诚博士认为："陶瓷是最为普遍而又重要的文化承传的载体，不断延展着人类前进的足迹，通过陶瓷器物，把人类的智慧和文化意蕴'固化'并世代相承，陶瓷是人类的另一种生命符号。"

（二）对陶瓷文化定义及其特征的探讨

陶瓷是特殊形态的文化，它是科学技术和文化艺术的结合体，是时代社会和人们观念与文化心理特征的反映。但此定义仍不能完全概括陶瓷文化的特征，不能涵盖陶瓷文化所涉及的各方面。

要给陶瓷文化下定义，须考虑以下几个因素：

一、泥做火烧，是陶瓷的本质语汇，给陶瓷文化下定义时不能忽视的根本问题。"泥做"指陶瓷器的原料、胎骨特征；"火烧"是陶瓷的独特之处，陶瓷是火的艺术。

二、实用性与审美性的统一，陶瓷属于工艺美术，有它独特的工艺美术的个性，是陶瓷品的定位问题，陶瓷品要满足人们的物质实用需要，满足人们的精神需要。

三、科学技术与造型艺术的统一，是陶瓷器的独特性问题。任何陶瓷器，都不是单由科学技术造就，如颜色釉制品也不单纯由科学技术所决定，须考虑造型和造型块面分割及流动效果。

四、给陶瓷文化下定义，综合考虑人、水、土、火，须考虑制造、包装、销售等过程与环节，在各个过程与环节中人的行为和心理的等各种因素。

五、须考虑民族性、传统文化和时代因素及区域性的影响。是决不能忽略的，这是界定陶瓷文化的民族属性、文化属性和地域特性的前提性问题。

所谓的陶瓷文化：在陶瓷的泥做火烧与销售、消费的过程中所呈现的材质文化、制度文化、物质文化形态和情感、观念等精神文化的面貌，由中国文化传统决定。它是独特的传统文化，以功能性与审美性相统一为特色，满足人们实用的和审美的需要为目的，是中国民族文化的精粹。

第七节　瓷画艺术的探索

一、瓷画与文人绘画

在欣赏宋代磁州窑的白地黑彩勾勒的瓷画时，人们会睛不自禁地想到张择端的《清明上河图》，这是两者有其相似的市民社会的绘画题材，两者间的白描绘画手法是如此的接近。

《清明上河图》是北宋皇城宫廷院体画，张择端以出色的宫廷院体工笔画，展示了都城繁华的城市景象，画家把艺术的视角投向了生活场景。同时代的宫廷画家李嵩，突出了人物风俗画题材，《货郎图》等将儿童的心理特点刻画的栩栩如生。磁州窑白地黑彩瓷画中的婴戏图，人物神态，行为动作无不透露出宫廷画家的神韵。中国民间瓷画受到宫廷画、文人画的影响始于北宋。

与唐代吴道子等工整细致的文人绘画相比，长沙窑的瓷画显得粗放，充满了率真、朴实。因为唐文化是开放、热烈的文化类型，充满朝气蓬勃的感觉——"盛唐气象"。艺术个性得到了充分的张扬，民间审美意识很少受宫廷和文人绘画影响，加之楚地文化传统的热烈和不羁，在民间艺术中充分地表现出来。宋型文化相对内敛、雅致，审美意识显得含蓄内倾，民间艺术易受到宫廷"官画"的影响，加之从地理位置，从文化传播的形态看更能突现艺术风格的相近性。在中国瓷画艺术史上，开了民间瓷画受文人画影响的先河。从元青花的墨分五色到晚清的浅绛彩瓷绘，瓷胎成了"宣纸"。晚清，更多文人画家屈尊于隶属"九流"的景德镇"红店"艺人行列，在中国陶瓷史上首开文人直接参与瓷画的先河。

元青花的蓝白相间更显得雅致、文气，在吸收了瓷州窑写实的绘画成就基础上，艺术表现手法上接近文人用墨的特点，单色青花的墨分五色是瓷州窑瓷画难以望其项背的。使瓷画像在宣纸上展现的笔墨神韵，元青花上的花鸟山水与同时代的水墨画是极其相应的艺术风格，整体视觉上的默契将文人深沉的审美思想表现了出来，对明清青花瓷画产生了深远的影响。

明代晚期，民间青花瓷的生产出现了前所未有的繁荣时期，由于晚明社会动荡，万历、天启、崇祯年间，民窑生产蓬勃发展，人物、花鸟画在吸收文人绘画方面超过了官窑。青花瓷画中"分水法"的娴熟运用，使青花瓷画的画面色调效果十分丰满，成为青花瓷画出现的一个高潮。清代顺治康熙朝，青花瓷生产取得空前的成果，青花瓷画不管是官窑还是民窑，绘画用笔之精，分水技法之熟，文人气息之浓，成为青花瓷画的又一高潮。晚明清初的青花瓷画是中国传统瓷业史上的高峰，与宋代色釉瓷的成就媲美。

清代晚期，景德镇出现的釉上彩品种浅绛彩，将瓷画模仿文人画的程度带进了空前绝后的时期。由于深受文人画董其昌思想的影响，瓷画不仅是艺匠所为，有着扎实的艺术功力和文化修养的文人画家也参与瓷画的创作。以程门、王少维为代表的皖南新安派画家，参与到瓷画的创作中，对其时的景德镇瓷艺界产生了震撼。文人画家为使瓷上更适合自己进行绘画，简化了粉彩的工艺技法，创造了瓷上浅绛彩。他们崇尚"元四家"，试图将瓷器当作宣纸而挥洒丹青。且他们还模仿文人画的落款，写下自己的名字，在中国瓷画艺术史上是前无古人的。

浅绛彩画家们在瓷画创作上的表现形式、审美旨趣和艺术追求上，在民国初期"珠山八友"身上得到了继承，通过粉彩进一步发展。用事实证明了传统粉彩具有表现瓷上文人画旨趣的艺术特点。"珠山八友"在1928年成立，是中国陶瓷史上第一个带有学术交流性质的民间艺术团体。他们想结社题诗、品评画理、以会聚友。他们在瓷画上继承了浅绛彩瓷画的艺术规律和粉彩画的传统工艺。"珠山八友"把文人画精神和现代文化意识相融合，将文人画的影响推到了前所未有的高度。

民间瓷画在绘画题材方面也表现文人画的内容，如仕女画、风俗画等人物题材，及山水、花鸟等。人物画是表现人物形象为主体的绘画形式，出现要早于山水画与花鸟画。如仕女画系人物画的一种，表现妇女生活题材的作品。作为人类美的代表女性，无疑是表现美的最佳素材。唐代画家的《簪花仕女图》《捣练图》，五代南唐画家《韩熙载夜宴图》等都是仕女画样式的典型。瓷画中的，因陶瓷工艺手段技术先进，仕女画创作可达到一定高质量水准，瓷器白釉等诸多优点，使得仕女绘画如锦上添花。中国画表现的仕女形象，重视仕女表现手法与时代特征相结合，不同时期，不同习惯，形成不同的文化审美标准。唐朝美女雍容华贵，宋时美女衣装繁丽。明清仕女形象渐趋类型化，纤瘦柔弱、杨柳细腰。不同时期的瓷画也深受其影响，近代粉彩瓷画中的"桃花美女"，人物形象有着强烈的时代特征。"珠山八友"作品中的女性，风姿绰约，"桃花美女"纹饰中的美女个个弱柳扶风，小鸟依人。

清嘉道时期，出现了著名文人仕女画家改琦、费丹旭，把仕女画类型化，形成了一整套仕女画创作模式：长脸、细目、樱唇；削肩、身材修长、娇俏无力，开一代仕女画风。

改琦，费丹旭均善画人物，尤精仕女，仕女形象造型纤柔娇美，用笔文秀细畅。费丹旭的仕女形象，更是清瘦纤柔。当今有美术评论家："嘉（庆）道（光）之际，人物画成就更微。较有影响的如改琦、费丹旭等的仕女画……清新隽雅是其所长，气格酸颓则是其所短，风靡士林。"费丹旭的代表作《十二金钗图》，其一为"黛玉葬花"，人物纤细柔弱、隽秀清丽，环境以淡色晕染。一株弯曲的桃花树，衬着一小块山石，与"倚风娇无力"的画中人十分和谐。费以耕画承家传，也工仕女画；钱慧安曾拜同乡改琦、费丹旭学习人物画，他的仕女画受改、费影响很大，揉进了很多民间木版年画和风俗画的影响。他们又对这套模式推波助澜，影响了同时代的画家，被瓷器画工追风模仿，形成了"桃花美女"瓷画。

改、费的画风受到清代文人对女性形体美的总结和提炼，反应了文人的审美倾向。李渔在《闲情偶记·声容部》："女性妩媚多端，毕竟以色为主"，以女性的容貌和形体为主，具表现在：肌肤，皮肤是否白嫩是女性美的第一标准；眉眼，以细长清秀为最美；手足，手以纤纤玉指为最美；美还在于有"媚态"。

改、费的"清新隽雅"、"气格酸颓"的仕女形象，作为画风，为何符合大众的审美倾向，并为彩瓷画工所仿效呢？这与社会环境有关。鸦片战争后，清王朝山河破碎；中华民国虽然推翻了封建帝制，但，内忧外患。文人心中充满了忧伤和改朝换代的感慨，他们沉湎于修身养性似的超然生活，试图忘记发生的一切。旧时代的烙印没有完全在文人的心灵深处被抹去，"清新隽雅"而又"气格酸颓"的仕女画风，折射出文人墨客酸颓的心态。文人墨客的审美倾向会影响民间大众审美观，成为民众的社会集体审美意识。"桃花美女"的人物形象特征，在民国最终演变形成绝不是偶然。

民间瓷画模仿文人画还与历代文人画的画谱不无关系。今天看到《芥子园画谱》共有四集，对晚明、清初文人绘画的总结。第一集成书于清康熙十八年，有树谱、石谱、人物谱、房屋等。写意人物被晚明、清初瓷画广泛应用，影响到民国瓷画。树谱、房屋谱等都对民间瓷画产生影响。第二集集竹兰、山水谱等。第三集有花卉、草虫、翎毛谱等。第四集由书商凑集，对瓷画的影响很大。《芥子园画谱》为民间瓷画提供了绘画蓝本，作用不亚于西藏唐卡绘画使用的《画经》。

还要提一下《雀巢人物画稿三千法》，首次出现了"世界人种相貌图"。《雀巢人物画稿三千法》对人体动态的绘画技法受到西洋绘画的极大影响，勾勒人物结构、动态重心等，对表现人物素描关系的明暗画法的讲解，这类瓷画人物结构、重心、透视正确，使用了明暗画法，增加人物瓷画的立体感。

二、瓷画与民间艺术

民间瓷画作为民间艺术，植根于民俗文化土壤，民间瓷画也有"泥土气"的另一面。

（一）瓷画与木版年画

民间木刻年画已历经两千多年的历史了，宋代之后，年画步入寻常百姓家；明代时由于推行屯田制，年画作坊由此兴盛。我国四大年画产地是在明清时期形成的。随着社会生活的发展变化，年画的体制样式逐渐增多，节日到来，家家户户的大门、院落、厅堂、卧房、甚至牲畜圈棚都会贴上年画。

年画的题材取自于百姓喜欢的神话故事、传奇小说等内容，据《中国民间年画》：20世纪以来，收集到的全国各地七千多幅古今年画，可以分为"世俗生活"类，如耕读图、龙舟竞渡、贺生贵子等；"历史故事"类，如郭子仪祝寿、虎牢关三战吕布、薛丁山征东等；"神话传说"类，如白蛇传、麟吐玉书、嫦娥奔月、东方朔偷桃等；"吉祥喜庆"类，如五子登科、马上封侯、龙凤呈祥、金玉满堂、万象回春等；"神像俗信"类，如文武财神、姜太公钓鱼等。

我国目前没有对历代民间瓷画种类进行收集，就年画内容来看，瓷画都有所表现是一种"共用"的题材。"共用"性源自于文化的共同性。中华民族创造了灿烂辉煌的民族文化，由于其源于生活，植根于民间文化艺术的土壤，有极大的广泛性，形成了民间美术表现题材中折射出的文化的共同性。因创作材料的不同，民间艺术的表现种类被限制在材料范围内，形成自己独立的、特殊的表现力。由于文化上的共同性和表现题材的共用性，艺术形式的表现力在一定程度上相互借鉴和影响。

年画的制作要经过勾、刻、印、画、裱等，先用白描手法勾线，造型的轮廓线定型后，将轮廓线刻成版样，然后上色后刻出彩色版。彩色版不超过五块，一般的年画套色不过就六七种颜色。呈现出色彩艳丽、造型质朴的特点，画面节奏感强烈，给人热烈、夸张和生机勃勃的生活气息。

粉彩瓷画是在五彩工艺的基础上发展起来的，最重要的是"砷"的元素在含铅的玻璃质中被使用，发明了在瓷业界的"玻璃白"，使各种彩料含有乳浊的成分，这样的瓷画色彩效果被称为"粉彩"。粉彩色彩丰富，民间瓷画艺匠在民间年画艺术用色的影响下，将接近原色的矾红、大绿等色彩来表现画面题材，使粉彩瓷画显得浓艳而明快，营造出喜庆的气氛，给人强烈的审美感受。民间粉彩瓷画在构图和造型上受民间年画艺术的影响，画面充实，人物造型随意，与鲜艳的色彩形成具有冲击力的视觉效果。

（2）瓷画与木刻版画

明代晚期，景德镇青花瓷中出现了以纯粹的线条表现人物、树干、山石等瓷画，舍弃了丰富块面的灰调。成为辨识晚明青花瓷的风格明显的特征。瓷画的出现与传统木刻版画有关，影响了同时代的瓷画。

木刻版画，就是在木板上刻画，有凸版版画、平版版画等，中国古代木刻版版画所选用的是凸版版画。画面能体现出流畅的刻线、华丽的纹饰，达到了白描画的艺术效果。

中国的木刻版画来源于汉代的石刻画像，木刻画最早的题材与宗教有着密切的联系。刻版画的真正兴起同雕版印刷术分不开。从宋至元是中国雕版印刷术承前启后的重要时期，木刻版画技艺得到发展的时期。明代万历年间，迎来了版画插图的黄金时代。

明代中叶起，社会经济的发展为工商业的诞生创造了条件，使得印刷出版本身进入了竞争激烈的商业市场，他们对精神文化生活的需求，使小说等市民文学创作日趋繁荣，出版物的内容范畴大大丰富起来，产品的优劣成了市场检验的标准，决定了出版商们要精心制作适销对路的出版物。插图精美的出版物对于文化程度较低的市民，有着强烈的吸引力，小说、戏曲等通俗文学作品配上精美的插图，成了市场上的香悖悖。

从插图本成书的情况来看，雕版与印刷技艺有了长足的发展，徽派木刻画家横空出世，徽派木刻大家迭出，作品艺术成就很高，成了民间艺术具有极强影响力的艺术表现形式。

从宋代开始，磁州窑的瓷画受当时宫廷绘画的影响，取得了了不起的艺术成就，明代磁州窑瓷画显受当时木刻版画的影响，与景德镇的青花淡描技法十分相似，特点是瓷画以开光等形式加以装饰，但内容和造型、构图与景德镇瓷画有着许多相似之处。由于明清时期中国瓷业中心在景德镇，民窑仿画景德镇瓷画是常见的现象。明代磁州窑采用白地黑花淡描技法，艺术效果更接近于墨彩木刻版画，取得了相当的艺术成就。

（3）瓷画与剪纸

剪纸是中国特有的民间艺术形式，在纸上镂空剪刻，使其呈现出要表现的形象。画面细可如春蚕吐丝，形象古朴自然，充满乡土气息，几乎遍及我国的城镇乡村。甚至为文人士大夫青睐，也不乏文人画家为艺人绘稿。足以可见剪纸也进入了文人雅士的视野。

单色剪纸与黑白木刻有些类似之处，如从单一底色中镂去不同形式的空白，区别：木刻刀铲去木版的局部表层，余下部分生根于木版上，点、线、面可断可连，随意分布在画面上的任何位置；剪纸用的薄纸，性娇柔，易断损，线与线须相连交织而成一体。它用平面的眼光去看世界，物象在作者眼中都成了没有体积，不讲求"近大远小"的透视比例关系的剪影式形象。这样就十分适合在瓷画上发挥。

北宋时期的吉州窑重视胎形装饰，产品类型丰富多彩。在釉层与纹样装饰上，还使用了民间剪纸，独创性的表现手法将实用性与艺术性结合得协调和谐。剪纸和木叶贴花是吉州窑的独到技法。

吉州窑瓷画中剪纸的运用不是绘画而是贴画，吉州窑瓷画产品受剪纸贴画的影响而发展出了黑釉加彩瓷画，是真正的手绘瓷画。在深褐色地上用米白彩进行绘画，成为吉州窑瓷画的一大特征，对之后的景德镇彩绘瓷器产生了重要的影响。

民间剪纸还对瓷画的构图、对瓷艺术形式的形成也产生了重要的影响。

（三）瓷画与西洋绘画

清代早期，西洋绘画随着郎世宁等不少西洋来华的传教士而带到中国，对宫廷绘画产生了重要影响。西洋绘画理论对瓷画的影响，表现最突出的是珐琅彩瓷画。康熙对法国的珐琅技艺十分有兴趣，将金属珐琅器的工艺与中国彩瓷相结合，创烧了珐琅彩瓷画。但珐琅彩并不是民间瓷画，可以说是"官窑"器，西洋绘画风格对民间瓷画的影响开了先河。

大量外销瓷的画风受到西洋绘画理论的影响。明代中业，中国为欧洲市场生产瓷器，瓷画的风格是原汁原味的中国风格，为欧洲带来了"中国风"艺术设计风格。清代开始，外销瓷器的瓷画风格艺术表现手法采用了明暗和透视法，西洋绘画技法扎根。对中国现代绘画的影响是全方位的渗透。

西洋绘画技法对晚清、民国初期的瓷画影响深远，代表"珠山八友"。"珠山八友"都是在文人画的根基上，受到美术新潮的影响，接受了西画的审美倾向，力图加强瓷艺作品中造型准确性、体积感，加强色彩的丰富性。王琦的传统人物瓷画，画得更具有体积感。受某些西洋画意识的影响，"珠山八友"的瓷画无论是人物还是山石，或是与人物相辅的桌、门等道具，通过细彩均得到加强。

　　要完成传统瓷画技艺上的创新，更重要的是与时代背景分不开的。"五四"前后传统文人画的批判之声甚高，提倡艺术应走向平民和大众，这时生活在自成体系的景德镇的瓷艺家们，探求与调整是自然而然的事情。他们创办美术研究社，提倡创造、创新和写生，吸收西洋画的优点等，在"五四"新文化运动的影响下，陶瓷艺术领域改革，20世纪初，影响到了"珠山八友"，打破了传统"红店"艺人的思维模式和瓷画格式。他们还强调在瓷画创作中艺术家主体意识的张扬，这对推动中国陶瓷艺术的发展，走向现代奠定了坚实的文化基础。

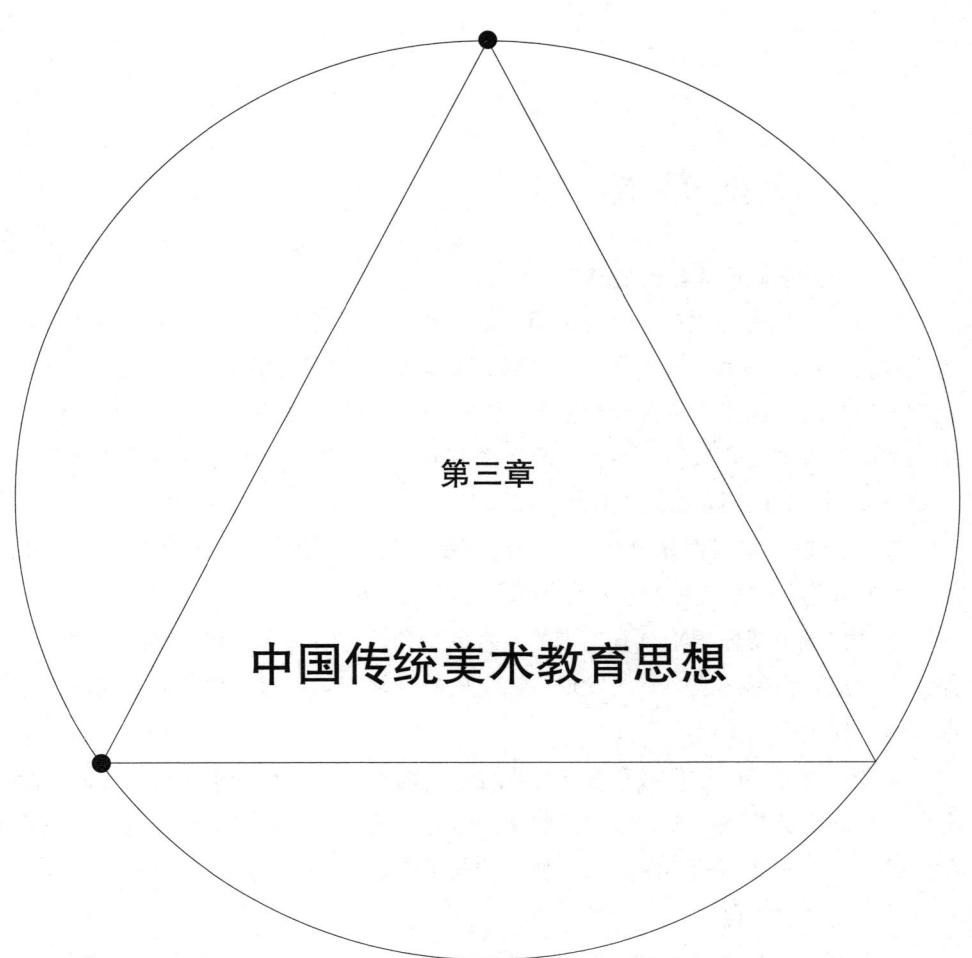

第三章

中国传统美术教育思想

第一节　中国传统美术教育概观

一、工匠美术教育

（一）工匠美术教育历史概观

四五十万年前的北京人会制造粗糙的石器，山顶洞人学会串起带孔石珠等作为美化自身的装饰品。新石器时代，传统绘画的从丰富的彩陶文化中透露出来。彩陶器皿从与图腾崇拜有关到纯抽象的几何纹样、波浪纹等……经历了由具体到抽象逐渐过渡的复杂过程。原始社会还没有分工，这些彩陶的作者是原始社会的画家，死后，或许还有绘画工具为之随葬。

在西安半坡和宝鸡北首岭，发现过仰韶文化时期研磨颜料的粗糙的绘画工具。为研究彩陶的彩绘等制作过程提供了珍贵的实物资料。

中华民族的祖先很早具有丰富的艺术创造和教育活动。在艺术创作活动中原始人类形成了由偶然或必然的发现认识组成的经验积累，通过教育的方式传授这些经验，使生产、生活更便捷。

整个原始社会时期的教育都还处在发生的时期，从和社会实践结合走向逐渐分化，是从萌芽状态到更有意识的状态的过程。氏族中父母与子女有着社会中的师生关系。由于原始社会的美术、教育均与生活混为一体，原始美术教育具有广泛的社会性和生活化。

夏、商、周是中国传统绘画的重要的过渡时期，绘画转化成了独立的形态。殷商时，农业和手工业逐渐发达。殷墟有一种"花土"，曾于河南安阳侯家庄商墓中发现，可知木雕手工艺和漆工艺在当时已相当发达。在古代，实用物品的美术设计与制造，全过程都由工匠完成。复杂的工种由多人完成，手艺差者干粗活，艺高者从事设计与指挥。传艺的教育包括制造技术、艺术设计等，是直接的经验传授。这是手工业小生产者的主要教育形式。

春秋战国时期，绘画门类逐渐独立，作为较成熟的艺术形式广泛地传播于当时的社会生活中。绘画之人对绘画的态度注重于写实技巧的熟练。

战国时期开始使用"秘诀"。据《韩非子》记载，战国时期"刻削之道，鼻莫如大，目莫如小……"是一种塑诀。因为古代"塑列画苑"，战国时期流传的塑诀被认为是最早的美术"秘诀"。秘诀是师傅们艺术实践经验的总结，世代相传。像绘画、工艺造型艺术的精妙之处，是"只可意会，不可言传"的。

秦代在艺术上气魄非凡。由陕西咸阳秦宫遗址残存的车马仪仗出行壁画及大兴土木兴建宫殿的遗迹，推想当年宫室壁画、建筑等的隆盛。秦代万里长城的修建、骊山陵寝的经营等，都有相当高的价值。当时的绘画及装饰已有较繁复系统的技工式样。

在秦陵兵马俑的营建中，手工艺匠是个特殊的群体。秦代对技工的大量需求，反映了由需求带来的对技工的珍视。《秦律·工人程》中，对工匠有工隶臣、工、工师不同的称呼。"工隶臣"是奴隶身份的工匠，"工"是自由工匠。工隶臣、工、工师的区分，反映了技艺的等级，又有师徒关系存在其中。《秦律》中还对冬夏不同进度，提出了有严格区别的不同要求。工师要认真教，曾做过工的新工匠要求一年出师，提前者受赏。

或许可以推断，是中国古代工匠们代代相传的聪明才智创造了秦代辉煌的艺术。随着文化艺术的积淀，古代工匠们积累了丰富经验，秦俑集中体现了工匠们的聪明才智。其中始皇陵兵马俑的特殊用场，要求工匠们须再现秦始皇统军征服六国的强大威势，工匠须具备刻画的神态多样的精良手法。秦集六国的能工巧匠于咸阳，人才雄厚，自然能得心应手。不能完全否定外来文化影响促使了这种经验更为系统。兵马俑按始皇生前的实际阵容排列地下，不难想象当时庞大的工匠群体制作时的极尽能事。秦俑的形象塑造既注重整体概括，反映了秦代雕塑在吸收中外优秀传统的基础上，达到新的水平。

秦朝的艺术趋向于写实，汉代的艺术则具有浪漫主义色彩。汉代陵墓雕塑趋于简括雄浑，整体感很强。秦与汉的文化传统不同，秦主要继承中原的周文化；汉多继承楚文化，充满了对宇宙的奇异幻想。《诗经》是对现实生活的真实记录，《楚辞》是对宇宙人生奥秘的狂热追求。一个时代的艺术风格是一个时代风格的体现，是匠艺传承。

中原之风传至敦煌是在北魏末至西魏时期，内地的新画风也随之传入敦煌。中原的美学情趣及在绘画上的新技法，通过师徒传承关系，并进入佛教壁画之中。在莫高窟保存有大统四年和五年题记的西魏第285窟的南壁，描绘了"五百强盗成佛"故事。人物形象清瘦，显示出"秀骨清像"的中原时尚。造型手法抛开了西域式晕染法，受中原山水画的影响。中原的名画师之风影响了敦煌及石窟艺术的创造过程。这种跨地域的技艺传承必定是通过美术教育手段得以实现的。

隋唐五代时期，文化教育出现了全面繁荣的局面。文人画家有属于低品级的官吏，有出自官府中的文秘人员。五代时期在归义军衙门供奉的"绘画手"及"画院使"，都属于低品级的士人画家，与画匠、画师一起，构成了专业画家的队伍。张大千先生在1944年即指出，"唐宋画家必画壁"，"不画壁时，不能享盛名"。当时名画家积极投身工匠的行列，佛画创作欣欣向荣的局面，形成了工匠美术中的画风和画派。是对工匠美术教育内容的充实，为后来艺术的传承发展拓宽了道路。

宋元时代手工艺匠作为特殊群体，遵循着"族有世业"的规模，主要靠师徒授受的方式传承。匠人的地位是十分卑下的，不仅得不到官方的青睐，还受到所谓的文人士大夫画家的鄙夷。许多才华横溢的艺匠，创造了精妙绝伦的艺术珍品，也只是个寂寂无闻的佚名者。

明清时的画工队伍很庞大，画工是以绘画为终身职业的艺术工人——丹青师傅。从事画工的人多出身贫寒，文化程度不高。他们自幼在工场劳动或作坊学徒，实践中学习技艺，有的为宫廷画工，有的为民间画工。随着生产规模的扩大，同行业工匠分工越来越细。但由于整个生产依然是手工业生产方式，传授方式也未改变。

民间画工的艺术是民族绘画的重要组成部分，民间艺术成为祖国优秀文化中的一朵奇葩。

（二）工匠美术教育的主要形式及内容

早在五代归义军曹氏时期，就有"沙州画行"的记载。"沙州画行"是敦煌绘画行业"行侣"的组织。画行设有"行首"，"画行都料"是画行中有高级技艺的师傅。画行成员作为系籍的工匠户，也有在官府供奉的封建役务。"行侣"指"画行"中的同行，"行侣"中虽有等第之别，但又因共同利益维系起来。这说明"行"不只是指行业，更是同业组织。在15世纪意大利艺术家的行会灿若星云之时，华萨利："各种艺术中的高手，都集中在佛罗伦萨，因这个城邦能给他们鼓励：有利的反复的批评。空气使人生来胸怀开朗，不满足庸庸碌碌的作品，只问作品是否精美；必须为了生活而工作，要经常拿出眼光和创新的能力，总之要能谋生；当地的风气使各行各业的人都渴望荣誉，是和自己承认为行家的人并肩……一朝要为乡土增光，只想把事情做好，争胜的心鼓励把事情做得更好。"敦煌行侣间不仅有着共同切磋技艺的可能，且会因为竞争而促进技艺的发展。

2. 工匠美术教育的内容和方法

（1）布色符号

色彩分布的代号。民间画工绘制寺观壁画,是师徒相承集体合作完成。由师父起样定稿,决定色彩分布,将应涂之色用符号写在画上,助手按符号布色。敦煌壁画中已发现的布色符号有"夕"、"工"、"主",各取字形中的局部为代号。在敦煌壁画中,上起西魏,下至五代,色彩脱落部分或局部涂色不周的遗留部分,反映了敦煌壁画集体绘制的程序及布色符号流传悠久的历史。

（2）粉本

专供复制的画稿。敦煌藏经洞出土的卷子中也有壁画粉本。如P.4517是在硬纸上刺孔透墨法印制佛像画底稿的粉本,依刺孔透墨法印成佛像二张,是敦煌壁画粉本的实物。《佛画粉本》,纸质,高55.5厘米,宽38厘米,为五代、北宋绘制。形象结构严谨,造型准确。《白描密教曼荼罗壁画粉本》也是壁画底稿。粗黄纸,卷甚长,画稿画于正、背面。全画共画出47尊菩萨像,以备上壁。这些粉本直接以名画家的作品为样本,成为工匠们绘制过程中的重要工具。粉本对研究敦煌壁画的形成过程具有重要意义,为工匠师徒传承的内容提供了有力实证。

（3）白画

只描绘形象而不施色彩。白画起源甚早,在敦煌壁画中,从北朝到隋代都有敷彩与白画并存的实例。如西魏第249窟窟顶壁画中的部分动物、山石,都是未上彩的白画。隋代第276窟西壁的文殊、维摩话像都是白画颜面。在藏经洞出土的绢、纸本画中,也有不少敦煌白画。绘制于晚唐的纸质密宗佛教手姿画《白描手印图卷》绘出了几十种敦煌手姿,为画匠提供了参考和效仿的临本,其摹习之意显而易见。

（4）藏经洞遗画

藏经洞遗画大量流失海外,色彩、线描等有许多保存得较好。从画幅上说,遗画大多是独立的画幅,一般比较小,接近于后世画史占统治地位的卷轴画。从可移动性上,有一些绘制地点在敦煌地区之外。敦煌遗画中很多题材与莫高窟壁画有相近之处。如《引路菩萨图》中的、与《替花仕女图》中的贵妇,与莫高窟第130窟雨道南壁《都督夫人太原王氏礼佛图》中十三小娘子的形象、画风均极相似。这些优秀的敦煌美术作品中,尤其是西魏、隋、初盛唐的经典壁画中,有些精品是由画家或专业画家所作,当然也有由画家主持画工参与的作品。可以说明藏经洞遗画与敦煌壁画相互印证、补充的关系,可以看出工匠群体中不乏资深的高级画家。

作为古代特定时代的工匠美术教育有其历史局限性的，内容方式只是时代特定的产物。今天的手工艺及民间艺术没有离生活远去，从古代工匠美术教育的光辉历程中可以感受到它在当代社会的重要意义。中国古代工匠美术教育与15世纪意大利艺术家的行会美术教育相比较，都有各自不同的特点，但中国古代画行间通过切磋推动了民间艺术的发展，影响到文人画。师傅将自己的创造精神通过美术教育的方式传给徒弟等优秀的美术教育传统的形成，是不争的事实。中国工匠美术教育的重大意义越发显而易见了。

二、文人美术教育

（一）文人画美术教育历史概观

中国绘画史上，魏晋南北朝时期有着关键的意义。文人画家和山水画的出现，标志着中国绘画走上了自觉发展的道路。南有张家样，北朝有曹家样，是六朝人物画的演进更新过程，是人物画减少士大夫之气而融入宫廷、民间的过程。随着描画对象向宫廷和寺庙转移，人物画负载士人意识的能力越来越弱。产生了继续士人意识且使之发扬光大的画类——山水画。魏晋也是中国书法的黄金时代。士族文人在山水田园生活中，发现书法和绘画艺术形式是他们抒发性情的最佳媒介。在书法方面，完成了由汉隶向楷书的过渡，且草书和行书得到了长足的发展。书画界承上启下的关键人物一代书圣王羲之、一代画痴顾恺之等都以文人的风雅气度造就了魏晋时代的风度。

隋代短暂，却为唐代绘画辉煌完成了铺垫。唐代的舞乐精神影响到书法等各个门类。公孙大娘和斐曼的剑舞、吴道子的画，互通互映，表现与盛唐气象相一致的舞乐精神。

文人士大夫参与学画和创作的约有二百多人。不少人身居要职。这些文人士大夫画家经常结社拜友，通过书画研习，纵情玩乐。美术教育活动依靠交友自学，十分自由。文人士大夫学画采用从学习书法入手来学画的方法，讲究笔墨意趣。唐朝的大李将军李思训父子与吴道子后的王维可谓是"朝"、"野"的典范。李思训的着色山水，显示高贵的在朝风范，其子昭道，使这贵族精神得所维系。王维主张"意在笔先"，"先看气象"。朝廷艺术被在野的"写意"挫锋芒后，有卢鸿一、郑虔等起而响应。文人画中所谓南宗，自是在野的。北宗自是在朝的。这两大宗派风格影响到师徒继承的风格，成为两派师承的主要脉络。

从南朝隋唐之际就有文人画壁并与工徒为伍，因佛教极盛。9世纪中叶后，此风渐衰，唐末五代，仍有画家于四川等地画壁。隋及初唐、盛唐，文人画窟亦极盛，中晚唐仍有文人画壁。有些是在节度使衙供奉的"绘画手"。如晚唐第9窟有白画，笔势飞动，此第9窟为张承奉窟，清淡雅致，东壁南侧下部画女供养人图，都是晚唐时仍有画家画壁的明证。绘制壁画的过程中，文人们广泛吸收前代画匠们精湛技艺的养分，将文人的意趣和技巧融会其中，创造了敦煌壁画艺术的新风格。

元代的文人画进入兴盛时期。元统治者重武轻文，导致更多的文人从事绘画。最著名的"元四家"的画多表现"隐居""高隐""小隐""渔隐"，表达士大夫阶层的孤傲、空虚的情感。艺术上提倡"高雅""天真幽淡"，理论上主张"逸笔草草""聊写胸中逸气"等。诗文印信也逐步进入画面，更直接地抒发作者的心声。诗、书、画、印始成一体，标志着文人画的完善。元代还有一批山水画家，自具特色，画史上享誉颇高。元代绘画史论著述数量不少，像钱选、吴镇等人的诗文或绘画题跋中，有关于绘画创作方面的重要论述。

明清之际，文人画发展到鼎盛阶段，各种画派、画会纷纷网罗弟子。文人士大夫画家中的一部分被宫廷画院吸纳，为皇家服务——"院派"；另一部分人分散在地方——"浙派"和"文人画"。清代涌现了诸多顶级文人画家，最突出的是"四僧"。身为明末遗民，在书画中寄寓国破家亡之痛。八大笔法悠肆、简括、造型夸张，石涛努力体察自然，主张"笔墨当随时代"，面向生活"搜尽奇峰打草稿"。

（二）文人画美术教育的内容及方式

在文人和士大夫中的文人画，在取材、表现手段等都与宫廷画工和民间画工有所不同，采取交友自学的方法来提高绘画技艺。魏晋南北朝时期，文人士大夫利用充足的时间，经常结社拜友，互探互讨。形成了能与宫廷画工和民间画工并驾齐驱的文人士大夫画家。一些帝王，如魏之曹髦、梁元帝萧衍等都成了著名的画家。宋代文人士大夫学士学习绘画的：在野文人，文人官吏。为培养自己高雅情趣，造就高尚的人格和审美情调，认为学习艺术不是为了复制的技能技巧，而是修身养性的功课。文人画家在绘画学习与创作中，不受任何拘束，兴之所至，任意而为，较之一般职业画家和在画院的画学生，有更大的自由。

由于文人士大夫学习绘画，用以抒情写性，共同之处是在结拜交友、共同研习中，追求抒发胸臆，重视文化、品格修养与画品画格间的关系，一定程度上丰富了中国画的教学内容。

由魏晋南北朝至明、清，画论著作日益增多，传统画论可分为理论、品鉴和画法，分别联系着中国思想史、艺术趣味和技巧系统。画品方面，唐五代出现了彦悰的《后画录》，窦蒙的《画拾遗》，李嗣真的《画后品》等。其中提出了具有重要价值的理论观点。彦悰《后画录序》求绘画既要主观创意，又要师从造化。窦蒙《画拾遗》提出"直自师心，意存功外"。李嗣真《画后品》认为画家要掌握绘画技巧，更重要的是有思想、有才气。

在画迹和画史方面，出现裴孝源的《贞观公私画史》。汇集公私收藏的名迹而编撰的专史，前面序文提出画家要"含运覃思，六法俱全"。在画史方面，张彦远的《历代名画记》、邓椿的《画继》等，涵括了丰富的内容。学习与熟悉古人论画名作和绘画历史，是作徒弟的应该学习掌握的。说画理寓于画论中，专言画理之书甚少，《画论》乃为鉴赏立论而兼及画理的著述。谈到书画同法、写胸中逸气等道理。欧阳氏之所谓难画之意，苏氏所谓意气之意，宋氏之所谓意造之意。潘天寿在《中国绘画史》："然理虽在于物，而在心悟……方能达气韵神趣之全。"在苏轼之《东坡集》，张怀瓘之《论画》等画论著作中均蕴涵了画理。王虞在《与羲之论学画》："余兄子羲之……学画可以知师弟子行己之道。又各为汝赞之。"王虞认为书画应表现自己的特色，希望侄儿羲之通过学书，懂得积累学问以任大事，通过学画知道弟子遵循师训立身行事的道理。画理即在画论中，相得益彰。

第二节 中国传统美术教育思想

一、中国传统美术教育中的"教"

中国是具有悠久师道传统的国家,孔老夫子及其各家显学以天下"均"和"安"为己任,奔走呼号,为后世树立了为师的挈矩与精神。古代很多画家更是终生修养,把不义之富贵视如粪土,在绘画史中形成了利人利世的师道规范。

古代画家的师爱和教学方法,蕴涵于他们的绘画教育言行、思想中。

重德传统

中国古代画家的师爱,包蕴了崇高的使命感和责任感。曾子发挥师教,解释说:"士不可以不弘毅,任重而道远……不亦远乎?"古代绘画哲学以"道"为最高境界,画家们重视自我的品德修养和对学生的道德训育,认为画如其人,画品如人品。将为人之道和画理、画法融于一体,对学生进行考验。民间画工中多形成了不欺世的职业道德。

爱加于生徒

爱是师德,是调节师生关系,衡量教师道德水平的极重要的规范,是教育手段,蕴藏着巨大的教育力量。

孔子是教育史上第一位以教师为终生职业的教育家。一生办学四十余载,把"仁者爱人"精神倾注到学生身上,抱着"爱之,能勿劳乎?忠焉,能勿诲乎"的崇高信念进行教和学。他视不义之富贵如浮云,为教诲学生甘愿过清贫生活。但他教诲学生却循循善诱,使孔门弟子"皆异能之士"。子路在成为孔门弟子以前,"性鄙,好勇力……陵暴孔子"。但孔子对子路没有采取憎恶态度,而是以身立教,终使子路折服。后来,子路不仅追随孔子游说诸侯,还是孔子思想的忠诚信奉者和执行者。

学而不厌,诲人不倦

"学而不厌,诲人不倦"是中国古代教育家共有的美德。老师如果自身没有丰富精湛的学问，势必要误人子弟。绘画艺术需要全方位的学习和不断修养，达到"人书俱老"的境地需经过不懈地磨炼。传授人以知识，培养人以道德，诲人不倦，需要教师数次、无数次不厌其烦地讲解、示范。要真正教好书育好人，要把"学而不厌"的精神和"诲人不倦"的态度结合起来。

有教无类

关于"有教无类"的本意，历来注解有分歧。普遍讲是不分民族与国别，不分智愚与善恶，只要虚心求教，给予热心教导，含有教育机会均等的意蕴。孔子最先执行这一办学方针。据《史记·仲尼弟子列传》记载，孔门弟子来自鲁、齐、宋等国，有贵族子弟，也有"贱人"仲弓，有家累千金的子贡，也有箪食瓢饮的颜渊。孔子不畏世俗，怀着极大的教育热情，对于那些出身低贱和家境贫寒的学生施以平等的教育，体现了师爱的理智性和广泛性的特征。孔子办学四十余年，以自己丰富的知识、高度的责任感，培养了大批德才兼备之士。许多人继承和发扬"有教无类"的精神，从事学术研究和普及工作，为中国文化的发展做出积极贡献。

尽人之材

孔子说：性相近也，习相远也。"因为人性只是相近，学习与教育表现出明显的个体差异性。孔子把个体差异归纳为智力、能力、学习态度等方面，提出了因材施教的主张，使教育遵循了人的发展规律。宋代教育家张载说过："不尽材，不顾安……乃不误人。"所谓的"不误人子弟"是使学生的天赋素质得到全面的发展。"不误人子弟"是教师对学生真正的关怀和爱护。教师要实现"尽人之材"的崇高目标，须实施因材施教的方法。

中国古代教育家都重视以身立教，教育学生"如时雨化之"。在教育过程中，教师不仅要以言教，更要以身教。孔子要求弟子"当仁不让于师"，还说："过而不改，是谓过矣。"《论语》记载了不少孔子诚恳接受学生批评的事例。孔子重视言教与身教的结合，使学生心悦诚服。被尊为"书圣"的王羲之，传说他曾"临池学书"，日复一日地苦学各家书法之长，为节省时间，池水竟成了他顺手涮笔的方便之处，留下了心无旁骛、专心从学的感人故事。

教学相长，交以为师

中国古代教育家对年轻一代总是寄予厚望。孔子不仅肯定学生可以超过老师，且还鼓励学生要有"当仁不让于师"的勇气。荀子指出：为师者应"好善无厌，受谏而能诫"。他公开声明："非我而当者……吾贼也。"《学记》继承和发展了这一思想，提出了"教学相长"的命题，论述了师与生相互学习的辩证关系。

韩愈作《师说》进一步提出了"弟子不必不如师，师不必贤于弟子"的观点。一方面，学生不一定不如老师。做学生的不能自卑，要自强不息。另一方面，"术业有专攻"，老师不一定事事处处都比学生高明，学生不能对老师求全责备。老师既要不断进取，也要尊重学生，向学生学习。

从中国古代教学相长，师生关系转化为师友关系的师爱之情，体现老师对学生人格的尊重。如果从教师道德这个角度去看，它是师爱精神，更是人格的感召。

指点不在多言

老子说："圣人处无为之事，行不言之教……为而不恃，功成而不居。""行不言之教"并不是真的"不言"。"言"应合乎自然原则，要"言"得少却"言"得圆满。正所谓"善言，无瑕谪"，"希言自然"。《庄子·天道篇》的一个故事：有制造车轮的木匠，曾向齐桓公讲他斫轮，斫榫头和凿铆眼时，下榫太缓则松滑而不牢固。要不急不缓，"得之于手而应之于心"。《庄子》中这则故事的哲理，对文人画家传授技艺的方式，有很深的影响。

老师要正确指点学生，自身的涵养要比学生高得多，才能做到"指点不在多言"，难于"指点"学生。

秘诀教育

秘诀是为解决经营位置等绘画问题的不公开的巧妙技术，各种口诀性质的画诀、塑诀都属此类。通过实践经验获得的美术知识技能，是师傅绘画技巧的结晶。秘诀虽都是寥寥数语，但文字生动、顺口成章，世代相传。

过去民间画业作坊里的画工，多是出于劳动人民阶层。他们学艺之始，是靠前人口传心授、世代积累下来的"画诀"作教材。在技法上虽系师徒递承，然而生活在民间，对当时社会有着深刻的理解，所以创作出来的东西自有生活气息。画工作徒学艺时，最初只做研墨调色等杂务，渐次练习笔道，慢慢随师作画，得听画诀，直至出师后，方可开始创作。"画诀"和"画样"是民间艺匠教徒传艺的"教材"和"范本"。故作坊里有："能赠十锭金，不撒一句春。"古代艺人在创作技法上的画诀及经验，始终未被记录下来，未能流传于世。

今天，美术理论者在挖掘中国古代美术秘诀教育的内容，已有一些成果。一方面由于中国古代工匠美术长期处于不被重视的地位，也因为资料确实严重的缘故。秘诀教育对百工技艺的发扬光大意义重大。不论是在纯艺术领域还是美术的其他门类，老师形成自己的关于技巧的独特感受并用精练的语汇加以概括、总结为秘诀，如果老师能将毕生艺术实践获得的经验转化为秘诀教育传授给学生，更为难得。"雅"是"俗"的提升所造成的创新。中国古代画匠的绘画制作是通俗美术，造就的画家与大师总是不断地把"画体"与"画样"加以变革和创新。工匠美术中的诸多传统通过秘诀教育的传授，被现代美术教育者重新发现和重视，对现代艺术，仍然有着重大的借鉴作用。

二、中国传统美术教育中的『学』

子夏说："仕而优则学，学而优则仕。成为中国古代封建文人毕生的追求。传统美术教育中关于"学法"的论述非常多。很多画家在求索过程中形成了自己的学画经验，成为宝贵财富。

修身正己

中国传统文化的独特类型，使中国艺术中存在着积极入世的精神气度，是以儒家为主流的思想体系强调艺术美的社会伦理方面的价值。古代书法教育正是"重教化、助人伦"的典型，而不是纯玩弄技巧之事。在这个基础上，书法教育是人格教育，书法形式是一种与之互为表里的映衬。宋代朱长文《续书断》："手与神运，艺术心得……以终其身。"清代松年《颐园论画》："书画清高，首重人品……更钦仰其人"。

明清之际，文艺理论家强调"胸襟"为"诗之基"，核心也在立德。中国古代注重道德伦理情操培养的文艺心理观，使中国文艺特别注重人间情怀的抒写，具有社会人文底蕴。

强力为学

中国艺术史中被尊为"书圣"的王羲之，刻苦磨炼，独辟蹊径，坚忍而行的精神，是后人的楷模。"临池学书"成为专心从学的典故，王献之以父为师，勤学苦练，后来的成就竟与父亲齐名。

学习书法是有规律可循的，只凭苦练也不行。老祖先们把"二王"学书法的苦练故事传下来，目的是在强调勤学苦练的重要，是在借助池中之水鞭策人们恒定心志，学而不缀。

专心致志

专——审美者"用志不分，乃凝于神"，专心致志地观照审美对象。

无论是学习时的心境，还是平时的志向，应该专一。《淮南子》强调学习者须有专一、持之以恒的心理素质。董仲舒认为，只有心志专一，才能保持高度的学习和工作效率，精力集中为认识深入创造了必要条件。要"精思要旨"。要旨，即所谓原则、大义。学习要从微言之中把握大意，要学者精心深入思考。刘向非常重视知识的价值，赞扬学习的"用心"与"多知"。

传移模写

顾恺之著《模写要法》，谢赫将"传移模写"作为六法之一，表明南北朝时期就十分重视临摹。晋唐宋元明清画家，通过临摹入门并奠定绘画根基的。作为艺术家，要把师造化、发展创造有机统一起来，但在青年时期的学习阶段，临摹获得中国画的基本技巧并对前人成果深入的了解，是最重要的事。因为中国画高度的程式性，中国画材料工具的特殊性，以及相应的风格等，需要通过临摹才能较好地把握。

临摹教学方式到了隋唐五代已日渐完善，以前以摹制粉本、画样为主开始学画，学习者常容易犯"结壳""附影子"等弊病。隋唐五代时临摹教学法从法度和规矩入手，学习名流。传为唐代王维《山水诀》："善学者还从规矩[®]。"学画者须按照正确的方法和程序，从简到繁，一步一步地进行。五代画家黄筌教子学画，画了《珍禽图》作示范画，上面还写有"付子居宝习"的题字。是我国现存的最早的教学范画。隋唐五代的临摹法教学十分流行，是拜师学艺、掌握技巧最合适的训练方法。

临摹作为中国传统美术教育的重要内容，是由中国画的特性决定的，在师徒传承中的作用重大。

第三节 中国传统美术教育思想的现代价值

一、模仿的天性

关于模仿，西方有着悠久的历史渊源。赫拉克利特最初在残篇中提出了"艺术模仿自然"观点。柏拉图认为绘画是事物外形的模仿。亚里士多德将模仿视为人的本能，模仿行为能给人带来快乐。人都具有模仿的天性，通过模仿表现自然和自己的想法。中国古代师徒传承美术教育模式中对临摹的重视符合人类"模仿的天性"。

我们每个人对不同事物的选择和偏爱，对事物的理解不同，是受制于每个人心中既有的预成图式。没有预成图式，眼前只能是光学性质的事物。没有美术的预成图式，就不能认识和创造美术形象。美术学习须从规范学习入手，形成预成图式和表现模式。临摹是形成预成图式和表现模式的有效方法。

传统美术教育重视临摹在教学中的作用，目的在于训练学生形成有关中国绘画的预成图式，使学生以中国画家的眼光看待自然。还有一个重要的原因，是中国绘画的程序化极强。中国画家经过不断探索自然，形成了与自然保持距离的中国画程序。传统中国绘画具有更强的程序性和继承性。与它以水墨为主要媒介，以书法性的点线为主要造型手段，笔墨重视神、意、趣、韵，及它与传统哲学、诗歌的内在联系密切相关。依照"图式修正"：西方绘画具有很强的继承性，但以"模仿现实"为思想渊源。中国绘画所言之"师造化"，是与"法心源"并列，其师造化的途径，是将观察、默记统一起来，不同于西方按照科学透视、解剖与光色进行的素描。对学习西方古典绘画的人来说，首先是写生能力，对学习传统中国画的人来说，首先是获得在纸绢上用笔、用墨、施色的方法和功夫，在获得方法与功夫的同时获得造型能力。临摹是一项必须掌握的基本功。

达·芬奇："能模仿者即能创造。"临摹是模仿的行为，按阿恩海姆的观点，没有可以想象的现实主义形式准确地再造固有现实。作品是产生于某种媒介中，它不可能成为现实的复制品。媒介的特点对原作的特性增加某种东西。如贡布里希：我们须"变通"，"是换位"。阿恩海姆："再现所创造的不是物体的复制品，是在特定媒介中物体对应物。"黑格尔："只靠学来的熟练不能产生有生命力的作品。"临摹获得的技法是"学来的熟练"，要创造有生命的作品，须将其与自己对生命的感受结合起来，进行创造。

中国传统美术教育中传移摹写、通变创新等理论范畴符合人类"模仿的天性"。

"对话哲学"源于马丁·布伯的有关理论。布伯认为，对话具有双方共同参与的性质，对话的过程是主体间在经验共享中的相互造就。那么，在古代师徒传承美术教育过程中，"亲师合一"的特征达成了一种"对话"。对于探索人的本质的哲学理论，从对"我"的发现——对"你"的发现的转换，关涉到人与自然对话之必要性。就美术创作，以往画者自以为是主体，通过肢解"客体"使客体主体化。现在，把自然的地位提升至与画者平等的对话，达成了精神上的相知相遇。

中国美学史，儒道思想贯穿始终。《论语》："子曰：知者乐水，仁者乐山"，《老子》："小国寡民……安其居，乐其俗"，描绘了田园画。对于精神自由运动的赞美，对自然的理想化，使艺术大师深受启发。中国绘画重视与自然的对话，达到意境的最高目标。独特的观物与取象的方法，使中国艺术家对大自然有最深的感受，能把握最大的"象"。哲学理论始终：人是大自然的有机组成部分，又是自然万物之灵，应勇于把这一部分放在大自然之中。如郭熙强调画家要有审美的心胸，对自然山水作直接的审美观照，把审美观照的广度和审美意象的创造联系起来。这是与自然对话的哲学。

对话的意识代表着生活和思想的境界。人与日月星辰、飞禽走兽都能和谐相处。与鸟啁啾，与流水伴唱，保持生命间的对话沟通关系。以超然淡泊的豁达体验宇宙万物，以审美、艺术的眼光鉴赏天地人生。所谓的"外师造化，中得心源"，是在审美观照的基础上，产生审美意象的过程，中国画的最高境界莫过于此。师徒传承美术教育模式直接地达成了师与徒间的亲密交流。

中国画倡导的"身即山川而取之""外师造化，中得心源"等重大命题中，师予徒的不仅是绘画理论的传授，还是师和徒在与山水对话中达成了内在感悟。对话哲学暗含了中国古代传统美术教育深造、顿悟等优秀理论。

梁启超探讨了中国美学史上很少人涉及的问题——地理环境对审美情趣与艺术风格的作用。他主要提出：一，不同的天然景物，影响人的想象力发展，二，不同的天然景物，影响朝代的气象，三，不同的天然景物，影响审美情趣。梁启超没有把天然景物对审美趣味的影响绝对化，提出了"'文学地理'常随'政治地理'为转移"。根据南宗和北宗两派风格，南宗画发端于在野文人士大夫的业余性绘画，以自娱和自我表现作为创作思想。早期淡泊平和的画风，反对富贵气、雕琢气。南宗以老庄哲学作为思想基础，至唐代王维、宋代苏东坡等，形成了与自然气息休戚相关的风格。北宗画又称宫廷画，表现统治阶级的思想情感和审美趣味。"艺随世移"的现象广泛存在，影响师徒传承美术教育的内容。

在风格多元的中国古代绘画艺术中，师徒传承美术教育利于"克承家学"，艺术流派的产生与之有很大的关系。风格更贴近于师徒教育的特点，它更适合培养有个性的画家。徒在师风的影响下，更可博采众长。

体验可分直接和间接体验。直接体验：人身临其境地经历某种事件，相应产生某种特殊的情绪过程。体验是包容性的，所有的感官同时发挥作用。直接的体验是美术活动中最基本的体验方式。伽达默尔提出了"阅历艺术"的概念，认为阅历中人的经历于主体身上留下的给定性，内容就是生命。艺术作品从艺术家的阅历中产生，艺术就是阅历的艺术。中国画讲究"人品如画品"的，画家经过从年轻时期到老年不断的体验，到老方达到"人书俱老"的境界。

把艺术家的创作心理区分为先天和后天因素，是古代文艺家对自身创作感受的反省。重要的是对于后天因素的涵养强调"学"字，学的途径是"行路"与"读书"。"行万里路""读万卷书"是画家心理修养的必要条件，成为中国古代文艺创作心理准备的概括。创作主体的全面修养非常重要，"画外功夫"是作者的阅历、经验作为修养的组成部分是必不可少的。

在绘画创作的主体修养方面，以读书为中心的积学。如清代唐岱《绘事发微》："画学高深广大，变化幽微……古人天资颖悟，识见宏远，于书无所不读，于理无所不通……为后人之阶梯，故画者宜先读之。"松年《颐园论画》："我辈作画，必当读书明理……似非由内达外不能入六法三昧。"足以说明古代画家对读书积学的反复强调和重视。积学泛指实践经验的积累及形成的洞悉自然、社会深层内蕴的实践能力。

物理体验是产生心理体验的基础。心理体验：在体验的过程中由具体事物和环境引起的心理变化和认识。心理体验：崇高、伟大、温柔、愉快……物理体验和心理体验构成了体验活动，二者成为我们美术创作的基础。美术作品的质量取决于体验的丰富性和独特性。师与徒的交流中，学生以教师所传授的理、法为物理体验，也在领悟着中国画尚意重趣的精神内涵的心理体验。如此才能把握最大的"象"。

人们在当代知识理论中将不能清晰地反思和陈述的知识——"隐性知识",将能够明确反思和陈述的知识——"显性知识"。

20世纪50年代末,波兰尼第一次对这两种形式的知识做出了区分。无论在日常生活中,还是在科学活动中,不可言说像是可以言说的知识一样大量存在,两者共同构成了人类知识的总体。波兰尼又把缄默知识称为"前语言的知识"。但波兰尼:缄默知识是其作为不可言说的知识只能通过"学徒制"进行传递,教育过程中通过自然观察与服从进行。

中国传统美术教育中蕴涵着很多缄默知识。古代早在老子的言论中已指出不言之教的存在,老子认为"行不言之教"。"言"应合乎自然原则,合乎自然。"善言,无瑕谪","希言自然"。中国传统美术教育中师徒传承的模式利于缄默知识的传递。中国传统美术教育理论为西方现代教育学的某些观点提供了预设。

二、知觉理论

1. 直接定位理论。也被称为心理物理学派理论,它认为客观环境中存在着解释知觉需要的全部信息,知觉过程是被动地将外部信息接收过来。

2. 构成理论。理论与直接定位理论判然有别,认为它是主动的组织过程。贡布里希认为人们对外界刺激的解释与原先的知觉经验有密切关系。没有预成图式,就不能把握现实。由于每个人的经验不会完全一致,预成图式不会是一样的,我们的感知结果相不会完全一致。知觉带有非常明显的个性色彩。

3. 格式塔理论。格式塔理论坚定地与构成理论站在一边的,它同样认为知觉是主动的组织过程。它们却在组织的机制上存在分歧。构成理论将组织的机制归结为后天积累的经验,格式塔理论认为人先天就存在着某种组织机能。在师徒传承美术教育中,徒弟的知觉主动接受外界的刺激同时,被动地接受老师传授的"知觉"。

虽然直接定位、构成、格式塔理论对知觉的观点不同,但知觉是被动或主动的接受在师徒传承美术教育中得到了体现。师向徒传达了自己的知觉过程,徒在被动接受时也在积极地与自我的知觉经验主动结合。

三、需要层次理论

人与美术的关系密切,对美术活动的认识只能从对人的需要的探索开始。

马斯洛从人基本的需要开始,提出需要是一级一级地满足的,将人推向越来越高的境界。

1. 生理的需要:追求吃、喝、睡等的满足。

2. 安全的需要:保障安全、躲避危险。

3. 归属与爱的需要:与他人亲近,被团体所接纳。

4. 尊重的需要:受人尊敬、赞美和赏识。

5. 认识的需要:了解、求知与探索人类自身与世界。

6. 美的需要:发现对称、和谐,创造美和享受美。

7. 自我实现的需要:最大限度地实现潜能。

还有一些心理学家也提出了需要理论,较有代表性的有奥尔弗德和麦克莱的理论。奥尔弗德的ERG理论:维持基本物质存在的需要;维持人与人之间的关系的需要;寻求获得发展的成长需要。麦克莱的成就需要理论提出了成就需要——要胜过他人。

人的需要包括各个方面和各个层次,美术活动作为基本的活动,会满足人的一些需要。中国画教育中的师徒传承模式则满足了这些需要。师徒传承美术教育模式中师与徒"亲师合一"使"师"兼具"父"的角色。"严师如父"的关系满足了"徒"生理、归属与爱、认识及自我实现的需要特别是自我实现的需要,古人曰:名师出高徒。中国古代,若拜了名师则意味着有可能成功。它更利于人的需要。传统美术教育中的爱加于生徒、亲师合一、提携后学等理论有其合理性。

第四节　中国传统美术教育思想的实际应用

一、中国传统哲学与中国美术教育的理论建设

（一）和而不同

"和"是中国哲学的核心之一。它代表了中国传统哲学的特质，反映优秀传统文化开放的心态。孔子在激烈变革时代继承发展了"和"的思想，使之成为哲学思想的重要范畴。"和而不同"的"和"表示承认"不同"，主张不同事物间的和谐交流，在"不同"的基础上形成"和"。孔子主张的"和"不是无原则的迁就或不加分析的苟同。一个高尚的人要善于运用正确的思想吸收与扬弃他人的东西。批判与创新是"和"的灵魂。看问题不要从个人的私意猜测出发，不要主观地认为一定是怎样，不要因为这个看法是自己的就不肯放弃。要有一个既虚怀若谷，又冷静灵活的实事求是的态度。孔子认为"和"是"和而不同""和而不流"，保持各自独立的思想和个性，不是一言百诺。正是"和而不同"的观点使孔子思想在我国的春秋时期，成为坚守自己、兼收并蓄的开放的思想系统。中国传统哲学的发展是通过不同哲学文化的碰撞、交流与融合，依"和"而生，依"和"而繁而荣。

老子也重视"和"的思想，他强调"和"是规律，掌握这一规律使人富于智慧，"和"是具有纲领性的思想。

（二）一以贯之

"一以贯之"是孔子哲学思想的命题。"一以贯之"：总结概括、融会贯通。作为老师，孔子为使子贡不停留在学问的表层，启发他深入学习。掌握知识，追求真理，或只停留在感性水平上是不够的，一以贯之。孔子的"一以贯之"的"一"，可以理解为事物之一般性的东西，事物的本质特点。明清之际的哲学家方以智曾对"一以贯之"作过精当的阐发。

老子十分重视对事物法则的探求。《老子》：复命曰常，知常曰明……天乃道，

道乃久，殁身不殆。认识经常起作用的规律是明智的，否则轻举妄动。"知常"是老子哲学的重要思想，老子哲学智慧的是重视对事物本质的探索的把握。

世纪之始，许多国家调整教育政策以面对21世纪的挑战，各国美术教育积累了丰富的经验。为从整体上提高美术教育研究的水平，既重视对本国传统文化教育的深入挖掘，又从国际美术教育现象中去求"一"，"一以贯之"。没有理解的探索是片面的，缺少探索的理解是肤浅的。多元化的文化应受到尊重，但多元化不代表规律的多元化，陷入相对主义。美术教育研究最大限度地挖掘传统文化教育的积淀；要在平等的基础上，展开与世界各国美术教育的对话，反映各国美术教育纷繁复杂的现象：艺术思想、问题和经验的高质量信息；还应在对美术教育现象的探索分析中，揭示人类现代美术教育的大规律和美术教育的特殊规律。

（三）执两用中

美术教育是实证性很强的学科，重视事实的叙述的意义。但必须高度重视辩证思维的意义。

老子哲学中突出反映了辩证法思想。"反者道之动"是重要内容——事物对立面双方是不断在发展。发展不是线性的，而是一方发展达到了极限就会走向相反一方。老子觉察到对立统一规律，论及了包括美丑、善恶、贵贱、虚实、损益、有无在内的辩证关系，揭示了一切事是向自己对立面转化的基本规律。老子强调了事物在无限的时空运动中的变化是绝对的。

孔子的哲学思想亦不乏辩证思想。《中庸》曾记载："舜其大，知也与？……其斯以为舜乎。""执两用中"包括：抓住两端，叩问其两个相反的方面；排除两个相反的极端，不以其中任何极端作为标准——用其"中"。"中"就是中庸之道的"中"，哲学内涵绝是恰到好处，是"最优"的概念。"用中"的方法是孔子辩证思维的精华，给人的是事物的完整，能在所规定的界限内制约矛盾的度。

20世纪初，中国近代学校美术教育完备的西方美术教育方法论对中国的学校美术教育产生较大的影响。西方倡导科学方法的理性主义，反对科学方法论的非理性主义，研究中有描述法、因素法等传统方法，又有世界系统分析等多种新的方法论。如何对待西方美术教育不同的理论，是我国面临的重要问题。面对哲学基础不同、价值取向各异的方法论，不应盲目地接受或否定，要经过冷静全面的分析，采取吸取不同美术教育理论的合理成分，不简单地否定西方科学主义方法论，也不盲目排斥与科学方法论相对的另一极。

系统研究的方法对美术教育研究的深入作了很多的贡献。只片面强调系统的方法，忽视事物内部特质是不足取的。中国传统文化与西方历史传统历来很不同，中国与西方文化间是差异的关系。中国文化绝不落后，它显示了伟大的智慧。鉴于现代主义乌托邦理想日益显得虚幻不实，西方后现代泛审美文化对回归传统的渴望何谓中国的文艺复兴？有理由说：重新回到中华五千年文化的本根，用文化的理论正名。构建中国美术教育理论需要传统，这些离不开对中华民族传统文化的吸纳与创新。

（四）文质彬彬

中国传统哲学对构建美术教育理论是充满智慧的开启，真正做到这一点是不容易的。需要有深厚的知识基础，还必具有追求真知的理想。孔子："质胜文则野……然后君子。"认为文采与质朴协调发展的人才——君子。以孔子为代表的中国解释学：学问与理解，不是单纯的辨名析理，它的核心是教养问题。宋人朱熹强调，文皆是从道中流出，道者文之根本。言为心声，在西方哲学方法论中是少见的，以孔子为代表的哲学思想的杰出处。把对真知追求与人格教养联系在一起，是孔子哲学的特征。经过阐扬，是有中国特色的美术教育理论。这是应有的献身精神的执著追求，如"朝闻道，夕死可矣"是将反身自问的正直与高尚作为最大愉快的精神境界，如"反身而诚，乐莫大焉"更有学而不厌的态度。如果不学习，即使本来是善的道德品质，也会分别产生不道德的后果。我们美术教育工作者的研究语言应是"生命整体的全部涌流"。积极进取的态度和以身立教的原则，高尚的敬业精神和神圣的使命感的树立及终身学习的意识十分重要。

作为世界文化的中国传统哲学，具有深刻的超越时空的价值，也有深刻的历史局限性。掌握哲学坐标的历史局限性和超越性的辩证统一是十分重要的。本土化的东西未必是传统的东西。

21世纪中国教育的宗旨是促进中国教育的反思与创新。包括对传统文化的分析、批判、转换与改造，靠对西方美术教育理论在内的国外先进文化吸收与借鉴。

二、重视美术教育中道德训育的功能

（一）在美术教学中要积极鼓励学生个人自觉的道德修养

《美术课程标准》："现代社会科学技术的高速发展，需要丰富而高尚的情感。因为情感性是美术的基本品质，是美术学习活动的基本特征，美术课程能陶冶学生的高尚情操，增强对自然和生活的热爱及责任感。"古代美术教育家对于人格的形成立足于个人自觉的道德修养。董仲舒：焦点集中在对利与义的态度上。主张对体现国家利益原则的追求高于对个人利益的追求。这样人生才能获得高度的和谐，是理想人生的基本取向。董仲舒：在道德修养中应注意"以仁安人，以义正我"。仁，建立在对人类生命珍视基础上，凸显对个体生命价值与权利的尊重，义，凸显的是个人对社会及其他个体的责任和义务。

（二）教师要积极引导学生在合作学习中树立正确的道德观和情感、态度价值观

陆贾：个体的人格只有在与群体的联系中才能得到确认，人格才具有社会和历史的价值。理想人格和社会道德规范相联系外，应有诸如进行文化创造、变革现实的热忱，基本人生态度应是积极有为的。现代社会的发展体现出与人合作的重要性，直接影响到合作的过程及创造的价值。

（三）我们必须深刻地认识到道德修养是需要意志力的

坚定的志向和顽强的意志须建立在专心一意的基础上。生活中有许多不利于理想人格形成的因素，这就需要有更坚强的意志。意志体现在细微长久的品德积累中。人能在平常的生活中、在事业上兢兢业业，不违背道德准则，是十分难能可贵。人格的伟大往往来自平凡。在美术教学活动中培养坚强的意志力，是道德教育中不可忽视的一环。

以师生关系为视野的合作教育思潮，汇集了多个国家的著名教育理论。平等、合作、健康的师生关系为实现学生个性发展提供了广阔的可能性。爱是人类普遍的感情需要，是人际交往中不可缺少的重要环节。

三、建立新型的师生观

（一）重德传统与美术教师道德建设

重德传统来源于对道德作用的重视和全社会对教育的重视。杨雄："教师应成为道德的榜样、人格的表率。"王充也在《论衡·物势》："埏埴作器，必模范为形。"是杨雄提倡身教思想的形象比喻。道德教育中，教师更重要的是以自己的言、动等塑造出的人格形象去感化教育对象，让学生崇拜自己。杨雄把培养人比喻为铸造人，把人格修养的过程看成是向榜样看齐的过程。面对汉代教师群体的现实，杨雄不免发出哀叹："模不模，范不范，为不少矣。"所以杨雄诚诚为人师者，须先做到"言不惭，行不耻"。

重德传统表现：高度的社会责任感；孜孜不倦的育人精神；严谨的治学精神；贯穿始终的个体修养；行为师表的社会风范作用。教师自身的认定，是朝向这些目标的。

重德传统体现了道德教育和品格修养的普遍规律，对于强化教师道德建设与养成，具有极为重要的借鉴价值。德育工作由教师来完成：美术教师的一言一行对学生都有着不可忽视的影响。美术教师的言行举止是体现了美的精神，传达着美的讯息。美术教师应把教育看成是人格的自然感召过程，教育力量潜藏在教育者的人格中。

提高美术教师素质成为美术教育改革的目标之一。美术教师须树立美术学科在五育并举的人格培养过程中担当着道德训育的职能观念，不断提高政治理论水平和教育管理能力。

（二）求知传统与美术教师终身学习

关于知识与人的学习能力间的关系，庄周："吾生也有涯，而知也无涯……殆而已矣！"人生有限，宇宙无穷。庄周怀疑人的认识能力，揭示了学习与求知中有限与无限的矛盾。

我国古代社会里，没有提出"终身学习""继续教育"的概念，但传统教师讲究通过不断地修德敬业，进行终身学习。为了求"道"，达到"朝闻道，夕死可矣"的境界。我们今天不可能再袭用中国传统社会的整套观念体系。就教师素质来讲，教师处于信息交流广泛、流通扩展迅速的知识经济时代，应发挥刻苦学习的优良传统。

知识的新陈代谢是人类历史进步的反映，美术教师须坚定终身学习的态度，紧随时代的步伐，在深入了解民族艺术文化传统与多元美术文化的同时，将健康的情感、价值观贯穿于美术教学之中。以广博的知识、高超的教学技艺去教育学生，使学生在艺术的海洋里得到美的陶养。为更好地贯彻实施素质教育的理念，美术教师要加强更新的自觉性，在其他学科领域广泛涉猎，使自己既有广博的知识和扎实的基础，又有积极探索的精神。如果美术教师没有经过实际的继续教育的过程，没有养成终身学习的习惯，将是很难承担素质教育教书育人的重任。

（三）非功利传统与美术教师修养

美术教育实践中，非功利性常被严重忽视了。市场经济条件下，实用主义倾向和物化心态蔓延，过分强调功利性，忽视了美术教育本身的非功利主义因素。善于识别人才、爱惜人才并无私无欲地培育人才的师爱美德如今少有。如此，学风师风每况愈下。在当前的师范美术教育中，包括美术教师的继续培训中，过于重视市场需要。美术教师光有狭窄的专业技能知识是不够的。道德高尚、拥有爱人之心的教师，才能成为受教育者的楷模和榜样。师范美术教育专业与美术教师培训等相关工作,应借鉴传统师爱思想中的非功利主义因素,提高其道德与人文的含量。

(四) 爱生传统与正确学生观的建立

孔子重视学生的道德进步,也关心其日常生活。这种伟大的人格力量和对学生的爱护,赢得了学生的尊敬。要让学生、社会尊师重教,教师要爱生肯教。中国古代教育家矢志教育事业的崇高品质,深深打动着学生的心。

从东西方美术教育的比较看,中国古代工匠美术教育和意大利工场师徒关系对专业美术院校建立的师生关系很有启发。

尊师与爱生是互为基础的,古代尊师爱生的优良传统是在师生互敬互爱中形成的。墨子:教学是教导者和学习者相应相助的活动过程,缺少一方,都将不成教学。

切实提高教师的社会地位,形成尊师重教的良好风尚,需要政府加大教育投入,提高教师待遇;更需要教师加强自身修养,为人师表,塑造良好的自身形象。素质教育的目的是在充分发挥人潜能的基础上,提高国民身心基本素质。如果教师具备了深厚的爱生之情,与学生达到情感的共鸣,教育活动将充满了爱。美术教学中,有了"爱"做基础,教学活动将成为充满爱的色彩的有效过程。

(五) 为师的最高境界——人师

董仲舒提倡要讲究教学艺术,成为优秀的教师。"圣化"是教师在教学艺术的修养上达到出神入化的境地。古人讲:"经师可求,人师难遇。"教师的知识有两种——是大知,是对礼仪、道德原则的把握;小知,对经传字句名物的理解。"经师"是指以教育谋生的教师,他们视教书为谋生手段,对教师职业本身并不热爱,对教育对象就缺乏挚爱深情。"人师",能"传道、授业、解惑"的教师,由于他们将教育视为"明道救世"的大业,对学生就会产生发自内心的爱。有了爱,美术教育是陶冶审美情操,激发创新精神,促进个性发展的主要途径之一。只有将身为人师作为境界,教师才会把学生放在心上,只有达到这一境界,美术教育者才有可能成为美术教育家。

四、发扬家庭教育的优良传统

(一) 家庭教育的关键——母亲

《易经》是中国教育史上最早提出家庭教育思想的。《家人》:"闲有家,悔亡。"在讲谨慎治家的大问题。《家人》提出了对后世产生莫大影响的看法:

"六二，无攸遂，在中馈。贞吉。"此爻意思：要想治家而无所失，在于家中妇人克尽妇职。《易经》把妇女置于家庭教育被教育者的地位，也把家庭教育的重任加于妇女。中国家庭教育中举不胜举的慈母教子的故事表现了《易经·家人》对后世的影响。

姬旦是西周初年政治家，周武王之弟。姬旦：帝王贵胄的家庭教育特别重要。告诫其弟："亦惟君惟长，不能厥家人。"姬旦也是家教的身体力行者，对成王及其他兄弟子侄无不是以家庭、家族之长的身份告诫。

魏晋南北朝时期涌现出大批家庭教育的著作，影响较大的有王昶的《家诫》、诸葛亮的《诫子书》和《诫外生书》、李暠的《诫子书》及颜之推的《颜氏家训》等。家教著作是封建士大夫阶级对社会前景等深切忧患在教育思想上的反映。试图通过家庭的教育环境，把人生经验传授给子孙后代。

（二）良好的家庭教育环境对艺术家的培养

家族中能产生数位有影响力的书家，家族的内部环境是十分重要的。为维持家族持久不衰，家族内部注重家学的承继。发现家族中的优秀人才，提供条件促使其成才，扩大家族的影响。《颜氏家训》强调读书要学习书画等杂艺，才能"务先王之道，绍家世之业"。

王羲之虽不是王敦、王廙的亲生儿子，但不影响为家族中出现的人才感到自豪。家族观念能使家族保持共同的文化色彩，又每位成员甘愿为家族兴旺提供才智。王羲能成为一代楷模，家庭文化氛围的熏染对成长也起着重要的作用。

王导擅长书法，他曾将钟繇的《宣示表》真迹藏在衣中，后赠给王羲之。王羲之崇尚钟繇，书法上取得的成就与王导有关。王羲之的叔父王廙，书画人称"晋室第一"。在羲之很小的时候，王廙便督促羲之，课之以书，言传身教。《历代名画记》：王廙曾画《孔子十弟子图》，并鼓励王羲之："余兄子羲之，幼而歧嶷……余画孔子十弟子图以励之……又各为汝赞之。"王廙认为书画都应走自己的路子，对王羲之及后人学习书画很有启发。

（三）以德育为本，以做人为目标的美术教育家学传统

家庭教育的目标是教子女如何做人，如何待人接物，成为人格高尚、自强不息的社会成员。家庭教育中存在的注重智育，轻视德育的倾向，背离了家庭教育的根本。在中国历史上，不同的教育思想家有着不同的世界观，但都重视理想人格的设计，对家庭美术教育也产生着重要影响。颜之推教育子孙："夫生不可不惜，不可苟惜……丧生以全家，很躯而济国，君子不咎也。"表现了他的高尚节操和对子孙理想人格的期盼。

以修身为本的人格教育，是古代社会家庭教育的自觉追求。家学中不仅传授了知识，而且讲究治学态度和方法，及为人处世等伦理道德教育。在历史中，家庭教育培养了中华子孙求仁尽义的浩然正气，并世代传承。中国家庭教育的优良传统在不同的时代，有着不同的要求，呈现民族性和时代性，家庭教育的内容随历史变化而变化。但家庭教育以德育为本没有因时代的发展而改变。热爱父母、刻苦学习、和睦相处等传统美德，仍是现代人不可或缺的美德。

（四）提高家长自身的素质和育人水平

现在，很多家长意识上有这样的误区：将孩子送进学校，教育孩子就是老师的事。家庭教育观念落后的现实客观存在，成为困扰家庭教育的重要因素。

家长存在"望子成龙"的心理，但很多家庭教育都出现了重智轻德、以分数论成绩的倾向。家长送孩子学习美术，是由于功利的因素。家长应把对子女情感支配向理智的爱升华，关心子女的成绩、吃饭穿衣，也关心子女的思想品德、自理能力。家长们教育孩子，首先应该先审视自己。

教育孩子，父母是很关键的。传统家教重视言教，更重视身教。老子云："不言之教，无为之益，天下希及之。"自古以来善为家教的人都懂得："欲求子孝必先慈……而友亦立悌。"作为长辈来说，希望子弟贤，自己且须先贤；督促子弟好学，自己先须好学。家风一旦形成，累世相传，成为无言的教诲。

五、中国画专业美术教学反省

（一）重人生行为的品德要求

追求人格品行的境界是学习中国画的要求。中国画是诗、书、画、印于一体的要综合人格投入的绘画艺术。对人格品行的修炼是中国画画家的"功课"。

（二）临摹方法的再认识

中国画程式性强，以临摹为主的传统中国画教育模式比学校教育能传授老师对理法的独特理解。

在现代学校教育中，素描有益于造型能力的加强，但中国画造型能力的培养是否要以素描为基础。即使以素描为造型基础，须以不影响学习中国画笔墨技巧为前提。大学本科阶段，把素描置于第一地位而忽视中国画传统的临摹，造成以形似为造型标准，创作时也束缚于"写生状态"。

20世纪也有学校培养的大画家李可染，成功靠的是素描功底与对景写生。李可染在杭州艺专较好地学了素描，13岁就拜徐州画师钱食芝为师，中间又曾进上海美专中专师范部学习两年。李可染在学习素描前，经过了以临摹方式为主的习画过程。40年代后，又专攻写意水墨画。李可染旨在改造中国画的山水写生，是在1954年开始的。他对传统，曾"用最大的功力打进去"。他的成功，证明中国画适当学习素描是有益的，证明以临摹为主要手段的传统中国画教育是必不可少的。

临摹是把握传统的有效的手段和必不可少的途径。中国画专业的教学，应把临摹放在第一位。临摹什么及临摹与写生的关系等具体问题，要恰当的安排。前人和今人积累了丰富的经验，可作为参考和借鉴。

（三）以经典为师

经典是被社会历史文化认可了的优秀文化样范。文化的辉煌、历史的发展，是靠经典的延续去完成的。历代的艺术大师是在学习经典、延续经典的基础上创造新的经典。好的教师应是古代优秀作品的解释者，而不是拿自己不成熟的样范贻误学生。中国画有属于自己的理、法、意、趣，古代的经典绘画作品的画谱画稿是艺术家对绘画技法的探索和创造，而历代流传的优秀画谱是对审美规律的概括和总结。宋元时期就有《梅花喜神谱》《竹谱》《墨竹谱》流传。《芥子园画传》集中了中国画技术语汇的全部法则和程式，梅、兰、竹、菊是对绘画语汇法式的绝妙概括。描法、涂法、勾法、染法、墨法、飞白法、布置法……中国人观物、观色、观画有中国人自己的法眼，有非常完备的绘画体系。学习中国画，要注重对经典作品的学习。

（四）重视诗文、画论的学习

中国画的境界是诗化的境界，语汇是诗意的语汇。诗、词、文、赋是体会中国艺术精神和艺术特征的途径。诗是中国画的灵魂，没有对中国诗的深刻理解，不可能创作出高格的中国画来。画境即诗境，画意是画家心中的诗意。传统中国画教育中，画论是重要的一环。师傅向弟子传授的是画理、画法。画理在画论之中——历代画论名作，自己的经验、口诀。传统画论是在总结作画体会、写作画史、课徒传授等过程中产生的。学习与熟悉古人论画名作，是画家的基本修养。传统画论作为传达老师对中国画"理""法"独特理解的重要内容，是现代学校教育中必不可少的。学校教育引入了以西方理论为模本的艺术理论课，忽视了传统画论。史论教学借鉴外国艺术理论是必要的，任何外来的理论无法替代中国画论。只有对中国画论有深入的理解，才能理解与把握中国绘画的理法。传统画论中涵括了中国画教育中的诸多内容。以师徒传承美术教育为基本学画途径的情境里，或在现当代学校美术教育中，融理、法、品、悟为一本的中国画论，有名师、美术学校的效用。在中国画专业教学中，诗文、画论修养课应加大在专业课中所占的分量和比重。

（五）书法课的重要作用

中国绘画史上有许多画家将绘画和书法完美结合，受益无穷。如赵孟頫、黄公望等将书法的写法用于画法，将书法的用笔变成了绘画的语汇。"写"法的出现让艺术家更加自由畅达地表达情感与文化观念。对书法的学习是体验中国画笔墨语汇等诸多因素的根本。书法课应在中国画教学中占有重要席位。

（六）饱闻博览

读书是增长知识、提高认识的最佳方法，要想成为高格调的中国画画家，须同时成为一个中国文化的学者，具有高层次文化认识的中国文人。读书是中国画家须下大功夫修习的工程。画家只有在继承经典的基础上创造出新经典，才是"笔墨当随时代"的本意。

第五节　中国美术教育的展望

作为文化的重要部分的美术教育呈现出国际化的趋势。20世纪中叶以来，环境污染、人口过剩等世界性问题的不断显露，人类陷入了困境。这些问题凸显合作和交流的必要性。交流中，逐渐认识到："跨越文化界限能扩大观点和视野，丰富思维方式，提高决策水平。"从发展理论的角度看，各国的发展具有内源性，须从国情和文化传统的特点出发，中国美术教育应保持中国的特色。应把对外开放和保持中国文化特点有机地结合起来，建构符合中国国情的美术教育新格局。

世界教育理念有终身教育、创新教育、范畴教育、多元智力理论、全民教育、后现代主义教育等。新中国成立以来，有志之士们将这些当代教育的优秀理念与国情结合，体现了中国在教改潮流中的态度。当然，只有在实践过程中经历考验方能不断成熟。我们现在仿佛觉得传统美术教育中师徒传承的教育模式离我们已非常遥远，但是否说明中国传统美术教育中的优秀成果也尘封起来了呢？只有继承方能创新。通过对传统美术教育理论的挖掘，现代西方教育中的很多理念在传统教育中早有所表述。如西方文化重思辨，中国文化重体悟，西方文化重论证，中国文化重实践。不同的思维模式影响到对各种教育问题的解决。经验上的贯通和实践上的契合是真知的证明，单纯注重实践，从经验中进行概括和综合，影响到对一些概念的表述。从中国古代美术教育家的言论中已经感受到关于终身学习、创新教育、传授知识等的统一，范例教学、发现教学等的精辟论述不逊色于"国际教育新理念"。

20世纪末，后现代主义已回响在西方冷静的思索者心头，在全球化进程日益加剧的国家产生了影响。艺术作为时代文化和社会最敏感和最富于象征的表现，折射着时代文化氛围的亮泽。后现代课程专家小威廉姆E·多尔设想的课程——丰富的、回归性的、关联的和严密的。在设计美术课程时，吸取后现代课程的丰富性、回归性、关联性和严密性，提出参与全球化进程、艺术大众化等观点，使美术走出了纯粹艺术的圈子，与日常生活紧密结合，充分吸取本国文化传统及其他民族文化的营养，形成能在美术学科与各学科及社会间架起桥梁。这是后现代美术教育观影响下的美术课程设计理念。

一、传统文化资源的开发

对现代完人教育目的进行后现代式的批评使我们发现，拒绝宏大的设计使我们避免受到统一化的侵害，给美术教育更广阔的视野。如现代建筑领域，现代主义以统一、简洁为特征的建筑曾风行，因为一味追求功能，导致"建筑语言在形式和内容上的贫困化"。现代建筑被指责为"纸板箱""火柴盒"等，给社会带来"异化"。后现代建筑注重建筑的随意性、游戏化，注重建筑的"文脉"和隐喻色彩。后现代城市中，出现了式样奇特，反讽地借用古典传统，很好地发挥着建筑的功能，使城市增添了奇异、动人的色彩。它们的存在和独特性表明，建筑师的才能得到了充分的发展。

事实上没有标准能让所有人认同。在后现代主义者看，世界是以无序为主导的。如东方文化和西方文化间不是差距的关系，是差异的关系。中国哲学有独立体系，中国文化更"和"的文化，历来尊重天、尊重他人。西方现代主义文化是"争"的文化，与自然争，与他人争。只有与自然和、与他人和，人类才有希望。重视"差异性"，认识中国传统文化的价值，确立中国特色的美术教育体系，对今天的中国，乃至中国美术教育，是重要的事！

二、开放的学校

后现代美术教育观对学校美术教育的目标采取不会使我们无所适从。美术学校是各种各样的，可以开办以一门或两门美术专业学科的特色学校，可以遵循不同的美术教育传统。学校美术教育的目的，通过全校美术老师的热情参与并考虑众多的因素决定的，偶然因素起着重要作用。教育不强求每个受教育者都得到"全面发展"。教育目标可以是培养"片面发展"的人。学校美术教育可跨越课堂教学的界限，与社区携手，利用当地的博物馆及更为广阔的自然，配合社区活动，保护与美化社区环境，为社区的发展作出贡献。美术馆、博物馆、社区主动向学校开放，配合教育活动的展开。在基础教育的美术教育过程中，突出专业性和差异性会造就更多有专长的，创新精神的人才。

三、直指内心的对话

美术教学中——美术知识、美术技能的传授；应让美术教学过程成为能在广泛的情境中认识真善美的最直观、最轻松的对话方式，给予学生以相关知识的广博深厚的文化浸染。人生活在世界之中，人与世界的关系是生活关系，人在世界中展开人的思想与言行，美术与人的生活世界休戚相关。生活世界是教育的根基，是美术教育能促进学生多种品质生成的奥妙蕴藏的处所。美术教学过程应视为教师展示自己丰富、完美的个性的过程，是教师借此以充分调动学生积极性、个性的内在力量来促进教与学的过程，精神世界丰富、深邃的过程。人只能由人来建树，性格由性格来塑造，人格由人格来培养。

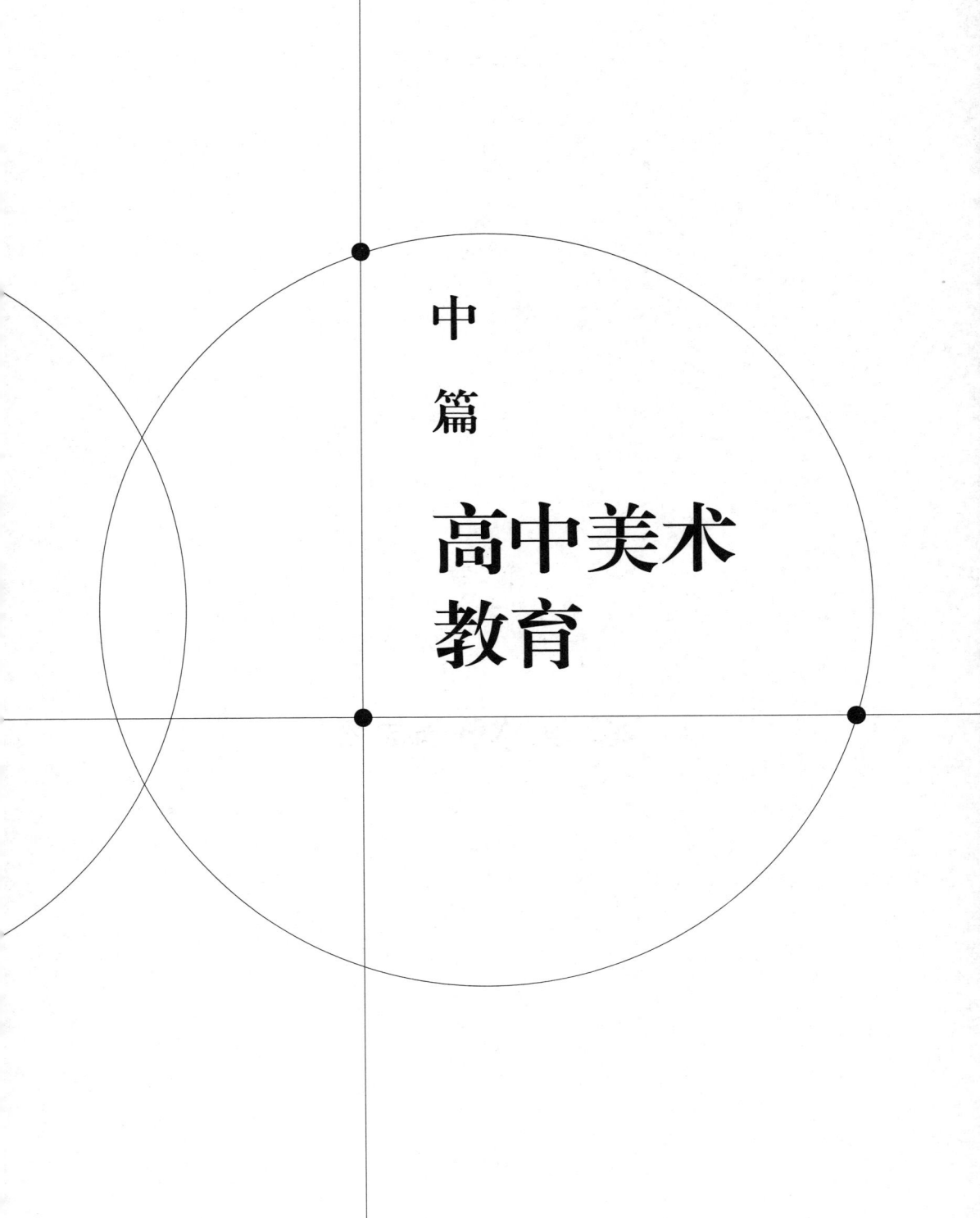

中 篇

高中美术教育

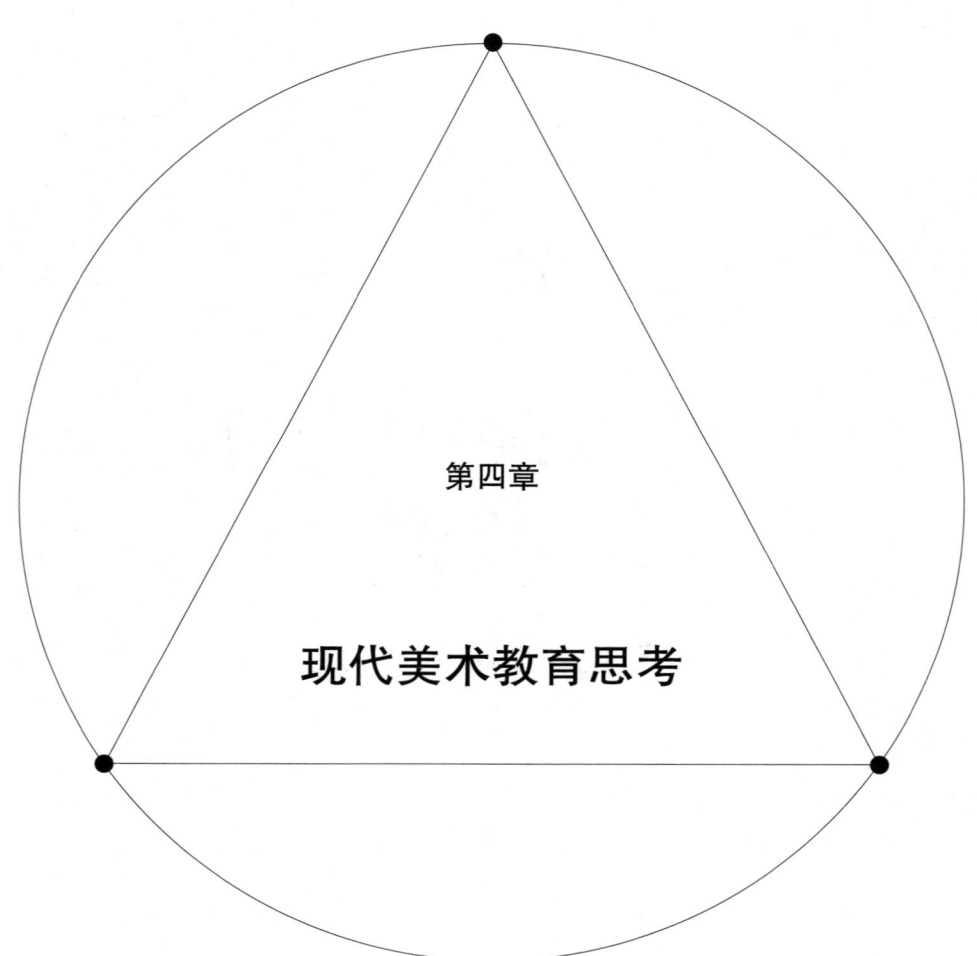

第四章

现代美术教育思考

第一节　现代视域下美术教育概述

一、美术教育的涵义

美术教育历史久远，但美术教育最早起源于德国，19世纪时"美术教育"已经出现。美术教育作为教育现象，是社会历史发展的产物。美术教育作为教育的科目，是近代教育的产物，成为教育系统的重要组成部分。

伴随着人类文明的不断进步，"美术教育"的内涵逐渐丰富，不同国家、不同时代的人们对"美术教育"的理解也不尽相同。德国作为近代美术教育发源地，从19世纪起就重视美术对人的影响，将美术视为文化哲学的应用学科，纠正科学理性主义对社会带来的负面效应，完善人们的人格。美国美术教育一开始带有浓郁的实用主义色彩，为蓬勃发展的资本主义经济培养具有审美能力及识图、作图能力的劳动者。美国的美术教育也帮助人们从美的角度选择日常生活用品，美化环境，发展个人创造力。

作为教育系统重要部分，美术教育是人类重要的文化教育活动，它使美术文化得以延续、内心情感得以表达，满足人们的审美需求。同时美术教育随着人类的进步日渐成熟。作为重要的教育门类，美术教育联系着人类的精神与肉体、促进人类文明的提高。美术教育与人类及其社会形成了彼此助益的关系。

进一步确立美术教育的学科地位，全面而充分地实现其价值，首先正确理解美术教育的涵义。美术教育系统中——"美术"和"教育"影响着美术系统性质的变化。美术教育虽然以美术为轴心和基点，但基本上是美术和教育合二而一的美术教育的涵义可通过美术和教育体现出来。现今很多学者：根据对"美术"和"教育"的偏重不同，可以将美术教育分成美术取向和教育取向的美术教育。

（一）侧重于美术取向的美术教育

美术教育是立足于作为文化现象的美术，着眼点在美术上——由美术本位出发，延续和发展美术文化。美术教育借助于教学方式和手段，全方位地传播美术知识和技能。教育服务于美术传承的需要。

美术是人类活动的最早证据之一。在实践中创造和运用美术作品，人们相互交流、传递心愿和感情，用美术视觉形式记录人类历史活动。在整个历史中美术是基本的人类行为。作为人类文化的重要门类，美术诞生于作为主体的人与客体世界的不断交往中，在改造世界的实践中发挥着巨大的作用，对人自身的完善起着催化作用。

教育在学校没有产生前，通过师徒传授方式来传授劳动经验，美术造型活动是劳动经验必不可少的部分。美术教育发轫于劳动经验的传授。在石器时代，先民们已能打制粗石器，如尖状器和砍砸器等，是人类最早的造型活动。以审美性为特征的艺术造型未从中分离出来。人们在考虑实用性的同时开始注重审美性，在考虑造型的实用性的同时，人们也在考虑造型的审美意义。审美性在西安半坡文化的遗物中已有所体现。那时打制工艺已发展到磨制工艺，出现各种光滑、制造精美的细石器。那时陶器工艺已出现。陶器兼具实用性和审美性——实用工具，也是艺术品。

无论是美术还是教育在当时没有从生产劳动中分离出来。原始人类运用敏锐的感受力，发挥生动的想象力，在制造工具和宗教仪式等活动中，将神秘的观念和对生活的愿望，以富有美感的形式表现出来。教学是在前辈和能者的指导下，边实践边进行的。广泛的社会性和生活化是原始美术教育的重要的特征。原始美术教育作用不可小觑，直接促进了美术文化由粗至精的变化。美术教育在以后的过程中又推进了东方与西方美术的发展。

原始美术教育的另外特征：直接目的性导致教学方式与手段的非形式化。现代社会的活动普遍具有复杂性，在方法与终极目的间包含着中间环节。中间环节是多重方法，也被视为不同的前级目的。在追求终极目的时，人们必须按梯度达到若干前级目的。当这些前级目的被作为多重方法时，重要性就凸显出来了。人们在这些阶段流连，使中间环节的意义独立起来，这样才能形成研究某种方法的学问体系。在人类早期活动中，方法与目的十分简单和直接，人的活动直指意识到的最终目的。原始美术教育目的简单——传授完成某种美术活动的技能。美术教育的方式和手段显得并不重要，未能发展到相对独立形式的高度。

中国传统绘画是博大精深的体系，形成非一日之功。从已发现的战国帛画推算，有2000余年的历史。上溯至我国北方发现的原始岩画，有近5000年的历史。中国画不仅保持，且发展自己独特的美学思想造型特色，是历代继承和发展的结果。

西方写实美术体系的形成，也有赖于美术教育。作为写实美术基础的狭义透视学的诞生，难以否认教育的作用。狭义透视学在 14 世纪逐渐成熟，这之前世界上运用广义透视学方法，约 3 万年前的原始洞穴壁画就已见端倪。广义透视学方法：斜透视、近大远小法、空气透视法等。为了使绘画再现客观物象，人们在广义透视学上进行了承前启后的探索，在文艺复兴时期创立线性透视法则。在绘画透视科学的发展过程中，离开了教育的作用难以为继。

美术文化在现代社会中获得了前所未有的发展，得益于美术教育的巨大进步及由此产生的效用。因为关注的是美术本身，所以美术教育的教学内容也充满着丰富性。

教学内容及门类的多样化：现代美术教育的内容日益分化，对美术文化的局部领域进行更为细致的研究。领域：绘画、建筑、设计、陶瓷等，各自还可作更细的分化。专业院校的设立，助于培养高质量的专门人才。美术理论、美术批评等作为重要组成部分的知识体系能通过教育机构向学生传播。集中实践、精力于美术文化专门领域的研究，能促进其向精深方向发展。

教学方法与手段的丰富性：现代美术教育能调动多种教学手段，刺激人的感官、激训练技能，强度、深度是以往不可比拟的。手段：讲授、写生、记忆、讨论等。教学设备：教室、工作室、影视、博物馆、图书资料等。

现代社会里美术专门人才的培养由美术院校承担。在美术文化的延续中，普通学校的美术教育的作用是不容低估的。美术教育虽不以美术专门人才的培养为己任，为美术院校积累了丰富的人才资源，为美术文化提供了众多的承受者，对美术文化有较强兴趣，有相关知识和实践经验的社会成员。他们是美术文化存在和发展的土壤，没有土壤，美术文化不可能有较大的社会性。

作为延续和发展美术文化的方式的美术教育，具有不可替代的作用。现代美术教育要注意汲取有价值的知识，发现和运用有效的教学方法，使学生较好地掌握美术知识，推进美术文化向高水平发展。

（二）侧重于教育取向的美术教育

侧重于教育——利用美术学科来服务于教育。教育取向的美术教育的着眼点在教育——从教育价值的角度看待美术教育，追求一般教育学意义的功效，通过美术教育有目的地培养人的道德感、意志和创造性等基本素质和能力。

任何科目都有教育性功能——传授本学科的知识和技能的同时，使受教育者在个体行为和精神层面发生改变。改变是教育的个体性功能。使人们发现学科在素质方面具有的影响力，将其作为教育目的而积极地追求。从整体性的角度看，美术的情感的载体等独特属性使人的综合素质得到提高。学习美术培养人敏锐的观察力，体验丰富的情感和活跃的想象力。在历史性的角度看，美术教育伴随着人的一生。美术教育影响着受教育者的审美、态度与价值观。

美术教育最早追求的教育目的是道德教育功能。在原始社会，教育的职能是传播生产和生活的技能，培养人们的道德意识。为了在严酷的环境中协力奋斗，氏族社会中须维系稳定的氏族关系，须将一定的道德习俗灌输给氏族成员。美术形式以生动的直观的形象性，对道德教化起宣导作用。

美术理论的功用说最早见于《左传》对夏朝青铜器的记载：青铜图纹的社会作用是"使民知神奸"，强调的是道德教化作用。孔子在《论语·八偷篇》中以"绘事后素"喻应有仁的根基才有礼的文饰。南齐谢赫要求绘画"明劝戒，著升沉"。诸如此类的见解，在古代画论中屡见不鲜。

我国近代一些思想家在前人的基础上对美术德育功能作了进一步解释。王国维先生：以美术慰藉人心，避免由于精神空虚而导致颓废。鲁迅先生深刻地揭示了美术与道德的关系："美术可以辅翼道德。目的虽与道德不尽相符……亦可辅翼道德以为治"。

柏拉图从主观唯心主义灵魂观出发，对他认为只具世界幻象的图画加以诋毁。但他也看到图画对人心灵产生的潜移默化的作用。从道德感考虑，他要寻找有本领的艺术家，将事物自然优美画出来。只有这样，人才能脱俗流。法国新古典主义画家达维特直言不讳地宣扬美术的逍德教化作用：美术是公民教育的一部分，帮助人民得到幸福和灌输必要的道德。

尽善尽美是美好的人类理想境界，在人类早期社会，德育与美育并未分化。近代著名美术教育家丰子恺先生：道德与艺术殊途同归。道德由于意志，艺术由于感情……艺术是情愿做的道德。"美育对人的精神的陶冶，是道德教育所追求的，作为美育重要手段的美术具有巨大魅力使其成为道德观念的绝好载体。审美的享乐性促进了道德教化的作用，人们对它的认识与追求是美术功用的重要内容，是教育取向的美术教育所追求的目标。

宗炳曾提出过"畅神"之说，肯定美术的审美享受价值：山水画只是"畅神而已，神之所畅，孰有先焉"。宗炳将美术的审美作用推至所有功能之上。近代思想家康有为：通过图画的教育，可以"美各欢乐"。美术不仅给人以审美愉悦，还提升人的情趣。

亚里士多德眼里，美术具有审美功能，且具有智育的性质：艺术起源于人的模仿本能，艺术能引起人的快感——由于求知，模仿就是求知；源于技巧或色彩等方面。

赫伯里德：在亚里士多德前，柏拉图关于艺术教育的思想已包含艺术应为教育的基础的主题。卢梭是近代从教育学意义上发表对美术教育认识最早的人。他重视美术教育的审美功能，强调美术教育在智育方面的作用，认为美术教育的目的在于使学生获得正确的视野，以帮助他们更好地认识世界。他看重美术教育对发展学生视觉和触觉的作用。

近代教育界是极为推崇对美术教育在培养人的创造性方面的作用。美国较早将美术教育的创造性作用强调到登峰造极者——罗恩菲德：在艺术教育里，艺术是达到目标的方法；艺术教育的目标是使人在创造的过程中变得更富于创造力。若孩子长大了，由他的美感经验获得的创造力，将之应用于生活，艺术教育的目标就已达到。

现代将美术应用于临床治疗的研究。在儿童教育方面，发达国家的教育工作者应用儿童美术加强自闭症儿童的沟通，宣泄和疏导儿童强烈的不良情绪。

（三）美术教育的内涵

侧重于美术和侧重于教育的美术教育是倾向于美术教育系统重要因素中的其中一个。美术教育的正确理解是建立在相辅相成的基础上。若将两者加以综合，对美术教育的完整表述：以教育为手段，向学生传授美术知识和技能，通过美术教学，培养学生的道德情操，发展智力。

在美术取向的美术教育中借助教育的手段和方式，传授美术知识和技能，不具备复杂性。在教育取向的美术教育中，最难以把握的是美术知识的传授与教育学功效间的关系。把握不当，会出现极端化的倾向。

早期美国美术教育以实用性为特征，以满足个人生活和工业雇佣劳动力需要。整个美术教育侧重于探索可行的方法，帮助学生掌握技巧。

一些教师随后尝试超出美术自身的范围，通过图画教学进行道德教育。一些教育家19世纪末开始利用图画研究儿童成长，培养创造意识。20世纪初，杜威的进步教育被全面介绍到美术教育中后，导致美术与其他学科的结合。

罗恩菲德和赫伯·里德成了这一学术流派的执旗人。这一派主张可以用"通过艺术的教育"表述。矫枉过正的美术教育主张，导致脱离美术本体的现象，产生弊端。艾斯纳提出了综合性教育思想——"艺术的教育"以补偏救弊。形成了以工具主义和以本质主义的现代美术教育流派相持的局面。

在教育取向的美术教育领地里，教育学意义的功效十分隐伏，不像美术本身效果反映得直观。《易·系辞上》："是故形而上者谓之道，形而下者谓之器"

——美术本身比之于器，教育功效比之于道。美术教育不能拘于美术自身的目的，但美术教育的功效不能不在美术的基础上发生。目的须假以手段方能达至，离开具体手段，目的只能成为空想。

美术是确立美术教育的学科基础，传播和发展美术文化成为追求的目标；美术在教育取向的美术教育中，是不容忽视的基础因素，传授美术知识和技能是十分重要的。不忽视美术知识与技能的重要性，才能突出学科性。

二、美术教育的分类

（一）根据美术教育存在的环境和教育方式不同分类

依据不同侧重点，美术教育的内涵分为：侧重于美术的和侧重于教育的美术教育。侧重点不同的教育根据存在的环境——学校美术、家庭美术和社会美术教育。学校美术教育：学校进行的美术教育，一般有权威性的教学大纲、严格的教学计划等。社会美术教育：青少年宫美术教育，及通过博物馆、各类短训班等进行的美术教育。家庭美术教育：在家庭进行的美术教育，由家长或家庭教师指导。

学校美术教育：学校内开展的美术教育——狭义上的美术教育。借助学校的特殊教育环境，由老师教和学生学共同组成的教育活动。社会美术教育由社会组织或个人承办，如美术培训机构、博物馆等。家庭美术教育是重要组织部分，长辈担任"老师"将自己了解的美术知识教给孩子。

（二）依据受教育者的年龄和具体的教育环境不同分类

在学校教育中，依据受教育者的年龄和教育环境将美术教育——学前、基础、中等和高等美术教育。学前美术教育的对象是学龄前儿童：在幼儿园或学前班进行的美术教育。基础美术教育：在各类中小学实施的美术教育。中等美术教育：普通中学、职业中学等师范学校进行的美术教育。高等美术教育：在专业美术院校和在普通高等院校进行的美术教育。

学校开展的美术教育中，基础美术教育处于人生的关键阶段，美术教育受教育者的数量最多，在教育的系统性要求上也最严格，在美术教育理论研究方面最受学者关注。中等与高等美术教育中，因教育对象受教育的性质不同——普通美术教育、职业美术教育等。普通美术教育：在非美术专业的中专或高校的美术教育，是基础美术教育侧重于"教育"的延续，重视人的素质培养。师范美术教育：中等专业、高等专科与本科院校开展的美术师资的教育。美术教育重视美术教育理论与方法，它直接关系到所培养的对象如何胜任美术教育。职业美术教育强调应用与操作能力的培养，通过美术技法的学习，毕业后学生可胜任需要的岗位。专业美术教育为培养美术人才的美术教育，在一些专业性美术院校的美术教育。专业美术教育最强调学科的本质，是美术得以传承的重要前提。

（三）根据美术教育培养目的不同分类

美术教育培养目的的不同，将美术取向的美术教育和取向的美术教育分成以技能传授为主，以培养专门人才的专业美术教育和以培养学生审美能力为目的的美术教育。

专业美术教育的培养目标是各类美术专门人才，满足社会物质和文化生活的需要。专业美术教育着眼于美术本体，发展美术文化。客观上在专业训练的过程中，引起学生心理素质和行为特征上的某些改变，主观上未将其作为外在目的追求。专业美术教育的任务是培养专业美术人才，实施的对象是少数遴选的有兴趣的学生。专业美术教育要求学生具有广博知识，向精度和深度发展。教学内容的专业划分十分精细，深入美术学科的内部构成中。为适应向专业精度和深度发展的要求，教学内容的连续性都很强，具体内容连续安排一周以上。本专业的学习按严格的科学程序地进行。如中国画专业按自描、工笔和写意的程序进行教学。教学的效果和质量直接受到社会的检验。社会不断向学校反馈信息，使有关部门不断调整某类专业，改变其设置和质量规格等。

普通美术教育是对人的素质的培养，对学生的社会角色不具备决定性，有间接性和隐性作用。在其他条件相同的情况下：美术素养的人完成工作的效率更高，被社会选择的机会更大。普通美术教育包括对美术技能的传授，重要的是通过美术活动达到完善学生人格的目的。普通美术教育作为素质教育，是对全体学生实施的。对美术，普通美术教育只作一般性的了解，教学内容包容了美术的所有门类。教学时数必须受制于学校偿和条件，教学的严谨性和连续性是相对的。社会对普通美术教育的效果价不能那么直接。因为学生不以美术作为职业追求，美术教学不以技能训练为目的，难以引起社会的关注，学生素质的变化难以以硬指标检验，对变化的评价具有模糊性。

各类专业美术院校的美术教育，及某些职业中学的美术教育等均属专业美术教育。中、高等师范院校及普通高等院校等进行的以培养学生素质为目的的美术教育——普通美术教育。社会和家庭存在的美术教育现象，因情况的不同，表现出复杂性。

确定美术教育的分类，认识到美术教育的特征，有助于人们研究美术教育。

三、美术教育的价值

在认识美术教育价值前,要弄清楚"价值"。价值是从人们对待满足需要的外界物的关系中产生的,价值是揭示周围世界客体对人和社会具有的积极或消极意义。美术教育价值:组织有步骤地研究如何培养人的美术能力的过程中,使主体潜能获得发展,发展过程中对主客体的不同认识和评价,形成美术教育的教育观。只有认识美术教育的价值,才能更好地完成教育活动。

价值在日常生活中扮演着重要的角色,时刻引导着人们的行动。根据价值的表现形式将价值——显性和隐性价值。显性价值是人们认识到客体或行为所具有的,通过实践活动追求和努力使之得以实现的价值。隐性价值:某种已经进入人的实践活动中,未被人们认识,已在客观上实现的价值。

根据角度分类,美术教育价值分为不同的类别。从内涵——美术教育本质性价值和美术教育工具性价值。从培养人的角度——心智价值、情感价值和技能价值。教育的整体目标是要塑造出优秀的社会化的人,学校教育应在认知、情感、技能对学生施以教育,以人的身心发展为出发点。

(一)心智价值

智力的发展与形成主要靠教育来实现。在学校美术教育中,以培养观察力、思维力、和创造力为目的的美术教育利于促使受智力的开发。美术教育的心智价值有感知觉与思维及创造等几个方面。

1. 感知觉与思维

视觉是人体主要的信息接收器官,引导着人的运动。人类 80% 以上的信息通过视觉获得,训练视觉能力的手段是美术教育,在训练学生的视知觉方面有不可代替的作用。罗杰·弗赖伊认为感觉的基本素质:秩序。没有秩序,感觉会变得杂乱无章;灵活多变。没有灵活多变,人不可能高度兴奋。

因为美术教育的独特功能,人们将感知觉称之为视知觉。《艺术与视知觉》:"表现性是知觉范畴中最有意思的范畴,其他的知觉范畴是通过唤起视觉张力增加作品的表现性"。

在人的认识系统中,包含着感知觉和思维。人们在接触外部世界时,通过感知觉获得有关信息,由感知变成思维,为人们所认识。感知觉与思维在认识中处于前后两个不同阶段,感知觉在初级阶段,思维处于高级阶段。虽已认识到感知觉在认识中的重要性,但认为只有创造概念、联系和推理等,才是高级的认识活动。阿恩海姆分析:"艺术受到忽视,因为它的基础被认为是感知的,感知受到鄙薄，因为它在人的心目中与思维是两回事。只有当教育家和学校的管理者们懂得艺术是强有力的手段，没有感知力，任何研究领域的创造性思维都不可能"。阿恩海姆通过实验与研究后：感知觉是认识过程，感知觉在认识过程中不能将之局限于认识的初级阶段。感知与思维是人类完整精神体系的存在，获得良好的感知觉，才会形成正确的思维。

2. 创造与想象

创造的含义学者众说纷纭，创造是不断超越。人的创造意识与精神是人们所追求的，创造能力对人的发展，对社会的发展都是珍贵的，社会的进步在某种意义上全赖于创造力的推动。许多教育科目把培养学生创造力纳入教育目标。创造力的发展是独立而自由地运用情感、生理、社会等因素的结果。

在美术教育中，创造与超越是其灵魂，没有创造与超越就没有成熟的美术教育。通过艺术活动可以培养学生的创造力，美术教育对学生创造性的鼓励，会形成创造意识，自动地渗透到人的活动中。

现代脑科学研究：人的左右半脑有着不同的功用，左脑主司分析、运算等；右脑主司空间定位、图形辨识等功能。前者用收敛式的因果思维方式，后者用发散式的非因果思维方式。不同的思维形式对人脑功能发展具有不同的催化作用。以前人们强调抽象思维能力的训练，人的左半脑获得较大程度的开发，右半脑处于半沉睡状态，会表现出它的劣势性。人们开发右脑对人的思维发展有重要的意义，当脑体两半球功能得到平衡开发，走出思维的"单行道"，才能分工合作。作为直觉思维训练形式的美术教育在右脑开发中有着不可低估的作用。美术教育由于其对形象和空间关系的识别的训练，使学生加强对外界关系模式的把握能力，使学生增强脱离具体感觉对象，进行全方位思考的能力，获得创造的契机。通过创造美术，人们形成了由判断和直觉组成的创造性眼光。对知觉思维能力的最有效的培育是由艺术创作家提供的。科学家和哲学家警告学生当心陷入纯粹的文字游戏中，坚持让他们多想象适当的和有着明晰结构的模型。艺术家了解形式的多样性变化，以及创造这些多样性形式的技巧。他们习惯将复杂的东西视觉化，喜欢以视觉形象来构想现象。

美术学科有利于发展学生的创造性思维能力，在教学过程中，若处理不当，反而会扼杀学生的创造力。人们的美术教育模式就存在这一弊病，教学中注重临摹，学生学习美术被套上了许多框框，创造力受到抑制。中国美术教育带来的不良后果得到充分证实。1981年"韦氏儿童智力测验"中，中美成绩中60个数据中表明，中国低于美国儿童的数据中，有21个是在两物相同点、整理图片等诸形象思维能力的测验中出现的，常识、词汇、理解等项中，中国低于美国儿童的只有一个数据。艺术教育已成为我国学校教育中迫切需要加强的部分。

美术教育对学生想象力的培养有积极意义。想象是思维活动的一种，是头脑中创出新形象的思维过程。想象——再造想象和创造想象。再造想象：语言描述或条件的描绘，在头脑中形成事物的形象。创造想象独立创造出新的形象，科学发明创造等都属于创造想象。

在人的认识过程中，人们通过感知觉而获得"意象"。想象，是使意象出现并彼此产生联系的能力，将意象结合起来。美术教育对意象的记存有着特殊的本领，因造型训练提高了观察能力，增强了形象记忆能力，为想象积累了意象素材。

3. 记忆

记忆是人类生命智能和经验结晶。它可以积累美术实践过程的直接经验，还能巩固学习前人的间接经验。记忆是心理过程，是经验的反映。人们感知过的事物被保留在记忆中，人们可以在事物不在面前时回忆起来。当它又出现时，人们可以再认出它。记忆实则是对意象的回忆能力。想象也依赖于记忆，在培养学生想象力的过程中记忆能力也获得训练。受教育者在美术学习中，通过观察直观事物的形状、空间等，通过表现手法反复练习，艺术形象便在脑海中形成记忆。

美术教育的作用除了能提高学生的意象记忆能力外，能利用形象促进人的记忆速度的提高。人们可以用形象化的手法将抽象的概念具体化。如圆周率的数字记忆，人们就利用了形象语言将之编成顺口溜，加强记忆。美术教育通过对形象的认识与创造，使学生对形象的敏感性获得提高。

美术教育对学生心智能力的提高功能是巨大的。

（二）情感价值

美术学科具有极丰富的情感价值，美术作品注入了大量的人类情感，美术教育在情感价值中得到了最大发挥。

情感发展既是受教育者社会性发展的重要内容，也是自我认知、自我调节等意识发展的重要形式。随着社会发展和人的全面发展思想的影响，情感教育越来越受到重视。教育评价也从强调智力评价转向对情感和价值观念的评价。认清情感发展对学生全面发展产生的作用显得越来越重要。

1. 个体情感教育

每个人都有所爱有所恨，作为独立的人，要表现出对客观事物态度的体验。由于每个人的性格等的差异，表现出不同的个体情感。艺术实践与创作中的主体，是个体情感体验的有效方式，美术教育有着其他学科无法替代的优势。人们可以把那用言语难描述的情感诉诸视觉形式，达到宣泄的作用。如果教师认识到美术是思想表现和情感体验的方法，他们就会尽力去维护有价值的学习渠道的畅通。孩子们用图形来表现情感比用言语来得顺手，他们所画的符号是他们传达情感的最好语言。

人的个体情感是人的生命感受，在内在生命中，存在着复杂而微妙的真实生命感受。苏珊·朗格在《艺术问题》之中，极力推崇艺术的表意符号对表达生命感受的作用。

学校教育重在人的教育，使人的各种能力获得提高。根据人的个体情感，应属人的内在能力。心理学家马斯洛将潜能的教育——"内在教育"，认为艺术教育是教育最有效的手段。它将人的心灵的底蕴层暴露出来，使情感得到净化。

2. 社会情感教育

人的社会情感反映了人的精神世界，较多地体现在道德与理智等方面。

道德感是人根据道德标准来认识、评价思想、行为所产生的情感体验，若理智感是人在获取知识时产生的情感体验。美术教育在社会情感教育方面虽不如个性情感具有优势，但在实施美术教育的过程中，方法得当存在着积极意义。道德感：美术教育可以净化心灵，培养人的真诚，因为美术创作是以真情为前提的。学生在接受美术教育过程中，可以明辨是非。理智：通过美术教育能增长学生的知识，有些知识是在其他学科中难以获得的。

（三）技能价值

学校教育中，学生学习文字等方面的知识。相对科学文化知识的学习，技能的学习显得有些薄弱。美术教育的任务是使学生直接对形状、材质等产生感知觉，运用一定的方式，将自己对客观事物的感受转化为具有美感的美术作品。美术教育围绕着技术教育来展开，对受教育者的终身教育有重要影响。

学校中的美术教育显示的价值既在"美术"上，又在"教育"上。应将美术性与教育性结合起来。在美术技术性教育中要注意教育所显示出的意义。如"技术性"教育，学生训练了美术制作的技巧技能，学生的心与手的协调也在训练中获得了提高，学生所收获的知识与技能已超越了掌握美术技术的价值。可清楚地看出美术教育在技能性教育中所呈现的价值。

1. 美术技能教育

美术教育要培养学生成为在次级创造方面协调发展的人，美术技能和技巧的训练是必行之路。学生接受美术课教学，掌握一定的技能技巧是基本要求。动手操作是美术课的主要任务。美术——造型艺术，塑造形体是基本目的，学生要学会造型须掌握技能技巧。绘画：用线、用色、空间处理等技巧，还有纸工技能、平面设计技巧等。通过美术课，学生因美术教师的辅导获得技巧的操作能力。

技巧训练中，通过操作，学生通过手的训练提高眼的判断能力，"眼力"提高后，完善手的操作技能。

（1）视错觉纠偏训练：线段的方向与粗细等关系，参照物的干扰与形态图的转换等。

（2）空间比例定位训练：画框意识培养、形态差异的分辨能力等。

（3）色彩属性分辨训练：色相由绝对差别到相对差别、对色性的冷暖从色相中自然属性或感受到比较中的分辨等。

（4）画面平衡感觉训练：构图中基本要素的对立统一关系、形态的相吸和相斥等。

（5）画面节奏感觉训练：由对称到近似的变化、由反复到特异的变化等。

（6）具象与抽象相关胜训练：偶然生形和偶然造纹的联想添加、具象形的变形简化、相近物象的衍变生发等。

若将理论性的内容与具体操作训练结合起来，眼与手表现美术作品的技能将会获得飞跃。

2. 操作技能教育

美术技能训练中，学生各种器官的协同动作，操作心理素质随之同步提升，会更加细致、果敢。有学者将技术发展划分：认识阶段——对操作活动程序及技术方法的了解；联系阶段——认识转向操作，减少紧张度，使得操作趋于准确；自动化阶段——完全熟练的阶段。美术教育通过技术训练，使学生的动手操作能力获得发展。操作意识的获得对学生从事其他技巧性学习有极大帮助，如体育训练等。这种能力的提高对学生走上工作岗位从事技术工作有积极意义。美术教育对学生技术操作能力的培养具有综合意义。

四、影响美术教育发展的因素

美术教育是在特定历史条件下产生的，发展受到当时的教育思想，政治、经济、文化和当时美术教育自身发展的影响。美术教育受社会政治经济文化等方面的制约，又促进社会政治经济文化等方面的发展。影响美术教育发展的因素：教育思想、社会政治经济文化科技发展和美术教育自身的发展。

（一）教育思想与美术教育

美术教育的发展受教育思想的影响，不同历史时期对美术的理解也有差异。

大教育家孔子在教育思想中十分重视对学生进行多方面的教育。制定"礼、乐、射、御、书、数"的教学内容，是德育、智育、体育和美育并重的教育思想。隋唐以后，历代统治者推行科举制。为适应开科仕举，学校的制度、教学方法，考试成为科举的附庸物，只教读八股范文，形式单一。局面一直延续到清朝末年，当西方列强的入侵给中国知识界以极大震撼。有识之士看到，西方近代之崛起，引发了对旧教育的深刻反思。近代著名思想家、学者王国维先生发表的《论教育之宗旨》：教育的宗旨是通过体育和心育培养完全之人，肯定了美育的重要作用。近代教育家蔡元培先生：军国民教育、公民道德教育和美育诸方面的教育，并纳入临时政府制定的教育方针中。

西方由军体教育和缪斯教育构成——"自由教育"，后世人们认为它是人类理想教育的雏形。雅典教育的目的是将受教育者培养成身心和谐发展的人，使他们"身心既美且善"。亚里士多德：人有天赋的认识，通过进行德智体美诸方面的教育，人能获得多方面发展。

中世纪时西方在神学的浸染下，文化受摧残，教育服从于宗教神学的单一目的，只能是片面的教育。

文艺复兴时期，人文主义思想家和教育家们表现出追求人全面发展的意愿，力图实现古希腊人的教育理想。提倡对人进行德、智、体、美相结合的教育，促进人的和谐发展。重要的教育思想对欧洲文艺复兴时期人文科学的繁荣起了很大作用。罗伯特·欧文首次提出了"人的全面发展"的概念：通过教育培养全面发展的人。欧文被认为是将人的全面发展的思想推至最高峰的人。

马克思站在前人的肩膀上，继承了历史上关于人的全面发展的思想，形成了自己关于人的全面发展的学说。《1844年经济学哲学手稿》中明确：社会化大生产要求全面发展，只有到了共产主义才能实现人的本质复归。

教育史上人类全面发展的教育的两头高中间低的变化趋势，反映出人类历史上，人的本质从形成—丧失—复归的发展规律。

在任何较为完美的教育理想中，包含着美育重要思想。没有美育的教育就不是教育。

一些人：美育应列入德育中。观念对美育的存在和发展都危害不浅。美育与德育有着千丝万缕的联系，美育的功能不能为德育所代替。德育求善、美育求美，真、善、美的完美精神境界，是通过德育、智育和美育达到的。在美育被忽视的时代里，不可能有美术教育的真正发展。美术具有所谓"无用之用"的性质。若看不到美术的"特殊之用"，斤斤计较于它是否有实际功用，美术教育的地位岌岌可危。

美术的某些门类能和物质生活发生联系。真正价值是由精神和物质体现出来的。在极度功利的社会中，不可能有美术教育的真正发展。美术教育只能沦为单纯的技术教育。

中国的美术教育比西方美术教育更重视与人的精神的联系。人们能从更普遍的意义上对待和进行美术教育。

中国虽有漫长的封建社会，但不存政教合一的宗教统治，且中国还有影响至深的老庄思想。老庄思想追求人格独立、自由的精神，使人挣脱了权势、教育制度以及物质利益的羁绊。这导致以精神性为主旨的艺术文化的发达。中国远离物质利益的艺术文化受到社会，上层社会的垂青。是中国传统文化重义轻利、重文轻理的反映。

中国传统思维方式是整体系统思维。《易传》所倡的"观其会通"——观察事物间的统一关系。中国人在对待具体事物和问题时，采用的是"执两用中"的中庸态度。一定程度上为平衡教育取向起了重要作用。

在一个国家的教育方针中是否明确提出美育，对教育的存在具有重大的影响。

赫伯里德：教育包含着一对矛盾——人应接受教育以实现本来的他；人应接受教育以成为非本来的他。其意包括：通过接受教育使自己与生俱来的潜能得以发展；人必通过接受教育获得适应社会的后天的思想品质。对人的教育须在社会要求和个人潜能上全面地实施。

全面发展的教育思想是符合人类的教育思想。然而从历史上看，发展可以用U形曲线加以描述，显示出两头高中间低的趋势。相对而言，人类早期社会普遍较重视教育的全面性，中间存在片面教育的倾向，近代人们又重新认识到全面教育思想的价值。

理论和经验：包括美育在内的全面发展的思想是美术教育存在的基本背景，只有思想得到贯彻并深入人心，美术教育发展的基础才是坚实的。现代社会人的本质复归趋向中，不重视美育和美术教育明显有悖于时潮，认识这一点对美术教育事业的发展有重要的意义。

（二）社会政治、经济、文化、科技与美术教育

美术教育是处于一定历史时期的教育，社会政治、文化等因素都影响着美术教育的发展。美术教育包含精神性也包含着物质性，不能脱离社会发展。

1. 美术教育的发展与经济的关系

美术在造型性上与非美术的造型活动相同，使美术教育在造型能力培养上能满足经济生活的要求，广泛的经济生活的需求将促进美术教育的发展。

历史发展的过程中，人类创造了与自然世界相对的人造世界。人造世界中，人们目之所及，比比皆是人们创造出来的建筑、工具等。在创造这些东西时，人们首先意图实用性，满足这一功能的同时，反映出人的审美趣味。在现实的造型活动中，人们须在脑中生成某种形象，通过制图的手段，将其物化为设计蓝图，通过图画的训练而获得的。在经济生活迅速发展时，可能连锁引起美术教育的发展。

产品具有实用性与审美性相结合的性质，实用性接近的情况下，审美性会成为商品竞争的重要因素，审美趣味和品质在商品上的反映，影响其经济效益。

朗格清楚地看到了这点：国家的经济生活须借助于艺术的进步才能增长，国家的人民若能多方面发展艺术才能，就能在经济的竞争中胜人一筹。他主张美术教育的目的是培养有鉴赏力的国民。由于激烈的商业竞争，许多国家对工艺改良的要求日益强烈，引发了19世纪中规模空前的美术教育运动。

国家的经济状况，对美术教育的规模有不容忽视的制约作用。美术教育的办学规模和设备的改善，教学手段和方法的更新，都依赖国家的经济实力。

在我国，沿海地区的美术教育的条件与设备优于内陆地区，城市优于农村。随着经济的发展，国家会逐步增加对美术教育的投入。

2. 美术教育的发展与政治的关系

政治制度决定着美术教育的性质。不存在"超阶级"和"超政治"的美术教育。在任何社会里，谁掌握了政权就掌握教育的领导权。统治阶级通过制定教育法律、法规，明确教育目的等将教育权掌握在自己的手里，培养为本阶级服务的人。政治制度决定美术教育的目的的性质。在不同的政治制度下，美术教育的发展随着政治制度的变化而变化，美术教育是属于上层建筑的。

3. 美术教育的发展与文化的关系

人是文化的存在，美术教育的对象是人，美术教育在社会历史文化中进行。美术教育的过程是历史文化过程，美术教育离不开社会历史文化的发展。悠久的历史使人类积累丰富的文化，文化是教育传授的知识内容。文化的不同使美术教育的目的也不尽相同。

4. 美术教育的发展与科学技术的关系

科学技术影响教育者的教育观念和能力。科学技术的发展影响着教育者教育工具和方法的选择，影响受教育者学习工具和方法的选择。科技越发展，视野越宽阔，使美术教育符合人的身心发展和教育规律。科学技术渗透在美术教育的所有环节中，科学技术发展水平影响着美术教育。美术教学课程体系的更新、教学设备的不断更新等有密切关系。

（三）美术自身的发展和变化

作为美术教育的目的、手段的美术，自身发生的变化对美术教育产生极大影响。来自：美术在内容、材料等方面的变化；人们对美术本质和内容的态度和认识。当美术处于渐变状态时，美术教育不可能产生巨变。当美术领域出现了新的重大发现时，可能在美术教育领域产生明显的影响。20世纪30年代以后，包豪斯提出的将时代技术引入艺术家生活的观念，影响了美术教育，现代艺术材料、摄影和视觉研究被纳入美术教学计划中。包豪斯的艺术态度中包含了对艺术的技术的兴趣，对设计元素的重视的关注。包豪斯激发了对多种感觉方法的兴趣，导致了将审美态度与环境及工业设计相结合的倾向。

第二节　美术教育的功能与目的

一、美术教育的审美性功能

美术学科结构中多方面因素决定美术有多方面功能。美术教育有着区别于其他学科的审美性功能。普通美术教育在我国是学校美育的主要途径，教育功能体现在审美教育方面，是美术教育所特有的教育功能。审美能力的提高、心性的陶冶，意志结构的完善和发展都有促进作用。

高质量的美术作品意蕴深刻，且形式完美，作品通过教育形式让人们欣赏其内在的"美"。是美术教育的基本功能——审美性功能——通过美术作品与现象满足审美需要。审美的直接性功能——可以培育、提高审美能力，塑造审美境界，可以陶冶、提升人生境界，完善人性和文化心理结构。

欣赏美术作品时会关注到作品本身体态、行为、举止等的自由和谐。审美时人们在思考如何重视生命质量同时会注意到作品本身的美，美术作品的审美价值越来越引人注意。审美能力的发展离不开美术教育，直接性结果是审美能力的提高。在审美经验发展的基础上，美术教育使受教育者把感性的冲动、情绪纳入审美的形式中，接受理性的规范、净化，得到控制、调节，把它引向审美境界。通过审美境界的塑造使受教育者对美术的形式有了丰富的领悟，在心灵的洗礼中培养起审美的人生态度。

（一）培养审美能力

审美能力是对事物的感受体验能力。美术教育的本质是使人类培养和提高欣赏美术艺术。

1. 培养审美的欣赏能力

人作为生物进化序列中最高级的生物，拥有复杂的大脑结构。生物越是进化，感觉越是开放，开拓自己的世界越大，超出肉体的需要而触及非实用的事物，感知到没有实际功利的东西。美术教育通过教育形式培养和提高对美术作品的审美欣赏能力，使人类超越自己的实际需要的控制而对对象的非实用层面进行感知。这就是审美，是透过美术作品本身。

2. 培养审美的敏感能力

审美的敏感能力是对事物情感的直觉把握能力，存在根据情感的社会性和自由性，把对象作为情感来知觉和把握。形成具有先天的生理因素，先天的性格、气质，会影响到对对象的情感把握能力。"自然的符号"：常同颜色打交道的工作者对颜色的情感表现性有突出的体验，在他人眼里处于客观存在的意义状态，在雕塑家眼里它们却是有生命的东西。

美术教育可以有计划地培养受教育者对对象的敏感能力。能力是提高受教育者生活质量的必要条件，对整体的人生观念产生重大影响。

3. 培养审美的感知能力

审美的感知能力是对事物符号的完形知觉能力。美术教育对符号的知觉能力培养体现在对符号的熟悉上。美术符号是人类的后天创制物，受教育者从熟悉到运用来实现文明进化。

美术教育能培养受教育者的审美感知能力。培养受教育者把美术符号加以组织，将不完美的形式改变为完美形式的能力，这种能力源于机体内部追求平衡。人对符号的知觉是直接地感知整体，经过经验中的组织而感到和谐和愉快。能力是其自发性的先天基础，作为审美能力是后天美术教育培养和训练的结果。1820年发现的断臂的维纳斯雕像，许多美术家想把她复原，但都不很成功。实际上，她的充满魅力的躯干有完美的个性，传达出人们渴望已久的爱和幸福的永恒。让人感觉她的任何手的固定姿态都是多余的——完形知觉能力在起作用。

（二）塑造审美境界

审美境界：个体通过美术教育自觉进行心性、陶冶、培养和提高，形成自由境界。审美境界是综合结构体，是审美心理结构的组合方式。审美心理结构：渗透交融的因素有审美观念、审美理想等审美意识的因素，还包括政治、文化等因素的影响。审美境界是多种因素交融渗透的结果。

1. 感受愉悦的审美境界

偏重于感性能力对美术的形式、结构、节奏等的直观感受的审美境界，不需对对象内容的深入领悟就能获得愉快。特点是强调感官知觉而生愉快。审美境界包含较强的生理快感，但又不是单纯的感官生理愉悦，是多种心理功能共同活动的结果。

美术教育培养对现实功利的超越能力，使得受教育者能参超脱作为动物性的反应的生理快感。要在审美操作活动如书法练习中，注重形式的组合规律等方面的教育，使受教育者的心理机能得到协调发展。

2. 领悟愉快的审美境界

美术教育媒介是在组合中隐含着意味。领悟愉悦的审美境界，侧重审美对象蕴涵的内容意味的领悟，产生精神愉悦。

美术教育中培养受教育者的理解等心理功能，使之能够领悟到无限的本质内容，引起深刻而丰富的审美感受。理解的逻辑依存于想象的联系、推移和转换，趋向于感性和理性相互渗透，受教育者获得超出日常生活意识的审美态度。

3. 精神愉悦的审美境界

精神愉悦的审美境界包括两个相互联系的环节：伦理情感与哲理思索的交融形成的道德精神的高扬；超道德本体的人与自然的交融。前

美术教育在意象的形式中包含的思想道德内容、文化知识内容等，是受教育者形成道德精神高扬的重要条件，无论是美术媒介中的波澜壮阔的斗争，还是平凡中的伟大，都使受教育者获得奋发向上之情，从而向上飞跃，在精神力量中获得情感的满足。在主体精神高扬的基础上，走向人与自然、个体与社会的和谐交融，在审美中投入大自然，与自然合为一体。

无论哪一层面的审美境界的塑造，都离不开受教育者以自己的独特艺术对美术媒介的感受。不同人的气质受生活经验的影响，审美境界的形成过程必然打上个体努力的烙印。需要受教育者的主动追求，把审美经验转为内在的心灵生活，转为审美需要和审美态度，达到对生活理想和人生价值感悟体认的层次。

审美境界的形成受教育者对审美对象进行自由参照的结果，获得更加深刻的审美感受，自由地创造形式、创造想象的自由世界的必要条件。使受教育者能够观照和应对，且能创造和表现，把它转换为改造社会和自然的物质活动。

4. 陶养性情

陶养性情：美术教育对人性的培养。动物性：以自然法则来生存，生存者在自然的压力之下，以情欲的满足作用于价值取向。人性相对于动物性而言，人是尊奉社会的法则来生存的，人性意味着对情欲的控制，建立不同于自然状态的人类社会，使社会历史进入有序进化的状态。人性的形成是长期的过程，根基在于人类制造的劳动实践，是劳动实践使人性获得了坚实的基础。人性的完善离不开社会经济、法律等方面的自觉建设，使它作为直接影响人的行为的文化心理结构。

美术教育对性情的陶养表现：在美术的审美过程中，受教育者通过对媒介的

形式秩序的观照，使心理能力得到培养和训练，最终达到自由运用和创造形式的程度；通过对形式意味的感受，使情感受到震荡，培养超现实功利的人生态度。

审美活动表明人对感性存在的回归。智力教育中，感性的社会实践活动内化为理性结构；道德教育中，是理性的凝结对感性的强制，表现为超感性对感性的压倒性优势。审美活动中，是理性与感性以感性为形式的充分交融统一，带有愉快的自由性质。审美活动是感性中渗透了理性、自然中积淀了社会成果。于自然人化中实现了社会与自然、个体与群体的内在统一，对人类认识的提高发生有效的作用。在美术教育中借助多样的和渗透着社会理性因素的教育媒介，引导受教育者进入美术作品所提供的情境去感受、体验、操作，使受教育者的个性情感得到净化，获得普遍必然性形式。感性的认知因素转变发展为审美的能力，感性欲求转变为超功利的自由人生态度，最终实现审美心理的成熟和完善，达到人性的自由建立。

美术教育对人性的建构，不是以感性来否定和排除理性，是以理性来调节感性中属于动物性的东西。美术教育以感性突破理性结构的僵化性，赋予它以发展所需要的动力，避免它变成空洞的教条和抽象的外在形式。

审美能力的提高，表现在个体心理中，延伸到智力、伦理，对智力开发的改善会产生促进作用。

二、美术教育的个体性功能

美术教育的个体性功能：在美术教育过程中对个体情感和技能等方面的影响。通过美术，个体获得发展。

美术教育以其自由的审美快乐使人们的情欲受到规范和净化，从而陶冶人们超越的人生境界，赋予人们超脱精神，发挥素质教育的作用，促进个体素质的发展。

素质的原意：人的感觉器官和神经系统方面的生理解剖特点，为后天文化心理的发展提供可能。素质教育充分开发利用先天和后天的有利因素，调动受教育者积极主动接受，促进其生理与心理、智力与情感与理智等因素全面和谐地发展。

美术教育在个体素质的全面发展以达到新的水平，形成新的"最近发展区"具有重要作用。通过培养受教育者的审美认识、健全受教育者的审美心理结构，使受教育者的理想、信念得到培养，人格得以全面和谐发展，实现素质教育对个体素质在发展方面具有积极作用。

（一）培养受教育者的理想、信念

美术教育包含价值教育、道德理想教育，以意识形象向受教育者展现的人生经验，都超越了个体私欲的层次。在意识形象的形式中，美术教育使受教育者在和作品情境、人物交互中，受到人生理想、规范、提升，使欲求趋向普遍的伦理精神，改变受教育者对人生的观念。美术教育能培养受教育者的人生理想、道德观念，是直接给予的。

个人的生活、活动空间极其有限，美术教育可以开拓广阔的空间，在广阔的空间里享受知识和文化的滋润，对其科学的人生的形成产生积极作用。

美术教育给予受教育者的知识文化：历史、生活、器物等诸多方面，如我国四大发明等。只有不断创造，才能不断推动社会向前发展。美术创造领域中，大师毕加索堪称楷模。他一生的精力在寻找儿童时作画的感觉，开创了立体主义画派，使受教育者在人和自然的和谐统一中感受西班牙人的生活情景。

（二）提升受教育者的人生情境

美术作品中表现的爱国情怀、坚强意志与无私的品质及情感体验和具有社会文化内涵的理性情感，将美与善的力量潜移默化地注入个人的精神世界，作为不竭的精神源泉，转化为人生奋斗中向上向前的勇气。

崇尚美好的社会性质的感情要靠情感教育来培养，把世间万物看作感情的载体，画满头白发的爷爷奶奶渗透着亲情；画蓝天、飞机表达着理想的放飞。一幅幅画连结着人们与世界的情感，使人们更爱生活、爱大自然。

美术教育的运行过程以美术媒介对受教育者感染的过程，美术媒介起着调节的作用，美术教育是以美术作品的情感进入受教育者的心灵使之认同，从实用性的情感中升华出来。美术教育具有超越性的理想人生观。美术教育在情感生活模式所投射的空间形式中，使受教育者得到超越官能需要的"操演"，构建超越性的理想人生观念。

（三）培养受教育者的认知能力和构成能力

人的全面发展是人类努力追求的教育理想。蔡元培先生有"以美育代宗教"的思想。思想是对中国传统"乐教"思想的继承，也是出于对现代社会中出现的问题的思考。

美术教育对认知能力和构成能力的促进：为受教育者对形式的自由观照。美术观照由多种心理机能和文化知识经验相组合，通过美术教育使受教育者对自由观照能力得到提高，为自由创造增加经验储备。使受教育者对审美客体的自由把握能力得以提高,创造想象的虚幻世界。是进行创造性活动、建构科学创造的人生的中介环节,使科学精神和创造能力和谐地统一于人生的实现过程中。

(四)培养自由完美的个性

美术教育以对不断变化的新形式的生命体验,改变日常意识的水平运动方向,寻求机会。

孩子在两岁时,已具备创造性的绘画才能,虽只是简单的涂鸦,但他已开始借助绘画来表述思想语言了。随年龄增长,创造形象越来越容易辨识,简单的形象,教师不做示范,也能根据已有的形象创造性地描绘出来。到了小学,创造的形象更加复杂,更加关注细节。绘画从过去的表达思想活动,向表达思想情感过渡的提高上。

美术教育的内在平等精神和人道内涵,是个体人生意义实现的精神动力。培养自由完美的个性,个性不受情欲的强迫和理智的强制,将情欲规范化、形式化,将理性的法则内化为感性要求。

从个体来看,美术教育能培养受教育者的审美感知,积累受教育者的知识经验,使受教育者的素质全面提高。通过后天的美术教育,使心理发展处于受教育者的感觉器官与神经系统的生理解剖特点得到锤炼,使其缺陷得到有效补救。使受教育者的文化知识视野得到更广泛的拓展,达到情感体验和理性思维、科学规范和道德情怀等多方面的统一,能符合社会要求的人才,为生产力的发展、社会的和谐进步做出贡献。

三、美术教育的一般目的

在不同的美术教育目的理论的影响下,学者对美术教育的理解存在偏差,大家认为有美育、德育和智育目的。

(一)美育目的

美育——审美教育。美术教育与美育的关系,较之与智育、德育更为密切。作为美术教育一般目的的美育目的,贯穿于美术教育全过程的。美育和美术教育的关系,可视作内容与形式、目的与手段的辩证关系。

1. 树立正确的审美观

审美观——人在社会实践活动,审美与艺术活动中形成的对美、审美、美的创造等问题所持有的观念,是世界观、人生观的重要组成部分。受社会的、阶级的影响,与个人的个性有关联。美术教育中学生树立正确的审美观,通过对艺品中所反映出来的自然美和艺术美的内容与形式的感受,艺术创作过程中的审美情趣流露等来培养的。特点是"寓教于乐",潜移默化地发生作用。

2. 培养审美能力

通过美术教学提高学生的审美素质、审美能力。审美能力——审美感受力。审美感受力——由客观对象的审美属性引起的感情愉悦的心理状态。

美术教育对审美感受力的培养,表现为对审美对象形式整体的把握与领悟,产生审美愉悦。审美感受力的获得,通过直观感受领悟形式中的内涵来实现。大量美术教育事实证明,审美感受力是可以培养、提高的。

3. 培养审美鉴赏力

审美鉴赏力——对审美对象的鉴别与评价的能力:对审美对象的美丑的识别,对审美对象的审美性质的理解,对审美对象的类型与鉴别的程度,给予审美评价。

美术教育中,对审美鉴赏力的培养通过传授有关的审美知识、美术欣赏与创作的知识来进行。审美鉴赏力的形成与发展,与阶级的、时代的审美意识影响及个人的审美经验、审美理想是联系在一起的。

4. 培养审美创造力

审美创造力:对美的想象力、表现力——创造美的能力。

美术教育中,审美创造力的培养体现在鉴赏中的审美想象力和美术创作中的审美想象力上,如欣赏中形象的"再造想象"与"创造想象"等。

上述四方面是美育目的的基本内容。四个方面的相互联系,表现为以审美观为核心,以审美感受力、审美创造力为手段的培养关系。若将美术教育的一般目的运用于高中美术教学中,反映了《九年义务教育全日制初中美术教学大纲(试用修订版)》的基本精神,是对学生进行美育的重要途径,对陶冶情操,促进学生全面发展有重要作用。

(二)德育目的

美术教育不是德育,包含德育的内容与任务。德育——道德教育:人的思想品质、政治品质和道德品质。

德育目的贯穿于美术教育的全过程,体现在内容中,体现在目的上。是由我国社会主义美术教育方向及培养目标决定的。在教育中要渗透德育并包含德育目的的教育事实,为古今中外社会的教育历史所证明。

不少的教育家在此方面都做过大量论述。王国维先生:"美育者使人感情发达,达完美之域;又为德育与智育之手段。"鲁迅先生针对美术教育:"美术可以辅翼道德。"美术教师要在前人认识的基础上提高艺术教育、美育对培养学生健康的审美观念和审美能力，培养全面发展的人才，具有重要作用的认识，为国家培养合格的人才。

（三）智育目的

美术教育属于美育的范畴，却与智育相互联系，在义务教育的全面发展过程中。如何增长学生的知识、发展学生的智力，成了美术教育目的。

智育——知识和智力的教育。美术教育包含许多知识教育，如美术基本理论知识、美术鉴赏知识及审美方面的知识等。无论是写生或欣赏美术作品，都蕴含着许多自然科学知识和社会科学知识。

美术教育包含了智力开发教育，如观察力、想象力等的开发教育。科学界对人脑左右半球功能的研究成果：只有左右脑相互协调发展，人脑的发展才是健全的。研究还发现"人的大脑有高度的可塑性，一个半球被切去，另一个半球有可能补偿被切去的某些功能"，因此在中小学里不能只是依靠智育，也要依靠美育来发展学生的智力。美术教育与智育学科的相互联系与相互促进关系，美术教师约翰·高洛多诺维兹先生："美术是能够学习和弄懂的语言。它是通过学习和实践可以学会读与说的方式""像数学一样，美术具有确定的逻辑性，清晰的结构"等。

四、美术教育的具体目的

从对应性原则出发，不同的美术教育类别应采取不同的教育目的。因侧重点的不同形成了不同的美术教育类别，美术教育的目的也是不同的。

（一）师范美术教育目的论

师范美术教育：在各类各级师范院校中开设的美术教育，培养目标是培养各类各级美术教学职业的美术教师。

合格的美术教师有着良好的专业素养，有较强的专业知识和专业情感。美术老师应具备广博的专业知识。从事基础美术教育的教学工作，其教学内容的覆盖面涉及美术学科的各方面，老师应具备广博的专业知识和教育学及心理学知识。作为美术教师，要有知识，还应具备较强的专业技能，学习怎么更好地将所学知识传授给学生。专业技能——教师应具备了解学生情况，制定教学计划与方案，课堂讲授。其中少不了教育学知识。但教育、教学能力既建立在教育、教学基础理论知识上，更表现在教育、教学实践能力中。美术教师只有不断地进行教育、教学理论，才能更好地胜任教学。作为美术教师，应有浓厚的专业情感。要在脑海中形成对教师职业意义与价值的认识，形成从业、敬业的强烈动机。教师要以身作则，身正为范，教师的道德品质影响学生的成长。美术教师积极的人生态度，以及健康向上的艺德，是师范美术教育目的选择的重要内容。要求美术教师对工作认真，对待学生倾心相授；对待自己严格要求。

师范美术教育的目的在于通过教育、教学活动，使学生具有广博的专业技能，具有胜任教师的职业技能，在思想品德与道德修养，艺术审美品格的艺术态度方面，追求高要求，具有良好的专业素养，以便更好地服务于教学工作。

（二）专业美术教育目的论

人们将专业艺术院校开展的美术教育——专业美术教育。专业艺术院校是专门性艺术学院，意在培养在美术理论、批评、美术史与美术创作领域的美术专业人才。

专业美术教育的目标是培养合格的美术专门人才，教育目的的选择为造就这类人才而设定。人们过去将美术专门人才理解为美术创作家，教育目的锁定在"美术家"的培养上。随着美术教育文化的逐渐发展，美术有独立完整的体系。作为学科的美术，是文化的呈现——"美术文化"。学科内容上：美术原理、美术批评、美术史与美术创作。没有美术原理，美术便是停留在经验层面，基于感觉去进行创作，美术思维处于断续的状态，在欣赏作品时少了理性思考的逻辑起点，只能凭"感觉"；没有美术批评，美术创作便表现为无序的状态，批评有导向作用，在于通过理性的参与，结合美术原理，从而丰富美术文化，推进人类文明的进程。美术批评对接受者来说，是主动参与思考方式，可以提高自身的审美力，同时也提高了分析问题、判断问题的能力，实现直觉思维与逻辑思维的统一；美术创作的方法、技巧没有美术史难以流传下来，更难以实现美术与不同时间文化的链接,,美术创作家没有美术史，没有参照对象而少了根基。没有美术史，人们无法去欣赏艺术作品，无法体味通过参照而获取的文化意味，从而影响人们通过美术作品的阅读而获得的对人的价值判断，表现了不同文化和时代的特有的价值观念。

专业美术教育的目的是通过系统的专业美术教学，培养出既有理论素养，又有专业技能的专门人才，通过进一步教育使得所培养的人才在美术史、美术理论、批评与创作四个领域出类拔萃。

（三）职业美术教育目的论

职业美术教育是开设在职业院校中的美术教育，职业美术教育与专业美术教育的不同：前者重技能与应用性能力培养；后者注重从事美术创作与理论研究人才的培养。在教育目的设定上，职业美术教育应锁定在专业技能及技能的社会运用上。

随着社会文明程度的提高，社会文化品位也在不断提升。人们在目的选择上，侧重于技能与应用性能力培养，也应考虑人才全面素养的提高。培养的人才不能只是操作工与匠人，应通过修养的提升，让他们在职业生涯中更好地服务于社会，也提高自己的生活品位，让他们成为一个现代社会需要的人才。

第三节　当代美学艺术与学校美术教育

一、当代艺术融入美术教育的理论思考

（一）基于艺术学理论的进一步思考

1. 后现代主义溯源及其理论简述

（1）起源及发展

当代艺术融入学校美术教育，涉及后现代思潮影响下的艺术观及教学组织原则等内容。最早追溯到查普曼早在1870年提出的"后现代绘画"——比印象派更前卫的绘画。作为广义的文化理论研究及现实的思想运动，崛起是在20世纪60年代。90年代初其影响扩散至第三世界国家，成为广泛的文化哲学思潮。

关于后现代的论断众说纷纭，不可能也没必要期望将分歧归于一统。后现代主义的理论队伍：哲学、社会学、教育学等诸多学科。不可能化复杂为简单地将其特征予以简单化的呈现。启蒙传统影响下的现代观念确立了人在精神上的主体性。

在后现代情境下，现代性所标榜的"进步"、"发展"、"启蒙"开始丧失了意义。是盲目的确信，后现代的理论的信奉及研究者开始推崇多视角看问题的思维方式。形形色色的"绝对真理"的出台是传统思维方式封闭性的产物，体现了本质上的创造性。

"后现代主义"作为西方当代影响力甚广的词汇，是后现代社会的产物。

（2）几个后现代思想哲学议题及其对艺术的启示

"向总体性开战"。1979年，利奥塔《后现代状态：关于知识的报告》："让我们向总体性开战，成为那不可表征之物的见证激发差异。"什么是"合法化"？合法化是立法者得到允许颁布作为规范的法律的过程。立法的危机使得形而上学的叙述失去了"可信性"，而不再有其他的目的。艺术的支持者不再是教会，而是帝王将相和权贵。

艺术表现的都是理念：天国的理念、浪漫的理念、进步的理念等。后现代表现的，是一种欲望，人的具体的欲望。后现代艺术家追求创作过程中的自由，契合于人的自由本质。它类似游戏化的活动，艺术家只是玩味于其中，没有强烈诉说的冲动。由自由原则与创新精神引领下的后现代艺术看似"离经叛道"的反叛，实则是一种宽容。

不确定性是美国当代文学批评家依哈布。"变形"进一步用十余种表达解体的术语来说明："反创造、解构、差异、消失、解定义、解合法化等。"后现代艺术家探索多种可能性的艺术创作，主动地将自身的"典范"区别开来。集中体现在内容和形式：内容上，与传统古典艺术对秩序、宏大题材叙述的追求相反。

隋建国《时间的形状》是如此不同寻常的雕塑：作品创作于2006年，截至2009年，作品持续完成了三周年。隋建国的艺术创作与人的生命进程密切相关。社会环境、政治等多方面的内容，使观者的姿态由被动转为主动。作品的审美经验不再是直接而线性的。后现代哲学"不确定性"观念反映在艺术领域表现在艺术纯粹性的消解。

权力——知识。是法国思想家米歇尔·福柯的中心议题和核心概念。"权力"对应的英文应是"力量"、力量关系的意思。福柯：如果我们看待权力时，把它同宪法，和国家机器联系起来。"我们必须把权力理解为多种多样的力量关系，内在于它们运作的领域中。人文社科领域：它不是脱离"权力"关系而独立存在的实体。通过对知识、理性的考古学研究以及对精神病患者等文化边缘群体的分析。

福柯：从某种意义上来讲，监狱、学校、医院在其本质上并无不同。福柯质疑知识的生产和运作方式。福柯思想的精髓在于指出人文科学和权力实施间的交互关系。发展到极致，现代主义美学由此而极盛一时，艺术被引发在社会形态之外。"后美学"的概念，任何艺术的本质形态不只是审美的、创造性的，艺术的产生、批评也无一不处在由"权力"关系交织所连接的网络内。

后现代艺术家对西方社会政治等的诸多问题进行了积极的探讨。为艺术干预生活开辟了道路，赋予了宗结合政治上的含义。

2. 基于艺术学理论的思考

（1）"终结"后的艺术及学校美术教育

在艺术风貌的多变和更新的背后，承载着哲学思考。丹托的艺术哲学由《普通物品的转化》《艺术终结之后》《美的滥用》构成。

艺术中情境再生：在杜尚眼中美并非内在于作品，是在于对"何为艺术"的反思。若承认杜尚作品在美术史上的地位，那么艺术判断的命题在此发生了转换。丹托风趣地："人不能仅凭眼睛来判断物是否艺术。"

后现代及当代艺术作品中的"情境"，可以将"不可见的属性"理解为艺术作品的"情境"在文学领域。艺术作品中的情境有别于"内容"和"形式"。尽管美学及艺术教育研究领域有"形式主义"与"情境主义"的区分。丹纳在《艺术哲学》中提出：艺术作为精神文明的表现形式，面貌取决于种族、环境和时代。在丹纳看来，伟大的艺术都不是孤立的，它们共同缔造了艺术作品。

美国实用主义哲学家杜威对艺术作品"情境"做出了微观的刻画。杜威：艺术作品精致与强烈形式的背后，是日常生活的经验。这将艺术理解的维度扩展至社会文化、经济和人类自身的生活。

从"意图"的角度来看，成为艺术品的事物是由人所制造出来的，但并不保证它是艺术作品。其意不在让人欣赏，只是为了便于增加商品的销售。艺术家本人的意图并非绝对的充分且必要条件，还需依靠艺术界中的"专家"和展厅的老板等共同决定。"艺术世界"作为社会制度，或者是艺术作品外在的"情境"。

后现代及新颖的当代艺术拥有了自己的"哲学"。我们对艺术的理解也需逐渐由以艺术家为中心，特定作品时代与社会背景、艺术家意图的综合理解。东西方的当代艺术的发展不再是单一时间的、线性的模式。作品的意义由创作者和应用的情境所共同决定。

社会母体中的文化符码在课堂美术鉴赏中扮演了重要角色，需要教师进行专门的指导。这种美术教育割裂了艺术作品丰厚的文化土壤，很难对艺术作品产生深层次的认知。体现在授课方式的转变方面，教学目的侧重于借助美术的形式使学生了解他人。学生视觉素养的建立，有赖于课堂教学将学生对艺术作品的观察和阐释融入到创作特定美术作品的过程内。"情境主义"的美术教学应更注重师生间的交流和对话。动态的课程实现的过程中，学生对艺术的不同解释和自身的心智与文化理解达到认知的统整。以情境为导向的学校美术教育相异于传统美术教学对形式主义的偏爱。

言及学校美术教育的"情境主义"导向，并非忽略课堂美术教学对艺术形式的关注。常锐伦教授："美术学科流于社会学科；学校诸学科皆去探讨社会问题"。马拉美："诗不是用思想写成的，是用词语写成的。"学校美术教育不能脱离艺术本体与内容的讲授，不能弱化对学科知识和技能的掌握。情境主义美术教育观给当代艺术教学提供新的视角。艺术不仅存在于所理解的物体中，还存在于对它的认识的方法中。

（2）美术语言的更新

美术语言的时代性。作为形象、直观的视觉交流手段，美术语言是表现创作者内在思想和情感的外在媒介和符号。只要能够感知并掌握美术的基本语言，并按照美术的规律进行表达。语言是不可能整齐划一的，它有"时代性"和"区域性"的差异。如传统美术语言包括"造型要素"和"组织原理"，造型要素：塑造美术形象或构成美术作品的基本形式成分。艺术创作使用的媒介或材料，成为表达的语言，艺术作品展览的场地成为"什么是艺术"的决定因素。符合人类信息交流多渠道的特点。

有学者：杜尚是战后的许多艺术流派和样式，是观念艺术。作为传播和交流的中介，当代艺术中的观念语言强调对艺术作品意蕴的阐释。德里达：语言的符号"所指"只能表现出不确定性，"能指"蕴含的意义处于不断的变化中。从而解放了艺术语言的功能：美术语言不再是作为符号表征再现世界现象背后的本质。当美术的语言经历了"形式语言"转向"观念语言"，语言就开始传达意义。

在传统学校美术教育语境中，对美术语言的认识，更多地将其界定为图像的构成因素。研究者：美术语言的三个部分间，"语言形态"是本体，"语义信息"和"超语义信息"传达美术作品文学等多方面的信息。

需要注意的是，语义信息和情境内涵或有涵盖，作出区分的理由：语义信息局限于作品之内。我们注意不平衡的现象，存在于古典艺术、现代艺术、后现代艺术的区分。如法国新古典主义代表达英雄题材的历史绘画，为使画面显示出英雄气概。它们明显表现出庄严的希腊和罗马艺术的影子，表现历史瞬间，对公民道德加以颂扬。美术语言中的"构成形态"至此拥有了至高无上的地位。

波普艺术的出现，预示着现代艺术时代的终结。古典艺术重视语义信息的传达，艺术作品的题材对艺术理解起决定性作用；后现代艺术多旨在超语义信息的传达，承担起表现社会的功能。在传统古典艺术向当代艺术转向的过程中，传统艺术的美学特征在弱化。

（3）艺术媒材与技术的再创造

艺术作品是艺术家思想、理想在物质材料上的体现，由特定的技术与方法呈现。美术创作标记着时代特征，艺术表现对人与人、人与自然的重新认识。媒材和技术方面的变革体现在：对于传统艺术而言，艺术创作的媒材是艺术家塑造形象使用的工具。媒材渐渐与确定性的形式相分离。从原始社会使用石器开始，雕塑创作的媒材经历了石、木、陶、青铜、光、气味、信息波等。

它们是被"创造"，是承载"艺术意义"的本身。刘晓纯：随着混入的材料和新材料越来越多地被起用，媒介物质自主独立。在当代艺术创作领域中，技术是对材料的合理运用以表达艺术家特定的观念。决定了艺术家在创作时要对高新技术的迅猛发展保持关注。光效应艺术、动感雕塑等新鲜的艺术形式刺激着观者的视网膜神经。

作品复制的是日常生活中平常的行为，却是抽象处理的过程。当代艺术创作的媒材和技术区别于传统绘画艺术。先锋艺术家在创作中使用的技术经历了重新崛起。为理解学校美术教育提供了新的思考。

对学校美术教育中"媒材"与"技术"的新理解。学生在美术创作课上可选择的材料多为石膏、颜料等；美术教育注重对传统写实技术的教学，这些技术是"素描中的明暗推移技术"。感知、接纳世界多元文化的今天，"媒材"与"技术"理解具有不适应性。

（二）后现代课程与教学

1. 后现代情境下教育学领域课程的"返魅"

"后现代"，人类有史以来最复杂的思潮，作为和启蒙时代决裂的代名词。自启蒙运动以来，承袭科学理性主义在教育学领域占据着统治地位。就整体的知识体系，是封闭的、系统性的。在对现代知识"客观性"批判的基础上，后现代知识观更注重知识的文化性与价值性。

知识内在性质和外在形式的更新。"课程"名词意义为"跑步的道路"。道路具有的指向性。课程意味着课程进行的程序是先验的。既定的顺序性、严密的秩序性。由"跑道"向"通道"的转变，意味着教育学领域对课程观念的变革。

后现代课程理论：课程是学生有机学习的文本。主体地位得到尊重，师生间转向民主式的相互式关系。教师不再将权威的论述传递给学生，而着眼点会放在个体对经验的认识上。课程是对自己经验的重新认识。课程与教学因此呈现了开放、阐释与生成的局面。

2. 从当代艺术融入学校美术教育谈美术课程范式的选择

艺术教育家Pearse：范式是知识与行为如何结构与组织的方法。"范式"被应用到广泛的各知识领域，成为人们观察和归纳域共通现象的工具。有研究者——"学校课程范式"——特定时代学校课程的理论研究者等因素构成的整体。课程范式是特定课程共同体所拥有的课程哲学观及相应教学主张的统一。

观念引领行动、方向决定方法，课堂中进一步地引领学生认知。这一过程理解为学校美术教育中从"现代范式"到"后现代范式"的转型。

（1）美术课程中的现代与后现代范式及当代艺术美术教学的选择

"现代范式"：行为与目标的控制。就课程的表现形式，形式和内容纷繁复杂：包括"泰勒原理、行为目标"等。现代课程运用科学的方法对教育行为加以控制。现代课程：追求理性、确定性等方面。教育观影响下的美术教学偏爱理性和精确的科学程序，增加了追求美术教学的逻辑性及目标的可测性。认同于人的理性力量，教学并非是为促成审美情感。美术教育的价值，在于他对个人经验的贡献；美术能力非自然成长的结果，是学习的结果；有益的美术学习领域——创作、批评与历史；评量作品有助于帮助老师及学生了解学习进度。

传授学科本体知识方面有独特的优势。以"学科本位"的传统根深蒂固，教学将着眼点放在延续与发展美术知识上。在讲究素质教育要面向学生生活，美术课程范式有着先天的优势不足，造成了缺陷。它对艺术教育的影响，形成了对美术教育教学崭新的理解。基于杜威的教育理论中的"经验"哲学，片段的学习经历要将课上课下相联系。教育需要以学生的实际需要与生活经验为出发点。多尔的后现代课程观在课程内容的选择上可适当吸取不确定性的内容，将不确定的内容、易使学生模棱两可的内容加入课堂中，引起师生间的交流。

（2）谈当代艺术对后现代课程范式的选择

当代艺术具有生成性，本身尚在变迁和发展中。它有生活的境遇性，映衬时代的精神。生成性及复杂性决定了对当代艺术理解的"不确定性"，"不确定性"同传统艺术恪守的艺术之崇高精神远不同。教学内容不是稳定的知识系统，对内容的教学不可能以"传递式"的历程开展。目的是不断发展学生对当代艺术组织、探究的能力。师生关系建立在理解的基础上，教学通过对话、合作的方式予以实施。如果教师以权威的视角对当代艺术进行强势解读，难以得到学生的认同。

（3）课程范式选择的境遇性

对美术教课程中的现代范式和后现代范式，两种范式各专其擅，有其各自的适用领域。课堂美术教学实践者若能对不同的教育教学观互为尊重，将其相互创新，剔除其中的糟粕、综合创新，美术教育课程教学领域就进入了"迷人的想象王国"。

二、当代艺术融入美术教育的价值取向

（一）当代艺术融入美术教育的行为导向

1. 行为导向

教育的对象及目的是需要反躬自省的问题。美术担负着育人的任务，对提高学生的文化素养，促进其道德、心智等多方面的成长具有重要作用。此过程中，学校美术学科追求延续和发展美术文化知识。学校美术学科以培养多样兴趣等为目标，可以积极为社会培养高品位的艺术欣赏的众多受众。

当代艺术融入学校美术教育在使学生掌握基本的美术文化知识，将宽容作为培养学生的艺术态度。因为"在视觉文化的氛围下，后现代艺术教育不只强调技法的熟练的认知。当代艺术的新颖的表现手法，给学生提供了多重的思维空间。拥有艺术交流和创造能力的人，对艺术的表现形式更敏感。在富含适度不确定与多样选择性的学习空间中，学生才能有辨别所学东西上所蕴含的意义。

2. 美术的发展及新形势

（1）当前东西方美术的新变化

艺术发展的历史性：发展和变化相伴，应是不争的事实。在审视漫长的艺术演进的长河中，最突出的印象：不同的时代各有其艺术，艺术史永远在谱写新的内容。对于未来的艺术及其发展，永远无法作出精准的预测。艺术不是经产生和形成就恒定不变的，或只是在风格基础上的积累。它是承袭于历史发展的文化脉络，也在不断地超越即有的规范。艺术史纷繁面貌说明了"艺术"在不断破除人们即有的"图示"。历史发展至当前，"美术"用来指称艺术所包含意义的词汇，有了更多而且令人惊异的变化。传统的绘画艺术成为纯粹精神的产物，不断地简约化，艺术用来表达多种的思维方式。美术作品中的思想因素——与物质形式相对应的心智模式——观念开始成为美术语言的主体。

20世纪60年代后，西方美术界涌现出了众多的流派。波普艺术、偶发艺术等相继登上艺术史的舞台。除了在艺术形式语言保持革新的态度，还对当代的社会生活表现出了浓厚的兴趣。上世纪最后四五十年兴起的艺术领域的突进，对中国的艺术实践产生了深刻影响。中国美术打开了新鲜视窗。拓宽了艺术家的视野，中国美术在美学观念、语言逻辑等领域都获得了发展。中国前卫美术的多元并起，"新生代"、"玩世现实主义"在国内外引起广泛的关注。

《记忆未来》是艺术家通过不同途径搜集头发，混合编织成数万只童鞋，有序列地摆放在展览空间中。表达对全球化趋向和对人类未来的关怀，为观者开启亲身体验的空间。承袭了西方后现代文化中某些积极的方面。中国的当代艺术还存在问题。如在艺术语言的创新方面没有特别贡献，对西方现代、后现代美术的模仿。

（2）开放的艺术及其相应的教育问题

开放的艺术：艺术的发展非始终保持"直线"式的进步，并不是简单的由小变大的变化过程。艺术的发展是以寻求艺术创造性为根本动力。当代艺术从三方面呈现了其"开放性"：美术自身形态的开放性、功能和效应的开放性、存在领域的开放性。作为诉诸欣赏着感官的外部形式，美术形态具有多样化的特质。我们可以把美术的形态分为绘画、雕塑、工艺美术和建筑。色彩、石材等不再是塑造艺术的唯一媒介。新材料的应用成为激活艺术家新的体验的重要途径。诸多后现代艺术强调创作者的观念。如约瑟夫·库苏斯在《哲学后面的艺术》：如果人称某物为美术，那它就是美术。把文字观念、图像紧密地结合，隐藏于作品之外的柏拉图关于艺术的定义。

美术的功能的发挥取决于其性质，现当代美术无论审美理念还是外在形态表现，都发生了巨大的变化，功能和效应自然不同于以往。传统艺术的娱乐性——为人提供了摆脱生活烦琐的"桃园之境"。现当代艺术的娱乐性体现在：普及性、视觉性等。决定了娱乐功能的发挥须以观者的智性思考为前提，如上世纪著名的哲学家、思想家从后现代艺术那里汲取了滋养，结合各自的思想，对当代艺术进行了全新的诠释。当代艺术的价值不仅在其创造了新的娱乐方式，还执行着另外崇高使命。如真与善、话语与权力等，重新定义当代艺术的功能性，使其与以往不同，寻求个性化的多元诉求。

随着现当代艺术由"架上"走向"架下"，扩展了存在的领域，渗透到生活中的各领域中。对于先锋艺术，公众群体的兴趣也得以激发和培育。观念艺术、装置艺术对"现场性"的依赖，拓展了当代艺术的展览领域。以"废墟艺术家"张大力的城市涂鸦最具有代表性。借助大众传媒，实现共时性的展现。旅美艺术家陈强《黄河水体纪念碑》，作品从黄河源头到入海口每隔5公里取水0.5立方米，按取水顺序自源头至入海口依次排列，传达了人类的互助合作精神关系。

当代艺术存在领域的开放性，诠释了当代艺术的存在状态。当代艺术从精英式的小圈子走向了社会的前台。对美术的"开放性"，维特根斯坦和莫里斯·韦兹都主张以"开放性概念"的视角去理解艺术。批判艺术中"共同本质"的做法，运用"家族的相似性"取消给艺术下定义的可能性。我们承认其思想的创新性所在，但局限也显而易见。艺术的泛化存在一个量度，并非意味着丧失底线。

疏离的"两个世界"：艺术的发展呈现开放的姿态。这符合"艺术的生命力在于创造"基本命题。学科本体是美术教育的基本教学内容的载体。学校美术教育中的"美术"始终呈现丰富多样的状态，对新鲜的艺术形式给予积极的关注呢？事实上并不尽然。首先体现在美术教科书内容的选择方面。连西方现代美术也大多局限于20世纪上半叶的作品。对于蓬勃发展的当代艺术内容的现实，是一种遗憾。它没有将人的主体能动性予以考虑。二者对当代艺术又分别持有何种态度呢？美术教师是否能对当代新美术内容有大致清晰的认识？普通学校的学生如何看待当代艺术新鲜的表达？鲜有教师能用自己的语言表述对这一问题的看法。能用自己的语言对作品进行阐释的美术教师更是寥寥。

学生对于了解当代艺术的渴望更高，教师对当代艺术已有的认识水平不能满足学生的需求。

矛盾表现：一：开放的艺术和学校美术教育相对保守的状态。二：学生渴望了解的态度和教师对新艺术内容的忽视的缺位。当下美术课程与学生的生活呈现出滞后或分离的趋势。往往多为学生预设了一套标准化的学习内容，潜在地造成了学生学校生活同当下现代艺术发展的脱节，违背了学校的初衷。学生普遍持有关注的兴趣和了解的意向，但教师的知识储备则显欠缺。传统的美术门类的划分方式不能适应美术发展，引导学生学会如何鉴赏当代艺术作品。这些问题已成为当前美术教育研究的重要课题。

当代艺术和学校美术出现于两个界限清晰的不同世界，学校美术学习内容是守旧的，更多来源于守旧的世界。当代艺术更多是争议性的，传统美术学习内容则是非争议性的和导向手工活动的内容。威尔逊：学校美术和一些词汇联结在一起，是游戏化的、仪式化的。对学校美术教育中本体性教学内容和当代艺术的疏离，有多重原因。普通学校美术教育中师生普遍缺少和当代艺术进行沟通和途径等。都成为制约当代艺术内容进入学校课堂中的因素，造成学校美术教育中的当代艺术教学实践长久处于缺位状态。

3. 当代艺术与美术教育

（1）当代艺术的内涵

"当代"从字面上来看——"当前这个时代"。"contemporary"强调对修饰物于时间范围内的不精确的界定。对艺术的划分形式没有门类，类似于当代油画、当代工笔人物画等艺术内容或形式都纳入其中。逻辑思维的基本知识告诉我们，对事物进行概念上的描述，要考虑它的外延。如果"艺术"的概念真能覆盖任何活动，那么就势必成为完全空洞的伪概念。

"现代精神"脱身于"现代主义"。主张对艺术持多元的理解，反叛的是传统艺术中的极端写实及艺术创作对技巧的过分依赖，并不能使当代艺术的内涵得以完全彰显。当代艺术发生在"当今之时"，确实暗含着某种艺术风格上的独特指向性。认同当代艺术是艺术范畴在时间维度中的历史性存在，更多的是指具有前卫倾向的后现代艺术形式。

（2）学校新美术教育的新的选择——当代艺术内容的融入

美术教育是学科教育的重要门类。对于当今艺术发展的新形态——当代艺术，学校美术教育应如何应对？当代艺术鱼龙混杂，必然会存在负面、消极的东西，这些不能给学生带来帮助的内容纳入到"寸土寸金"的美术课程中。如"食人"、"钻牛肚"等低劣、暴力，甚至反道德、反人性等恶意之作。索性将当代艺术拒之美术教育门外，不失为"快刀斩乱麻"的快意之举。

应然性——某事物"应该是这样"的属性，带有主观的性质。前者表明价值诉求，后者是客观事实分析。当代艺术：存在环境多样化的特质，学校美术教育不涉及这些内容，是否意味着学生不会受此影响，在印刷术不发达的古代，可以将禁书一烧了之。这是信息化的时代、到处充满"机械复制时代艺术作品"的时代，复制东西，查看信息是再简单不过的事情。高中学生尚未形成自己的世界观、价值观、人生观。科技的发展让他们身处资讯的世界，会让他们盲然。对当代艺术内容，学校美术教育排斥于教学内容的选择之外，是理想化的态度。并不意味着学生在社会活动空间中不会接触和不了解到多元化的当代艺术内容。

对新鲜的当代艺术，与其遮遮掩掩，倒不如解开面纱使其昭然。这是学校教育负有责任的做法。从教育学理论，当代艺术融入学校美术教育，是对学生"生活世界"的关照。学校教育须对此予以积极的关注，不能肢解学生面临的复杂世界。对新艺术内容在学校美术教育实践中予以实践，对于补充、完善我国现行的美术教育内容是十分必要的。

古典艺术需要技术磨炼，少部分人会进入领域成为职业文化保存者。如艺术教育与传统没有断裂，是长处。建构学校美术教育和当代艺术的联系，并非是将当代艺术引入学校美术课堂，给学生讲解作品而已。它涉及美术教育教学目的更新、教学内容调整等方面的变革。

（二）当代艺术融入学校美术教育的核心价值观

构成教学重要的要素是各学科中的知识性素材，随着社会的进步，涉及的范围很大，在学校美术学科中想要教授所有美术类知识内容，是不切实际的。对于当代艺术融入学校美术教育的研究课题而言，能否发挥特定的"教养力"？

1. 学习兴趣与探究欲望的激发

唤起学生的认知兴趣，是教师培养学生创造性与心智成长的前提。学习兴趣的产生是源于一种需要，"需要"区别于具有功利性目的的需要。学生可以积极主动地参与到过程中去。

只有在学习对象中包含了新鲜感或陌生感，才会引起学习者的注意。新异性是当代艺术的重要特征，和传统绘画艺术的区分度：当代艺术可以是老旧的照片、破旧的衣服、一匹马。当代艺术体现了极强的新异特性，恰似异彩纷呈的万花筒。当代艺术的新异特质不意味着它脱离学生的经验情境而为其难以接受。关注的是时代的生活，传达、传播的生活事件与我们的日常生活息息相关。当代艺术作为新的教学内容容易贴合已有的生活经验。

当代艺术融入学校美术教育课堂教学过程中对学生兴趣的激发须融入"理智"效果，要深入挖掘其存在的内涵。课堂教学的环节也有"进入"的过程：进入学生"理智思考"的思维过程内。教师不能无原则地"偏袒"学生的学习兴趣。

2. 现代文化心态的培养

在教学内容选择方面，学校美术教育中的教学内容经过了历史的筛选。但作为文化学习的美术课程仅囿于传统美术内容就足够了么？我们先就"文化的发展"理论前提进行阐释。它是不断展开、擅变的活动性存在，而不是僵死和不变的。我们的生活已不同以往，当代艺术的价值就在于其"当代性"，植根于时代的文化和经验。

中国社会近三十年的发展为中国当代艺术的发展提供了丰富的创作素材。宽容地面对中国文化中的断层、矛盾与变迁。人文精神借助艺术观念化、问题化唤醒了商业经济下人性的麻木。当代艺术所展示的生活事件、价值观念才与我们的生活更贴近。经典性艺术品早已脱离了赖于产生的时代经验。

万物既有其长，亦必有其短。当代艺术内容融入美术教育并不是排斥传统艺术，其产生的社会环境和当代艺术相比，似乎不那么显而易见。赞成将当代艺术内容引入学校美术教育并不意味着必须否认传统美术教育，二者只是各专其擅。

3. 视觉思维能力的促成

视知觉具有理性本质，思维的主要媒介和基本工具，具有认识能力。视知觉具有思维的功能不是低级的感觉系统。通过知觉选择和生成的"意象"扮演重要角色。对于当代艺术融入学校美术教育，是否能有效培养学生的视觉思维能力，指出它们都与视觉活动有关。其中，视觉感知是人主体对视觉对象的积极选择。

在培养学生视觉思维的过程中，艺术形象的选择及使用的表现形式起到了极大作用。在学校美术教育中课堂艺术表现媒材、表现形式的变更不意味着教学内容和方法的改变。

当代艺术本身是符号系统，肯定了学校美术教育将其作为教学内容。当代艺术所倚重的社会文化情境可为学生提供广阔的认知背景。"艺术"成为开放的概念,新的条件不断地出现。

4. 创造力的形成

教育要以培养学生的创造力为旨归,使其获得联想、构思、批判等必需的心理品质。学生的创造性多元思考也得到教师的宽容。影响创造力的生成的重要因素在于打破传统规范的束缚。安德森教授主张提供给学生丰富多彩的内容和方法,因为创造是由多方面材料培养的。

安德森教授的研究为理解艺术教育中的创造力提供了新的视野,创造力的形成不只是对传统的挑战。创造力具有"合成科学的趋向":个人内在、个人、个人以外及多元。"个人以外"——文化或环境因素;"多元"——社会环境对个人创造力造成的影响。当代艺术在促使学生创造力的形成方面具有优势。可使学生明白艺术的表现有多种方式——不同媒材、不同的艺术创作观念都可创造高质量的艺术作品。极大地激发学生的创作热情,使其勇于尝试新的艺术表现方法。为学生间思想的沟通提供了良好的平台,对艺术创作持不同观点的学生提供了互相倾听、借鉴的过程。

三、当代艺术融入美术教育的哲学审思

(一)灵活、开放与流动的基础观

1. 如何看待学校美术教育的"双基"

"双基"的概念由来已久,在新中国教育实践中形成具有中国特色的课程教学理论。教学在过去传统美术教育中居于显著地位,"沉淀"——师生对美术"双基"内容理解单一,排斥其他教学内容,成为对立于我国素质教育追求的异己力量。

究其原因有多种,"知识为本"的教育教学观扮演着主要的角色。学科教学的体系考虑更多的是抽象的儿童,着眼于将预备好的知识体系整齐地"传递"。对"双基"的批判是否意味着可以完全忽视,甚至取消"双基"教学?

我国新一轮基础教育课程改革,改变课程过分注重知识传授的倾向。美术教育由美术和教育两个概念合成,其中美术提供了美术教育的教学内容。教育实践中对"双基"的过分强调导致了应试教育的弊端;如果我们丢掉"双基"又导致学科教学生命力的瓦解。

2. "学力"观指导下基础的"流动性"

作为对课程基本教学内容的规范,它随美术课程设置的明确化与规范化而

来。扎实的造型基本功不是构成当代艺术优秀的充分条件。当代艺术创作有着截然不同于传统艺术理解中的基础知识。可以先从另一个角度对"基础"作出新解。"双基论"成为指导课程与教材编制的基本准则，成为被教育工作者普遍接受的学科教学理论。

作为教育研究者需要发现"双基"理论所固有的时代局限性。毕竟，学校教育是国民素质教育。基础的转换：教育的本质是"质"的问题。以"育人"为中心的新"基础观"，发挥学生在学习过程中的主动性和创造性提供了理论前提。它是基于基础性技能与理解的知识。

"基础学力"概念：一，实用性——知识与技能对特定问题的解决；二，系统性，以学力为基础的知识学习不是学习内容片段化的累积；三，发展性服务于学生终身成长。从以下几个方面对"学力"观进行把握。社会维度——从生命维度发展起来的通过社会交互作用所形成的以知识、思考力为基础的能力。学力概念多维度的指向：基础知识与技能，更重要的是它内涵了学生的情感、价值观的人格要素，考量了学生的学习过程及其运用的学习方法。发展了传统"双基论"的解释范畴。

西方社会理论家齐格蒙特·鲍曼对轻灵和流动：鲍曼从全新的视角向我们提出了物体的"流动"形态具有的显著特征，将"流动"进行全方位的展示。鲍曼借助暗寓的手法对历史的现代性作描述以理解社会状态的深刻变革。保持适当程度的发展性、变化性，其中心化、秩序化并不是学校美术教育的必然特征。在这个过程中，教师只有广泛地关注当代先锋前卫艺术新的研究成果。学校美术教育的基础应保持开放的多元性，在不断被更新与转换的过程中实现课堂教学活动生命力的延续。

作为教师，应尝试着挖掘当代艺术作为美术教学内容中不可多得的学科教育价值。关于上述当代艺术美术教学中的"流动基础观"，需要持之以辩证的理解。

（二）"生活世界"的回归

1. 基本的教育命题：返回学生的"生活世界"

"生活世界"是埃德蒙德·胡塞尔引入的概念。就其具体特征而言，倪梁康将其归纳为：一，它是非课题性的世界；二，它是奠基性的世界："生活世界的自然态度"与"客观科学的态度"和"哲学的反思态度"得到区分；三，它是主观的、相对的世界；四，它是直观的世界：生活世界是直观的被经验之物的世界。

"科学世界"是由逻辑与概念体系构成的世界，是"理念的世界"。实质上却是远离人的、抽象化的世界，剔除了五彩缤纷和感性色彩。教育要直面人生存于其中的，学校教育教学应回归人，关注其内在的生命价值。这是对人的反动，使得教育陷入不可避免的困境中。隶属于学校教育系统的美术教育也难免有被侵蚀的危险。

艾夫兰曾指出："尽管学校提供了艺术教育，但学生对艺术的体验，是去博物馆了解到的。那是疯狂的世界……学生们倾向于学习画室技巧。"长期以来，学校美术教育的课程呈现出远离学生生活的图景。学生缺乏真实生活的愉悦体验，性格、气质、个人的生活经验被科学与程序化的教学过程所挤压。这表明新美术课程将美术课程视为人文科学。美术知识和技能教学也不再被视为认识活动。学生的生活经验和文化背景开始成为课程内容的有机构成。

美术教育中回归学生生活世界的教学观，是强调在学生自主理解等多方面上进行师生交往的学习方式。是一种思维方式和美术教育的哲学导向。

2. 当代艺术与学生的"生活世界"的回归

承袭后现代主义的当代艺术，作品形式的纯粹性已不再重要。后现代艺术及当代艺术间天然的亲密关系与学校美术教育向生活世界的回归有适切之处。决定了美术教育中的课程教学要关注学生现实处境。萨得勒："学校外的事情，比学校内的事情更重要。""学校以外的事情"表现在丰富多元的当代艺术状态中。回归生活世界的教学意蕴在于彰显教学的生成性。

当代艺术融入学校美术教育容易激发以体验为主导的学习方式，由当代艺术的现场感及材料使用的特殊性所决定的。马德里的苏菲亚美术中心曾有专门的引导者对学生进行当代艺术的体验教学。充分诠释了现当代美术作品在促使学生进行体验性学习的优势所在。

3. 批判性能力培养及教学

（1）批判性思维与美术教育

"批判性思维"——对某种事物和主张发现问题所在。思维主体运用自身理智逻辑，独立地作出判断，赋予思维怀疑和探索特质。学校教育对学生批判性思维的培养是教育界的热门话题。对知识的掌握和创新起基础作用，是知识经济时代推动前进的主要动力。有助于个人形成独立的个性品质，以培养适应现代社会发展的并处理信息的现代公民。美国教育界60年代就兴起了全国范围内的"批判思维"运动，提倡在课程大纲中都开设有关批判思维的课程。

学校教育中的各科目学习中，培养学生的批判性思维成为西方教育实践领域核心的教育取向。艺术教育在促进沟通、培养诠释复杂符号能力的同时，潜在地对学生进行思维的训练。"艺术使孩子们明白：问题不只有一个解决方法，题目不只有一个答案。"在艺术教育中，学生的审美，对艺术的理解有广泛的活动范畴，艺术的本质、特征、评价等都包括在艺术多维度。由于艺术也与心理学、文化人类学等知识有广泛联系。学生可以借鉴不同人在艺术理解过程中的假设。学校中的艺术学科应加强对学生批判性思维的训练植根于当下生活中的社会现实。

人类信息获取方式的改变，文字不再是文化传播的唯一载体。人们在感受着图像科技带来的真实的同时，图像也在影响着人们对文化的选择。如日常生活物件、都市景观等，以各种视觉影像向大众进行价值观的传输。艺术教育除使学生在涵养美感和实践能力等诸多方面发挥其作用外，还应该做些什么？

当下"视觉文化"的艺术情境需要"指导学生学会'怀疑'，因为在当代的影像世界里，眼见不再能为凭了。"它凸显了学校美术教育中批判性思维教学的必要性，在了解符号意义与文化内涵的同时以识辨优劣。

（2）当代艺术美术教学与学生批判性思维的培养

如何对学生进行批判性思维训练的教学？通过美术批评式的评论方式指导学生品鉴和评估等。乔治·吉伊建议教师可采用能挑战学生价值观的视觉影像或艺术品，激起学生的关注点。当代艺术和当代生活有着千丝万缕的联系，蕴含着多重的视角或价值观。学生可借此发展复数框架中有选择性地训练"多重逻辑的思维"。麦乐迪.K.米尔布兰特对后现代艺术的指向：对阶层、种族和性别批判；对历史和自传叙述批判；对原创性迷信的批判；对生态和社会问题的批判。它们可以成为深度讨论以培养学生批判性思考技能的有效教学素材。对批判性思维的经典性定义来自于罗伯特·恩尼斯："批判性思维是合理的思考。"

批判性思维两大重要特征：批判性思维不等同于思维，更多是选择性的，大多着眼于问题的解决，它强调的是问问题的角度，批判性思维是反思性的；批判性思维不是否定性思维，它是一种探究性。汉语中批判是"解读原文，发表意见，作出评价"。词源学的意义上，批判强调的是探究的过程。

课堂教学过程中批判性思维培养不是让学生用一种观点来反对另一种。本质在改变辩论双方的观点，达到"视域的融合"。课堂教学中批判性思维的培养旨在培养学生探究的能力，使其"要有能力去判断；没有证据，要能说出在哪里能找到这类证据"。当代艺术产生的时代背景和哲学思想基础决定其不同于传统美术的教学内容。在艺术观和创作手法等方面，成为成就此类型课程的良好媒介。由于其没有"标准答案"的特性，更容易激励学生勇于发表自己的看法。对学生来说，这是主动且独立的思考活动。教师要辅助其进行思索。这为学生在不同主体间的相互交流提供了可资探讨的空间。这里学生所提供的多角度思考应是具有反省性质的。教育学领域对批判性思维的研究凸显了：作为技能、方法层面；作为技能之外的情感价值观层面。

学校教育中通过教师抽取批判性思维的技能来予以教授，属于批判性思维的信念层面。提醒我们要注重教授给学生运用批判性思维的手段、方式与方法，也要关注对学生批判性思维素养和思维习惯的培育。

四、当代艺术在课堂中的应用

（一）课堂教学中的四个关键

1. 议题的确定

当代艺术融入学校美术教育的过程中，议题的选择是教师课堂教学要面临的问题。这是由当代艺术的社会文化内涵所决定的。优秀的当代艺术作品对自身存在的理智思考。就其本质而言，当代艺术本身是社会文化议题的自在呈现方式。周春花博士在"基于议题式"美术教育探究》中将美术教育理论进行了本土化的思考。

首先要明确"议题"的概念及其内涵。它是指为大众所关注且极具争议性的事件或话题。物质层面的视觉艺术造型具有深刻的文化内涵，美术教育脱离不了社会文化因素。上述学习主题略显肤浅，主要将关注点放在教材编写者上。但它们不是主题。

美术教学中议题的设计应具有更多"交互"的性质。使学生在问题的情境中展开讨论、质疑和探究。适切性：议题要加强与学生日常生活世界的联系。视野范围可更为宽广，在此基础上进行广泛借鉴，为学生呈现合适的学习内容。

2. 课堂中对当代艺术问题的美学讨论

当代艺术融入学校美术教育的过程中，教师引入合适的议题只是第一步。此种办法可帮助学生理解当代艺术的文化意义。但我们在讨论这个问题前，可能面对这样可能性的质疑。对中小学学生而言，当代艺术是令人困惑的领域。学校美术教育要担负起"答疑解惑"的责任。

"课堂美学讨论"提供了这样一种方式。优势还在于，它允许学生在推介个胜化理解。当代艺术融入学校美术教育，目的并不只是基于活泼教学方式的考量。教师展开课堂讨论教学的一些技巧：一，"艺术教育的传统比其他学科缺少权威性"，课堂中对当代艺术的美学讨论应尽量在开放的氛围中进行。二，课堂中对当代艺术问题的美学讨论。三，课堂讨论中的美学问题不能作为割裂的课程来予以教授，讨论要具有联系性。四，教师要认识到自己的"假定"。五，"相对论可以成为教条主义"。六，讨论的问题应适合学生的理解能力。七，要使讨论具有批判性。批判过程中的怀疑和反驳会不断地促进学生课堂参与。

3. 媒材与技术在艺术创作中的应用

尽管当代艺术具有极强的观念性，但作为视觉艺术呈现方式，需要借助二维或三维的视觉造型而存在。教师要引领学生认识优秀当代艺术作品中材料。媒材方面：在前卫当代艺术表现中媒材具有独立的表现性。对此，学校美术教育应围绕现当代艺术创作引领学生对创作材料进行深入的"主动探究"。在实际教学中，绘、塑等多种手法都值得学生尝试实验。

技术方面：新技术的发明和应用是促成其创造性表现的主要来源。教师教授的美术表现技术更多局限于精致艺术的范畴内。当代艺术可为学校美术教育中"技术"表现提供营养。对技术在当代艺术美术教学中的运用，还要注意"技术是在感知到需要的基础上发展出来的，想要创造一些东西，用所创造的东西去表达地交流某人的感知和自觉的冲动"。无论学生使用哪种技术来了解艺术技巧和形式创作规律，美术教育都是为让学生更好的学习美术。

4. 评价的实施

学校美术教育的评价问题，首先是对教育价值及教育观念取向的选择问题。这是由美术学科的旧"双基"论决定的，根据"旧双基"理论美术教学是教授学生基本美术知识。对于新形式的当代艺术美术教学，应秉持怎样的教育价值和观念取向呢？教师在当代艺术美术教学的过程中，可细化评价内容。将评价对象细化为媒材选择、三维造型结构与功能、创新程度等多个方面。这种评价方法对学习者复杂或参与程度，不可能做到精确量化的评定。

"嵌入式评价"是当代艺术融入学校美术教育可行的评价策略。评价、展示与学习是交织在一起的，是持续不断的进程。把艺术当做在整体的群体情境中理解他人和自我的手段。

（二）教学方法的具体应用

1."基于问题式"学习策略的应用

（1）"基于问题式学习"（PBL）概述

西方哲学史上的故事凸现了学习中问题的重要性：有一天大哲学家罗素问穆尔："谁是你最好的学生？"穆尔："维特根斯坦。""为什么？""因为，只有他在听我的课时，流露出迷茫的神色。"所有的知识是由老师生硬地说出来。其基本理论是倡导学习应该始于问题，学生在教师的指导下以小组合作方式进行自主的学习。这样的知识不是课堂上"横空出世"的书本知识。

这样的知识对学习者具有意义，他可以用研究中获得的知识来解决新的问题。因此课堂中的学习活动可以把学生置于复杂。学习者在与同伴间探究与合作的过程中解决问题。学习方式的目的是帮助学生：发展思维，提高问题解决的能力和学习技能。

（2）"基于问题式"学习在课堂中的应用

《现代汉语词典》中，"问题"有四种解释：要求回答或解释的题目；重要之点；事故或麻烦。"问题"被理解为有待解决的困惑。在繁复的真实情境中对问题展开探究并给予相关解决对策，不仅止步于对艺术作品的简单描述。教师有必要通过"问题"调动学生对艺术作品的深层次理解。

问题呈现策略。思想的起点是疑难的境地，疑难是思想的第一步。强调问题的设计的表述要尽量贴合学生的日常生活经验。

问题分析策略。一，学生以个人或小组协作的方式分析问题；二，对多种假设性回答。教师要尽可能地为学生提供相应的知识背景。学生也可以分小组讨论，调整对当前问题的理解。最后，基于问题式学习止于学生阶段性汇报成果与展示。

2."三段式"教学模式

（1）"欣赏·认知"教学模式构想

模式导向。"任何艺术问题都不会有唯一正确的答案"。与传统经典的具象写实艺术比较，这种问题在当代艺术中较显著。纵向上可以挣脱欣赏对象——艺术品本身的束缚，从艺术发生的角度认知当代艺术。这些问题促使学生的思想不断地比较或者是印证。

功能目标。"欣赏·认知"教学模式的教学目标是：让学生从多种角度理解当代艺术。结合艺术家的创作过程，使学生懂得当代艺术家是如何传达其情绪。目的是激发学生思考的兴趣。

（2）"评述·判断"教学模式构想

模式导向。教学模式旨在实现：一，培养学生批判的精神。二，教会学生以宽容的态度对待。三，引导学生从多个角度认识当代艺术。四，教师促使学生对当代艺术的价值探究。

功能目标。引导学生以批判的眼光审视新艺术，能够识辨其美丑，并对其价值作出理性的评价。识别：面对具有"不确定性"的当代艺术作品，会对其作出不同的反应。凭借自己的印象对学习对象作出"不负责任"的简单结论。回答问题的过程中，学生可以指出思考问题。

辩论：学生不同观点间相互碰撞的时刻。辩论的过程是多角度思考与展示的过程。批判性思维的培养不局限于对问题提出终结性的回答，学生可以对问题形成持久的关注。

（3）"创作·表达"教学模式构想

模式导向。探讨当代艺术内容融入美术教育创作课的教学模式。艺术创作不是使技巧熟练化的过程。中国传统美术教育中的艺术创作侧重于"技能、技巧"训练，导致学生技能的学习和其表现目的脱离。艺术创作似乎只是对"双基"的巩固性练习。

当代艺术内容具有低技巧性的特点。一把剪刀就可以创作内涵丰富的波普式的拼贴艺术。当代艺术创作的衡量目标应是：创作是否通过合适的媒材传达了想法或丰富感受？创作有没有正确传达自己的创作意图？功能目标：学生能够通过动脑思考，来表达自己的情绪、思想。操作程序及相关描述：提出创作主题。鼓励学生从身边的生活中发掘创作主题。

寻找造型语言：教师帮助学生寻找易于表达创作主题的合适创作方法。艺术品的展览环境需要予以综合考虑。思想观念呈现：在完成创作作品或创作行为后，教师应组织公开的展览或演示。

3. 对质疑的回应

（1）文化探讨与学科本体

在当代艺术融入学校美术教育的过程中，教师要引领学生，给予学生学习的方向。认为美术课堂过分强调脉络，容易导致教师忽略学生动手创作。不少人认为美术课堂中的文化探讨和学科有矛盾性。美术是由主观与客观相互渗透构成的，艺术表层的物质属性与艺术家的精神世界和社会文化背景互为勾连。教师唯有以综合的视角平衡"文化探讨"与"学科本体"间的关系。当代艺术融入学校美术教育是基于现代审美观念等基础上的综合体现，当代艺术通过品鉴与讨论超越技能层面，追求艺术作品中深层次的情感。文化探讨与学科本体互为相融。当代艺术融入学校美术教育可兼顾对艺术形式的探讨。学生可以通过行为表现的方式去创造具有形式美感的点、线、面。

（2）宽松与规范

任何事物具有两面性，优点和缺点总是纠结在一起。由于当代艺术内容多样和微妙，教学情境又千差万别，在这样的课堂中，容易出现"宽松"与"规范"的矛盾。教师有必要设定既定的教学目标和活动程序等。有赖于教师在教学情境中对特定教学模式进行创造。同时须融入适当的开放性、个体性和前沿性。前者可以是当代艺术美学思想的起源，对当代艺术进行鉴赏的批评策略等，后者可以是如拼贴、行为等特殊的创作技能。教师如果只是给学生讲授这些是不够的。美术教师有必要让课堂呈现适度的开放性，要尊重学生对当代艺术不同的爱好、认知基础等。它也有其需要遵循的严格程序与评价标准。教师特别注重对特定教学步骤的归纳和整理及对学生作品的评量。

（3）当代与传统

首先，传统不等于因循守旧，具有内在的"超越"。艺术世界中美术形式的变化的创新。在艺术植根于时代生活与生命经历方面。艺术作为固有精神的外在视觉载体，均不乏珍贵且恒定性的精神因素。优秀的当代艺术在对世界美术发展状况关注的同时，也多立足于本民族的传统文化。变化诠释了中国文化一脉相承的文化脉络及其未来发展走向，可以使学生对社会文化的理解获得新的审视。

中国优秀当代艺术创作并非是对西方现代文明艺术符号的简单移植。不意味着被动的接受，在现实的需求下才可能真正成为适合本土文化的创新。源远流长的伟大历史传统和文化现实交相辉映。

在当代艺术这里，历史是活生生的文化发展脉络。学校美术教育中强调学生对当代艺术的认知，不是对传统艺术的"遮蔽"。教师要使学生明白当代艺术的新形式须建立在对先前艺术史的认知上，依然可以不断裂于历史。教师应教会学生需要思考艺术家如何使用并创造形象。

（4）越界

东方与西方的问题——学校美术教育如何处理"需要保持民族传统文化，接纳多元文化"的问题。回答有两方面：一，"多元文化观和对本国文化的认同是辩证的关系，做到二者的平衡"。二，"全球化"现象把我们带入了超文化的文化语境中，意识形态领域中的政治图解等现象要时刻保持警惕。"学校美术教育应强调对当代艺术作品"中国特色"的挖掘。"中国符号"不是可以随意拼贴的外在之物。中国符号不能被拔离其文化的根基。当代艺术融入学校美术教育中，教师应持有文化的鉴别与批判的能力。

第四节 美术创作中的艺术教学

一、美术创作中素材的累积、收集与运用

（一）素材的积累

在日常生活和社会实践中，从信息的各种渠道中，到人们的交往和学习中，只要留心，素材会不断地丰富起来，产生出构思和构图，一直到作品完成。我们平时要做有心人，在生活中通过速写、图片文字资料的记录等手段，观察、积累。

（二）素材的收集

素材的收集可通过在接触周围生活时所产生的"有感而发"，边收集有关的素材，从素材的细节上升到意象的概括。不少画家的创作思路是从其他渠道的信息中产生的，有针对性地收集素材。因政治任务或表现重大历史事件的创作，采用这种方法去收集。采用任何方法收集，要注意：

1. 注意抓住不同地域、自然景观的主要特征。

如江南水乡白墙黑瓦的房子，幽静景色与大西北的辽阔荒漠的雄伟厚实有很大的差别。我们祖国因气候、地质和地貌结构不同呈现出千姿百态。河南兰考咆哮奔腾的黄河，水的颜色是棕黄色。甘肃南部，黄河却是碧绿而宁静，完全是另一个面貌。如不少初学画的到了海岛，对应如何根据特点进行素材的收集有一定的困难。特色有别于我国诸多海岛的景色。除注意海岛外形的特色和结构，还要记录不同岩石结构的造型变化。海岛上还有特有的东西：风力发电机、长着如同剑麻一类的低矮而耐旱的植物等。捕捉到这些素材，可为作品提供强烈的生活气息，使构思产生火花。山东大鱼岛有被誉为"天下第一沟"的渔村，房子都用银灰色的海草厚厚偏盖，颇似普希金童话里的渔村。这类素材的收集对描绘海岛也很有意义。

2. 素材的收集要从几个不同视觉的角度进行记录

到过太行山的人，会被庭院式的住宅吸引，除选择其中较有典型特征的庭院外，还要作不同角度的速写记录。还要收集更具特色的东西。

3. **收集人物形象的素材，要注意到地区、民族、职业和年龄的不同特征**

苏州地区农村的妇女形象，紧身的上衣使农妇的身材显得矫健，手里挎着编织精巧的菜篮。太行山区的大嫂，却给人朴实、泼辣的印象，衣服宽大简朴，肩上的箩筐，空的也有近十斤重。我国，一个多民族的国家，美术创作的园地丰富多彩。要捕捉不同民族明显不同的形象特征；要注意到因职业和年龄的不同，而带来的不同形象特征。

（三）案材的运用

生活中收集到的素材，较多的情况下运用到美术创作中时，只有经过取舍和提炼，才能发挥恰当的作用。

二、艺术教学理念理解

（一）艺术教学概论

观念是改革的先导，先进的改革都是从先进的观念生发出来的，观念对行为起着指导作用。

综合艺术课程是体验型、综合性的课程，课程设计与实施比其他课程都更强调教师的课程意识。

艺术教师要注重学生学习心理的研究，关注学生艺术学习的想法，才能有效地提高艺术教学的质量。

1. **艺术课程总目标**

通过规定学段的学习，获得基本的艺术及艺术的感知与欣赏、交流与合作等方面的能力，提高生活情趣，形成尊重、分享等品质，使艺术能力和人文素养得到整合发展。

高等教育的大众化为人们提供了广阔的选择空间，让更多的人有机会进入高校学习，有益于的传承与创造。作为人类文化的重要组成部分，艺术具有十分丰富的内涵，艺术在生活中促进人类文化的形成，是文化的核心，它不断向文化的其他领域发射能量。艺术的创造、接受和欣赏，是高级的文化素质，获取素质的重要途径是健全的艺术教——不仅是技法的教育，也是更全面的文化素质教育，对大众化背景下的教育具有现实意义。

艺术教育的出发点应是对艺术的真诚热爱。"对艺术的爱，是对真、善、美的爱。"许多教育专家：艺术教育，是健全的艺术教育，是带领人类走向真善美的有效途径，必须予以发展和普及。善是好人应具备的素质，爱心是人类文明的升华。爱是艺术的有机组成部分。为自己深爱的人画像，表达自己爱的感情；为周围的动植物画像，表示我们对它们的眷恋；观看和倾听艺术，因为希望与艺术中所倾诉的爱进行沟通。走进艺术，是因为艺术使我们进入纯粹与自由。有了爱，中国向世界发出了心的呼唤，让世界走进中国。

艺术伴随着人类的诞生和进化向世界走来，人类对艺术的需求是与生俱来的体现，社会分工不同，不意味着人类艺术追求而泯灭，只是教育没有把人类的生俱来的本能唤醒。现在很多学生对艺术课不感兴趣，与教师的素质有着直接关系。艺术是真诚的，艺术教育应充盈着丰富的情感。国画家李苦禅："艺术乃真善美之物。第一是真诚，再进一步则是美，为尽善尽美了。如果作者人格鄙劣，实在与艺术没有缘分"要提高教师素质，要建立爱心，摒弃"师道尊严"。

随着人们物质生活水平的不断提高，面对愈演愈烈的艺考热，不禁追问："艺考生对艺术的爱有多少？"艺术不仅需要天赋，更需要对艺术的真诚热爱。"没有爱，人怎能进入艺术的殿堂？没有爱的艺术教育家，怎能理解为什么艺术是纯真、幽默、感人、可爱？他们只能以艺术去谋取金钱、虚荣。"要有效地实施艺术教育，只有对艺术的真诚热爱，才能使我们不断扩展。

艺术一直是人类文化宝库中极其珍贵的财富。各个时代、各个民族的艺术成为其所属的那个民族及那个时代文化的集中反映。北京奥运会开幕式上，我们展现给全世界的正是中国的巨大画卷。全球40亿观众共同见证了古老东方文明的浩瀚。

作为文化的承载体，艺术课传授的应是艺术文化。教育部将艺术课程定位为人文性课程，把艺术视为人类文化的积淀和人类想象力的结晶，具有极高的人文价值。但在实际操作中往往忽略了艺术表达思想，传达信息的功能，将艺术从文化的整体结构中抽离出来。艺术的本质是人文的，艺术教育的本质也是人文的。通过艺术教育，培养全民美感和创造力，提升生活品质。艺术源于生活，但高于生活，又服务于生活，所以必须有理想，有超越个体的群体关怀——要充分体现人文精神。没有灵魂的教育，最多只能是培训。为此，艺术教育须还原，回到人文的范畴之中。

社会和科学的分科越来越细，学生须学习的科目也越来越多，艺术教育的内容又十分丰富的，不可能在几年内为学生安排很多的艺术课程，而是有所选择。应让每个学生在学习的过程中，学有所得，学有所用。

2. 多门学科综合

目前,学生的艺术才能不够被重视也未被开发出来,经常见到学生气质差、身体姿态不美,不得不让人联想到这方面能力培养的缺乏。与欧美学校的艺术交流中,曾见到集体性舞蹈满台的欢腾雀跃,而相比之下,我们的学生交流中,常常是缩手缩脚。

艺术课程之所以要将音乐、美术等多门艺术综合,因为在综合艺术教育的整体构成中,具有新的综合优势。

音乐与舞蹈、美术、戏剧、影视等有着共同的特点——通过情感体验和形象思维来表达思想。我们在艺术课程的实施中要通过多门类、交叉与融合,探索认识多方位艺术学习领域的基本要素。使学生获得丰富的审美体验和精神愉悦,通过各种生动活泼的教学,提高学生观察、创意、表演、设计等多种艺术能力。

3. 艺术学习需围绕人文主题

围绕人文主题的艺术学习,能使学生很容易地获得艺术知识技能,实现人文内容与艺术知识技能的沟通。

人文主题越人文化,越能把艺术各科以及艺术与真、善的关系打通,越容易建立艺术各科及艺术与其他各科间的关系。

围绕人文主题组织的课堂教学,能有效地把人文内容和艺术技艺融合为一体,还可以把艺术课内容与语文、历史课内容统筹考虑,把绘画与音乐、音乐与舞蹈等内容有机地融合。

(二)艺术教学要个性化

现代教育的最基本的理念是"教育要面向全体学生,以学生的发展为本"。我们的教育不应成为精英的教育,必须使每位学生享有学习的机会,为每位学生的终身发展奠定良好的基础。

1. 艺术课程在教学方面要考虑学生学习的个性化

自由度是促进创新环境形成的主要因素,民主平等的教学环境是促进学生潜能发展的客观条件。教学过程中教师须打开与学生心理沟通的渠道,营造真诚、民主的课堂心理氛围,让学生受到信任、宽容、关注、鼓励。这样的环境中,才会有学习的兴趣、心弦的拨动、个性的张扬。

2. 优化家庭教育环境

通过开办家长会、举办专题讲座,及时向家长传递先进的教育理念,提高家长对学生的期望和信任度,提高家长对学生学习的指导能力,使个性化教学目标成为家长对学生的要求。

3. 优化社会教育环境

学校为学生提供更多的社会实践机会，丰富课堂信息，提高知识实用性。

艺术学习的个性化能促进学生创造力的发展。允许他们大胆地尝试，允许差异的存在。

（三）艺术教学要发展艺术文化

艺术的属性是文化。对我国艺术教育来说，要加强民族艺术的主体地位，培养学生具有广阔的胸怀，接受一切优秀艺术文化，具有创造现代文化能力的新人。

多年来被埋没的民间艺术是民族文化的瑰宝，只有在民间艺术中才能保留艺术文化传统。要通过学校艺术教育找到通向最自由地发展民族艺术个性的道路。

1. 多元文化

艺术教材要选择音乐、美术等姊妹艺术作品，应旁及历史、哲学等人文学科知识。才能充分体现艺术的文化积淀。

2. 精品文化

艺术世界浩瀚无比，教材应选择精而又精的艺术作品供学生学习，使学生从中了解艺术的主要特征。

3. 时代文化

艺术是随着社会的发展而发展的，要让艺术教材的内容涵盖人类历史几千年文化，艺术课要根据本国的文化背景，强调艺术教育的文化多样性。

（四）学生学习艺术的必要性

学生学习艺术的动力源于对艺术的需要，对艺术的需要是学生学习艺术的出发点。艺术的本质是美的，美独具魅力。人对艺术的需要主要体现：

1. 精神需要

艺术教育与人关系密切，艺术与人的生存、发展紧密相连。爱艺术，是人的天性。艺术能激发人的情感，满足人们文化生活和审美心理需要。艺术能表现出紧张、欢快的气氛，艺术能体现出抒情、深沉的情感。

艺术教育教学的任务是要挖掘学生的爱艺术天性，最大限度地发展学生的艺术兴趣，并使其逐渐提升为稳定、持久的心理品质，成为生活的内容和有机组成部分。知识也好，技能也好，都离不开艺术兴趣与爱好的源泉。如果让学生保持对艺术学习的积极心态，艺术将成为愉悦其心灵的精神食粮。

2. 交往需要

艺术教育属精神文明范畴，为社会发展服务。艺术教育是富有强烈艺术感染力的教育形式，把高度发展的社会理性转化为生动的感性形式，起到净化心灵、完善人格的功能。学生对他人在感情上具有依赖性，希望得到他们的认可。艺术作为人类交流的重要形式，能满足学生交往的需要。艺术容易使学生产生情感上的沟通。艺术可以帮助学生在参与艺术活动中，相互交流思想和感情，促进社会和谐发展。艺术活动的集体形式需要学生树立群体意识。有益于个体和群体的交往，有益于融洽人际关系。艺术教育的审美性质为合作精神与提供了广阔的空间，使学生对教师有附属交往的需要。我们在了解学生交往需要时，要把握学生的心理生理特征。

3. 表现需要

学生要尽可能以各种各样的方式表现自己，观点可以通过语言表达。对学生来说，自我表现的机会越多，发展的潜力越大。

艺术教学要把握学生表现的心理需要，使学生能用艺术的形式表达个人的情感，在艺术实践活动中受到艺术的熏陶。

（五）艺术教学应注意学生的情商培养

情商是人感受、控制、运用和表达自己及他人情感的能力。情商不是抽象的理论，它包括：认识自身情绪的能力，自我激励的能力，妥善处理人际关系的能力等。在艺术教学中注重培养学生的情商能帮助学生提高心理素质；更重要的是它能推动素质教育的实施，提高整个社会的心理素质。

艺术教育实际上是情感教育，帮助学生发现美、创造美的重要手段。艺术教育中重视学生的情商培养，满足学生获得自我发展和自我完善的具体体现；在教育中尊重学生素质"差异性"特征的需要。在艺术教育中注重学生的情商培养，是对长期重视智育培养的挑战。

1. 在艺术学习中获得心理感知能力

作品是艺术家反映人类丰富思想情感的极美乐章，是艺术家对美好事物充满热爱的产物。艺术具有感染力不仅因为是创作者感情的汇合，也因为欣赏者将艺术所唤起的感情作为感情来体验，将属于自己的心理生活的感情投入到艺术作品所表现的感情世界中。在艺术教育中可以培养学生的自我认知能力，培养学生正确认知能力。

艺术欣赏教学中，通过体验艺术作品的情感，培养学生的感受能力，理解他人的感情，学会正确判断他人的感情。将在艺术学习中的情绪体验，逐渐内化为学生的情感和行为，达到丰富情感。

在艺术创作中激发学生的表现欲望，抓住学生的兴奋点，引导他们将自己的感情淋漓尽致地表达出来,在回放过程中再次分析自己的行为及情绪。

在艺术评价中,让学生通过自评、他评的方式,更真实、更科学、更完善地认识自我,在培养学生的逻辑思维能力等能力的同时,提高学生的内省智能。

2. 在艺术学习中获得自我调控能力

音乐对人的精神有极大的影响。音乐的美是潜移默化的美,音乐可通过各种要素,造成"情绪或感情的印象。"通过"印象"来了解自我,产生"感动效应"。

艺术教育应利用其得天独厚的优势,帮助学生学会选择适合情绪的艺术,达到改善情绪、净化情感、调和意识等作用。如:帮助学生选择轻松愉快的音乐,达到消除疲劳目的;选择曲调明朗、悠扬的乐曲,想象自己最希望做的事情,以寻找自我理想;选择高昂、让人兴奋的音乐暗示自己将成为有成就的人来排除潜在意识中的否定等。

3. 在艺术学习中获得交往能力

在艺术学习中不可以培养学生其他方面的能力。应有意识地引导学生在艺术学习及合作中,体验人际关系,让学生学会创建和谐的学习,学会在这种氛围中获得角色和地位。

(1)在合唱、合奏训练中获得交往能力

合唱艺术是合作的和声艺术,强调个人的声音与整体的声音融为一体。所以在合唱、合奏的过程中培养学生的合作精神,学会与队友以音乐的方式进行交流。

(2)在集体创作中体验人际关系

艺术教学中可开展优势互补的集体创作活动。创作要引导学生发挥自己的优势参与到形式多样的艺术活动中。这样利用了课程资源,增强了学生的自信心。且教会学生处理好个人与集体的关系,锻炼了他们的合作能力。

(3)在互评的过程中获得处世能力

让学生在艺术评价中学会尊重他人,学会处理不同意见,创建民主平等的人际关系。

艺术教学是表达情感的艺术,对人心里的调和有着密切的关系。所以艺术教师应利用艺术对情商培养得天独厚的优势,促进学生情商的提高,为学生的长远发展奠定坚实的基础。

三、切实可行的艺术教学模式

（一）趣味模式

这类教学模式在小学唱游教学中更为适合，对低年龄段的学生主要是激发兴趣，让学生喜爱学艺术。

（二）形象模式

这类教学模式在学习、欣赏教学中运用，使学生受到情景的感染。

（三）和谐模式

这类教学模式每个年级段都需运用，使教学中各种关系密切，和谐的人际关系与人文环境是使教学成功的重要条件。

（四）合作模式

特点：学生间互教互学，技能知识互补，培养乐于助人及团结合作的集体主义精神。

教学模式适用于创造性较强的艺术教学环节中，通过学生互助解决疑难，能极大调动学生学习积极性。

（五）探索模式

自由探索。引导探索。这类教学模式的难度应随着年级的升高而提高。

（六）情感模式

这类教学模式十分符合艺术的基本特征——情感性，在各类型教学中都能运用。模式的运用的基本条件：要有感人的音乐素材，要有教学时情感十分投入的教师。

（七）活动模式

这类模式十分适合艺术教学。它具有较强的实践性。让学生以各种方式进行实践活动，多做练习，掌握一定的技能，逐步趋向熟练。

（八）群体模式

小组讨论、参与游戏等。用集体参与等方法刺激学生的学习兴奋点，增强集体荣誉感。

（九）个体模式

这类教学模式较适合在分散型的艺术活动中进行，适合社会艺术教学。在每次集体艺术课中都设计一个环节让学生进行个人表演，也是切实可行的。

（十）潜在模式

这类教学模式适用于潜在课程的潜在目标。艺术课中的德育渗透目标即可在潜在教学模式中得以实现。如有机地渗透热爱民族艺术或进行行为规范的教育等，属于潜在课程及教学内容。

艺术教学模式在运用中要注意：

教学模式有时可以单独使用，如有必要也可以综合使用。

教学模式是发展的，而非固定不变的。教学模式以提高教学效率为最终目的的，使用时要学会变通运用。

四、新型课程艺术教学法

（一）愉快教学法

该教学法是快乐的学习方式，让学生在"玩中学，乐中学"。如果把学习艺术的过程当做快乐的活动，更能激发学生的兴趣。

（二）情景教学法

根据自然发生的或课堂上的情境，不是按照既定的教学方案，而是根据自然环境或课堂发生的未预料到的突发事件。

1. 特点：自然、即兴。

2. 教学理念：利用即时的教育机会，向学生提供适合他们当前发展水平的学习内容，有效地支持学生的学习。

3. 评价：死读书是传统教学的弊端。生成课程没有预先设计的教学内容。

（三）和谐教学法

该教学法是通过学生间、师生间的密切合作，形成融洽和谐的氛围，师生共同完成教学任务。

1. 特点：互教互学，融洽和谐。

2. 教学理念：艺术活动是一种群体的活动，需要彼此照应，努力塑造出完美的艺术形象。

3. 评价：该教学法的运用方式：学生围绕教师指定的内容，由个人搜集相关的资料，在课堂上与他人交流，通过资源共享增加信息总量；在艺术活动中分工合作，在完成独立承担的任务时，注意与集体的配合。

（四）发现教学法

1. 特点：积极思维，发现规律。

2. 教学理念：认识是主动积极和不断的建构活动，发展是一个积极的建构过程。

3. 评价：它能培养学生独立思考问题与解决问题的能力。教师既是学生的引路人，也是学生的学习伙伴。

（五）创新教学法

在教学中引导学生尝试未曾经历的艺术活动，创作则是学生对特定的事物，用艺术表现并将它记录下来。

1. 特点：尝试未知，培养创造意识。

2. 教学理念：创造性的艺术教学活动是培养学生形象思维能力，教学目的在于发展学生的想象力。非常重视创造性活动的过程。

3. 评价：创新教学法虽有艺术创作的意义，但不是纯粹的作曲。创编节奏型、一个乐句是创造性活动，对艺术形象的与众不同的理解方式也是创造性思维活动。

教学方法的运用虽受到许多因素的制约，但在艺术新课程教学中的运用却越来越灵活。同样的教学内容可选择不同的教学方法，同样的教学方法也可应用于不同的教学领域。教学方法的运用是灵活多变，只要能取得好的教学效果，就是好的教学方法。

第五节　美术教育资源的开发与利用

一、美术教育资源的开发

（一）城市美术教育资源的开发

我国资源分布不均，城市教育的基础设施、公共服务机构等条件要健全一些，为美术教育资源的开发提供了很大的空间。

1. 走入校园环境

丘吉尔："我们先塑造环境，环境再塑造我们"，强调了环境塑造的重要性。校园文化环境是学校对师生施加影响的因素，教育作用是其他教育不可替代的。好的校园文化环境可以提供给师生创造空间与动力，激发学生的求学兴趣，提升教学与学习效果。美的校园环境以其强大的熏陶作用，使学生看到自己的"本质力量"，构建完善的个性，培养健康、稳定的思维模式。

2. 走入日常生活

我们生活中常见的物品包括生活日用品和废弃物品。把这些物品引入到美术课堂中进行合理利用：这些材料较常见，有利于各校对照实施，培养学生的美感；这些材料智慧，随意扔弃很可惜；都凝结了人类的劳动和。用审美的眼光打量它们，可以变废为宝化腐朽为神奇，体验到创造的乐趣。

3. 走入美术殿堂

博物馆、美术馆，是地方美术教育资源开发的宝贵资源。近些年国内外的博物馆、美术馆都专门设立了公共教育部，把博物馆作为有意识的教育场所项目服务。博物馆中的美术教育，弥补校内美术课程资源的不足，增长了他们知识，对地方优秀美术文化的传承和弘扬起到了积极的作用。

4. 走入名胜古迹

名胜作为自然资源是生产和生活资料的天然来源；古迹是人类祖先劳动创造的物质和精神的珍贵产品。它们代表着人类文明不同时期不同的文化取向，既有较高的历史研究价值也有很高的艺术审美价值。从名胜古迹的遗存中发掘具有美感的外在形式，提升人的道德情操和精神境界。

5. 走入园林景观

我国造园具有悠久的历史，我国的古典园林源于自然，高于自然，布局自由，所造假山池沼，宛如天成，反映了"天人合一"的民族文化特色。

"园林"最早见《杂诗》中的"暮春和气应，白日照园林"。南北朝时期出现自然式的山水园，在唐宋时期这到了成熟阶段，官僚及文人墨客将诗与画的意境融入园林的布局和造景中。古典园林的构造主要是在自然山水基础上，辅以人工的宫、阁等建筑，透视着不同历史时期的人文思想。为表现自然，筑山是造园的最重要的因素之一。现存的古代园林和园林遗迹足以说明，宫苑、宅园、寺庙园林和风景名胜区在全国各地曾得到高度发展。

6. 走入传统节庆

我国有很多传统节日，内容丰富，是中华民族悠久历史文化的组成部分。传统节日的形成过程，是民族或国家的历史文化长期积淀凝聚的过程。一到过节，举国同庆，与我们民族源远流长的悠久历史一脉相承。在营造节日喜庆热闹的气氛中，节庆装饰起重要的作用。

（二）乡土美术教育资源的开发

1. 走近民间编织

编织是指把细长的东西互相交错或钩连进行组织的过程，是人类最古老的手工艺之一。旧石器时代，人类即以植物韧皮编织成网罟，内盛石球，抛出以击伤动物。考古研究发现，周代已经使用蒲草编织莞席。

编织工艺品按原料划分：竹编、草编、柳编等几大类。品种主要有日用品、家具、鞋帽等。日用品有席子、坐垫、各式提篮、箱、门帘、筐、灯罩等；欣赏品有挂屏、动物造型的编织工艺品。编织工艺品在原料、工艺等方面形成了天然、简练的艺术特色，给人以自然的美和淳朴的艺术享受。

2. 走近民间剪纸

剪纸是中国最普及的民间传统装饰艺术之一，在民俗活动中占有重要位置。因其材料易得、适应面广，形象生动而受到劳动人民的欢迎。全国各地都能见到剪纸，剪纸既可作实用物，又可美化生活，蕴涵着民族的社会深层心理，用自己特定的表现语言，传达出传统文化的内涵。

（三）走近民间印染

中国的染织工艺早在西周时期已得到较大的发展。民间印染是指流行于民间的各类纤维织物的染色与印花工艺及印染品。

民间印染的主要类别：

1. 扎染

扎染是用线或绳子绑扎布料或衣片，放入染液中，绑扎处形成具有自然特殊图案的印花方法。扎染作为古老的纺织品染色工艺，有1500年的历史。唐代扎染发展到鼎盛时期，贵族穿绞缬的服饰成为时尚。在同一织物上运用多次扎结、多次染色的工艺，使传统的扎染工艺由单色发展为多种色彩。

2. 蜡染

蜡染也是我国古老的民间纺织印染手工艺。目前的蜡染大体可以分：西南少数民族地区，民间艺人和农村妇女自绘自用的蜡染制品——民间工艺品。工厂、作坊面向市场生产的蜡染产品——工艺美术品。以艺术家为中心制作的纯观赏型的艺术品——"蜡染画"。蜡染艺术在少数民族地区世代相传，积累了丰富的创作经验，形成了独特的民族艺术风格。在少数民族地区，蜡染的材料大多是自制的：绘制蜡染的织品用民间自织的白色土布。防染剂是黄蜡，有时也掺和白蜡使用。

在贵州少数民族地区，蜡染成为少数民族妇女生活中不可缺少的艺术。苗族妇女们的头巾、衣服、绑腿都是蜡染制成；还有的把蜡染花纹装饰在衣袖、衣襟和衣服前后摆的边缘。在蜡染图案的选择上，有的采用古代铜鼓的花纹和民间传说中的题材；有的是花、鸟、虫、鱼。

蜡染图案丰富，风格独特，用于制作服饰、各种生活用品显得朴实大方，富有浓郁的民族特色。

3. 走近民间服饰

服饰是人类特有的劳动成果，具有精神文明的含意。从服饰起源的那天起，人们就已将其生活习俗、色彩爱好，宗教观念，都融汇于服饰中，构筑成了服饰文化精神文明内涵。56个民族的服饰各不相同，犹如56朵奇葩绽放在服饰的百花园里。

4. 走近民间雕刻

发端于石器时代的雕镂塑作技艺，衍生出繁杂的门类，用于民居、庙宇等建筑的装饰，及古式家具、笔筒等工艺雕刻。材质有木、角、玉、土、面等，工艺手法有镂、钻、琢、吹、捏等，方寸之间尽显匠心。

5. 走近民间玩具

我国民间玩具历史久远，在农耕文化中逐渐发展成熟。它出自民间艺人之手,植根于民俗之中,在民间流传、演变。民间玩具品类繁多,造型夸张,是实用性与装饰性并举的造型艺术。玩具按制作方法:捏塑类——面人、泥塑等;削刻——东木、空竹等;缝缀——以织物、皮毛等为材料。各地区学校可根据当地民俗传统,课上引导学生进行玩具的制作。

(三)信息化美术教育资源的开发

网络是社会物质资源和信息资源。随着网络进入学校教师和学生生活,成为师生知识和生活经验的一部分。网络的各种知识可以成为教学活动资源的重要组成部分。美术教学实践中,计算机网络可传输给学生丰富多彩的图像信息,平面的、声光色结合、多形态、全方位的形象思维语言,扩大了学生的视野,激发了学生的思维能力。无论在绘画设计、作品欣赏还是其他方面,现代电脑多媒体教学都发挥其独特作用。

1. 信息化资源概述

第一阶段网络是研究界的工具。第二阶段由于数据过多,远程商业基础网络的分离。第三阶段网络的商业应用价值随着万维网的诞生而来。第四阶段国际互联网从只读环境发展为用户可以通过浏览器在远程范围内使用的网络。

美国是世界上网络建设投资最大的国家,是世界上网络系统最为发达的国家。20世纪40年代,第一台计算机在美国诞生;到20世纪90年代中期,美国提出了建设"信息高速公路"。90年代中后期,日本、法国、意大利、韩国等国家相继加入到信息高速公路的建设之中。发展中国家,如中国、印度等出台了工业化和信息和共同发展的政策。各国政府进行着激烈的信息基础设施建设的竞争。

网络是一种知识的载体,几乎所有的人类知识,都可运用数字技术,以文字、声像等形式在网络传播。网络在诞生后显示出强大的生命力。对于学校课程资源,只要是现实社会中存在的,都可以搬上网,实现和现实一样的真实感。随着信息化资源的普及,网络知识和经验已经成为师生生活的一部分,通过各种途径获得网络知识,即有关网络技术的知识、网络上各种虚拟知识,成为教学活动的资源的重要组成部分。

推进信息技术在教学过程中的普遍应用,逐步实现教学内容的呈现方式、教师的教学方式和师生互动方式的变革,为学生的学习和发展提供丰富的教育环境。它带给教育是教学手段方法的变革。随现代教育技术的发展和素质教育的逐步推行,建构新的美术教学模式迫在眉睫。网络技术在不断改变教育教学的环境、过程和方法。

2. 网络资源在美术教学中的应用

（1）利用网络拓展美术学习的时空与内容

现代多媒体技术：电影、电视、幻灯、计算机和网络。网络是教学辅助手段，是依靠物质的硬件设备为基础构建的空间系统。网络能依靠数字化技术和光纤传输，创造了新的生存空间。处在网络终端的人可以与网络中心对话，也可以在网友之间对话。网络还是由多种技术综合支持的系统，在这个世界里人可以模拟现实生活中的各种活动，获得超现实的感受。

传统的美术课堂十分封闭：地点是固定的，时间也是固定的。计算机网络可以突破传统媒介的局限，突破时空的限制。通过互联网，学生可以随时进入学习美术的课堂，运用美术去交流和沟通。网络辅助教学，充分调动学生的视觉、听觉，实现了多种感官的有机结合，调动学生学习的积极性和探究欲望。网络信息化资源的介入拓宽了美术教学的内容，使教材不再局限于教科书。网络资源的知识包容量巨大，是学生进行研究性学习获得知识源泉的宝库，弥补了其他媒体传播方式上的不足。师生们可以通过搜索引擎查找到所需要的作品图片及相关背景资料，通过软件进行编辑处理。网络信息资源，特别是图像、影像等使教材更为生动形象，教材中蕴涵的意境、诗情等艺术美充分表现出来。审美因素刺激学生的生理感官，调动审美主体的心理功能活动，产生强烈的美感效应，真正使学生爱学、乐学。

教学中充分利用网络拓展课堂容量，增加有关的动画、图片等素材，创作模拟仿真的教学课件。利用网络资源弥补个人知识面狭窄的不足，有利于实现跨学科领域的教与学。网络美术教学资源永远是开放的，它深刻影响了教师的工作方式。网络有助于促进教师之间、学生之间的交流，激发学生的学习热情。

（2）利用网络搭建美术自主学习平台

改变学生的学习方式，教师应鼓励学生开展自主式学习。网络环境下的美术教学活动，突出了学生学习过程的自主性。在专题学习网站对学习内容的扩展为学习方式的转变提供了更多的选择，学生可对教学内容与教学策略逻辑进行挑选与重组，真正实现了将学习主体地位还给学生的目标。

网络平台支持的课堂教学，对于优化学生学习方式和良好的学习策略、培养学生的创新精神具有重要的作用。电脑绘图软件完成的美术作品，摆脱了对绘画工具的限制。由于电脑作品修改起来极为方便，增加了学生学习美术的兴趣。教学过程中由于网络技术给学生带来的新鲜感、电脑绘图软件所产生的意想不到的偶然效果，能很好地调动学生的学习兴趣，唤起学生投入美术创作的热情。学生在电脑教室中完成的作业具备较好的完成条件，学生能灵活运用网站中的图片来帮助完成作业，学生学习兴趣更浓厚，得到的成就感也更多。

在计算机技术走进美术课堂的当今，计算机因具有快捷而强大的信息搜索能力和处理能力，成为学生自主性学习的最佳的资料搜集和存贮处理工具。

（3）利用网络促进师生关系的民主平等

网络环境下的美术教学，教师的角色和作用发生变化，师生互动的方式实现了全面革新。教学过程是师生间、学生间的多向互动交流，师生间是情感交流和平等关系。在网络中搜集资料时，是师生间、学生间各取所需、交互学习。网络环境中师生关系是民主的，教师是整个学习过程中的重要成员，平等地参与学生的讨论，实现与学生的共同成长。在网络环境下的学习评价，采用各种形式的评议，学生能直观地看到自己作品的不足和闪光之处。

网络技术的恰当应用，为美术教学提供了多样化的教学方式。随着网络技术的不断成熟，网络美术课件和教学的结合会更加完善。教学中只要不断地利用计算机网络教学的优势，发挥其作用，就能优化课堂教学，解决教学重点，有效提高教学效果，激发学生兴趣，更好地推进现代化教育的发展。

3. 信息化美术教育资源的建立

学校的美术教育在现代媒体技术的推动下，方式与手段发生了质的变化。现代多媒体数字信息化教学的重要特点是教学的信息化与集约化，以数位集成的形式传授知识，具有直观性强、传播速度快等优点，避免了教师个体重复性劳动。专题学习网站可以用来存储、传递、加工和处理教学信息，让学生进行自主学习和协作交流。

教育信息化：在教学过程中应用以电脑多媒体和网络通讯为基础的现代化信息技术，表现形态为资源全球化、教学个性化、活动合作化、办公自动化等。网络数字教育对于学校美术教学具有重要的意义。为美术教学提供了无限的虚拟空间、学习空间，使教师走进全球化的大美术教育背景下的大教室。建立全球范围内的美术信息网络与数据库，形成全新的信息化美术教学模式是学校美术教学信息化的实际性策略。

（1）创建美术教育信息库，开设数字图书馆。为学生个体学习提供专业化的信息网络资源。使学员在很短时间内获得最需要的资料。

（2）建立跨校跨国美术教育同盟，实现资源的交流与共享。如教学课题的研究、数字教育信息的交互使用等。有条件学校的师生可以跨校讲课、听课、评课。

（3）提高多媒体教学设施的覆盖率。在师生宿舍、教室及公共教学场合安装网络设施。文化教室要有智能寻址调频广播系统、智能监控教学评估系统、电脑、网络、操作系统教学软件等电子教学设施。电脑设计室应有标准配置的PC机、双向互动DVB-C系统等。

（4）实现教学管理的数字化与办公系统的智能化。教育行政系统日常工作中会产生大量的基本数据，这些数据常需要进行整理、保存等处理。教育管理现代化要建立相对完备和稳定、面向管理的基本数据库。

（5）实现教材的电子集成化。教师的讲义可采用"电子课件＋讲义提纲"的形式，要图文、形色、直观性、知识性、艺术性及操作性的高度统一。以网盘、移动硬盘等形式存储或在互联网上直接发布，空间小、容量大，经济实惠。对于部分课程，可以取消传统教材。但任课教师对此课程的教学大纲、课程目标、课程基本理念、课程设计思路、重点、难点、实施建议等应做出相应的界定与说明，提供阅读书目及相关资料。

（6）普及"移动教育"。移动学习具有移动性、广泛性等特性。移动互联带来"随时、随地、随身"的信息交流手段，实现了真正的信息传达。利用移动互联技术，学习者不可以用手机等小巧、便于携带的移动终端上网，4G技术的发展与应用，可以实现瞬间上网和永远在线，信息处理更加实时高效。

二、美术课程资源与课程开发

（一）全球化背景下的美术课程资源

美术教学的发展与美术课程资源的开发有着紧密的联系。加强美术课程与学生生活经验的联系，尊重本地文化，正视各地经济和教育发展的不平衡等，有助于调动美术教师的积极性。美术课程资源的开发，有利于推进美术教学的发展。在对课程资源的综合理解与认识上，须对课程资源进行合理的开发才能使资源的潜在价值转变为显性价值。

随着教育改革的进一步深化，学校美术教育将摆脱理性范式的束缚，呈现出感性与理性二元化的倾向。这决定了美术课程资源的开发与利用应从广度和深度入手。

经济优势区的特点是综合课程资源丰富，课程资源的特点是城市化、现代化；它可以使课程教学呈现出开放、包容与拓展的面貌，给予学生和教师更开阔的创作空间。在当前社会中，经济优势可以给传统的美术课程资源以保护、发展的财力支持。

开发与利用美术课程资源,应深入寻求美术教学活动与人文活动、地区文化认同与多样文化等两类与两类以上事物之间的关联点,开发出具有丰富性、回归性与严密性特征的美术课程资源。对以传统为优势特点的美术课程资源的开发与利用使课程资源的深度得以挖掘。以传统为优势特点的美术课程资源其特色体现为民间性、生态化,涉及我国民众的文化形态、社会形态和生活形态的深层内涵。

经济全球化已成为必然的趋势,这是否意味着文化也要出现"文化全球化",当出现国际风格一统天下的单一文化格局时,文化生态的破坏,使人类将无法找寻回自己的精神家园了。从积极意义上说,"文化全球化"是多元文化的共生共存,维护世界的文化生态的平衡,促进各种文化的共同发展。世界各国发为适应经济、文化和科技的发展,纷纷进行基础课程改革,教育改革有着共同的发展趋势,目的都是为了培养适应21世纪经济、科技和文化等素质的人才。

在当前形势下的美术课程资源的开发负有在全球范围的大背景下继承和弘扬文化的使命,使学生能够学习各种类型的文化内容及地方文化的技能等。

社会形态和社会结构的多元化,形成了文化的差异性。美术课程资源转化为美术课程时,应以课程资源为背景,传统文化等将会因为各地的差异成为学习的内容。

美术课程资源的开发是美术课程开始的前提,但不能把二者当成一个概念,必须脱离狭隘的地方主义,在不同的文化背景中体现美术资源的价值与魅力;我国各地的美术课程的开发在课程资源的基础上要放在国家现代化的背景下进行,面向世界、面向未来,谋求在世界多元文化发展的格局中获得新生。

(二)以经济优势为特点的美术课程资源例要

倡导终身学习的21世纪,人们对获得学习机会的需求日益迫切,正规教育机构与非正规教育机构间的界限越来越模糊。我国《美术课程标准》:"广泛利用校外的各种课程资源:美术馆、公共博物馆及私人博物馆、艺术家工作室等。尽可能运用自然环境资源及校园和社会生活中的资源进行美术教学。"随文化事业的蓬勃发展,我国各地建立了众多的美术馆、青少年宫等公共设施及各种私人博物馆。文化设施中拥有大量的美术名作、美术文献资料等多种艺术活动。现代化的管理与技术手段是经济相对发达地区的优势,美术课程资源表现为美术馆、图书馆、艺术家工作室与艺术作坊及现代媒体等。对美术资源的创造性和经常性的利用是确保学生深入学习艺术的重要因素。这种类型的美术课程资源,通常以直观、系统以及生动有趣的艺术特色，让学生感受真善美的真谛，获得自然科学等方面的知识，启迪学生的智慧与创造力。

1. 美术馆

美术馆是以美术作品为主体，是美术作品接受和传播的重要媒介。以收藏、展览、研究各种形式的艺术品为内容的美术馆扮演着展示优秀艺术、提高公众艺术素养的教育者的角色，新型的美术馆理应成为地方美术资源开发的重要目标。

学生可以在各类展览和美术馆活动中获得审美体验与教育，从作品本身了解美术与美术史知识。在馆校合作美术教育的课堂中能传递的有效信息是美术教师在课堂上望尘莫及的。在美术馆教育人员合作参与的美术教育活动中，学生能够获得与普通美术课堂不同的学习体验，收获更立体、更全面的艺术体验。

美术馆课程资源的开发与美术课程的结合充分地实现美术教育的全民、审美的要求。美术馆可谓校外美术教育的重要阵地，它应以美术为教育内容，把校外美术教育列入日常工作计划。以学生为本位，以学校和美术馆为主体，以非正规的教育形式，进行内容丰富、展示艺术真实面貌的美术教育。

2. 博物馆

美术课程资源的开发中，博物馆资源是重中之重。博物馆是指收集、研究、陈列有关革命、文化、自然科学等方面的文物的文物机构。

历史上博物馆产生之初是皇家、贵族、知识精英专享的藏宝库，关注博物馆的收藏、保存和研究功能。所以传统的博物馆学关注的是"物"和"过去"。现代意义上的博物馆学，应该被放置在更大的场域中，这个场域可以是整个人类文明历史。

早期的美术多是附丽于其他社会产品，在其他的社会产品中包含着丰富的艺术元素，反映了当时社会的经济、文化等特征。如果说美术馆是从美术的本体体现美术的功能，博物馆是从社会总体中体现了美术的功能，"互文性"解读可以使美术的社会与审美的本质得到更深刻的体现。博物馆的美术课程资源是经过整理的美术课程资源，是实施校外美术教育不足的重要资源。

博物馆须成为传播知识、交流思想的积极参与者。博物馆的休闲娱乐功能和博物馆传播交流功能密切相关，是博物馆教育功能实现的重要手段，无论是休闲娱乐功能，还是传播交流功能，都和博物馆的教育功能息息相关。

国外学校美术教育运用博物馆资源由来已久，早期博物馆事业发展，艺术博物馆的建立是与美术学校同步的。与西方发达国家相比，我国学校美术教育利用博物馆资源的方式还处于初期探索阶段。新型艺术博物馆是在新博物馆学理论背景下，以包括纯艺术、工业艺术、民俗艺术、电影、戏剧等形式为收藏、研究、教育对象的各种社会文化艺术机构，机构与公众间以及其他社会机构间、整个社会间有着稳定的关系。艺术博物馆作为美术课程资源，怎样发挥博物馆教育资源的不可替代的优势，是教育工作者和博物馆业关注的问题。

3. 图书馆

图书馆是指收集、整理、收藏图书资料供人阅览参考的机构。新的美术课程改革注重学生自学与合作学习，都需要丰富的美术教育资源作为参考。美术理论书、美术作品集、美术教育杂志等资源是对教科书的重要补充。

为更好地发挥图书馆资源优势，图书馆机构可以增强学生对图书馆的了解与运用，提高学生的图书馆利用能力：通过组织形式，开展各种各样的活动，建立公众、图书馆之间的良好互动关系。

在信息化时代，图书馆可充分利用现代科技手段创新服务方式，使学生能更多地通过互联网获得数字资源。新兴的艺术图书馆，是集专业图书馆、院校图书馆和公共图书馆的职能于一身的机构。新类型的艺术图书馆顺应时代的要求，以网络为基础，以资源共享为目标，成为美术课程资源开发的新锐力量。

4. 艺术家工作室与艺术作坊

艺术家工作室是艺术品产生的起点，创作过程是艺术学习的重要部分，对艺术家创作的心理阐释是不可或缺的重要环节。通过对艺术家工作室的观摩学习，能够让学生们从内心更直接地感受艺术的魅力。

传统艺术作坊中，学生可以从制作过程中，更直观地体会到传统技艺的传承。传统艺术作坊以展示民间艺术的精湛技艺为资源特点，可与学校共建教学基地，让学生了解本地艺术，传承地方优秀文化艺术资源。在艺术作坊的观摩过程中，学生可以听取教师和民间艺人的讲解，记取各道工序的名称和操作手法。学校可以安排民间艺人向学生们介绍传统民间艺术的历史，帮助学生在得到的感性认识上升为对传统民间艺术的理性认识。

5. 现代媒体

现代媒体：电影、电视、幻灯、计算机和网络。现代媒体技术已运用于学校教学，但地域性差异巨大，校外多媒体的丰富程度是学校教育资源无可比拟的。学生需要在教师的指导下合理开发校外媒体的美术课程资源，要使学生学会在纷繁的资源中甄别良莠。电脑美术的学习，可以开展设计与动画的教学活动，弥补学校教育中美术教学时空资源不足。

现代媒体是信息化资源为教师与学生以集体或个人的方式与外界交流提供了

最充分的平台。教师可引导学生制作个人美术网页或班级、学校美术网页进行作品交流；利用网络资源，引导学生访问当地的文化机构、博物馆及国内外著名的美术馆等，欣赏美术作品。教师也可通过网络与国内外专家、同行进行交流，了解美术教育新动态，达到不断开发与时代相适应的教学内容与方法、实施优质教学的目的。

（三）以传统优势为特点的美术课程资源例要

以传统优势为特点的美术课程资源集中在民间艺术的内容里。开发在理论意义：了解文化存在的现象；了解民间生活整体的过程。我国是个多民族的国家，发源于史前人类文化的民间艺术保留了很多原始艺术的本原意义。可以说民间艺术是民族艺术文化的重要组成部分，是构成我们整个民族文化的基石。越来越多的学者从民间艺术中探寻原始文化或传统文化艺术的内涵与宗旨，民间艺术成为民俗学、人类学、社会学乃至历史、哲学等多种学科关注的对象。通过简单朴实却内涵丰富的作品，透过这些单纯的艺术形式，可以洞悉到祖先关于天地、宇宙和生命的思索；创作顺应着时代的审美需求，反映出劳动群众的审美意识和智慧，一代一代地传承下来。

以传统美术课程资源为教学的手段对学生的教化就不仅是审美教育，对人类思想从感性到理性认识的教育。对民间艺术资源的开发，是对美术课程资源的深入挖掘。

民间艺术不仅在艺术形式上具有审美价值功能，并同时作用于人们的精神世界。在做民间艺术的分类时，除民间绘画类具有精神性的文化价值的作品值得研究外，其他如工具、游艺品之类的具有实用功能的生产都是民间艺术研究的内容。将民间艺术资源转化为美术课程资源，在品类繁多的民间艺术资源中选择可分别用于鉴赏的、理解的、讨论的课题用于教学。

1. 精神审美品类的美术课程资源

民间艺术对某些形象或事物的表现，蕴含着一定的寓意，浓缩着民族或一个理念信仰的基本态度。民间艺术包含着超艺术的精神内容和社会功能，这种精神内容和社会功能与形式美感和审美要求间的内在互动，形成民众心理上的激励。

（1）祭祀供奉类

在中国民间祭祀活动中，民间民众的造神与敬神观有较强的随意性，它不同于严格的宗教信仰。内容既有自然神灵、神话传说中的形象，也有巫术与英雄人物崇拜。这些形态各异的祭祀供奉用品，展示了中国民间俗信的发展与演变。民间的祭祀从祭祀的名目上一般包括：祭祀道、儒、佛诸神；民间俗神的祭祀——

门神、土地、关公、福禄寿三星等；行业祖师神，这是人们开始认识到人类自身力量的表现。民间艺术化造神有三种形式——民间塑作神像；以绘画形式出现的神像；以民间版画神马出现的神像。

民间祭祀供奉用品主要有民俗纸扎与面塑礼花。纸扎融剪纸、雕塑、折叠等多种手法为一体，创造了综合的造型艺术；面塑礼花以北方地区居多，工艺有和面、捏塑、点染描绘、组合等工艺，造型手法、艺术风格上具有鲜明的地方特色。供奉的用具在祭祀礼仪中有重要地位，包括了家祭用品用具及祭祀仪仗用具等种类，物件从形式到内容有着严格的规范，从其文化与造型的理解上，有特殊的意味。各类供奉用品与用具的意义是出于满足供奉者的功利性的心理需求，是民众精神信仰的形象体现。

（2）装饰美化类

1）木版年画

民间绘画以木版年画为主，作为大众化的艺术形式，民间年画是植根于广大农村的，寄托情感和理想的方式和媒介。由于农民占人口绝大多数，民间年画的欣赏群体之广，是其他任何艺术形式所不能比拟的。年画具有艺术的审美功能，还具有文化功能。

2）民间剪纸

民间剪纸是以纸张为材料，通过剪刻等方法形成镂空的效果塑造形象。剪纸因材料的低廉，工艺的简便，成为民间美术中最为普及的艺术品种之一。

从民俗事象及存在形式和功用看，分为节日风俗剪纸，有窗花、顶棚花等；婚丧寿诞类，有喜花、供花等；服饰、什物上的装饰，有鞋花、围涎花、枕头花等。由于历代民间艺人不断地创新，民间剪纸形成了多种表现形式，有单色剪纸、拼色剪纸、熏样剪纸等，最为常见的是单色剪纸和点彩剪纸。民间剪纸由于历史文化、风俗习惯的不同及不同的民族等的影响，形成了不同的艺术特色。

3）娱玩教化类

娱玩教化类的民艺作品其显著特征是娱乐功能与审美目的的有机结合及娱教活动的完整统一。艺术形式是民间戏曲中的道具——舞台形式内的各种面具、木偶及民间玩具等。当各种面具、木偶、皮影与戏曲歌舞等表演结合起来进行游戏表演时，文化内涵和审美意蕴才能更好地表现出来，起到了对人们的教化作用。

（3）民间玩具类

民间玩具是民间文化传播的重要的物化形式，体现了民间文化的传承与传播的方式，传播也是审美形态的娱乐教化过程。制造玩具的过程，是人们展现聪明才智、感受快乐的过程。玩具在儿童游玩同时，起到了开发智力的作用；对玩具的欣赏是审美体验和审美教育。

中国民间玩具品类丰富，分类标准很难制定，可以将民间玩具分为各种不同的类别，从民俗、功能等方面进行分类。按民俗活动的性质进行分类，民间玩具分为礼仪、节令、祈攘、戏耍；按制作形式，分为塑作、缝缀、裱扎等；按功能可分为娱乐、益智、审美；按所用材质分为泥、布、纸、石、羽毛、陶瓷等多种类型。

民间玩具采用廉价而又平常的材料制作而成，表现出天然的素朴之美，富有鲜明的地域特色；民间玩具的色彩鲜艳，充满着勃勃生机，寄托了劳动人民质朴的、健康的美好感情。民间玩具具有的乡土文化的个性，是我们应珍视并作为资源开发的重点。

（4）游艺竞技类

游艺竞技是民间群众喜闻乐见的文化娱乐活动。游戏是人类天性中的本能活动，游艺竞技活动则融入了音乐、戏曲、杂技说唱等多种形式，是民众在游戏中，有意识的地计划和从事游戏活动，将自己的主观精神和价值取向融入其中。

1）灯彩杂耍

①花灯

灯彩是供观赏或装饰的节俗灯具艺术，是民间游艺的重要内容之一。民间传统灯彩、赏灯的习俗在其他节日或其他民俗活动中也时常出现。不同地区的花灯在材质、造型、装饰以及民俗内容上表现出各自的特色，融入了其他民俗文化的内涵。

②秧歌

秧歌是集音乐、舞蹈、歌唱及造型艺术于一体的艺术形式，是民间游艺中的重要形式。秧歌表演组织规范、秩序井然，在角色及造型动态上均有着变化与个性特征。

2）竞技杂艺

竞技杂艺是指艺术性较强的体育竞技和游戏等。端午节龙舟竞渡是我国民间重要的游艺活动，流行于我国长江中下游以及西南地区的汉、布依等民族中，活动有祈求风调雨顺、五谷丰登的民俗涵义。清明节前后，放风筝成为传统习俗。风筝是集合了技艺、健身及其他民俗文化内涵的游艺形式，在形制、扎制工艺等方面都极其丰富，各地区有不同的风格。

其他杂艺类的游艺竞技品类繁杂，有不同的游戏规则，又结合了不同的习俗。它们有的已然失传，有的还偶见流传。游艺与人类社会的政治、经济、文化、生产生活紧密相连，是人类以游戏的方式实现自身价值的表现方式。

2. 生活实用品类的美术课程资源

作为生活实用品类的民间艺术，比起纯艺术，民间艺术是融入生活的，更能感触与体验华夏民族生动的脉搏的。生活实用范围类的民间艺术，或许本身没有雕刻彩绘，但却有敦厚、朴实的质感，能为人类提供便捷的服务。

（1）穿戴服饰类

中国民间的穿戴服饰文化经过几千年的积淀，形成比较稳定的结构、功能。但中国是多民族的国家，各民族的穿戴服饰有着形态各异的区别。民间服饰的发展中包含了农耕文明的传统、自然环境、历史变迁及审美情趣等都影响到服饰装饰的变化，细化到年龄、地位、功能、质地、结构等的不同会使服饰风格样式呈现姿态万千的风貌。

1）民间刺绣

刺绣是在织好的绸缎、布帛上用绣花针及不同的针法进行刺缀，形成不同的图案、花纹。古称"针黹"或"女红"。刺绣是流传区域最广泛、应用最普遍的品种。民间刺绣的针法十分丰富，根据刺绣丝线组织结构，有锁绣、挑绣、连物绣等几十种类型；根据地域特色，最具典范的是四大名绣：苏绣、湘绣、粤绣、蜀绣，它们高超的制作工艺和艺术创作手法，对刺绣产生了很大的影响。

2）民间印染

①扎染

扎染是我国最早使用防染技术进行染色的工艺之一。用线在织物上按照规律进行扎接、串缝，或是用小型颗粒状粮食作物作为垫衬物包入后，染色时颜色不能正常渗入扎结部分，解开就会形成各种圆圈形或豆形花纹，形成多种颜色。

②蜡染

蜡染是以蜡为防染剂，蜡染工艺主要流传于我国西南少数民族居住地区，蜡染分单色染和套色染，单色染是先洗布，绘制纹样，最后脱蜡；套色蜡染是多套色重复加工。蜡染的图案纹样主要有动物和几何纹样等。

③蓝印花布

蓝印花布通常在汉族地区流行，分布在长江流域中下游与黄河中下游地区。蓝印花布所用染料为植物"靛蓝"，成为不溶性色质，经反复漂洗而不褪色。蓝印花布可加工用作被面、门帘、妇女儿童衣服等。

（2）宅居陈设类

1）民居建筑及典型建筑样式

我国的民居建筑主要包括：黄河上游西北地区最为辽阔，有陕甘宁黄土高原的窑洞及甘南藏族民居、新疆维吾尔民居等。华北地区气候温和，四季分明，民居主要以四合院为主，分布最广；蒙古族的毡包。东北地区气候寒冷，民居样式以院落宽阔、室内低矮的四合院为主。华东地区民居样式完善成熟，山东以四合院为主，江浙为水乡民居，福建、江西的土楼围屋特色鲜明。华中地区两湖及陕南、豫南民居多为对称式或长方形的布局。华南地区及闽南、台湾地区有受中原地区四合院影响并融合了江南样式的住宅。西南地区地理环境差异较大，民居形式也较丰富，保留了干阑式住宅，也有四川平原的四合院、藏族雕房帐房、大理的白族民居、纳西族民居等。

民间宅居还有大量公共建筑形式，构成了完整的民间村落生活空间，如庙堂会馆等，许多建筑样式与居宅相同，功能不同在布局构造上也各有增减。

2）室内陈设

室内起居的形制、样式、布局、陈设与居民空间是互补的协调关系，构成了起居文化的物质形式。这类用具种类很多，不同的民族有不同特色的起居陈设物品，最能体现中国传统室内陈设文化。家具的种类依据功能用途和样式：椅凳类、几案类、台架类等，各自包含了不同的品种样式。

（3）生产劳作类

劳动创造了人，人类社会发展进步的历史。人们通过生产劳动不断地改造，协调好人与自然的关系。有意识地使用工具是人与动物的区别，推动着社会的进步，创造了人类文明。将生产劳作工具作为美术资源具有现实意义，因为工具记录了人类生产生活的进程，还包含着人们的人文精神、民俗风情、造物思想及以审美为主的造型艺术特征等；有助于培养学生审美情趣：勤劳的工作和实在的美密不可分；在生产工具中所蕴含的实用性与审美原则始终是融合的，设计思想、造型美感都体现出设计艺术的思想。

中国是农业大国，农业生产占有很重要的地位，农业工具用法各异，主要有耕种、加工、灌溉、储存等几大类。工具因为地域有别，名称不一，但有一个共同点，它们都与当地的土地资源及地理环境有关。我国还有很多以湖海为生的渔民和以畜牧为生的牧民，以渔牧为特征的生活用品也丰富多彩。民间的肩挑、手拎等工具，如扁担、箩筐、提篮等，功能合理，工艺繁杂。手工业的社会分工十分细致，有木工、纺织、编织、扎制、印染等，各个行当的工具种类繁多。

（4）生活起居类

1）餐饮厨炊用具

民以食为天，食具是人们日常生活最重要的部分，承载着人类的饮食文化、饮食习俗的内涵。选材、造型以及工艺制作的差异也使器具种类样式繁多。民间饮食器具使用方便、设计精巧，具有较强的艺术性。

2）日常生活起居用品

日常生活起居用品，是民众日常生活中必备的物品。物品常以小件为主，是平常百姓日常所需的简单物品，在民艺品类中占有很大的比例。如灯、烛，床上用具枕头、蚊帐，家庭陈设帽筒，夏天用的扇子和等。极具亲和性的用具为人们的生活提供了便利。

（四）现当代美术课程资源融入美术课程设置

1. 在美术学专业开设现当代美术课程

现当代美术课程是美术史的延续，又是自成体系的专业领域。符合条件学校可以开设《现当代关术思潮》等选修课程，涵盖新中国十七年美术、文革美术、新古典主义风格、实验水墨艺术、政治波普与玩世主义，及艺术群落、艺术展览等美术现象。内容的编排应遵循合理性、可行性的基本原则。由于现当代美术具有复杂性，对现当代美术教学资源的选择则要符合美术教育的发展要求，选择现当代美术中有助于学生健康全面发展的内容，制定切实可行的教学方案。

2. 在史论课程中融入现当代美术教学内容

由于受到课时、师资等诸多主客观因素的影响，大部分学校的美术学课程不具备开设现当代美术课程的条件。可以通过《中国美术史》《美术鉴赏与批评》等美术史论课程的教学融入现当代美术教学内容。可以在《中国美术史》课程中适当调整教学内容，增加现当代美术的章节。《美术概论》《美术鉴赏与批评》课程教学中可以选用现当代美术作品，也是现当代美术课程资源开发利用的有效途径之一

三、师范美术教师教育课程改革

（一）课程建构的指导思想与课程内容

师范美术教师教育是由许多要素构成的，构成师范美术教师教育过程的基本要素：教育者、受教育者、课程指导思想等，课程指导思想是构成师范美术教师教育过程的必要。若缺少课程指导思想，即使培养目标再明确、教育者的素质再高、教育手段再先进，整个师范美术教师教育过程也无法运转。高等师范美术课

程指导思想受社会的政治经济制度的影响和科学技术发展水平的影响，培养目标对于指导思想是最直接的影响。师范美术教师教育的培养目标是合格的基础美术教师，师范美术教师教育学科课程指导思想须为培养目标服务。

1. 课程指导思想的更新

依据教师职业定向性和实践性特征，师范美术学科课程指导思想应重视学科专业、教育专业。这是现代教师培养的两大支柱性课程，这两类课程是基础美术教师应该掌握的知识和将来如何运用这些知识提高国民素质，即教育教学知识和能力。无论如何更新课程指导思想，我们都不能忽视这两点的基础性与根本性，都必须关照所授美术学科专业以及教育专业的关系，且须始终注意保持它们间的合理与平衡。在因循习惯的师范美术学科课程实施中，理论修养层次偏低；教育知识、教学能力薄弱，与培养中小学美术教师要求有偏离。重视师范美术学科的课程开发，要给课程以较大的弹性、活性特征。

师范美术学科教育由于受美术专业教育课程结构模式的影响，不利于提高学生的教育专业素质。面对新的技术革命挑战对人才素质的高要求，注重培养基础美术教师的专业技能与教育能力的培养，注重课程结构的科学性与前瞻性。

以培养 21 世纪合格的美术教育实践者研究人才为宗旨，满足学生可持续性发展的需要，为社会主义现代化建设服务，是师范美术教育课程设置的依据。编制师范美术课程时，要考虑到如何顺应时代发展理解教育目的和性质。课程目标上，要求从知识与技能、情感态度等方面设置具体的课程。课程内容上，注重整合科技和社会发展的关系，适应社会的发展要求。

当今的信息时代，"通才"教育更适合师范美术学生，基础美术教师须成为学术型的，既掌握美术知识与多方面技能，又掌握教育知识的教育工作者。师范美术学科的课程要加强与相邻学科之间的联系。课程结构要形成更新型，使课程结构具有均衡性、综合性和选择性。课程指导思想须立足时代看问题，最新的知识内容不断地补充进来，接受人类最新最高成果，加强课程与信息社会发展的关系。

师范美术学科课程的实质在于教学的内容要面向整个社会的现代化，提供给受育者以最优化结构的教育内容，成为具有现代化素质的基础美术教育师资。师范美术学科课程是持续不断的变革创新过程，它是一个动态的系统，是外在要求不断内化为自身先进性的过程。

课程设置与课程实施关系重大，方案确定会涉及教学指导思想和教学方式的问题。从课程实践中强调共同发展的互动关系，处理好基础知识与能力培养的关系。注重学生的独立性,引导学生质疑、调查、探究。教师应尊重学生的人格,满足不同需要,创设能引导学生主动参与的教育环境,培养学生掌握和运用知识的态度和能力。在学科更新的精神指导下,强调课程指导思想要注意以学生的发展为本的课程指导思想、民主化的课程指导思想,使课程的师生互动关系空间增大。

发挥教师和学生在课程中有效的互动作用,让他们从传统的状态下解放出来。把教学看成是"沟通"与"合作"的活动,没有沟通就不可能有教学。只有在这个过程中,教学的"文本"和教学的思想才得以产生,学生作用才有可能体现出来。知识经济时代,教学的规范转型要促进可持续发展。以"人"为中心的教育指导思想中,学科的目标、学科的精神证明着对"人"的发展性认识。

新技术革命使知识基础发生了根本的变化,像一次性教育等已被以培养能力为主旨的新的教育思想取代。这些教育思想带动的课程变革是课程内容要跟上时代步伐。师范美术教育学课程向综合化方向发展,是科学技术发展高度综合的影响。

重视课程方向的人文性。人文化现象是寻求精神文明与物质文明相互协调的课程指导思想。课程设置不可忽视精神文明在课程改革方向和宗旨上的地位。无论对资本主义社会还是对社会主义社会,应当遵循的基本原则。课程人文性存在将社会的直接的应用性要求与人格和谐的全面发展结合起来。以人为本,尊重学生的个性等,现在学校中正在实行的学生主体教育。以主体教育思想为指导健全人格教育,通过提高人文素质来提高教育的质量。

理论与实践相结合,是我国学校课程和教学所共同遵循的原则。教育工作是实践性极强的事业,要求从事这项事业的人具有很高的理论水平,善于把理论运用于实际。师范美术学校只有坚持理论与实践相结合,才能够培养出真正合格的未来教育工作者。

加强教育实习、实践的设计与组织,使学生熟悉中小学美术教育,在教育实践中去提高教育教学能力。理论知识是经过了无数次实践检验后确立的具有理性的认识,对人类的行动有相当可靠的指导作用。但理论知识对师范学生来说,还只是间接经验。在新的历史条件下,即使是经过多次实践检验的真理,也有可能失去其固有的价值,理论知识运用于实际,需要在实践中去学习、去掌握才能得到。仅仅懂得美术和几条教学原则是不够的,重要的是走进课堂,和学生在一起。

在今后的师范课程改革中,应注意运用教育科研的现有成果,使学生所掌握的理论知识扎根在牢固的实践基础之上。课程指导思想是教育指导思想的认识，作为教育者必须与时俱进，，对师范美术教育来讲，只有如此才能培养出合格的基础美术教育师资。

2. **课程内容**

课程理念指的是各种教育实践的总纲，教学内容是指学校传授的知识和技能，培养的习惯和行为等。课程理念是通过教学内容来实现的。师范美术学科教育课程内容要比师范美术学科课程理念更具体，它规定所教内容的排列顺序等，师范美术学科课程理念是指导性的。从联系来看，二者又是密不可分的。师范美术学科课程理念是选择师范美术学科教育课程的依据，课程理念不同，课程的安排也就不同。课程是课程理念的具体化，反映着课程理念的要求，课程理念是通过课程反映和落实的，没有课程来实施、落实课程理念，课程理念就是一纸空文。

师范美术学科课程指导思想是实现培养目标的重要保证。在培养目标确定以后，为实现培养目标，最重要是根据培养目标选定课程理念。师范美术教育的培养目标是德、智、体、美全面发展的合格的教师。要实现培养目标，必依据社会对基础美术教育的教师的要求科学地确定课程理念。师范美术培养中小学美术师资是它的主要任务，须突出课程设置的师范性特点。

掌握正确的师范美术学科课程理念的意义是重要的。关系到能否正确全面贯彻党的教育方针；是否真正体现师范美术学科教育的"师范特点"的重要问题。课程理念是选择教育方法、途径、形式的基本依据

3. **课程指导思想与教育途径**

关于课程体系的建构中课程指导思想与教育手段、教育途径等之间的关系，是内容和形式的关系。课程指导思想决定着教育手段、方法、途径和方式。确定指导思想后，就要以此来选择教育手段、途径、方法和形式。

师范美术教师教育能否全面贯彻党的教育方针，关键在课程指导思想，在研究课程指导思想时，要以党的教育方针为指南。为实现师范美术教师教育的培养目标。师范美术教师教育课程指导思想是实现培养目标的主要手段。为突出师范美术教师教育的特点。师范美术教师教育课程指导思想要强调体现师范性。

（二）节师范美术教师教育课程建设的理论依据及关系

1. **设置课程的理论依据**

师范美术教师教育课程是相对独立的美术教育体系，也是复杂的宏大的系统工程。师范美术教师教育课程设置是师范美术教师教育培养目标的具体化，体现

对未来基础美术教师的规格要求。

（1）师范美术教师教育的课程结构

21世纪新的社会条件下面对新的技术革命挑战，师范美术教师教育课程结构的重要方面是注重教育理论与实践的要求相适应，注重课程的开发与前瞻性。

师范美术教师教育课程的内容上，要突破原有的课程结构。师范美术教师教育由于受美术专业教育课程结构模式的影响，不利于提高学生的专业素质。师范美术教师教育课程结构应注重教育理论、学科教学法和教学实践的完整结合。

为扩展学生知识视野，教育理论课要充实教育的新观念，专业课要从通才考虑，教育实践课要有足够的时间量。要把课程的科学性和适应性有机结合起来。学生的最基本知识将为他们打好独立学习的坚实基础。

要面向基础美术教育。师范美术教师教育的任务是为中小学培养符合要求的美术教师。高等师范美术课程须强调与中小学美术教育教学的联系，要增加教育理论与实践课程的比重。针对师范美术教师教育要重视教育理论和教育实践的重要性，合理安排实习、实践的时间，研究中小学美术教育实际，在教育实践中去提高教育能力。

（2）课程与师范美术教师教育的培养目标

课程是正规的课堂教学内容，还应包括学生课外学习的内容。课程不能只着眼于书本知识，应当对学生的实践活动作出明确安排。课程顺序应在逻辑和时间上与教育过程具有对应关系。要求课程符合知识系统的逻辑，要符合学生认识和身心发展的逻辑。课程要提高整体的综合化水平。课程应提出明确的教育阶段和类型一致的教育目标体系，使教育目标具体化。

师范美术教师教育课程是师范美术教师教育专业课堂教学及学生自学活动的内容纲要。每个学科的课程设置，都是依据培养之对象而建构的，课程体系是在长期的教育实践中不断完善不断修正建立起来的。经过不断实践形成的课程体系，仍处于动态的事物现象，当今迅速发展的社会促使了不同学科课程改革的步伐，改革是必然的。针对我国高师美术专业，存在的主要问题是课程设置问题，我国高师美术专业课程设置存在严重问题，使教育培养目标偏差。近几年我国师范美术教师教育界不少人下工夫改革课程，但效果不明显，原因突出的是针对师范美术教师教育的理论研究滞后的问题。

2. 设置课程的重要社会关系

（1）师范美术教师教育课程与政治

师范美术教师教育课程体系制定首先考虑到的是面向社会发展，在我国是要面向社会主义的现代化、面向未来的宏伟思路。师范美术教师教育要为特定社会培养人才的，表现了它受社会政治的依附性与制约性。政治意识、思想意识、发展模式等对师范美术教师教育的影响是必然的。为了使师范美术教师教育更加符合政治利益的需要，社会的政治会相应地在美术教育的培养目标、办学规模、发展速度及其中的微观方面的问题上进行影响。师范美术教师教育若背离了政治的需要与要求，会受到政治的强有力的干预。政治对师范美术教师教育的发展体现出的是强有力的作用。当政治需要的时候，需要为其培养相应的符合自身利益需要的社会公民，师范美术教师教育课程会伴随着政治的不同需要而发生着新的变革。

师范美术教师教育的指向是以美术文化提高国民素质为首务的。课程内容须处在美术文化发展的前沿上，陈旧落后的知识内容在不断地被删除，那些专门化了的知识领域的最新成果，要直接地反映到课程内容中来。

政治制度和国家的方针、法令等制约着美术教师教育课程的设置。在任何政治制度之下，教育都要服从政治需要，执行国家政权所制定的方针、政策和法令。我国的学校教育须坚持社会主义方向。指导思想对包括师范美术教师教育在内的各级各类教育都有约束力。

国家制定的教育方针和政策，对师范美术教师教育专业和课程编制与实施进行强有力的干预。正是因为国家制定的方针和政策对学校课程有强大的影响力，所以，正确的政策能够使教育工作因得到持久的支持而蓬勃发展。

师范美术教师教育课程的编制和实施过程中不能出现与我国宪法相抵触的内容。将来还可能制定一系列新的教育法令和法规。

（2）美术文化传承及其发展与师范美术教师教育课程的设置

师范美术教师教育要传承美术文化、发展美术文化，也担当着利用美术文化进行精神文明建设的任务。由于民族有其特殊的文化发展历程，具有独特的文化形态、价值体系和政治经济制度等，每个民族都有独特的文化传统。每个民族又是大家庭中的一员，要同其他民族发生文化交流，吸收其他民族文化的有益成分。到了近现代，交流便越频繁。学校美术教育学习和借鉴其他民族的文明成果，也是非常重要的功能。现代学校课程在保持民族特点的同时，日益突出了国际化和多样化。教师承担着继承和发展社会文化传统的历史使命，教师被看作既是民族文化的代表，又是社会进步的先锋，要求设置的师范美术教师教育课程既有鲜明的民族特色，又要"面向世界，面向未来"。

3. 培养目标与课程

（1）职业道德的培养

对教育工作的价值判断，对我国教育的性质、任务的认识和态度，为教育事业献身的愿望，都是德育的重要目标。决定了师范美术教师教育专业的德育课程要突出高等师范美术性特点，把坚定的政治方向具体落实到热爱人民的教育事业、热爱学生上。

（2）职业定向的智育培养

智育指知识的传授和智力的培养。根据高等师范美术生应具有的知识结构，必须处理好专与博、基础与提高等关系。未来教师须精通美术中专门领域的学科内容，才能够承担教学任务。广博的文化科学知识，是掌握专门知识的基础。教师要教育学生，要随时随地解决与专门学科领域有关的问题，没有广博的普通科学文化修养，很难胜任教育工作。

智力的发展与知识的掌握有着密切的联系。但现代教育学和心理学的研究表明，智力要采取特别的措施加以训练和培养。

（3）职业定向能力的培养

以往的教育方式重在知识的传授，对能力的训练重视不够。学生不善于独立思考，高分低能的现象仍很严重。改变现状关键是从培养新型教师入手，抓好对未来教师的能力训练。合格的教师，要有扎实深厚的知识基础和高尚的职业道德，还要有从事教育和教学工作的实际能力。要考虑以下能力因素的培养：自学和独立思考、创造性解决问题的科研能力；选择和合理运用各种教学方法和手段的能力；设计和组织课堂和课外学习活动的能力；管理班级和学校，担任班主任和学校领导的能力等。

（三）师范美术教师教育课程的定位

1. 课程理论问题

师范美术教师教育课程是师范美术教师教育的核心，课程：课程观念、课程内容、课程形式、课程管理等方面内容。美术教师教育课程要适应社会对基础美术教育的客观需要，师范美术教师教育课程是与发展的动态历史统一的。

师范美术教师教育课程的实质在于教学的内容要面向整个社会的现代化，提供给受育者以最优化结构的教育内容，成为具有现代化素质的基础美术教育师资。师范美术教师教育课程是持续不断的变革创新过程。师范美术教师教育课程是动态开放的系统。我国的师范美术教师课程理论薄弱，急需进一步改革和完善，对课程问题的研究不可能脱离社会，它应以现代化理论作为其重要的理论依据。但师范美术教师教育课程有其特殊性，我们应充分考虑它的特殊性。定向的美术教师职业的培养目标。

师范美术教师教育课程观念：师范美术教师教育课程联系社会文化的多个层面——课程管理，课程对社会和人的发展的意义。明确的课程观念指向明确的价值取向，师范美术教师教育课程要在多元社会形势下担负起价值整合使命。

师范美术教师教育课程的系统应在保持相对稳定的同时，与知识、社会保持多向交流与沟通。这样才能培养出适应基础美术教育发展要求的未来教师。课程不仅指有计划的、正规的显性课程，应包括学校通过教育环境有意或无意地传递给学生的教育。

2. 课程定位应强调的关系

（1）应注意强调师生互动关系

课程设置与课程实施关系重大，课程和教学是相互作用整合的整体。应强调共同发展的互动关系，处理好基础知识与能力培养的关系。注重学生的独立性和自主性，使学习成为在教师指导下主动的过程。教师应尊重学生的人格，满足不同需要，创设能引导学生主动参与的教育环境，培养学生掌握和运用知识的态度和能力。在学科开放的精神指导下，强调课程观念要注意以学生的发展为本的课程观、民主化的课程观，使课程的师生互动关系空间增大。

美术教师的职业技能与知识水平体现在教学的有效性，及能否在教学的过程中把握相互的关系。能教书和会教书是教师职业技能的直接体现和最佳反映。教育价值是不变的，教育的方式却是不断改变的，改变才能适应发展着的时代。时代需要教师去改变自身，具备新的观念。

课程须考虑学生自主思维方面的培养，在传授知识的过程中更多一些双边活动的体验。尊重个体的独立性和差异性，认识和建立新型的师生关系。今天的高等师范美术学生具备着很多前卫的可贵的素质，敢于批判，善于超越等，很多是老师望尘莫及的。应给学生更多的选择性和能动性，把学生从"死记硬背"的陈旧的学习方式里解放出来，快乐地、有个性地去感受、去学习。把教学看成是"沟通"与"合作"的活动，只有在这个过程中，教学的"文本"和教学的思想才得以产生。在知识经济时代，教学的规范转型实际上要促进可持续性发展。

（2）关注课程综合因素

生产力、科学技术的发展是推动高校课程改革的最基本因素。生产力、科学技术的发展使美术专业领域日益分化，使之不断综合。当代综合已成为科学技术发展的主旋律。对高校人才培养的规格产生了重要影响，培养出既有宽厚基础和广泛适应性，又有专门化知识技能的新型人才。

新技术革命使知识基础发生了根本的变化，陈旧的课程观念已被终身教育新的教育思想和观念所取代。教育思想带动的课程变革是课程内容跟上时代步伐，具有广泛迁移价值的基础知识。师范美术教师教育向综合化方向发展，是科学技术发展高度综合的影响。

（四）师范美术教师教育课程体系的建构

课程体系也叫课程计划，是教学内容的总体规划。课程建构依据师范美术教师教育的培养目标与社会要求制定，指导思想和原则是培养高质量的基础美术教育的美术教师。课程包括必修课、实践课等，内容：教育理论与教育技能，美术理论与美术造型技能。制定各学科的主要任务和目标，各学科的开设顺序和课时分配等。要对各种课外活动和学校组织的社会活动作出安排，有必要作出原则性的规定。课程计划要提高科学性和民主化方面的要求，另又要增强灵活性和适应性。

（五）后现代主义课程观对我国师范美术课程的启示

1. 师范美术课程的再认识

我们把课程理解为"文本课程"的倾向。后现代主义艺术教育课程引入了自组织理论，形成了开放性的、自组织性的课程理论。认为课程是文化发展与创造的过程，是师生共同参与的探究活动中意义、经验、能力的生成过程，是动态的。课程建构上，重视差异性、不确定性，提出加强课程建构与实施中的平等与反思，使课程成为正在建设中的"跑道"，课程成为不是传递所知道的而是探究所不知道的知识的过程。

后现代的知识观认为知识不再是绝对真理，世界也不仅仅是外在的，客观是相对的、模糊的。知识应被视为不断生成与建构的"文本"。我们不能用一成不变的眼光去看待美术课程，美术新课程应是在教学实践中，通过师生合作、体验、生成性的。是通过教师与学生的行为和相互作用而形成丰富的多层次组合；随注意力的转移而不断变换中心的复杂通道。

课程是开放的、过程性的；课程目标是形成性的、转变性的。"生成性思维"是"课程认识论"的当代视野与选择。美术课程应是建构性的，由课程参与者的行为和交互作用构成的；是开放的、可调整的，是从学生的发展、探究、转化的角度出发来界定的课程。

2. 倡导建构性的学习方式

"新课改理念"强调，学校教学应倡导建构性的学习，"自主学习"、"研究性学习"。

3. 注重课程的多元性、不确定性

后现代主义课程高扬多元文化的大旗,认为各种文化都应作为课程关注的对象。注重文化与价值的多元性,使文化和价值在课程中占有一席之地。通过多元文化的课程设计,养成对文化的积极态度,从而了解他人、尊重他人,最后能了解世界,尊重世界。后现代课程观所带来的是多元化的观念与方法。后现代课程理论:课程的多元、知识的多元、教师评价的多元……多元化是新型的思维方式,核心是抛弃传统的封闭思维,追求个性、差异是后现代思想的基本特征。

我国传统的美术课程内容是属于认知性的,偏重书本知识,实行统一标准,看重基本知识和基本技能。受到后现代主义课程观的影响,中小学美术课程内容取向应由知识向经验、活动及三者的融合过渡。后现代课程观强调课程内容的多元性和多样性,体现出时间性和空间性。美术课程内容的多元性是要体现出鲜明的时代特征以及地域、文化的差异性。在课程结构上,强调运用解释学或生态学等范式,在课程的目标、课程内容、实施、评价等方面表现出开放性特征。

四、美术课程资源的开发与实践

(一)美术课程资源的开发

1. 美术课程资源开发的原则

一,方向性原则。现行的国家美术课程标准是统一的课程规范,是美术课程资源开发的基本前提和依据。美术课程资源开发应在国家美术课程标准的引领下,寻求开发课程资源的个性化发展。需要注意三级课程——国家课程、地方课程、校本课程是管理概念,它并不是一种课程形态上的划分,它们都是我国基础教育课程体系的有机组成部分。

二,现实性原则。美术课程资源开发与利用的起点是美术课程资源的实际情况。首先要对美术课程资源进行细致、全面的考察,确定课程资源的具体内容与可实施的条件,制订出切实可行的实施方案,避免课程开发的盲目性和随意性。

三,学生为本原则。在美术课程的开发过程中,设计理念是需要考虑学生身心发展的规律,能够促进学生的发展。将"能否促进学生的充分发展"作为取舍的标准,支持学生开展研究性学习。通过理论探讨、感知生活相结合,强调学生在活动中学习。内容的选择要适应学生年龄特点,透过形式之表,打通课堂内外。

四，开放性原则。开发与利用地方美术课程资源，坚持开放性原则。开放性包含：国家相关部门对地方美术课程资源的开发与利用，须留给学校相应的发展空间。学校应重视美术课程资源的开发和利用。从课程开发的概念上看，课程开发本身应是开放的、不断完善的过程。教师、学生应具有开发和利用课程资源的意识，积极地投身于开发和利用课程资源的活动中。

五，系统性和灵活性原则。系统性——美术课程资源的开发要与具体教学活动经过挑选后选择最优质的部分进行配置。将资源按照特点和功能配置到美术教育各个环节，选择经济投入要求低、效果好的美术课程资源，将课程资源与课程标准教材精心整合。

灵活性——美术课程资源在开发途径上，要立足当地资源，采取参观、操作等灵活多样的形式，使学生真正从中受益。教学组织形式须体现灵活性，可以是班级授课，也可是听演讲，观看电影等，还可以是有组织的实践活动。课程实施中，学生的学习活动方式应是探究式、实践式，使学生逐步融入社会，发展学生个性。

六，循序性原则。美术课程资源是丰富的，涉及地方文化、人文、民俗等诸多领域。想要一劳永逸地完成开发与利用美术课程资源的工作，是不可能的。要求在开展开发与利用的具体工作时，要有计划、循序渐进地进行。在开发与利用课程资源的过程中，循序性原则体现为先近后远、先简后繁等，尽量从周围的资源开始，逐渐向周边扩展，通过整理、加工，使之成为集中的、可供直接利用的美术课程资源。

2. 美术课程资源开发的模式

（1）目标导向模式。这是课程开发的典型模式。尽管这种模式招致过批判，但如果不经过泰勒的目标模式，建立现代的课程开发理论是不可想象的。没有或者放弃了预定目标，课程开发就失去了依托。

泰勒：目标模式以目标为课程的开发基础和核心，围绕课程目标的确定及评价而进行课程研制的模式。课程研制的基本步骤：学校应达成哪些教育目标，怎样才能有效地组织这些教育经验，我们怎样才能确定这些目标正在实现。运用到美术课程资源的开发上，应本着丰富和发展目标模式的方向开发美术课程资源。优先考虑美术课程开发的目标，其他因素必须为创设和实现目标而服务，开发美术课程资源。

（2）条件导向模式。以资源条件为主要线索开发美术课程资源的模式。考虑"想做什么，""能做什么，"尊重地方的现有条件，结合当地自然风光、民间工艺美术等资源，以地方资源和条件为突破口和生长点来开发美术课程资源。

（3）学生本位导向模式。把学生放在中心和根本的位置上，以学生的现实需要、兴趣、文化背景为核心开发美术课程资源。注重学生"喜欢什么"，目的在于促进学生的经验生长和人格发展。美术课程资源开发以满足学生的各种层次、各方面的需要。

在开发美术课程的实践中，出现了不同的美术课程资源的开发模式。如侧重课程实施的角度——美术教学渗透模式、介入校本美术课程模式。挖掘美术课程资源——以素材为线索的发散性开发，以主题为线索的主题性开发等。

（二）美术课程资源在教学中的实践

1. 设定美术课程的教学目标

（1）依据

1）国家美术课程标准是进行地方美术课程教学的依据和准则。在设定教学目标前应先学习美术课程标准中的有关美术性质与价值及课程总目标的论述。

2）依据学生的先验知识与学习能力、地方及学校教学条件调整教学目标。对学生的存量知识和学习能力进行分析，是美术课程教学能够顺利进行的有力保障。设定的教学目标要适宜于每个地区，还需要根据地方与学校教学条件进一步调整。

（2）层级关系

近些年，在设定美术教学目标时只强调对教育目的的研究，出现了对具体目的表述含糊。将课程理念、课题教学目标与学科教学目标混为一谈等。所以在设定美术课程教学目标时，首先应明确教学目标的层级关系和结构。课程教学目标不同的递进的层次结构：教育目的—教学总目标——课程教学目标——单元教学目标——课时目标——知识点教学目标。其中教育目的是指对受教育者总的要求总的质量规格，决定了所有教育活动的指向性。

教学总目标是教育目的的具体化，是学校根据教育目的以及学校的性质，对学生发展提出的具体标准。课程教学目标的制定应服从社会需要，科学地判断学生的总体掌握水平。如果在课时教学目标中出现"通过美术教学培养学生发现美、创造美的能力"等，这类表述便与美术学科的教学目标相混淆。制定一节课的教学目标，它既不是单元课的教学目标，也不是美术学科的总目标和美术课程理念，而限定的是这节课课题的教学目标。

（3）美术课程教学目标的三种表达方式

一，行为目标。行为目标是具体的、可观察的教学目标。不同要求的学习水平通过学生的行为所涉及的内容来界定，主要通过不同的行为动词来界定。一般应包括四个要素：

1）行为主体。主体必须是学生师。因为目标是学生要达到的学习结果的范围和程度。

2）行为动词。行为动词必须是可测量的，具体而明确的。

3）行为条件。影响学习者产生学习结果的有关情境，为评价提供参考的依据。

4）表现程度，也称行为标准。学生在美术学习后预期达到的最低表现水准，用以评价美术学习表现达到的程度。分为知识、技能和情感程度。

二，发展目标。在教学情境中随着教学过程的展开而自然生成的目标。它是强调教师根据教学实际情况提出相应的目标。发展目标是开放的，发展目标关注过程。强调教学目标的过程性、逐渐生成性，带来教学活动的丰富性、创造性，使教学目标贴近教学的实际情境。

三，表现目标。学生在教育情境中的种种"际遇"——每个学生个性化的创造性表现。表现目标只为学生提供活动的领域或主题；它是关注学生表现行为的个性和多元性。

2. 美术课程的教学组织

教学组织形式，是教师和学生按照规定的秩序和制度实现的协调活动的外部组织形式，它确定着个别教学、分组教学和集体教学的相互关系，决定学生学习的积极性和教师帮助的秩序。

学生的组合方式：教学组织形式有——个别教学，单个学生与教师发生相互作用；集体教学，学生以集体形式与教师发生相互作用。集体教学组织形式可以划分为班级、分组、合班教学的形式。

美术课程的特点：课程中设计的知识多是实践性知识，人们在长期与自然环境的互动中，创造出的丰富多彩的具有特色的艺术造型文化。知识与智慧是在实践中诞生的，凝练和渗透在实践中，是具有智慧含量的实践美术文化现象和资源。美术课程的教学组织形式应体现实践性、和多元化的实施形态。在美术课程教学组织上，把个人的、小组的与全班的组织形式和师生之间、个人和集体之间的联系结合起来，探索学生的实践性活动，依据教学的需要创设出各种不同的教学情境，培养学生对地方美术的认同感和乡土情结。

教学活动形式：课堂教学与课外教学。课堂教学是班级授课制，针对较大的受教育面而产生的教学组织形式。美术教育在课堂之外有目的、有组织地对学生进行有意义的教育活动——美术课外活动，它是另外一种形式的美术学习。如何安排地方美术课程的教学活动形式呢，应该建立在对该课程充分了解的基础上。教师和学生应以各自的特性与课程的内容重组动态空间。"课堂教学"的意义应该被理解为任何具有美术教育意义的场所，避免仅在教室里的讲解和学生被动的接受。教师在将美术课程转换为教学单元和教学活动时，要把学生的学习重新认定为亲知的、实践的、人与环境之圆融关系的定位中。

"课堂内外交织"教学过程中，教师要深入分析美术资源和美术课程的特性，尝试以在教学中渗透、活动式教学、专题讲座等形式来进行，重视学生在"田野中学习"，返归知识创造的本初状态，返归意义产生的基础地。

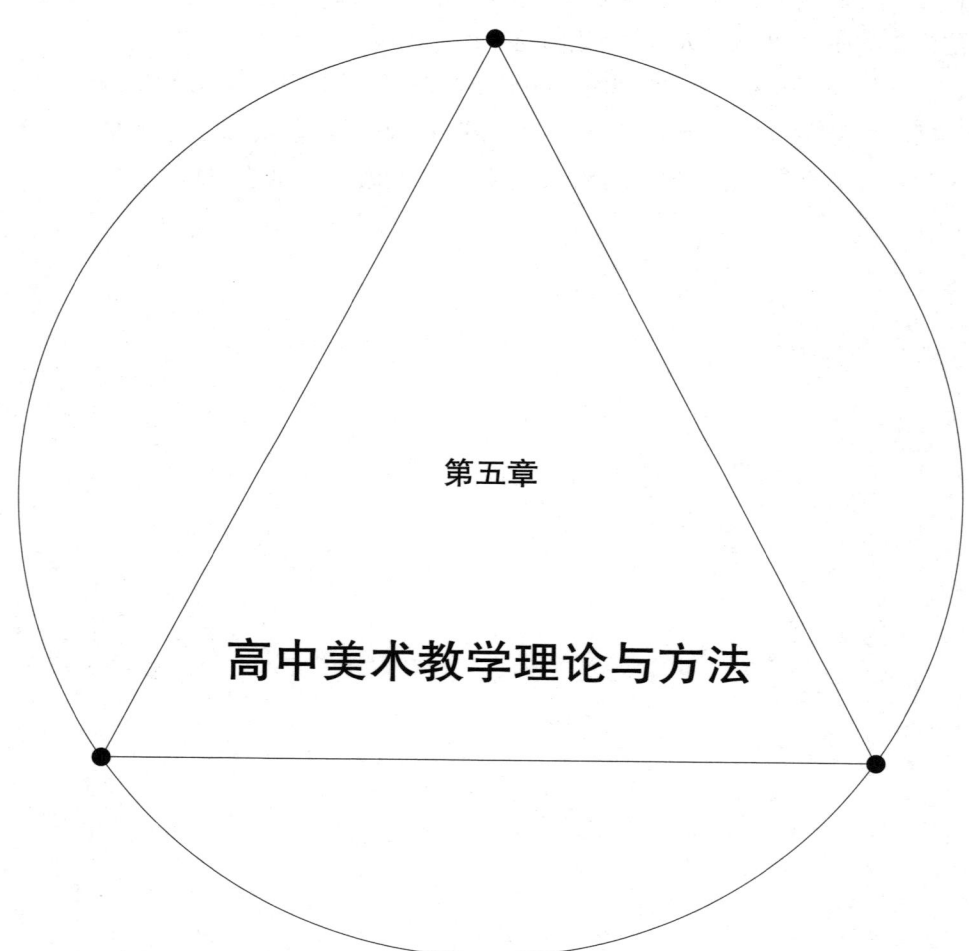

第五章

高中美术教学理论与方法

第一节 高中美术课程与教材

一、美术课程

（一）美术课程

课程：指的是为了实现学校教育核心，而选择的教育内容的总和。

学校教育的核心是课程：教学过程中教师教什么和学生学什么的问题。课程由课程标准和教材组成——国家教育部规定学校各学科教学实施的法规性文件。

（二）美术课程内容走向综合

课程综合化：当今世界课程改革的焦点问题之一。"课程综合化"，是强调各个学科的区别和界限，避免学科间彼此孤立或知识重复的隔离状态，成为现代课程设计的思想和原则。

《美术课程标准》对课程内容的设计很有特色。

课程标准把"课业内容"转化为"学习领域"，提出的内容标准具有很强的综合性和导向性。"造型·表现"学习领域覆盖所有的美术专业门类，"设计·应用"：现代设计和传统工艺，"欣赏·评述"涵盖了自然美和美术作品的视觉世界。每个学段及学习领域的课程目标和内容标准是一致的。在内容标准下面所列出的教学活动建议，作为教材选择和老师教学参考，围绕课程目标的实现，可以使出各自的高招。

设置"综合·探索"学习领域，深刻体现了课程改革的基本思想。学习领域实现了三个层次的综合：融合美术各学习领域；注意美术与相关学科的综合；强调美术与现实社会相联系。这三个层次在不同课程环境和不同条件下的综合，利于学生综合素质的培养。"综合·探索"领域的设置，是对课程内容的扩展，是美术教育观念的突破。美术课程内容综合从跨学科的角度出发，有效地运用各种课程资源，充分发挥美术教育在素质教育中的作用。

（三）新世纪的中小学美术课程特点

1.《美术课程标准》把美术学科作为人文学科来看待，强调运用美术形式传递情感。通过美术课程的学习，使学生共享人类社会的文化资源，对文化的发展作出自己的贡献。

2.《美术课程标准》从促进学生素质发展的角度，根据美术学习活动方式划分学习领域，这种划分方式改变了单纯的思路和方法。

《美术课程标准》颁布加强了学习活动的综合性和探索性，强调美术学习领域间、美术与其他学科等方面综合的活动，旨在发展学生的综合实践能力。

以往的美术课，内容脱离学生的现实生活，很难让学生喜爱美术课。《美术课程标准》注重美术课程与周围生活的紧密联系，以提高学生美术实践能力。

学习方式上，教师是传授知识的主导者。这次《美术课程标准》强调学生的主体地位，提倡探究性及自主性学习，提倡师生间的平等与合作。

本次《美术课程国家标准》鼓励学生自评、互评；提倡采用多种方式评价学生的美术作业。

（四）美术课程标准特点及理念

高中作为人生的重要阶段，对学生发展具有独特价值。进行高中课程改革，须对高中教育的价值定位，对课程结构的设计进行理性思考。高中课程应具有选择性和多样性。应着眼开发学生多方面潜能，为学生初步规划人生。高中课程改革要从我国实际出发，充分考虑本国文化特点和现有资源。新启动的普通高中课程标准基本理念是：

（1）体现基础性，满足个性发展。

（2）拓宽美术视野，尊重文化的多元化。

（3）注重学习方法，提高美术素养。

（4）强调创新精神，培养解决问题能力。

（5）提倡质性评价，促进个性发展。

二、美术教材学

（一）关于美术课程与教材的理解

课程与教材有着十分密切的关系。

教材：根据各种教学要求而编写或选定的教科书，参考资料的总称。

在没有教材使用时我们可能无法上课，如果教材具有可操作性，便于学生接受美术的知识与技巧，更能调动他们参与的热情。

优秀的美术教师会通过设置教学情境，根据教学实际情况，选择适应当时实际情况的教学方法和措施进行美术教学。我们原来上课按教材走就可以了，由于新课程标准的出现，对教师提出了新的教学理念。新教材的出现，使课程中的不确定因素增加了。好处是给教师留下了更大的教学空间，它也方便了不同地区，美术教师在教学时可以根据实际情况，自由处理教材以方便教学。虽然现在对教案的完整性规范性不再有太多苛求，但还感觉有难度，要将目光放在教师课堂创新、问题探究、思维的扩展以及资源的利用上。教师的课程改革前沿为学生有效学习提供机会。

（二）确定教材选用标准

任何教科书都不可能达到所有标准，拿到备选的教科书，很快会发现它的某些弱点，任何书都会有它的弱点。对美术教材评估，前提是确定评价标准，从哪个角度提出问题，评估教材质量。

（1）课题内容

课题就是要点明本节课要解决的问题。课题选择最好和学生的生活相联系。内容建立在与学生生活的经验之中，不仅与美术相关，给人以丰富的联想，使学生以充满好奇的眼睛去观察，以最大的热情投入学习过程。

（2）可读性

教科书内容展现很重要，教师要考虑学生的接受能力。美术知识存在生活的每个角落，教科书反映着文化等各领域的成果。现代美术教材应具备广泛的美术知识，美术理论、知识和概念应是现代美术学中较为公认的观点。教科书使用要与当地教学环境、地理特点等相适应。

（3）教学内容设计

教科书的学习内容可让教师、学生有空间进行选择和再加工，对学生的学习能力有针对的作用。

（4）编印、制作质量

教科书呈现质量应与时代同步。重视出版质量水准如：范图质量、板式美观，还有印刷质量等要高。

（三）教材从学生中来

当课程目标的来源是学习者的需要时，学习者的经验成了课程的主要内容。这样的说法接近美国哲学家杜威的经验主义——儿童中心论。美术课上让学生自由创作，教师只可以与儿童合作。如果真是这样我们大可不必编写教科书。应该从学生生活的角度选取教材的素材。在学生的生活经验之上来组织课程内容，所有的学科知识和社会生活经验，经过学习者主动选择转化为人格发展的需求，才真正有学习的意义。

实际的教学中不存在"谁都能使用的好教材"。教科书虽已规定教学内容，但教师可以根据教学对象，寻找发挥自己创造的空间，可以对教科书作局部的调整。参加过教材编写的人知道，好的教材内容是从学生中间发现的。任何教科书的编写，都吸收了具有丰富教学经验的教师参加，他们能提供来自学生的鲜活素材，保证了教科书的活力。

人的认识是通过自己的经验主动地建构——建构主义教学论的灵魂。让学生通过经验来学习，使学生从经验中学会并建构自己的认识。课程改革倡导以学习者为中心、倡导情境教学，教学策略是最大限度地促进学习者与情境交互作用。教师在过程中起组织者、帮助者、促进者作用。选择什么样的教材进行教学很重要，选择适合学生兴趣爱好的教材，成为标准。

（四）"用"教材不是"教"教材

课程改革中一直倡导"用"教材而不是"教"教材。因为在现今时代没有任何教材能对本学科知识完全覆盖。教科书不是唯一，教材只在教学活动中起到中介作用。教科书也不一定绝对正确，却可以引领师生围绕某个问题探究，学习过程中获得学习方法。美术实验教科书在编写之初，明确了与教科书相伴的教学理念，寻找到适合展开教学的"话题"，构成美术学习的体系。以美术学习的过程与方法为根本，是知识与技能的传授，是情感态度价值观的培养。

美术实验教科书有以下几个特点：

（1）注重培养学生兴趣，满足学生发展需求

学生的心智发展变化和美术学习的兴趣有密切关系。小学生以形象思维为主，对美术活动具有浓厚兴趣，使学生由不自觉的兴趣走向对美术自觉的兴趣；中高年级开始思维的分化，对符号的象征意义产生兴趣，我们要因势利导，使学生感受到在具象与抽象间的兴趣。小学美术教科书中选择了很多儿童熟悉的游戏，学生生活中有许多自发的游戏，在教科书中都有呈现：吹泡泡、洒水成画等。人教版在编排课程内容时从学生的日常生活经验出发，围绕学生所熟悉的事安排教学课题。针对学生感兴趣的事情编排课题，使学生从中体会美术课带来的喜悦感。

（2）提供活动选择，渗透自主学习意识

美术学科强调实践性、主动性的学科，给学生提供多种多样的学习方式，培

养学生的自主学习意识。实验教科书提供了说、写、做、画等全方位选择，使学生的感官都调动起来。有的实验教科书在教学内容设计中，提供了活动要求，使每一次教学活动都有了多项选择的可能，活动要求的设计允许打破顺序进行选择。对培养学生的选择能力和自主学习意识有重要的意义。

（3）多媒体多形式，优先感觉体验和训练

在学生的学习生活中，存在着视觉优先的现象。视觉是学生认识世界的重要感知方式，但在美术学习中应把视觉和其他的感觉结合，可以提高学生的学习效率。在实验教科书中，广泛的选择多种材料、通过多种形式，使学生全面经历视觉、触觉等感觉体验，充分发挥美术教育的功能。许多美术课程目的设计都包含有对感觉体验和训练的要求。

美术教师在使用教科书时，要能够着力于课题的"泛化"——从课题展开，联系到学生生活经验的各方面，如以石击水溅开层层的波浪。教学时可考虑每个课题设计成有机联系的三个部分：从某一点切入，创设类似于课题研究的教学情境，调动学生进入自主学习的状态，给学生提供各种实践体验的方法和条件。最后，让学生大胆地将自己的感受表达出来。也可以将教学活动围绕某个课题分为：切入——以美激趣、感受——尝试体验、表现——即兴发挥、回顾——自我评估。我们应把美术课程看成一个过程，看成是观察事物的一种方式。美术对人的影响不仅包括不甚知名的美术作品还有生活中的有美感的视觉形象，对人们的影响更为广泛。美术课是为学生设计艺术活动的过程，可用的美术教学的资源极其丰富，有人类丰富的美术文化遗产。

在教学中我们要体现国家基础教育课程改革的要求。强调学习方式的改变，让教科书成为学习过程伴随物。

第二节 高中美术教学过程

一、教学过程

（一）双边性

教学过程是师生教和学双边活动的过程，是教师指导学生进行学习的过程，在教学活动中，教师尊重学生、关心学生，学生会更加亲近教师。

（二）实际操作性

教学过程实际操作性：教师将自己教学设计进行实践的过程，教师根据实际情况进行调控优化，可能出现偶发事件要妥善处理，如能掌握得好，能将不利的因素转化为有利因素。教师要做一位有心人，一件事、一首诗，有可能成为一堂课的点睛之笔。

二、美术教学原则

（一）兴趣性原则

兴趣性原则：学习内容，学习过程应让学生感到有趣的教学原则。

兴趣是最好的老师。按照学生认识发展的规律，美术学习心理的特点安排教学活动，采用多种教学媒体方法和手段，使学生产生兴趣。唤起学习兴趣：

1. 新教材的教学中，让学生回忆诱发解决疑问的旧有经验。
2. 将新课题与学习经验产生认识、兴趣相结合。
3. 赋予学生对于学习新教材必要的环境，使他们意识到自己知识的不足。
4. 将新课题同学生的日常生活相联系。

（二）直观性原则

直观性原则：在教学中引导学生直接感知事物或通过教师形象语言描绘学习对象。

荀子："不闻不如闻之，闻之不如见之"。美术是视觉艺术，许多问题必须以直观形象来说明，包括：

（1）传授中语言要形象化，便于学生理解。

（2）运用直观图像、模型、录像等直观视觉形象分析具体问题。

（3）应通过教师示范，向学生提供操作方法和感知组织教学。

（4）随时联系现实生活，让学生了解教学内容的现实意义。

（三）精讲多问原则

精讲多问原则：教师尽量少占用时间，留出时间学生提问和练习，提高学生的参与度。

教师的讲述在学习过程中，要"精讲"甚至不必都讲完，要求教师利用大量时间去备课，想好提出哪些问题，让学生互相讨论，尽可能让学生在探索中学会学习。

（四）灵活施教原则

灵活施教原则：教师从实际出发，根据教学对象和教学条件的不同，灵活地进行教学。

1. 因材施教

新美术教学领域中，了解每个学生，了解不同学生间差异，使每个学生身心得到充分发展。

2. 巧用契机

教学过程是动态过程，会出现意想不到的现象，要教师随机应变。

（五）最优化原则

最优化原则：教师具有明确质量意识和效率意识，帮助学生学会学习，使教学达到"少教多看，不教之境"。

现今教学首先确立的教学观念，确保学生的主体性，发掘学生潜力，使教学活动发挥出最高效率，以学为主，直到学生可以脱离教师的教而"独立学习"的过程。

三、美术教学的组织

（一）美术教学组织的形式

1. 班级制教学

把学生按年龄、学业成绩编成固定人数的教学班，按统一的课程计划接受教师指导教学组织形式。

(1) 有利于大面积地培养人才

组织形式可容纳较多数量的学生，便于教师根据统一要求对全体学生进行教学，经济、有效地培养学生。

(2) 有利于发挥班集体作用

学生单独学习会感到乏味，全班学生一起学习，能产生良好学习氛围，有利于学生间交流和协作，形成集体思维和学习热情。

2. 小班化教学

是规模较小的班级制教学，统一课程计划基础上注意学生个性发展的教学组织形式。

小班化教学要求教师按学生个性选择教学策略，较好地实现了因材施教，在美术教学上，显示出极大的灵活性。

3. 分组教学

按学生个性差异分成不同小组进行教学的组织形式。

分组教学形式是多种多样的，如：按行政小组学习、专题学习和小组学习。

4. 个别化教学

个别化教学：教师因人而异地指导学生学习。

5. 纯粹的个别教学

教师只教一个学生，很不经济，学生只限于和同一个教师交往，没有和同伴竞争的机会。

（二）课外美术教学的组织

1. 用课余时间发展学生美术兴趣和特长的教学活动。

2. 组织课外美术教学活动是课程标准规定，它必须在学校行政和艺术教研组领导下开展。

（1）自愿报名，择优录取。

课外美术活动小组是全校性课外活动组织，面向全体学生。

课外美术教学组织方式：

1）根据学生年级或美术水平——初级、中级等。

2）根据学生特长分成书法、美术创作、综合发展小组等。

（2）制订计划，讲究实效

高质量工作计划是教师多年来对美术教学工作经验的总结。

有工作计划后，需要教师持之以恒艰苦工作，尝试新材料、表现技巧和创作方法。

四、美术教学评价

（一）美术教学评价需要注意的问题

新的美术课程标准极重视评价，因为评价的正确与否意味着教育改革的成败，倡导的评价理念、评价方式等有艺术学科鲜明的特点，注意从学生的角度去考虑问题，促进美术教学评价的发展目标有很强的作用。

（1）注意教学评价与课程目标的对应性

评价因目标而生，美术教学评价为检验美术新课程是否达到学习目标相对于学生的适应性如何。教学评价的范围等不应脱离课程目标而存在。只有对应于课程目标的评价，教学才能与之连为一体。

（2）美术教学评价注意学习过程和学生表现

美术教学评价大量采用形成性评价的方式，评价具有多层次，多维度的特点。但是美术教学评价随意性很大，不具有科学性和可信度，美术教学充满情感色彩的艺术活动，采用数理方式的量化评价难以实现。

形成性评价关注学习发生过程和学生活动表现，美术学习的结果不仅体现在学生作业上，教师要针对不同基础的学生确定评价的层次，以评价方式的多样性，体现面向每位学生的自主发展。

因而教师在课程改革中从自己实际出发，创造出更简单、更有效的评价方法。

（3）淡化美术教学评价的考评和选拔功能

现在很多地方进行美术考级和现场进行美术等级鉴定，使学生为了考试而机械地准备，且过去在美术只注重技能的单一评价，使他们失去了学习美术的兴趣，我们应重新思考和定位我们的教育。

教师过去习惯说："选出谁最好"之类语言，应改为："选出你最喜欢的作品？为什么这样选？"强调个性审美。

（4）美术教学评价主体的多元化

评价主体的多元是要充分发挥所有的积极因素，明确评价主体多元化应包括教学中各个方面，新的美术课程标准明确了评价的主体不仅是教师，还包括学生等，美术教学是师生共同参与而相互影响的活动。以往的美术教学被评价者大多处在被动的地位，既没有自我评价的资格，也没有形成教师、学生等多主体共同参与评价体系。

美术新课程强调评价主体的多元化，进一步激发学生主动学习的有效机制。

重视学生自我评价，培养学生自我判断能力；美术教师评价应反思自己的教学方式，促进美术教师教学认识、教学水平随着新课程实践不断提高。

（三）评价学生的美术作业

《美术课程标准》强调对学生的美术作业应采取多样的评价方法，作业效果怎样，不要简单的采用横向比较。采用纵向的作业评价，清楚地了解学生的进步。我们要善于发现学生作业中闪光的表现，以帮助学生不断进步。

评价学生美术作业方式很多，可以利用课堂时间讲评，如挑选有特点的作品，也可以让学生自己评价；也可以在教学单元完成以后，分阶段评；除了与学生面对面的交流外，还可以给学生评语，从教师的反馈中得到肯定，更好地指导学生的学习。

可采用美术作品展或美术作品集的方式，让学生参与展示和评价。美术作品主要是由学生选择，可给家长、学生和校方做参观的作业展览之用。作品选择上没有其他需求，可以是学习单元的作业，也可以是阶段性的美术作品。它强调学生的自主参与，同时向家长和学校领导汇报在美术学习方面取得的成绩。

第三节　高中美术鉴赏

一、激发学生学习美术鉴赏的兴趣，引导学生积极参与美术鉴赏活动

美术鉴赏活动的积极参与是提高学生审美能力的前提。学生能否积极参与，取决于客观和主观两方面。

客观上，教育主管部门不断为学习美术鉴赏提供良好的大环境：配备美术鉴赏教师，提供良好的物质条件；美术教育工作者不断提升教育理念，促进教学水平的提高。在以往的有些美术鉴赏课上，教师上课前费劲心机地查找资料，为学生准备丰盛的艺术"美餐"，教师一直滔滔不绝地讲解，而学生却有的昏昏欲睡，真正感兴趣的并不多，课后的"拓展"、"延伸"更容易成为空话。多数高中美术教师宁愿给美术高考专业考前班上技法课。真正上好美术鉴赏课是不容易的，教师若讲究方式，能更精彩地上好高中的美术鉴赏课。教师首先应具有渊博的专业知识，能为学生补充足够的鉴赏基础知识；教师应具备教学能力，逻辑性强，教学方法富有个性；最重要的是教师要发挥自身的主导作用，体现学生学习的主体地位。

主观上，学生的参与积极性可以决定学习效果。在以往的经验中发现，高中生对美术课的参与热情不够，回答问题顺着老师的思路走，不愿表达自己的感想。改变这种教学现状，教师要力求在教学过程中激发学生的学习兴趣。

如在讲授《建筑艺术》时，改变系统讲授、学生被动接受的习惯模式，让学生对自己最喜欢的建筑作品发表看法。在仔细观看、分析后，表述自己喜欢的建筑的风格特点及理由。有的钟爱中国苏州园林的"诗情画意"，还有的对耸然欲飞的德国科隆大教堂充满憧憬……学生从对建筑的偏爱发展到对多幅作品的了解，共享了知识，形成了合作学习。

课堂中教师相当于一条线，将学生的信息串了起来。当然，这只是教学形式中的一种，还可以采取多种方式激发主观能动性。如课堂上适当创设教学情境，引导学生运用已有知识展开思考、探究，教学过程中给学生适当的时间发表自己的见解等。只要教师心中始终装着学生，变"师教生"的被动接受为交往互动中的主动探究，美术鉴赏课就能得到学生的喜爱。

二、指导学生懂得美术鉴赏的基本方法

美术鉴赏的方法很多：引导学生欣赏大量美术作品使学生获得欣赏知识和鉴赏的实践经验；在鉴赏的过程中运用对比的方法，使学生得到鲜明的视觉形象，进行更理性的分析。我们所要求的是能看出异中之同和同中之异"。"比较"是鉴赏的比较直观而有效的方法，当我孤立地看作品时，很难说清它的独特之处，如果将两件作品进行比较分析，会明显地辨别出作品的特点所在。比较方法可以是横向的：中西美术作品的比较，不同流派、不同类别作品的比较；也可以是纵向的：对不同历史时期的作品进行比较。

《20世纪的外国绘画》中，教师为能让学生了解现代主义绘画的特点，选取三幅传统绘画和三幅现代绘画形成对比作品，从色彩、造型和真实性上作了比较，使学生不但能够形成感官上的愉悦享受，还能理性的认识。

合作、交流的方法十分适合美术鉴赏的学习。美术的基本语言元素在不同的文化环境和意识形态的影响下，各民族产生了独特的美术语言：中国绘画中讲求笔墨、虚实等，西方绘画中的透视、空间等。由于学生知识结构、个性特征等的差异，在鉴赏美术作品的同时个人又对作品进行了再创造。运用合作学习的方法各抒己见的过程中，鉴赏者从感性的描述到理性的分析，会获得更多的知识和信息，提高鉴赏能力。

三、指导学生运用多种方法及现代信息技术收集美术鉴赏的有关信息

美术鉴赏活动离不开鉴赏的对象。高中美术鉴赏的对象包括中西绘画作品，还网罗了中外雕塑、工艺等艺术形式。课堂鉴赏通常以图片为主，各类图书、挂历等可直接展示于课堂，网络中查找的图片、摄像等有关资料，通过现代信息技术制作成课件直接展示。如在很多教学案例中，教师通过现代信息技术将中西美

术作品、传统与现代的美术作品并置一起,能更直观地发现其中的差异,加深对作品的认识;通过录音、展示资料等使课堂信息更加多样。

《美术作品的艺术形象》中,教师播放音乐作品录像和文学作品的录音,形象地展示了音乐、文学及美术形象的差别;《中国民间美术》中,搜集水族刺绣等多个视频资料,将民族的民间艺术作品呈现在学生面前。对生活中较容易找到的工艺美术作品,教师通过自己寻找和发动学生搜集在课堂上展示实物,《中国民间美术》的教学过程中,教师展示的年画及中国结等实物会吸引学生的目光,激发学生探究的兴趣。

四、认识重要的美术家及其代表作品

美术鉴赏展示了古今中外优秀的美术作品,给人以美的享受。在美术作品中,我国有上至五、六千年前原始社会的彩陶,工艺品和建筑艺术,还有反映人民革命斗争,鼓舞人民奋发向上的各种美术作品。国外有古希腊、古罗马气势磅礴的雕塑;有18、19世纪的浪漫主义和印象主义20世纪现代主义绘画。重要的美术家及其代表作品是经历了漫长的历史文化积淀,代表了时代的精粹,可以以点带面地了解艺术发展的艺术趋向;对中外美术的风格和流派的了解,能使学生更了解美术作品的深刻内涵,给学生形成鲜明的视觉印象,提高学生对美术作品的整体认识。

五、理解美术与自然、社会之间的关系

美术是伴随着人类生产和社会活动逐渐形成的,美术作品积淀了丰厚的人文背景。任何美术样式都与自然条件、地域文化有着密切的关联,不同的环境造就了不同的绘画语言。如中国画自古崇尚自然,我国幅员辽阔,地貌的巨大差异为画家师法提供了写生空间。北方的山高大挺拔,气势压人,北方山水画作品多峥嵘壮丽,南部山水温润秀美,山水画作品自然墨色湿润,含蓄蕴藉。

不同的政治、宗教等社会背景成就了不同的艺术流派,艺术家的身世、个性特征使他们的艺术作品散发着独特的个性魅力。如清代朱耷的作品,很难理解其中的萧条和怪异,只有在了解了作者为逃避政治上的迫害和对清朝统治者的仇恨,才能真正领悟画面所表达的难言之痛。再如新古典主义画家大卫的作品《马拉之死》时,凭借画面的构图、造型,很难将作品与"美"联系在一起,当我们

将作品放置于特定的历史时期，明确了马拉的身份，我们才会体会到画面所表现的顽强的革命精神，感受到画家所树立的纪念碑式的革命英雄形象。

每个时代的美术作品都与文化情境紧密相连，引导学生通过鉴赏吸收作品中蕴含的人文营养，不断提高学生的文化素质和艺术素养。

六、热爱祖国优秀的传统文化，尊重多元的世界文化

我国的传统文化源远流长。但在较长时间里，青年人群中存在着盲目崇拜西方文化的倾向。高中美术鉴赏担负着德育的教育功能。国家的发展离不开民众的民族意识和民族自豪感。向学生充分展示我国人类文明以来的艺术精品，可帮助学生增强民族自信心。

《中国古代陶瓷艺术》中介绍的清代雍正年间的"粉彩八桃蝙蝠纹瓶"的回归及台湾创吉尼斯世界记录的"千禧双口瓶"和江苏"千年之烧"的两岸情牵的巧合，将爱国主义教育贯穿其中。只要教师改变刻板的说教，将自己对民族艺术认识中的自豪体现于生动的鉴赏教学过程中，能实现艺术教育的目标。

增强民族传统教育的同时，应引导学生正确看待多元的世界文化。在全球化的今天，美术鉴赏向学生展示了丰富的艺术形式，从不同角度分析问题，尊重不同国家的艺术形态。学生通过学习，了解了古希腊作品的高贵、静穆；古罗马艺术的雄壮伟岸，能理解西方现代艺术家所表现的张扬的个性。教师在教学过程中引导学生理解不同风格的艺术形式，就达到了尊重世界的多元文化的目的。

第四节　高中绘画·雕塑

一、积极参与绘画或雕塑造型活动

绘画和雕塑是实践性很强的艺术形式。造型活动：造型语言活动和利用造型语言创造艺术形象。造型语言——艺术家在造型活动中使用的点、线、面，色彩等造型要素。作为基本的造型手段，是学生应首先掌握的基本技能。在绘画和雕塑的教学中，应创造条件让学生积极地参与到造型语言的学习中去，切实感受和认识形体的明暗、虚实及空间等现象。在这一过程中，才能体会绘画要素的审美个性。对绘画要素的认识，要从两个方面认识：绘画要素的独立的审美价值，如中国画中的线条一样，具有独特的审美价值。在我国古人的绘画作品中，经常看到诸如"吴带当风"等论述，论述从不同侧面说明了中国绘画中线条的独特的审美价值；绘画要素作为表现物象的手段，就如作为轮廓线出现的线条，造型要素通过技法和规则，创造出了新的艺术形象。新《美术课程标准》的课程设置中，设置了可供灵活选择的绘画和雕塑的内容。学生通过绘画实践活动，运用比例、明暗和色彩等知识。在实践中学习和运用造型语言，创造新的艺术形象的过程，除了理性的认识，还包括感性的实践，学生的造型能力、审美能力得到了提高。

二、恰当地使用绘画或雕塑的术语

新课程注重体验和实践性结合，将欣赏与体验结合起来。使学生既能动手设计、创作；又能使用美术术语进行评价。美术术语的学习，是衡量学生美术能力的重要方面。绘画和雕塑较之"造型·表现"的课型，有了进一步的拓展。义务阶段的造型表现要求学生掌握最基本的美术术语，对作品简单评价。高中阶段的绘画和雕塑，要求学生有更高层次的认识和使用绘画和雕塑的术语。这种提高，有别于专业院校。因为高中美术的学习是"生活型"的美术，不是"专业型"的美术，普通高中美术的学习要注重全体学生的美术素养提高，以提高学生的生活质量为目的。

三、灵活地运用材料，选择适合自己的技法

纵观美术的发展史，是一个造型材料的发展史。随着时代的发展，综合材料在造型活动中得到广泛应用。材料选择的范围越来越大，使用中也越来越具有灵活性。新材料、新工艺的发现和使用，使绘画和雕塑的表现越来越丰富。在高中绘画和雕塑教学中，要鼓励学生多使用和探索新材料，注意在使用传统材料中关注创新意识的培养。若材料的使用是开端的话，在创作过程中注意引导学生的情感表达，选择适当的技法和手段，创作出几件绘画或雕塑作品。我们还需关注学生的学习过程和方法，关注学生使用什么样的手段、通过什么样的途径获得知识。获得知识的过程不一样，带给学生真正意义上的收获可能不一样，对学生终身发展就有可能不同。教学实践中很多教师能很好地把握材料的开发、使用，并灵活运用。如有些案例中，教师引导学生利用诸如金属、织物等的自然物或者人造物进行综合材料的创作实践，收到了很好的效果。

四、以多种形式大胆地展示和交流

美术作为世界语言，无论国界如何，年龄还是性别，大家都能通过美术语言进行交流，交流过程中，增进了解。作为美术学习的重要一环，作品的展示成为交流的开始，通过美术的学习，学生能主动地进行作品的展示。展示可以不拘形式，如学校中可能每年在特定的日子组织学生作品展览，美术馆、文化馆等会定期地举行不同画种的美术作品展览等。展览相对来说，比较正规，展览的效果和影响也较大。在教学中可利用非正式的形式进行展示，教师除了能引导学生组织大型的展览活动外，通过各种渠道、各种形式，引导学生展示自己的绘画和雕塑作品。如学校的橱窗，当成学生作品展示的重要阵地。课堂展示是教学中最常用的方式，每节课的课堂作业展示，能够起到促进作用。让学生相互观摩，相互借鉴，又能促进兴趣，建立信心，促进学习。

这一系列中的展示和交流，应注意引导和鼓励学生进行作品展示时，学生成为主体，以学生为主进行组织和展示，展示过程中学会正确的评价，还要引导学生通过文字的、口头的形式等进行评价活动。

五、学会处理绘画或雕塑与其他学科相联系的问题

研究性学习，是新课改的重要的教学理念。通过研究性学习，能极大地促进学生的探究精神，形成较强的探究能力。

应学会从美术的角度认识世界，从美术与自我、美术与自然等方面学习美术的价值。具体到绘画和雕塑系列的学习，应学会从绘画和雕塑的角度，认识自我、社会与自然，在这一过程中，促进绘画和雕塑语言的提高。

在研究性学习中，要注意绘画和雕塑学习中的人文主义精神。在教学中，决定了要注重培养学生的人文主义精神。发掘美术学科的人文性质，是绘画、雕塑系列内容不可忽视的重要内容。人文精神涉及人存在的意义、价值、文化传统等，关注人的知、情、意、人格。人文精神由哲学、历史、艺术等人文学科所体现出来的。

要注意学科间的相互联系，发现学科价值，促进各学科的相互融合。绘画和雕塑的学习，离不开对其他学科的借鉴和营养。绘画和雕塑与文学、音乐、历史，甚至物理等学科间存在着密切的关系。19世纪的欧洲，随着光学的发展，绘画色彩有了长足的发展，才出现了印象主义的蓬勃发展。在教学中，会自觉不自觉地将音乐和诗词等形式的作品引入课堂。

第五节 高中设计·工艺

一、积极参与设计或工艺活动

"设计·工艺":满足人的精神享受和审美需求,将人类对生活环境的美的追求加以物化的创造活动,是设计思维和实际应用的结合。"设计·工艺"教学活动能帮学生接触材料,认识其功能与形式的关系。"设计·工艺"教学活动对培养学生的创新意识及实践能力起到至关重要的作用,逐步让学生形成主动发现问题,解决问题的良好习惯。"设计·工艺"是美术学科培养创新最好的途径之一。在"设计·工艺"教学中,学生是否积极参与,是否掌握"设计·工艺"技能的首要前提。能否积极参与"设计·工艺"活动,取决于多方面的条件。

社会和学校应为学生学习"设计·工艺"提供良好的师资——为课程配备优秀的美术师资及提供良好的物质条件。

教师应不断学习学科前沿的设计理念,促进自己的设计教学。教师应不断充实自己的学识,能为学生提供足够的基础知识;培养学生热爱设计的良好情感;设计教师应具备教学设计创新能力,教学方法富有个性和创新性。设计教师应培养学生养成自主学习与合作学习的良好习惯,发挥学生学习的主观能动性。

实际上有些地区"设计·工艺"课开设效果不很理想,表现为课堂上被动地接受,不愿意主动提出问题质疑等。要求教师充分发挥自己的想象力,最大限度地调动学生的学习兴趣,引导学生参与"设计·工艺"活动。还可以采取多种方式激发学生的主观能动性:创建教学情境,引导学生运用已有知识和生活经验、讨论、探究,或给学生布置任务,通过大家的合作学习达到解决问题的目的等。主动探究为学生良好的学习创设了和谐的氛围。

二、恰当地使用设计或工艺的术语

设计:人类社会的创造性的造物活动。人类生活的方方面面都离不开设计,设计已成为人类物质与精神生活的需要。工艺：以手工劳作为主的传统工艺，，工艺制作仍在现代社会中发挥着不可忽视的重要作用。

"设计·工艺"评价的方法有很多，20世纪五、六十年代评价以"适用、经济、美观"为参考标准的。随着不断发展，设计日新月异，设计评价体系不断丰富。概括起来：功能体系、结构体系、价值体系、审美体系等。在每个体系下，又细分了许多指标：设计基础、工业设计等。课程中的具体评价标准又有不同，要具体问题具体分析。在印染、刺绣、装饰画等门类以及各种废旧物品等材质的工艺制作中，技能的熟练、制作的成品等都有评价的标准。

设计的基本语言元素就是点、线、面、色、构成。在东西方文化的影响下，各个民族产生了较为独特的设计语言，由于知识结构、个性特征等的差异，在设计作品时个人对作品创新的角度也不同。在交流的过程中，每个人从自身作品的创意谈起，再到评价他人设计作品，产生更多的创意火花。

三、了解设计基础和主要设计类别的常识及基本技法

高中设计·工艺课的设计基础对学生来说非常重要。以学生为中心，从专业知识和实践能力开展教学活动，使学生提高专业理论知识，同时达到动手实践能力。"授人以鱼"不如"授人以渔"，教给学生学习的方法，指导学生获取学习资源，能够客观公正地评价学习过程，最终能建立初步的设计意识。由于课程的特殊性，可采用多媒体手段：计算机辅助设计、电视、范画及故事、音乐等方式引导学生增强对形象的感受能力，激发学生学习美术设计的兴趣。

"设计"：通过设想、策划、构思等活动解决问题并形成方案的过程。通过学习了解基本的设计要素，遵循一定的设计程序。

学习"设计"的主要意义：培养学生的设计意识。"设计意识"是能够在日常生活中，通过以实用功能和审美的眼光审视各种产品，进行富有创意的想象，提出新的建议。

四、灵活选用身边的材料，运用各种工具和加工方法

《高中课标》"设计·工艺"内容系列：学习根据实用功能进行有创意的构思和设计的方法，了解各种工具的功能和正确的使用方法，进行设计。

高中设计·工艺课是实用性和可操作性都很强的课程，会用到不同的材料和

加工方法：电脑、木材、刀等来完成制作。随着生活空间不断扩大，学生的人生观、世界观开始形成，对人生、对自我有了初步的认识，初步形成对个体和社会生活方式的思考能力。他们不满足于书本知识的接受性学习，具有一定的设计能力。拓展学校教学活动空间，引导他们在生活中学习，在应用中学习，培养学生的动手、动脑能力，让学生灵活地选用身边的材料来完成设计作品。教师要适当地引导启发学生去大胆尝试，让他们有成就感，逐步独立地去完成创作。老师要鼓励学生大胆进行独特的设计构思，如以多种材料和方法模拟工业产品和环境艺术的设计，了解各种工具的功能和正确的使用方法。

五、以多种形式大胆地展示和交流

《高中课标》"设计·工艺""学习活动建议"：鉴赏具有鲜明艺术特色及与生活经验相关联的设计、工艺作品，用艺术术语表达感受与理解。是要求在美术文化和学生的生活经验的情境中去学习现代设计。

设计·工艺课是提高学生的审美能力和对物品的设计能力。对于设计作品或工艺作品进行的评价。采用自我评价、师生评价、学生辩论等方法以口头或书面的形式来评价。

六、设计与制作活动过程中表现耐心、专注和计划性

设计的构思与制作过程是复杂的，设计构思是审美认识活动。俄国文艺批评家最早使用了"形象思维"来表述这种认识活动的特点。构思在对具体形象的感受与对客体的本质理解相统一上产生，通过对审美客体的现象与本质与一般相统一的把握，创造出鲜明的艺术形象。

一般是先有构思，在此基础上进行构图。但不排除在构图过程中对原先的预想效果，不断予以修正，有时还会萌发出新的构思，构思与构图在创作实践过程中是难以截然区分的。

过程中学生的耐心和计划性是可以决定学习效果的。因为高中生对美术设计理解程度不深，教师可以引导培养学生对已有的知识进行再创作，提高学生的构思。

七、学会处理设计或工艺与其他学科相联系的问题

通过"设计·工艺"课培养学生的设计意识,让学生在生活中发现可以改进的问题,按自己的想象改变自己的生活,使之更方便、更美观,提高生活的品位和质量。还需要发展"设计思维"能力——兼顾功能和审美的思维能力。它既不是像数学那种逻辑推理的思维,也不是天马行空的形象思维,既要逻辑地思考实用功能,又要形象地思考审美特点的思维方式——"逻辑的形象思维"。这是综合的思维,是应用性人才的重要的思维方式。从产生这种思考到形成方案,需要构思并形成方案的设计能力,需要"逻辑的形象思维"。

第六节 高中书法·篆刻

一、培养学生爱好书法·篆刻的情感

学生对书法·篆刻学习浓厚兴趣的保持，是在学习活动中能积极参与并自主探究的良好开端。让学生"积极参与书法或篆刻活动"，是课程标准涉及的"过程与方法"维度。"过程与方法"绝不是书法·篆刻的表现方法，是指高中生的学习过程和学习方法，侧重于"美术创作"方面的目标。课程改革的核心问题是如何改变学生的学习方式。

书法·篆刻课程让学生学习知识技能，不是为了把他们培养成书法家，而是美术课程教育的构成要素。书法、篆刻除了发展学生的"素养"以外，还致力于为高中生的终身学习、毕生发展奠定知识基础。在当今的视觉文化时代里，书法文字及篆刻已成为传播文化、表达思想的视觉语言，广泛地渗透于生活的方方面面。作为美术教师必须高度重视，书法、篆刻与其他学科间的联系。

通过书法·篆刻的学习，让学生感受到学习活动的丰富多样，并能表现其潜能，能用书法·篆刻的形式尽情地表达思想情感，能动手创造美，提高自己的生活品位，养成对书法、篆刻终生美好的情感。

二、恰当使用书法和篆刻术语

用恰当的专业术语来评论作品，课程目标涉及的"知识与技能"维度——"让学生进行艺术创作活动，学会分析美术作品及美术现象"。

在阐述相关的书法·篆刻问题时，涉及相关术语：书法中的"结构"、"笔势"、"笔意"、"笔法"等，篆刻中的"篆法"、"刀法"、"平正"、"对称"等术语。在学生对书法、篆刻术语有所了解的基础上，通过欣赏名家的书法或篆刻作品，加深学生的理解程度，以自己的观点评论书法或篆刻作品的过程。对学生的个性发展有利,且对学生思考、口头表达能力及其他能力的综合提高都十分有利。

书法的一般欣赏、品评标准是:

(1) 点画是构成字的最基本的要素,质量如何直接影响到作品的优劣。点画应写得准确、美观。楷书的侧点:"头尖、背圆、腹平、丰满"。钩要"锐、平、满"。用笔要有轻重粗细的变化,虚实相生。行书与篆、隶、楷三种书体相比,更讲究点画的变化。运笔过缓,流于板滞;过速,则呈浮滑之相。速缓相辅,虚实相生,才能气韵生动。

(2) 结构。结构也称结字,或称间架。字是由点画组成的,点画与点画间怎么安排,有些是汉字本身已规定了的,大家须遵守的,如"相"——左边是"木",右边是"目",左右不能换过来,换过来就成了错字。左右之间,近一点还是远一点,有多种排列组合的方式。

(3) 章法。我们如何把单字组织起来,使它们成为完整的书法作品?章法要解决这方面的问题:字与字间、行与行间的距离会直接影响到作品的章法。楷书要竖成行,横成列,正文与标题、印章间安排得当。欧体、颜体、柳体在章法上又各不相同:欧体结构紧密,行间字距的空白最大;颜体结构内疏外紧,行间字距最小;柳体结构内紧外疏,其行间字距介乎欧、颜之间。行书的章法应是竖成行,横无列,同字、同旁求变化。隶书、篆书的名款应用其他字体书写,力求变化。

(4) 笔力。书法讲究笔力。王羲之的行书——秀劲之美,颜真卿的行书——雄健之美,二者都是笔力遒劲。笔力是书法家在实践中所体现的功力。

(5) 意境。意境是通过艺术构思,在作品中体现出的涵意隽永的精神境界。王羲之在暮春之初,崇山峻岭之间神怡务闲,写下了"天下第一行书"——《兰亭序》字里行间流露出清闲高雅的韵味。颜真卿——《寄侄稿》时有感于国难家仇,笔转纵横,虽无意于笔法,却将情感注入线条之中。王、颜两家不以法缚,意境自得。意境与法度应合二为一,只有法度而无意境的作品。因此,有意境的作品才能耐人寻味。

通过以上,可以让学生对书法作品进行基本的品评和鉴赏。

篆刻的欣赏、品评标准是:篆字、章法、刀法、款识、章料。

(1) 篆字。从战国古玺印起经秦至两汉,印章作为执信之物,发展成为独立的艺术。历代的篆刻家无不在篆字上进行研究。古玺印的文字繁杂难识,其笔画细劲秀美,上紧下宽,如亭亭玉立之美女,秦印多凿法,统一中有变化,汉印篆字平实而大度，威风四起；文人制印以来，自篆自刻，印中文字更多地体现了"笔意"，流派纷纭，风格各异，高超的篆字艺术水平是创作经典印章的基础。

印章上的文字采用篆书——"篆刻"。但也有很特殊的时候采用别的书体。鲁迅先生非常喜欢篆刻艺术，有很深的造诣。许多篆刻家近百年来，把甲骨文和金文引入印文，是篆刻艺术的进步。

（2）章法。篆刻艺术是分朱布白、以刀为笔的艺术。在正确使用篆书的基础上，进一步研究字与字间的配合。在方寸天地里能安稳地把印文合为有机整体，这最见艺术家的匠心。章法——"布局"，将篆字的形态布于方寸之中，那穿插顾盼、巧借边栏、疏密平衡等种种构思，使篆刻艺术更有韵趣。章法是核心，巧妙与否是品评篆刻艺术水平高低的标准。

（3）刀法。刀法应体现篆刻与章法的形与神。对刀法的赏析也有各种论说，《印章要论》："刀笔浑融无迹可寻，神品也……无刀锋而似铁线，墨猪者，庸工也。"篆刻运刀是灵活的，可从中体现作者的艺术风格，刀法的优劣关系到篆刻作品的成败。

（4）款识。刻在印侧——"边款"或"旁款"，顶端的文——"顶款"。秦汉及以前印章，未发现铸刻有款识文字。隋代有在印背加刻铸造年月的——"背款"，应是最早的印款。在印侧面刻款识文字始于明代，盛于清代。印款除刻作者姓名和时间外，还有题识其他诗句，款识的书体有楷、隶、行书等。初期刻法用双刀，以后大都单刀直下，好的印款是艺术品和印面篆刻相互争辉。

（5）章料。篆刻用章料有雕钮为装饰，或简单，或粗矿，也是一门绝技，各代皆有名家。

通过以上可以让学生对篆刻作品进行基本的品评。篆刻艺术：字法、章法和刀法。字法是基础，章法是核心，刀法是表现手段。无论是篆刻艺术的欣赏，还是创作，正确地辨识篆书是首要条件，具备了良好的篆书基础，我们就可以运刀如笔。

三、了解我国书法发展的基本轨迹及其与传统文化的关系

通过学习让学生能比较系统地掌握书法、篆刻的基础理论，大体了解历代书法、篆刻的特点、流派及与传统文化的关系，培养高尚的审美情趣。

书法与汉字。汉字是汉语的载体，是书法的母体。进入文明社会的基本条件

和重要标志是文字的使用。没有文字，经验和信息都只能靠口耳相传。书法从汉字的母体中诞生出来，母子携手相行。但书法有自己的独立性，特殊的逻辑运动轨迹。书法又有形象意境之美，结构的多样和谐之美。

书法与中国传统文学。书法和文字在文化大视野中都是表现心灵情韵的艺术。好的书法作品能展现文学作品的艺术魅力，传统文学艺术给书法提供了表达的信息。

书法与绘画在中国文化中有紧密联系。书法是书"道"，绘画是写"志"。

就艺术形式而言，书法与音乐属于不同范畴的艺术，前者诉诸视觉的空间艺术，后者诉诸听觉的时间艺术。

唐代国家强盛，文艺繁荣，唐代楷书大家辈出，如欧阳询、颜真卿等。他们以其严谨的法度，为后人提供了众多学习楷书的典范之作。

欧阳询书法将王字的风神肃穆与北碑的雄强猛利融为一炉，世称"欧体"。欧字结构平正安稳，但严肃庄重的外表下却隐藏着极为精妙的变化，笔力清刚雄健，基本特点可用"险劲"来概括。

颜真卿，中唐杰出书法家——"鲁平原"，"颜鲁公"。书从褚遂良、张旭，得笔法，正楷端庄伟岸，笔画丰满圆润，大气磅礴——"颜体"。与柳公权并称"颜柳"，有"颜筋柳骨"之说。《多宝塔碑》笔法明显受褚遂良影响，提按富有节奏，墨酣意足，结构缜密严谨。此碑属颜真卿早期作品，对后世影响极大。《麻姑仙坛记》是颜体正趋成熟的作品，颜体的主要特征已日渐明显。很多字一反横细竖粗的常态，有些字含蓄浑然，具有浓厚的篆笔意。《颜勤礼碑》丰腴雍容，用笔以中锋为主，线条丰满而极富弹性，笔力遒劲婉畅，笔法精湛细腻，豪放而不失精细。整碑章法上如排兵布阵，密不透风，有一种豪迈矫健的气势。

行书流源大致可分为：东晋王羲之与王献之创建的"二王"行书体系，产生了巨大的影响。王羲之的《兰亭序》——"天下第一行书"，它是行书的最佳模式之一。

草书的发展遵循了章草—今草—狂草逐渐演进的轨迹。

篆刻艺术由古代印章艺术发展而来的。印章艺术与篆刻艺术的分界线——赵孟頫、吾丘衍和王冕为标志。明代文彭、何震并称"文何"，被尊为篆刻流派的"开山鼻祖"。何震是文彭的学生，被称为"皖派"。清代有丁敬创"浙派"，安徽的邓石如虽属"皖派"，被称为"邓派"，其中吴让之成就较大，他将"皖派"的篆书艺术推向新阶段。现代湖南齐白石，以单刀入印，被称为"齐派"。

篆刻是古老的，又是现代的。殷商时代，聪慧的先民们在青铜器上铭刻下自己的名字。经历了明清印学的复兴，当 2008 年奥运会会标向世人展示的时候，篆刻艺术又一次从中国走向世界。

四、初步掌握书体的书写规范或篆刻的一般技法

让学生初步掌握书体的书写规范的一般技法，创作两件以上的作品是《美术课程标准》涉及的"过程与方法"维度。

在书法鉴赏的基础上，学生选择书体并能通过鉴赏而初步掌握书体的书写规范，是学习过程中的重点。让学生尝试用不同的临摹方法感受中国书法。摹帖、临帖是书法的入门途径和有效方法。摹帖——透明的薄纸覆盖在字帖上临摹，适用于初学阶段。临帖——把字体放在一边，照着字的用笔和结构去写。背临——默写。不看字帖，凭着理解和记忆来背写。意临，在熟练掌握了原帖的用笔和结体特点的基础上，参入己意。实际上是发挥了创造性，使古人书法为我所用。临帖以由形似到神似为追求目标。在临摹的基础上尝试创作，将自己的个性融入其中。篆刻也是如此，不同的是书法是用笔墨写字，篆刻是用刀在印章上刻字。篆刻艺术集古今思想、篆刻家修养等多方面的综合艺术。

五、以多种形式大胆地展示和交流

"让学生用展示和交流的方式，对作品进行评价"是普通高中《高中美术课标》课程目标涉及的"知识与技能"维度。学会分析、评价作品和现象的方法，发展、获得有关的美术知识；陶冶情操，热爱祖国优秀的传统文化，是侧重于"书法·篆刻"方面的目标。"学会运用专业基本知识和方法有创意地展现学习成果，学会自我评价，评价他人学习成果；以视觉艺术为主的艺术交流，架起与他人思想沟通的桥梁。"侧重于"交流和评价"方面的目标。

书法·篆刻的学习过程的评价标准不应是学生创作的作品优劣与否的评定。教师要引导学生在评价自己和他人作品时关注自己和他人在知识和技能获得方面的情况，关注学习的过程及相应的情感态度等方面的发展。通过交流，学生可以从别人的作品中学到优点，可以对自己的作品做出肯定或反省，提高自己的认识水平。交流使同学间、师生双方增进了了解和友谊，体现合作学习的宗旨。

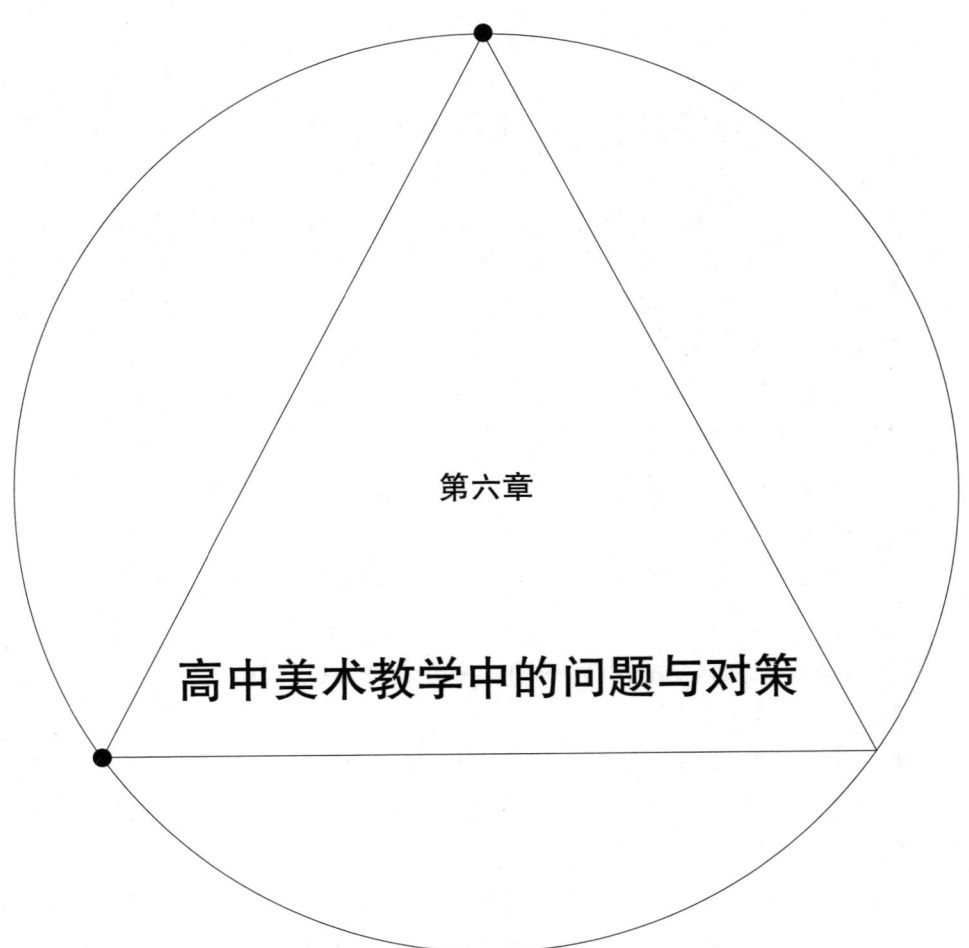

第六章

高中美术教学中的问题与对策

第一节　普通高中美术课程新理念与教学反思

一、把握普通高中美术课程的新理念

1. 高中美术课程模块选修要适合不同学生的发展，以便将来更好的适应社会，适应社会要体现现代社会发展的新领域，重视基础知识的学习，培养学生现代艺术观念和学习兴趣，提高学生的综合素质。客观评价学生美术学习的实际能力，提高美术课程学习的实效。

2. 高中美术课程学习要处理好尊重世界多元文化在社会发展的进程，表现人类的文明与进步。随着信息社会的发展，展示了美术的多元性，不同国家的美术代表了不同民族审美。要尊重世界的多元美术，深入了解祖国的传统文化，增强民族自豪感和爱国热情。

3. 高中美术课程要符合学生生理和心理的发展规律，高中美术要通过学习方式的转变，提高学生的学习能力。引导学生学会知识的组织与归纳，从整体上思考知识和问题，注重知识与技能训练和学习方式的变化，提高学习美术知识的能力，提高学生的美术素养。

4. 高中美术课程的学习要强调创新精神能力的培养。美术的创新来源于对问题的分析等，通过体验等来表达创新的意图，实现能力与知识价值。知识经济的核心就是知识创新。

5. 高中美术课程学习要关注评价的积极意义是为了促进学生的发展。改革评价方式，有利于在评价过程中改变学生树立学习美术的信心等。通过质性评价的成长记录、作品交流与互评等形式，改进评价方法。美术评价具有个性化行为，质性评价方式为主导的评价制度，使评价更合理。

二、普通高中美术课程改革带来的新变化

1. 促进了美术课堂教学的变化，教师以新的思维，展示美术教育课程改革的

成果。不同方式的课程资源整合，体现了美术课程改革的新理念。课堂亮起来，资源活起来，高中美术课堂充满生机。

2. 内容新激活了美术课程的新形式高中美术课程的系列。现代技术和现代教育观念的融合拓宽了美术的概念。"美术鉴赏"模块的开设关注了学生审美的培养；"雕塑"、"绘画"使学生的基本技能和知识得到了训练；"工艺"、"设计"中现代与传统思维的碰撞。"电脑美术"、"摄影摄像"使美术与时代更贴近。教师在教学内容与模块选修选择上，展示了美术课程独特的魅力。

3. 方法新增强了课堂教学的新活力，教师通过教研讨论与交流，以专题研究加大问题解决研究的力度。以美术课程新的理念，扎实的教学基本功，激活了美术课堂。

4. 资源新拓宽了美术教育研究的新思路。美术资源的辅助教学，提高了课堂教学的直观性等；现代化教育手段与美术新课堂的整合，改变人们对美术的认识；多媒体课件的研制，提高了教师的教学效率；地方的历史文化和民间艺术进入课堂，使教学贴近生活。

随着普通高中课程改革的推进，在课程改革大的背景下，课程计划、资源开发等积极探索，成为高中课改的新亮点。如何全面理解课程改革的意义；如何全面落实艺术课程计划，保证课程开齐开足等，是我们要面对的新课题与新问题，是对高中美术课程改革推进的新考验。

（一）课程现状——普通高中学生综合素质评价带来的思考

在学生综合素质评价的实施中，学生的综合素质评价、艺术课程开设与课程标准的要求、课程改革的精神仍有距离，从我国基础教育发展水平来看，艺术教育仍是学校教育的薄弱环节。学校没有把艺术教育摆在应有的位置，艺术课程开课率不足、资源匮乏等情况不同程度存在着。艺术教育的滞后，制约了基础教育的均衡发展的全面推进。反思在高中美术课程改革推进中的新矛盾，解决美术课堂教学的新问题，是当前高中美术课程待研究的新课题。

普通高中学生综合素质评价是实验区省份高中课程改革具有特色的新方案。教育主管部门陆续出台了相关文件，对评价的操作方法等方面也做了明确的规定，学生综合素质评价工作进程不容乐观。在贯彻中打折扣的倾向和在掌握评价标准不够严格等尴尬的问题上，艺术课程未开齐开足的问题依然存在，评价的主观性、评价的水分问题时有发生。

1. 艺术课程开设得不够到位在对普通高中学生综合素质评价中，艺术课程开设普遍不足：学校领导受应试教育影响，为了高考升学率，冲击艺术课程规定的模块选修基本要求；艺术课程缩水，模块开设不足，未能完成课程标准规定的六个学分的课时，不具备合格的基本条件；具备一定规模的高中，艺术师资配备不足，艺术课程无法开足。

2. 对政策把握得不够准确在对艺术课程审美素养的评价中，标准执行得不够规范的问题，政策把握得不准，执行标准过松，优秀学生高达三分之一，让人感到太多，也就失去了评价的意义；有因严格执行相关政策和标准，没有优秀等级，落差大，诚信度值得反思。执行的标准不够规范，评价标准界定不够明确，对政策的理解与执行弹性过大，导致评价的诚信度过低。

3. 对评价体系认识得不够清楚在对学生综合素质的评价中，个别地方教育对评价指导与课程标准的基本要求在理解和执行上有所偏颇。教师在评价中随意性较大，对学生综合素质评价处在一种不正常状态。对标准掌握得不够完整；对学生综合素质评价带来的问题，导致领导对艺术课程不够重视，社会对艺术课程不看好，学生对艺术课程形成无所谓的态度，直接影响了美术教学的质量。

（二）课堂现状——普通高中美术课程教学中存在的问题

在普通高中美术课程改革的深入推进中，课堂有效教学的研究和开发，已成为大家关注的热点问题。以课堂教学为主阵地，以案例研究为途径，通过一定的研究形式，深入解决高中美术教育的热点、难点问题等，体现了普通高中美术新课程推进的主要成绩，展示了美术新课程带来的新思维、新方法等。在高中美术课堂教学中发现，对课程标准认识的不清、对教学方法运用的不准等问题，需要在课程改革的推进中研究高中美术课堂教学的新问题。

一是教育观念上的失误。需正确理解"注重学习方法和过程、提高美术素养"基本理念，合理选择教学方法，恰当组织学生活动。

我们知道在绘画流派上，是美术表现形式的多元化，也是某位画家画风的追求。授课教师标新立异的辩论会设计，一是片面地理解了研究性学习的意义，二是活动设计偏离了教材内容的基本要求，三是未能全面理解美术课程标准的基本理念，教育观念上认识的偏差，导致教学创新中教学活动设计的失误。

二是教学设计上的失宜。高中美术课程的教学设计，按照教材的基本要求，结合学生的认知规律，做到贴近教材、贴近审美等，把知识的掌握、审美的提升等作为目标，切忌在教学中讲授过多信息，超越了学生的基本能力和认知规律。

课堂教学设计要体现课程标准的基本理念，要体现有利于培养学生的审美素养，还要体现学生的基本认知规律，提高学生的综合素质，符合知识的认知规律，在学习的过程中不断提升学生的知识积累，教学设计才可激发学生的动力与学习兴趣，体现美术课程在培养学生的人文精神的积极作用。

三是目标预设上的失准。把握教学目标预设是教学的重要原则，也是教师依据课程理念等诸多因素，一节课要完成的任务和实现的目标，通过学生对知识与技能的掌握来实现教师预设的教学目标。有的教师在教学目标中脱离了学生的实际，以个人的好恶预设目标，忽视教材的基本要求，实现不了课堂教学的目标。

教学目标是根据课程目标设计的，应体现在教学过程中，从课程的三维目标确定教学目标，从知识与技能、情感态度与价值观等方面制定具体目标。目标的预设是一节课教学内容、训练要达到的标准等，目标预设定位不准，整节课的教学思路就会有偏差，是实现不了三维目标的。

四是失衡。美术实践是一种创造性的活动，在激发人的创新精神、开发潜能等方面具有独特作用。课堂教学应引导学生在自主学习、体现学生的主体地位和合作学习中主动探究美术的本质，培养学生独立思考、动手能力，体现学习方式与其他学科不同的特点。有的教师对学生体现的学习方式与主体意识的变革只是追求一种表面，对教学主体认识与理解失去了平衡。

自主学习和合作学习等是为了学生在美术课程中的主体地位。教师设置的问题具有研究价值，增强学生自主研究能力。在美术素养上高层次的学习，学生的主体作用体现在有一定价值的问题上才有意义。

五是活动设计上的失真。活动设计往往是一节美术课的亮点，精彩的活动可以激发学生参与美术学习的积极性，激活课堂，用活资源，提高课堂教学的有效性。活动的设计要选择最佳时机满足学生的需要，有效调动学生思维与行为，使身体的各个器官在参与活动中达到最佳的状态。活动的设计必须是必要的，能有效解决课堂教学中的重点与难点，这样的活动才有意义，才能达到预期的效果。如果我们设计的活动只是可有可无，或是一个为了活动而活动的设计，这都是毫无意义的失真活动。

教学活动的设计要依据教学目标、教学内容、教学对象的需要，要充分考虑活动的安排、时机的选择、活动的频率等因素，活动设计的有度、有节、有理才能达到有效教学的目的，学生才能在活动中拓展知识和锻炼能力。对活动的设计必须适度、适合和适用，真正解决教学中的真问题，活动才能达到实用、实在和实效。

六是审美评价上的失信。普通高中美术课程标准在"理解祖国优秀艺术，尊重世界多元文化"的基本理念中强调了"要让学生较广泛地接触中外优秀作品，拓宽美术视野，尊重世界多元文化，探索人文内涵，提高鉴别和判断能力，抵制不良文化的影响"。我们在美术鉴赏时要在东西方文化的交流中，正确评判外国美术作品的审美内涵，正确认识和理解不同时期的优秀作品，不能以教师的好恶作为审美的评判标准。

对20世纪外国现代美术及流派的正确评述，是对美术在发展过程中新观念的认识，现代流派对人们的思想，特别是对年轻人影响较深，教师应根据课标精神和教材的要求，正确认识现代美术流派，以批判的眼光正确评判不同的流派，引导学生从美术的多元发展的角度，以正确的审美标准认识和评判现代美术，而不能以教师的好恶误导学生。

七是信息把握上的失时。美术随着社会的发展，其概念在扩散，内容在扩张，形式在扩展，范畴在扩大，如何有效把握现代信息，为美术课堂教学服务，拓展信息的渠道，展示美术的综合性，需要教师合理利用与开发美术资源，使美术课程更加形象生动，使美术知识更加贴近时代与生活，充分体现美术课程在高中课程改革中的特殊地位。

现代信息的传播与交流，扩大了美术课程资源的渠道，合理选择、把握信息，有利于教师的教与学生的学，合理的选择、适时的展示等，增强了美术课堂教学的形象性和直观性等。信息选择不当，分散学生的注意力，实现不了信息的有效整合。

（三）领会精神——把握普通高中美术课程教材的基本要求

为有效促进高中美术课程有序发展，贯彻落实地方教研部门结合各地高中美术课程的基本要求和基本策略，确保新课程实验的效益。各地方组建高中美术课程专家组，负责学科指导，在思想和教研上起到保障作用。

普通高中美术教科书主要有人教版、湖南版和广东版等，不同版本的教科书的编写各有特点，人教版等教科书以中国美术与外国美术为两条主线，系统性较强；湖南版等教科书以主题性为鉴赏的主干，东西方思想与文化的碰撞，中国与外国艺术的交流与融合。注重了拓展性、基础性和应用性，促进了学生的探究与思考。不同版本的教科书，对教师教学能力提出了较高要求，对教师也是一种挑战。聚焦课堂，用活教材，加强课堂教学问题的研究，在研究中提升自我。

1. 教学创新要坚持学科的基本特征

在高中美术课程研究中，教师在教学形式、教学活动、教学评价等方面展现了自身的优势。我们要在吃透教材要求的基础上，体现高中美术的教学特点，突出美术教育在审美教育中的特殊作用。

2. 教学拓展要坚持学科的"双基"

在教学拓展中，有些教师为了使教学内容有新意，一味地追求表面上的热闹，忽视"双基"的基本要求。往往将边缘化的知识作为知识点和亮点，把美术的"双基"降到最低，忽视美术教科书的基本要求。

3. 教学的成本要关注教学的实际需要

教学要关注成本，往往在教学的公开课和竞赛课中，教师不顾教材的基本要求，以为越先进越好，扩大高科技产品的运用与投入。

4. 教学智慧要体现教师的内在转化

教师的教学风格和教育思想的展示是高中美术教学。学习先进地区的经验，结合地区的实际，根据教师的自身优势，让美术课堂充满智慧。

（四）加强研究——探索普通高中美术课程模块的教学方法

模块教学内容的灵活性有利于学生选择适合的学习内容。开放性使七个模块之间有着内在的联系，有利于学生的研究性学习，用开放的眼光审视美术中的问题。独特性使美术课程教学呈现多样化的形态，为我们模块选修的策略研究，带来新的研究课题。

模块选修的策略，要根据各地区学校、教师的现状和推进规划，把"美术鉴赏"作为选修中的必修，开设"绘画"、"雕塑"模块，和具有时代特征的"设计"、"电脑美术"等模块，在有条件的学校也可开设"书法"、"篆刻"等模块。在实验的省份要鼓励教师在发挥专业特长的基础上，积极创造条件，扩大学生选修的余地，丰富美术课程的教学内容。

针对模块选修中的实验问题，教研部门要发挥研究优势，重点解决模块选修的操作问题。在"美术鉴赏"中组织"什么是美术作品"、"怎样运用自己的眼睛"、"新的实验"以及"传统艺术的根脉—玉器、青铜器艺术"、"从传统走向现代—印象派与后印象派"等研究，让授课教师在深入研究教材和教学环境的基础上，突出内容选择、操作方法、媒体运用等问题研究，实施"美术鉴赏"模块的选修起到积极作用。摄影摄像是"成功把握瞬间的乐趣"、"留住身边的精彩瞬间"等，将现代技术整合研究作为问题的重点，突破传统教学模式；绘画是"中国画"、"水彩画"、"漫画"等课的研究，如何进行有效操作问题组织研究。要坚持以课堂教学为研究重点，以研究课、实验课等为主，通过直观形象的课堂教学，让教师们体会到学习方式的变革、学生个性的张扬和创新精神的培养等，突出教学研究在美术课程中的优势。

在高中美术课堂教学问题的研究中，我们要注意地区发展的差异性。

1. 示范引领，体现课堂教学问题指导性根据地区教育的差异，让课堂教学示范课发挥示范作用，让滞后的学校能直观体会到改革后课堂变化。

2. 善于发现典型，体现课堂教学问题针对性在高中美术调研中，发现高中美术课程实验典型，提升有效做法，这样既展示了学校课程改革的特色，又展示了教师个体研究的成效，从而对美术课程起到了促进作用。

（五）开发利用—提高普通高中美术课程资源的有效整合

重视利用课程资源和开发，研究课堂教学热点与难点，提高解决问题的可行性。美术课程资源是极其丰富的，它来自于生活、自然与社会等，美术教育应从教育资源中汲取营养，积极探索开发新资源。利用美术课程资源，重视信息技术的利用，发挥信息技术的形象、快捷等优势，将过去和现代能拓展的美术信息为美术课程利用。重视地域资源和校本资源等的利用，让学生更形象、直观地体验传统文化与现代文化，拓展学生的信息量与知识面。在课程资源的整合中，开发与利用地方的历史资源与文化，充分挖掘地方文化丰富的底蕴，发挥高校的优势，拓宽资源开发的渠道。在资源的整合中，为了更有效地实施"美术鉴赏"模块，依托教研部门、电化教育的优势，挖掘美术教师的潜力，以信息部门技术的优势为突破口，针对教材的内容，和大家的智慧和技术，将课本中的资源和出版社的资源等，个性化的设计统一要求，PPT的模式，制作"美术鉴赏"模块的教学课件。课件突出形象性和技术性等，并为有创造性的教师提供可修改的空间。根据教学设计的基本要求，在每一课件后附上一份电子教案，为教师深入课堂教学研究提供基本素材。教学课件研制是解决课堂教学有效性措施之一，也是教师迫切希望解决课堂教学手段的问题，是当前美术课程资源有效整合的途径。在高中美术课程资源的整合中，我们要坚持以下几项原则：

（1）开发教材资源，以课堂教学问题解决为指向，用足用活教材中的图片资料，拓展"思考与交流"的思路，提高解决问题的可行性。

（2）开发地方资源，贴近生活，拓宽资源渠道。在教学与课程实验中，要求教师贴近学生的生活，贴近地方的历史文化，贴近校园的文化，贴近现代信息技术，使美术课堂教学适应学生的需求，适应时代发展的需要。

（3）开发信息资源，以教学课件研制为解决操作问题的目标。课件的研制使课堂有效教学研究更加便捷，辅助了教学，使教师有更多的精力与时间研究教材、研究课堂、研究学生和研究方法，加大了美术课程研究的深度。在高中美术课程资源的整合中，要充分挖掘信息化资源，探索资源新的领域和空间，丰富课程的内容，强化课程整体资源的有效利用。在已经开设的高中美术研究课中，我们已经看到教师在坚持课程改革精神的基础上，结合教师的自身的优势，学生的个性特点，学校的设施条件，善于发现生活中的美，地域文化和民族传统的美，并利用最新的媒体技术，让古代艺术、民间艺术走进课堂，让开发的课程资源"说话"，成为创造美的载体，让学生在资源中得到美的陶冶和熏陶，激发学生的创造性思维，提高学生动手的能力，实现高中美术课程的目标，创造教师和学生发展新的空间。

（六）积极探索—建立普通高中美术课程评价的导向机制

普通高中的美术课程改革，在教育理念、教学内容、教学方式、教学评价上发生了根本性的变化，而教学评价一直是课程改革关注的热点问题。根据普通高中美术课程标准提出的根据教学实际和学生的情况，制订具有开放性的、能够促进学生发展和改进教师教学的以及推进普通高中美术课程不断发展的评价指标。围绕评价的基本要求，发挥评价的正确导向，体现评价的激励作用。在学分认定、模块考核、过程评价中有效实施评价，解决普通高中美术课程的评价问题。根据普通高中美术课程模块选修的实验与研究，在"美术鉴赏"、"绘画"、"摄影摄像"等模块的评价上进行积极的探索。

1."美术鉴赏"模块的评价要突出培养学生的基本审美素养美术鉴赏是运用感知、经验和知识对美术作品进行感受、体验、联想、分析和判断，获得审美享受，并理解美术作品与美术现象的活动。美术鉴赏能力是美术素养的重要组成部分，该模块主要让学生了解和熟悉美术语言以及美术术语，掌握"描述、分析、解释和评价"的基本方法，并通过美术鉴赏教学活动来帮助学生学会欣赏，并在欣赏、鉴别与评价美术作品的过程中，逐步提高审美能力，形成热爱本民族文化、尊重世界多元文化的情感和态度，着力提高学生的基本美术素养。

该模块成绩考核以18学时为一个学分来认定。在教学中强调在现代视觉文化语境的条件下，让学生在文化情境中认识美术。其在知识方面没有严格限定，给教学留有较大的选择余地，对学习效果的考核注重以促进发展为目标的多元化评价方式。评价的方式可以组织学生学习小组，在互评中发挥作用，促进评价主体多元化，评价方式多样化。该模块的评价宜采用多种形式，可以通过写名作欣赏文章、写学习心得体会文章、卷面考试等方式。课堂上学生参与活动的态度、问题回答、随堂小练习等均作为质性评价的记录，以调动学生主动参与美术学习的积极性。

"美术鉴赏"是一个重要的独立模块，在高中美术课程学习的选修过程中，宜采用"1+2"的教学模式，即建议学校先开设"美术鉴赏"，然后选择其他2个模块。在"美术鉴赏"模块教学中，关键是强化审美教育，激发学生参与的积极性，从而感悟优秀作品的审美内涵，体验作品中的艺术美，促进评价方式的转变。

2. "绘画"模块的评价要突出培养学生认识与实践的能力 "绘画"是高中美术课程选修较多的模块，是体现基础知识和基本技能的重要课程，对培养实践能力和创新思维有着积极的意义。"绘画"模块是实践性、创造性较强的课程，它的知识结构主要包括绘画的基本理论和技法知识两个方面。教师在模块确定之后，应熟悉教材的整体知识结构，把握好课程内容的实施方法，因地制宜选择绘画的种类和材料，创造性地开展"绘画"模块的教学活动。"绘画"模块的评价，主要引导学生在基础知识和基本技能的学习中，提高学生对形和色彩的认识，在艺术实践中掌握一至二种绘画的方法，或其中的一至二种表现方法。当然这仅仅是了解和初步掌握，以及评判作品的能力。"绘画"模块学生的作业形式可以尝试创作、临摹和写生，教师要认真批改记录，课程结束评价的形式也可以有多种选择。"绘画"模块的评价形式还可以结合学校和学生情况，布置绘画的创作作业，并要求在规定的时间完成。"绘画"模块的教学要整合校内外课程资源，发挥当地美术馆、博物馆等资源的作用，也可采取走出去请进来的教学方法，如走访画家、邀请画家讲座、演示等。绘画的评价需要学生掌握一定的基础知识和基本技能。由于学生审美能力以及绘画造型能力的差异，教师在实施评价中既要关注学生的作业、作品的评价，也要关注学生参与态度的评价，在评价中促进学生学习绘画的兴趣与积极性。

3. "摄影摄像"模块的评价要突出艺术与技术的整合 "摄影摄像"模块是高中美术课程新的学习领域，不仅对学生来说是新的，对教师来说也是新的。不同生活水平的地区对硬件的要求也不一样，不同层次的学校，学生摄影摄像的基本素质也不尽相同，这种差距都直接关系到该模块的教学进度和实施，教师应根据校情、学情组织教学活动。

"摄影摄像"模块教学强调了艺术与技术的整合，教学的形式可以多样，教学的内容可以适当选择，学生的作业表现形式也可以有多种，可以根据教材让学生尝试主题性拍摄，也可以让学生进行自由创作，但要注重教学的实践性。教学时可以与信息技术课程结合，对影像进行适当的艺术与技术处理。学生呈现的作业教师要认真批改和点评，课程结束评价的形式应根据"摄影摄像"模块的特点，可以组织学生举办摄影作品展览，为学生的艺术实践提供展示的平台。

"摄影摄像"模块的评价可以结合学校和学生生活的环境，拍摄贴近学生生活、有一定主题的作品，校园生活、自然环境、重要活动等都是学生拍摄的素材，关键在于启发学生善于捕捉身边典型的瞬间，以艺术的眼光观察生活，发现可以表现美的素材，培养学生发现美、表现美的能力。教师要有目的地组织学生在规定时间完成艺术实践活动，并将收集的"作品"在班级或校园内举办一个展览，这会对学生的"摄影摄像"模块的学习起到积极的效应。

随着人们生活水平的不断提高，摄影摄像器材的不断普及，如何提高摄影摄像水平已成为不少学生的追求。在教学时，除了利用好现有的教材资源和基本的教学硬件外，还要尽量整合更多的资源，创设比较宽松的教学环境。例如，准备相关的杂志、书籍、光盘等资料，网络信息资源，欣赏优秀作品，组织学生参观展览，聘请专业人士开设讲座等。在评价实施过程中，要改变传统观念，紧密联系时代与社会生活，关注学生感兴趣的问题，充分体现评价在激发学生兴趣、促进学生发展中的作用。

4.评价研究要促进学生与教师共同发展《普通高中美术课程标准（实验）》的基本理念和基本要求，对评价提出了指导性的建议，也对教师的教学管理和教学评价提出了较高要求。重视在教学过程中记录学生成长的足迹，关注学生的全面发展和有个性的发展。通过评价的激励机制，有效体现教师的专业素养和教育智慧，有利于培养学生的兴趣，增强学习美术的信心与能力，提高课堂教学的整体效益，促进学生的发展。教师的教学评价主要在于课堂，评价的主要内容包括教学目标、教学内容、教学方法、教学效果和教师素质等。通过评价为教师分析、改进、提高教学质量提供及时的信息，不断反思教学行为，提高评价的激励性和有效性，促进教师自我的发展。高中美术课程实行学分管理制度，学生能否获得学分，是由学生参加各模块学习考核取得的成绩和在学习过程中取得的过程性评价两部分组成，达标者获得相应学分。高中美术课程的评价不仅要关注学生结论性的评价，更应关注学生过程性评价与发展性评价，促进学生和谐、有个性的发展，还应关注教师在评价过程中的职业道德、专业能力和教研水平等，建立以美术教师评价为主，领导、其他教师、学生、家长共同参与的评价机制，使教师能够从多种渠道获得更多的信息反馈，不断改进教学评价方式，使评价更趋于科学、合理和规范，更具有激励和导向作用。教学评价要紧紧抓住模块的三维目标，不仅评价学生美术知识掌握的情况，还应关注学生的美术学习能力、学习态度、情感和价值观、交流合作等方面情况，采取多主体、开放性的质性评价方式，促进学生与教师的共同发展。

（七）深入科研——增强普通高中美术课程问题的研究意识

在高中美术课堂教学的研究中，我们要坚持以教育科研为抓手，以课题研究为载体，不断增强问题研究的意识，不断深化对课程基本理念的理解，对课程目标的认识，对内容标准的把握，对实施建议的思考，以课堂为科研的主要目标，通过科研切实解决课堂教学中共性与个性的问题。

根据高中美术教育科研与课题研究的目标，要不断更新教育理念，以新的美术教育理念，深刻理解、全面贯彻美术课程标准的精神，充分认识基础美术教育在实施素质教育中具有不可替代的特殊作用。在教育科研与课题研究中注重理论与实践的结合，理念与方法的结合，操作与实用的结合，使教育科研与课题研究更具有现实意义，充分体现美术教育课程改革的科学性、系统性、形象性、时代性和前瞻性。

科研必须依托教研的平台，着力打造一批观念新、思维活、基本功扎实、善于研究的优秀教师，凝聚一批中青年骨干教师。要通过课题研究，建设一支骨干教师队伍，以此推动高中美术课程的健康发展。高中美术教育科研的重点、关注的核心问题是课堂教学，是深入推进当前高中美术课程迫切需要解决的现实问题。随着高中美术课程改革向深层次发展，逐渐暴露出一些问题值得我们反思，进而引发了课堂教学问题与对策的研究：针对课堂教学中的教育观念上的失误、教学设计上的失宜、目标预设上的失准、教学主体上的失衡、活动设计上的失真、信息把握上的失时、资源利用上的失败等亟待解决的问题，分析问题存在的原因，提出有效解决问题对策，整体推进高中美术教育课程改革。

在高中美术教育科研中，要紧密结合课程目标和内容标准，强化问题研究的意识，强化研究的现实性、实践性、操作性和实效性，要根据美术学科的特点，不同类型的学校和城乡的差别，统一规划，分层推进，坚持以地区研究为主导，以地方、学校研究为主体的策略，集中科研和一线教师的优势，着重解决普遍关注的问题，以及影响全局的重点问题，突出课堂教学问题研究意识与解决的对策。

在深入科研中，通过课题立项，明确课堂教学问题解决的目标，突出有效备课、有效指导、有效互动、有效管理、有效训练的研究，把问题解决作为研究的出发点与归宿，切实提高课堂教学的有效性；通过教育科研平台，加大骨干教师的培养，在课题研究、课堂教学竞赛、教育专著编写、论文撰写、各类评优中让一批教师脱颖而出，成为地区高中美术课堂教学问题研究的基本骨干力量；通过教育科研，展示高中美术教育研究成果，可在有关报刊上发表课堂教学研究文章，也可参与美术教育专著编写，参与美术案例研究，在研究中提升教育理论研究水平，提高课堂教学研究能力，提高美术专业素养，以适应高中美术课程改革和课堂教学的需要，借助科研的动力，促进教师的专业化发展，培养教育型、智慧型、科研型的教师。

普通高中美术课程改革的不断深入推进，需要我们在学习与创新中，研究推进中遇到的新问题，寻找解决问题的新对策。我们要在问题的研究中不断加深对课程基本理念的认识，不断提高对教学基本内容的理解，不断把握对教学模式策略的选择，不断增强对教学媒体技术的运用，在高中课程改革的实验中凸显美术课堂教学问题解决与对策研究的优势。

第二节 "美术鉴赏"系列审美素养的问题

一、"美术鉴赏"的基础知识

（一）美术的分类

传统的美术：绘画、雕塑、建筑和工艺美术。对美术认识的扩大，人们将设计艺术、书法、篆刻等列入美术的门类。高中美术课程将摄影摄像、电脑美术纳入美术。

美术门类又可细分为许多，绘画类：中国画、水彩画、版画等，设计类：视觉传达艺术设计和环境艺术设计等。

（二）鉴赏的基本要素

1. 艺术形象

美术的艺术形象是通过构思内容表达画家的思想感情、审美感受和审美追求，通过平面的、组合的空间形态，以静态的形式表现，具有鲜明、生动的视觉艺术形象。美术作品的不同种类构成艺术形象表达方式是不同的，他们借助不同的工具材料，具象或抽象表达艺术形象，是表达画家本人对艺术境界的追求和情感的抒发。

2. 艺术语言

创造美术形象要运用各种造型艺术表现手法来实现的，是美术交流的重要形式——美术的艺术语言。经过画家精心设计的审美意象。

3. 形体

点的运动成线，线的组合成面，面与面的组合成体。点、线、面、体通过不同的形体可构成美术作品表达的视觉形象。绘画中不同线与面的结合，构成了具象或抽象的形象。

4. 空间

空间是物质存在的形态，美术作品表现依赖于不同空间的排列体现美感。绘画中以二维空间虚拟性地表现空间感，中国画中的留白等都是表现了意象的空间，雕塑、建筑以实实在在的空间表达对艺术风格的追求。

5. 明暗

物体受光而产生明暗。明暗与结构、色彩、体面结合，使美术作品产生画家要表达的主题与空间。

6. 色彩

色彩最具感染力的艺术语言。色彩有固有色、环境色和光源色。印象派画家追求瞬间的光色变化，中国画注重固有色的再现，追求色彩的和谐与对比是鉴赏中重要的因素。

7. 材质与肌理

不同物质材料产生不同的美感，美术造型通过画、塑等多种手法，显示构成作品的材料本身视觉与肌理的美感。

8. 形式美

美术作品形式美是艺术语言综合表现，内在与外在的显现形式。在美术鉴赏中探索相对不变的形式美法则，更好地把握鉴赏的原则，如变化与统一，对称与均衡等。

在美术鉴赏还从三个维度评析作品：了解作品的历史与社会背景；了解美术家的艺术观点和生活经历；体会作品表达的审美意境与形式美感。

二、"美术鉴赏"模块选修对培养学生审美素养的积极意义

（一）美术作品本身的特征和意义

1. 美术的定义和特征

美术——"造型艺术"和"视觉艺术"，通过造型等手段，创造出的具有空间和审美价值的视觉形象艺术。包含主要供人欣赏的观赏性艺术，如绘画和雕塑等，包括满足人们生活实际需要和具有审美价值的各种实用艺术，如工艺美术等。

美术是人类创造的精神产品，通过艺术语言，如线条、色彩、构成等元素，表达出视觉效果，对人的精神世界产生影响，如欣赏《虾》时，让学生体验到生命力的跃动，领悟艺术家对大自然的热爱与赞美。美术是以物质材料创造出平面或立体的视觉形象，反映社会生活，表达作者的思想情感，体现社会和个人的审

美观念与审美理想。

鉴赏教学过程中,应让学生认识到,不论是绘画还是工艺,都是艺术家精心的构思并结合思想感情和审美感受,按照时代审美理想创造出来的。美术家创作美术作品,有其更深层的内涵和更隐藏的意蕴,是文化、精神层面的要求,是美术作品的最高价值所在。欣赏不同国家、地区的美术作品时,根据不同的特点具体对待,如青铜器体现的中华民族精神,古希腊艺术体现的崇尚理想精神,文艺复兴时期艺术品中的人文主义思想等,使学生对作品产生深刻的理解。但这些艺术又有相同之处,是它们都是对生命的颂扬,呼唤人的内心热爱生活的情感。

2. 美术的社会功能

美术的社会功能离不开美术具有的教育、认知和审美功能。鉴赏教学过程中,应正确引导学生利用上述几种功能进行赏析。指出不是所有的美术作品都具有上述的功能。

美术的教育功能,通过艺术作品创造的艺术形象,对人思想情感和道德规范、审美情趣起到潜移默化的作用,如顾恺之的《女史箴图》是对当时社会的妻对夫、臣对君进行道德约束规劝的鲜活例子。美术的认知功能,可以帮助人们获得社会和人生知识,加深人们对某些社会规律和人类行为的理解。欣赏中世纪和文艺复兴时期的艺术作品,区别显而易见,表面的认知差别明显,两种文化精神内涵和审美趣味的差异清晰可见。

美术的审美功能在美术各种功能中处于最关键的地位,离开审美价值的美术作品不能称为真正意义上的美术作品,很多行为艺术的作品不被认可的原因正是如此。毕加索《格尔尼卡》恰恰相反,人物和场景支离破碎,但被人们称为"20世纪最伟大的作品之一",因为作品表现的每个形象都饱含深刻的内涵,提升审美素养才会准确理解它。

3. 美术鉴赏的意义和作用

高中阶段开设美术鉴赏对提高中学生的审美素养,有着重要的意义。美术鉴赏过程有利于培养人的健康的审美情趣;美术鉴赏通过对优秀作品的赏析,激发人们去追求更高的愿望,形成向上的人格力量。如通过欣赏本民族优秀的美术作品,领略到古往今来的人们对美好生活渴望,增加民族自豪感。鉴赏古今中外的优秀美术作品,使人们感悟到人类丰富的知识领域,使现代的人类与古人对话。

(二)在美术教学中重视审美素养的培养

1. 创设审美素养培养在高中美术鉴赏教学过程中,创设情境效果不容忽视。针对美术作品、美术现象,用有关的音乐等行之有效的方法创设情境。鼓励学生多表述自己观点和见解，共建公开的、民主的环境。课堂的主角是学生自己，教师是指导者和辅助者，学生的自我意识调动起来，美术鉴赏教学的效果就实现了。

教师须为学生创造恰当和轻松的情境环境，努力营造生动活泼的课堂氛围。学生是学习的主体，认识水平、思维能力等都比较接近，学习过程中，以平等的地位参与，学生都能相互合作与交流，创作与探索，有利于培养学生的审美素养的能力，每名学生还能从别的同学那里看到解决问题的其他角度，培养了学生考虑问题和善从别人身上取长补短的习惯，在有效的学习环境中互相沟通信息，模仿，互相取长补短，从而开阔思路，享受美术鉴赏带来的愉悦心境。

2. 激发培养审美素养的学习兴趣

在美术鉴赏教学过程中，经常看到：老师过分表现自己的学问，将高深的理论知识和术语传递给学生，学生索然无味；还有：老师在很辛苦但没有重点地一一罗列作品，学生处于十分被动的地位。

众所周知，"兴趣是最好的老师"，如果一个人对某件事感兴趣，会倾尽全心地去研究。对涉世很浅、充满朝气的学生，兴趣对他们就尤其重要。兴趣是推动学生学习的内部动力，带有情绪色彩的心理行为。渴望学习是学生学习活动的重要动因，学生学习的内在动力被启动，会转化为积极的因素，通过美术鉴赏的审美活动，达到提高学生审美素养的目的，使学生在活动中体会到艺术特色和丰富情感。

3. 培养学生观察生活、热爱生活的审美素养

"艺术来源生活，高于生活"，鉴赏课教学当中，教授学生以正确的欣赏态度赏析作品，告知学生艺术家成为艺术家，与他在生活中汲取营养分不开，把生活中的素材进行整合，并用艺术语言表达，是艺术家和普通观众的区别。教学过程中要培养学生善于观察生活的能力。

三、在教学中如何把握审美的感受

如何把握审美的感受，让课堂充满审美的活力，是由美术学科的内容和性质特点决定的。高中美术课程具有人文性质，旨在陶冶学生情操、完善学生人格，获得审美享受，发展学生感知能力和形象思维能力，促进学生的个性形成和发展方面都有着不可替代的作用。

作为实施美术新课程的主阵地是课堂，在课堂上创设互动、和谐轻松的教学氛围，使其焕发出美的气息，促使学生热爱美术，让课堂充满审美的力，让学生真正成为美术鉴赏的主体。

（一）美术鉴赏课程审美活动引发的思考

在艺术教育课程体系当中，美术教育具有完善学生人格、发展学生审美能力、培养学生创新精神和实践能力的积极作用。目前从实际情况来看，美术课程的价值还有待于发挥，需要加强美术的教育功能、认知功能、审美功能。美术鉴赏课教学中应充分利用教材精心设问，教师要让学生能够围绕设计的问题开动思维，要学会运用美术语言思考、交流和讨论，使学生懂得美术鉴赏的基本方法，与他人进行交流，同时热爱祖国优秀的传统文化，形成健康的审美情趣和审美观，提高自身的情感等素质的发展。美术鉴赏教学的空间是宽阔的，教师要创设审美的教学情境，以切实有效的教学方法进行美术鉴赏，训练他们具有一双审美的眼睛，提高他们基本的美术素养。

（二）把握美术鉴赏课程审美活动的认识与实践

1. 创设教学情境，让美术课堂充满激情

缺乏激情的课堂使人感到乏味枯燥，老师滔滔不绝地讲解或滥用多媒体，几乎没有运用美术鉴赏应用的方法、技巧以及从形式、表现手法上去讲解分析美术作品，课堂教学达不到应有的效果。美术课堂是面对有朝气的学生，创设充满活力的、诗情画意的教学情境。为充分调动学生的情感，美术教师责无旁贷地要成为善于创设教学情境的人，设计出引人入胜的教学环节，使学生在审美的教学氛围里赏析优秀的美术作品，提高学习美术文化的兴趣，树立正确的情感态度及价值观。

教学中教师要善于引导学生观察、感受、体验，不断为学生提供审美的对象，创设审美的情境，激发学习热情。让全体学生处在一定的审美情境中，其学习的热情会有大幅度的提升。教师充满活力的精神面貌，富有感染力的教学语言，潜移默化地影响着学生。敢于用自己的语言表达对作品的理解，提高学生审美能力与素养，促进学生有激情地参与美术教学活动。

2. 解读美术作品，体验审美内涵美术是人类文化的有效而生动的信息载体之一。美术作品展示了不同时代、不同国度、不同生存状态下的人类精神世界，人的理想、愿望、情感、价值、智慧、美好、自由等都蕴涵在美术作品中。

普通高中美术课程要求引导学生主动探究艺术的本质、特性和文化内涵，通过美术学习活动，让学生学会用艺术思维的方式认识世界，学习艺术表现和交流的方法，通过内容、材料、形式、风格等方面的了解，加深对美术作品内涵的认

识与理解，提高美术的素养。美术的审美体验活动就是对形象的直观感受，这是一种精神活动。教师是美术作品与学生之间的纽带，要教会学生熟悉美术的形式和媒材，学习和理解造型语言，了解美术作品创作的过程与方法，进而选用相关材料、技法或现代媒体创造性地进行表现、设计或制作，表达自己的思想和情感。

教学中，更重要的是鼓励学生积极参与对美术作品的讨论和评价，而教师对学生反复多次进行肯定性的评价，可使学生感受成功的喜悦，进而可以使学生敢于发表不同的见解，真正体验作品的审美内涵。

3. 关注角色转换，加强审美互动

教学过程是师生互动、积极交流、共同发展的过程。教师要站在学生的角度思考问题，教学中既重视自己的教，又重视学生的学。要改变教师一言堂的现状，也要改变采用教学参考用书上的解释代替学生思维和体会的做法。教师须注重和学生间的角色转换与互动，促成师生的和谐关系，尊重学生对美术作品的感受，鼓励他们说出自己的观点，要让学生感觉自己是美术鉴赏的主人。

四、主题性鉴赏教学审美活动设计的原则

美术鉴赏教学的内容丰富，知识蕴涵量大，给教师的备课和教学带来较大的难度，容易停留在学生获取知识这一层面上。鉴赏的教学结构、内容、设计应将学生的审美活动放在重要的位置上进行考虑。鉴赏教学如果没有学生审美活动，课堂将会如同一潭死水，无法实现教学的新理念、新目标。要实现高中课程的目标，教学不能脱离学生主体积极主动的参与，教师要把学生的审美活动作为教学设计的主体，提高鉴赏教学的有效性。

美术鉴赏是特殊的精神活动，是对美术作品由表及里的充分感悟过程。过去教师惯用的办法就是满堂灌，鉴赏教学容易上成"讲赏课"，这种现象较为普遍。教师应根据高中"美术鉴赏"模块主题性教学的基本要求，深入研究教学设计，使美术鉴赏教学符合课标的基本精神，符合学生身心发展的规律。

（一）情境引入式的鉴赏教学活动

鉴赏课好的开头是上好课的关键，导入的形式很多，教师应慎重地对待导入形式的创造性和灵活性，如短小的故事、富有哲理性的格言警句，甚至一条消息都可以成为课的导入内容，且有利于开启学生思维的门扉，让学生一开始就专注教师的引导，进入求索新知识的状态。

（二）注重学生主动参与形式的鉴赏教学活动

教与学的双边关系主要依赖教师的引导和学生的参与，调动学生自身的领悟力和创造潜能，才能激发学生欣赏的情意，促使学生表达自己对美术作品的观察、理解、思考、分析、交流和发表自己的见解。

（三）角色扮演形式的鉴赏教学活动

在鉴赏课程的教学活动中，大多数教师会满足于讲教材，课堂气氛沉闷，学生的学习无兴趣可言。学生通过积极热情地扮演不同角色去思考、去表达，成为作品鉴赏的主动参与者，可激发学生的注意力和情绪，使鉴赏课上得有声有色，给学习者留下深刻的印象。

（四）实践体验形式的鉴赏教学活动

目前的高中教学模块的选择，大多学校选择了"美术鉴赏"模块必修和"绘画"模块选修，有个别学校有机地将"绘画"模块与"美术鉴赏"模块加以整合。我们不难发现绘画教学中有鉴赏，鉴赏教学中有大量的绘画作品，应当说两者互为补充，相得益彰。鉴赏与学生实践、体验的有机结合给人感觉教学更有节奏，学生都能动起来，气氛比较活跃。教学中开展体验性学习活动，是在感受体验认识的基础上，调动思维和情感的体验，通过动手实践体验感知的认识，进一步获得创造与成功愉悦的体验。也可从感触觉体验、动手实践体验、思维想象体验等方面进行尝试。

（五）利用网络信息探索形式的鉴赏教学活动

信息技术教育与课程资源的整合，是新课程实施后一大新的美术教学特征。信息技术为高中美术欣赏教学提供了良好的学习环境，使学生的主体地位得以真正的确立，极大地激发了学生的学习动机，使鉴赏、评价、研究性学习等美术鉴赏教学活动在信息技术的支持下获得了新的发展。

（六）参观、访问形式的鉴赏教学活动

美术鉴赏学习活动可以利用的方法很多，教师应在不断地教学实践中加以总结，创造出多种多样的符合学生年龄特点的鉴赏教学方法。美术鉴赏教学活动可以利用的资源有很多，其中的社会资源可以是学校附近的博物馆、画廊或艺术家的工作室，可以邀请艺术家到校举办展览和演讲。

五、现代美术新思维对审美观念的影响

美术的新思维是教学中遇到的新问题。美术鉴赏教学观的变化，使我们要以

新的教学策略研究美术新思维对审美观念的影响。

人类的审美能力是在实践活动中形成、发展和完善起来的。人的实践活动不同，审美鉴赏力会有不同水平。在高中美术鉴赏教学中，发现学生对美术有独特的认识和理解，来自于他们的生活环境和教育，常常喜欢用"像"和"不像"来评价作品的优劣。作品的"意象"与"抽象"的审美判断，是学生必须经历的审美过程，对美术鉴赏教学提出了新的研究课题。

六、东西方文化思维的碰撞带来的审美差异性

高中美术鉴赏内容丰富，横贯中西、纵越古今。世界美术是由不同国家、不同民族的艺术家创造的，美术鉴赏的过程中，要在尊重世界多元文化的前提下，理解和鉴赏世界上不同国家的美术作品。

无论是东方美术还是西方美术，都植根于本民族丰厚的文化土壤之中，都与各地域的地理环境、生活习俗等紧密相连。在人类美术发展的历史长河中，东西方两大文化艺术各有千秋。高中美术教学应站在历史的高度，打开学生的思维之门。由浅入深引领学生步入绘画艺术的殿堂。让学生在鉴赏的过程中了解东西方美术的伟大之处，增强和激发学生对祖国传统美术文化的热爱，吸收和借鉴西方美术的精华，继承和发扬人类文明的优良传统。

由于东西方文化精神上的差异性，东西方美术从一开始就走上了不同的道路。差异性不能说是孰优孰劣，客观形成的，它们的存在成就了人类文化的延续。美术鉴赏的教学过程中，比较性的教学是必不可少的，找到东西方文化精神本质上的差异性，才能更好地理解东西方美术在审美上的不同。

（一）不同的地域特点孕育了东西方文化存在和发展的差异

世界四大文明古国：中国、古埃及、古印度、古巴比伦，世界文明史的发展过程中，只有中华文明是没有断裂的文明，成为东方文明的代表。这与中国的地理位置是分不开的，中国地处亚洲大陆的东部，中原大陆与西方的联系，只有丝绸之路一线相通，使中国在相当长的时间内可以不受外部干扰，形成了内在的、自省的文化气质。华夏文明是在相对封闭性的、自己自足的环境中发展起来的。中国既是世界上最早进入封建制的国家，又是最迟脱离封建制的大国。中国在两千多年的封建制文化的发展过程中，保持着相对的稳定和持久的繁荣。

西方文明的源头在古希腊文明，希腊由巴尔干半岛、小亚细亚西部和意大利近海等地区组成。众多岛屿和海湾助长了古希腊航海术的发展，因此，希腊文化

是外向的和开放的。希腊文化的繁荣时间虽然不长，却奠定了整个西方文化的基础。两千多年来，这两条人类文明的河流沿着各自的河域流淌着，在总体上始终泾渭分明。

（二）中西方文化基本精神的不同导致了中西方审美精神的不同

在人类诞生的初期，东西方人类在审美上并没有什么不同，在原始社会的彩陶艺术中，东方与西方的装饰有着极为相似的面貌。随着人类历史的向前推进，东方艺术继续沿着装饰的方向发展，并重在抒情寄兴；西方艺术则开始沿着写实的方向发展，重在描绘自然。导致东西方审美最终走向不同的两极应该要追溯到两千多年前的古代社会。中国正处于春秋战国时期，产生了儒、道、法、兵等不同的思想体系，对中国发展起到了决定性的作用；古希腊社会如日中天，哲学思想绽放出了绚烂的智慧之花，处于发展的鼎盛时期。在地球的两端，东方与西方的民族都已经彻底摆脱了史前文化的原始性，进入最活跃、最辉煌的阶段。

1. 儒道互补——中国艺术精神的体现是由儒、道两家相互补充而成。儒家是中华文化的正统，道家就是不可忽视的补充；在艺术上，道家是中国艺术精神的主流，儒家是中国艺术精神不可忽视的基础。中国的文人作画反复声明是为了"自娱"，中国画中，工整认真的作品不被人们重视，倒是苏东坡等人的游戏笔墨被奉为上品。这与西方画家追求严谨，研究解剖等关系的科学态度是不同的。儒家的艺术精神从政治上影响着中国美术的发展。根本之处在于维护"礼"，儒家的这种精神始终影响着先秦工艺，规定了艺术后来在中国的发展方向，使人认识到生活中的善恶。

与儒家倡导积极入世不同，道家主张出世。隐者无事，可以运用全部时间作画，道家思想对中国艺术的影响更大。由于受礼教束缚之后退隐山林，在自然中消解自由的情绪，忧愤需要自然山水的陶冶，艺术上最高的体现就是——"逸"，中国的艺术家追求的"天人合一"境界。中国艺术的发展，写意画的主流地位，由儒道思想早已确定下来的。

2. 理性与情感的和谐追求——古希腊艺术精神的体现。希腊哲学家从一开始是从自然科学的角度上看的，是科学理性思维的产物。古希腊人以"人"为中心，掌握了客观描绘对象的技巧，创造出了令全人类惊叹的雕塑作品。尽管古希腊的浮雕作品大多取材于神话故事，但传达给观众的感觉似乎是人间生活的各种场景。中国的战国时期，青铜器上尽管出现了水陆攻战等现实生活的纹样，不像古希腊那样写实。古希腊艺术是以"人"为中心的。古希腊人认识客观世界的规律后必然产生模仿客观世界的心理。文艺复兴以后，自然科学产生了丰硕的成果,如解剖学、光学和色彩学等,都是科学理性发展的产物。真实地再现生活与科学地探讨形式美的规律,是西方艺术发展过程中的不懈追求。

不同的思维方式和哲学基础,导致中、西方对美的追求走上了截然不同的道路。

(三)从东西方美术的主要元素看东西方审美差异性

中国美术作品中重线的表达;西方艺术则沿写实再现发展,重在模仿自然。

中国绘画中,线纹对形成画家独特风格起决定作用。唐宋以来,人物画创作的兴盛,线描发展到了高潮。中国画中运用线的长短粗细、轻重徐疾的不同变化,表现出物体的轮廓、体积、虚实、明暗等,产生不同的美感。以线条表现的"十八描"技法,使中国绘画艺术从理论到实际构建了一套"线"的体系。而中国独有的书法,更以其净化了的线条美,创造出了独具中国特色的"线"的艺术。

西方艺术崇尚真实,要求准确再现客观对象。油画材料可以表现丰富的色彩,在作画过程中,画面可以修改,提供了在二维的平面上真实表现三维空间的可能,西方绘画的元素,包括了线条、色彩、明暗等,充分表达出作者的视觉感受。由于塑造形体的立体感时"面"要优于"线","面"更易于表现物象的立体感,西方画家在描绘眼中的事物时,是将物象当做"面"来理解的。虽然古希腊艺术的光芒曾被中世纪的阴云笼罩,但文艺复兴的拨乱反正,又一次令"古典再生"。从希腊时代到文艺复兴时期、从巴洛克、洛可可到写实主义,西方绘画注重素描形体,注重光、色的准确表达,而随着光学理论的发展,印象派把艺术家对光色的表达发展到极致,后印象派、立体派又是对物体体积、空间的进一步扩展和研究。

中国的山水画是最能体现东方美学思想的。公元 4-5 世纪,中国出现了专门描绘自然风光的山水画,西方直到 17 世纪,景物才与人物分离。山水画是中国文人的精神食粮,山水画可以代替真山水以满足画家向往林泉之愿望。中国山水画表达的是想象中的山川,带有抽象性,绝对不是完全真实的写照。

尽管西方绘画中很早就出现了对风景的描绘,但总是作为历史画、风俗画、神话和《圣经》题材绘画的背景出现的,担任着装饰、象征的功用。在 17 世纪荷兰,人物形象与故事情节已经完全消失,风景画发展成为深受人们喜爱的完全独立的绘画体裁。荷兰画派的艺术家们描绘了沙丘、风车、牛群、茂密的森林等典型的荷兰风光,表达着对祖国大好河山的热爱之情。这样题材的艺术作品迅速扩展到欧洲大地。

在中国的美术作品中，表达内在的风韵，是中国画的美学特色——"气韵生动"胜于单纯的"应物象形"。中国画发展过程中，强调气韵、境界和笔墨，表达物象的精神内涵；这与西方美术的探索者们运用科学知识和实际观察，以期达到三维空间的真实的再现是极为不同的。在美术鉴赏教学过程中，教师只有充分了解东西方文化发展的源头，才能针对东西方画家之间、绘画作品之间进行有选择、有深度的分析和鉴赏，为学生构建一个完善的知识框架，帮助学生更好地理解美术与自然、美术与社会的关系，获得人文知识和审美享受。

七、地方文化资源的有效利用对增强审美活动形象性的积极效应

美术课程资源的开发与利用，是丰富教学内容的途径。紧密联系地区文化资源，发挥资源效益，增强美术课程审美活动的形象性，使学生获得对美术学习的持久兴趣。

地方文化资源的开发与利用在高中美术课程中有较大的空间。高中学生智力发展基本成熟，自我意识增强，在认知能力的发展上已达到了较高阶段。高中美术课程资源的挖掘如果结合地方历史文化遗产，加深对本地区历史文化遗产的认识与理解，促使学生更加热爱我们的家乡和我们的生活。美术地方文化教学资源的开发与利用正是发挥这一优势，通过自身的努力，扩大资源开发的渠道，让高中美术课程在地区文化资源的氛围中，展现其特有的魅力，丰富美术教学的内涵。

（一）充分挖掘地方文化资源，丰富美术课程内容

教师应根据资源开发与利用的要求，盘活资源，激活课堂。美术课程资源开发是针对教学内容和学生的兴趣与需要，结合学校的传统和优势，充分利用学校和地区的资源，以适应课程的需要。

地方的美术课程资源有物质和非物质的，它具有亲近学生、直观、形象的特点，是美术教学中传承民族文化最常用的课程资源。南京的历史悠久，形成了丰富多彩的地区美术资源；古代历史的遗址、丰富的民间艺术等，成为美术课程资源开发的优势。明孝陵、云锦等，都是值得挖掘的美术资源。南京近现代的建筑、艺术馆等，集中体现了南京的过去、今天与未来。教师要关注地区的文化特色，充分挖掘和利用地区文化，并经过适度的整理加工，通过美术课程与学生生活紧密联系，引导学生走进当地历史文化，体验、传承民族传统文化

独有的魅力。

（二）课程资源的开发应与美术教材结合，优势互补

教师要尽量挖掘和利用贴近学生生活的地区历史文化资源，满足学生学习美术的需求，帮助学生理解美术知识的多样性，更好地获得生活经验。

美术教育的发展离不开美的环境，美的形象感染和熏陶，历史文化资源环境的营造很重要。有些人谈起文化资源时却忽视了人的作用，人是文化资源中最重要的因素，文化是人创造的，本土文化中要突出人。在人的资源里不能忘记民间艺人，因为他们也是特殊的文化财富，当地的文化发展与他们密不可分。

（三）课程资源开发与利用，有利于培养学生创新精神和实践能力

在美术课程资源开发与利用的过程中，以学生为主体，师生之间合作，营造平等、宽容的课堂氛围，要鼓励学生大胆地表达。随着美术的内涵和外延的延伸，从强调学科知识到强调学习者的经验和体验，从强调教材的单一因素到强调教师、学生、教材、环境诸多因素的整合，使美术课程由单一的学习方式向知识内容、文化内涵多元方式转变，让课堂变得丰富多彩，以利于培养学生创新精神和实践能力，让学生学会综合学习，重视美术与其他学科的联系，使学生与老师形成一个合作的共同体。

第三节 "绘画·雕塑"系列基本技能的问题

一、"绘画·雕塑"的基础知识

(一)绘画

1. 形神兼备的中国传统艺术。中国画古代称为丹青,指的是画在绢、宣纸、帛上并加以装裱的绘画——"国画"。它是用中国独有的毛笔、水墨和颜料等工具材料。中国画按表现题材分为人物画、山水画、花鸟画,按使用材料和表现技法,分为水墨、重彩、浅绛、工笔等。中国画的画幅及装裱形式多样,一尺左右的有册页、斗方、折扇和团扇等。中国画在思想内容和艺术创作上,体现了中国人对自然、社会及与之相关联的政治、哲学等方面的认识。人物画注重以形写神,山水画追求情景交融,花鸟画讲究托物言志。

中国早在2000多年前的战国时期就出现了画在丝织物上的绘画——帛画,《龙凤人物图》是代表作品。早期绘画奠定了后世中国画的基础。魏晋南北朝时期,社会由稳定到分裂,域外文化的输入与本土文化产生的撞击,使绘画形成了以宗教绘画为主的局面,山水画、花鸟画亦在此时萌芽,对绘画自觉地进行理论上的把握,提出品评标准。隋唐时期社会经济、绘画也随之呈现出全面繁荣的局面。宗教画达到了顶峰,出现了世俗化倾向;人物画以表现贵族生活为主,具有时代特征的人物造型。五代两宋时期绘画进一步成熟,人物画已转入描绘世俗生活,山水画、花鸟画跃居画坛主流。文人画的出现,丰富了中国画的创作观念和表现方法。元、明、清时期文人画成为中国画的主流。自19世纪末以后,引入西方美术的表现形式与艺术观念,继承民族绘画传统的文化环境中出现了流派纷呈、不断改革发展的局面。

20世纪以后,改革中国画成为新的时代潮流。以留学日本、欧美的画家为代表,将西方美术的写实及创作观念与传统的中国画融合,使中国画焕发了新的生机。以本土成长的画家为代表,不断改革、创新,走出中国画的新路子。中国画随着时代的变迁，中国画在题材内容上产生了深刻的变化。画家们开始关注社会现实，创作了大批具有时代气息的优秀作品。中国画在创新精神的推动下，产生了前丰富多样的新面貌，以独特的艺术风格立于当代艺术之林。

中国画在观察认识、形象塑造和表现手法上，体现了哲学观念和审美观，在对客观事物的观察认识中，采取以大观小、小中见大的方法，活动中观察和认识客观事物，直接参与到事物中去。它渗透着人们的社会意识，使绘画具有"千载寂寥，披图可鉴"的作用。即使山水等纯自然的客观物象，在观察、认识和表现中，也自觉地与人的审美情趣相联系，体现了中国人"天人合一"的观念。

中国画在创作上重视构思，注重艺术形象的主客观统一。造型上不拘于表面的肖似，讲求"妙在似与不似之间"。形象的塑造以能传达出物象的神态情韵和情感为要旨。可以舍弃非本质的部分，对能体现出神情特征的部分，采取夸张甚至变形的手法刻画。

构图上，中国画讲求经营，以灵活的方式，打破时空的限制，依照画家的主观感受和艺术创作的法则，构造出画家心目中的时空境界。风晴雨雪、古今人物可以出现在同幅画中。在透视上它也不拘于焦点透视，采用多点或散点透视法，观物取景，具有极大的自由度和灵活性。在一幅画的构图中注重虚实对比，讲求虚中有实，实中有虚。

中国画以特有的笔墨技巧及传情达意的表现手段，以点、线、面的形式描绘对象的形貌及情态神韵。笔墨是状物、传情的技巧，是表现对象的载体，具有独立的审美价值。由于并不追求物象表面的形似，中国画既可用全黑的水墨，也可用色彩来描绘对象，现在有人甚至称中国画为水墨画。墨可以与色相互结合，而又墨不碍色，色不碍墨。在以色彩为主的中国画中，讲求"随类赋彩"，注重的是对象的固有色，光源和环境色并不重要，一般不予考虑。但为了某种特殊需要，有时可大胆采用某种夸张或假定的色彩。中国画在作品中讲求诗、书、画、印的有机结合，通过在画面上题写诗文跋语，表达画家对社会及艺术的认识，起深化主题的作用。

中国画是综合艺术，加上独特的装裱形式，形成了中国特色的绘画艺术。

2. 在发展中崛起的绘画——油画

油画的发展过程经历了古典、近代、现代，不同时期的油画受时代的艺术思想支配，呈现出不同的面貌。15世纪的欧洲文艺复兴运动中，人文主义思想出于对宗教的批判，许多著名画家为摆脱以基督教经典为题材的创作，对当时生活中的人物、风景、静物观察和描绘，有的画家完全描绘现实生活的实景。文艺复兴时代的画家继承了希腊、罗马的艺术观念——不仅注重作品要描述事件或事实，揭示出事件或事实的前因后果形成了注重构思典型情节和塑造典型形象的艺术手法。画家分别探索解剖学、透视学在绘画中的运用等，形成了造型的科学原理。焦点透视法的建立使绘画通过构图形成幻觉的深度空间，景物与现实中定向的瞬间视觉感受相同；明暗法使画中的物象在主要光源下，形成由近及远的清晰层次。古典油画形成高度写实的面貌。

　　古典油画是油画语言综合运用的结果，但不同国家艺术家对某一个因素特别注重，形成了不同的风格。文艺复兴时期的意大利画家注重明暗法的运用，景物的暗部笼罩在阴影中，造就了画面集中而浑然的效果。《蒙娜丽莎》是这种风格的代表。尼德兰画家清晰地刻画画中景物各个细部，景物间是色彩的差别，《阿诺芬尼夫妇像》就细致地呈现室内人物及景物。意大利的提香是注重油画色彩表现力的画家，常用明度接近、色相略异的明亮色彩构成富丽堂皇的金黄色调，忽厚忽薄的笔法、使色彩与形体有机融合。

　　17世纪是欧洲古典油画迅速发展的时期，不同国家的画家依据生活的社会背景、民族气质，在油画语言上进行不同的探索，形成了各国、各地区的流派。

　　1581年利玛窦携天主、圣母像来到中国传教，其中一幅《木美人》，虽历时五百年，依稀可见画风的古朴厚重。康熙年间，郎世宁等以绘画供奉内廷，把西方的油画技法带入了皇宫。

3. 清新便捷的色彩表现——水彩画、水粉画

（1）水彩画

　　水彩画就是用水彩颜料画在水彩画纸上的绘画。它有两个基本特征：一是画面大多具有通透的视觉感觉；二是绘画过程中水的流动性。由此造成了水彩画有别于其他画种。颜料的透明性使水彩画产生一种明澈的表面效果，而水的流动性会生成淋漓酣畅、自然洒脱的意趣。还有就是水彩画较其他画种要方便快捷。

　　水彩画的表现题材十分广泛，风景画是画家们非常青睐的题材，大自然呈现出丰富而生动的色彩，无论是温暖绚丽的阳光还是深沉辽阔的海洋，无不唤起艺术家内心的色彩冲动，钟情于大自然的画家通过风景画来表现色彩世界。

　　静物也是水彩画中常见的题材，静物形式多样，色彩丰富，艺术家根据自己的意图安排需要的内容和构图，创作出意味深长的静物画作品。

　　水彩画表现人物对画家的技法的运用的熟练程度要求比较高，首先要具有很好的人物画素描基础，其次还须具备丰富的水彩画经验，近代也有不少优秀的水彩人物画作品。

有许多现当代的水彩画家选择用抽象的形式来表达他们的艺术理念。当绘画摆脱了可视外观形象的束缚后，明澈自由流畅的材料特征便获得了更自由的发挥。

建筑题材的水彩画历史悠久，它们更受到建筑师们的青睐。是许多水彩画爱好者热衷的题材。优秀的建筑本身就是精美的艺术，通过形象传达着某种精神内涵。

水彩画是艺术情感流露的语言中的一种，水的渗化作用，及随机变化的笔触，让人感觉到光波的流动。这种意境是其他画种难以比拟的。技法要点：干画法和湿画法、水分的掌握和留白等。

（2）水粉画

水粉画是用水粉颜料绘制完成的绘画。水粉画是用水来调和颜料，水粉画也可以画出与水彩画的酣畅淋漓。但没有水彩画透明。它和油画有相同点，颜料有覆盖能力。与油画不同的是，油画是用油来调和颜料。它的表现效果介于油画和水彩画间。有经验的画家往往利用特性表达水粉色彩自身的魅力。

写生时水粉画调配色彩是在正确观察色彩关系的基础上。调配颜色要考虑整个的色调和色彩关系，整体中决定颜色。水粉画写生色彩不易衔接，应明确色彩的大关系，把几个大色块的颜色加以调整。水粉画颜色湿时深，干后浅。如果调色时使用粉多，再着色作画，又使用的是吸水性强的纸，颜料的干湿变化更显著。初学时要特别注意，起手时要先画重颜色。趁画面湿时，颜色湿与湿接，色彩关系容易掌握。

水，主要起稀释、媒介的作用。调色、用笔和色层厚薄变化，与水有密切关系。适当地用水可以使画面有流畅、浑厚的效果。过多地用水会减少色度，用水不足使颜色干枯、豁厚，难于用笔。在画暗处、虚处和远处，可适当地多用水，以增强其虚远和透明感。作画过程中，水太脏要及时换，调色用水要洁净。

水粉画调色时白色的使用比一般颜色要多。白色的作用是增强色彩的明度，在画近处、实处和高光处时，白色有助于形体的塑造。关于调色、水和白色的使用，要和用笔及整个画面色彩的干湿结合考虑，从表现不同对象的需要出发。

水粉画在吸收其他画种的用笔技法时，须从水粉画的特点出发，为丰富水粉画的技法，增强水粉画的表现力。画虚处、远处和暗部、阴影时，笔触要模糊些，颜色要薄一些。而在画近处、实处和亮部时，笔触要显露些，颜色要厚一些。这都需要从整幅画的处理意图出发，来运用不同的笔法。要防止缺乏整体处理意图的凌乱用笔。

水粉画的作画步骤：起稿、铺大色调、具体塑造、细节刻画和调整。

4. 给传统绘画注入新的活力——版画

版画以刀或化学药品等在木、石等版面上雕刻或腐蚀制版后印刷出来的绘画。古代版画主要是指木刻，在中国文化艺术史上具有独立的艺术价值。

版画按使用材料分：木版画、石版画等；按颜色分：黑白版画、单色版画等；按制作方法：凹版、凸版、平版等。木刻版画，有油印和水印之分。用油墨印制的叫油印，用水溶性颜料印制的叫水印。

凹版版画，凹版与凸版相反，在版平面上刻出凹线，滚上油墨时。磨光的金属版面不吸收油墨，粘上油墨的地方可用布轻轻擦去，便印出画来。现代凹版版画的版材，是铜和锌，其刻制方法有线刻法、干刻法等。

平版版画，主要是石版画。19世纪中叶石印术传入中国，供印书之用。石版画的制作方法比较简单。石版是质纯而细的石灰石，故有吸水性。利用油与水互相排斥的道理，画固定后，用抹布擦湿版面，用油墨滚上，使有画处饱含墨色。印完的石版可以磨光再用。磨版的方法有砒石加水磨等。制版法有药墨棒画法、毛笔画法等。在画完后经过稀硝酸的腐蚀和涂胶封版。印时先抹湿版面，再滚上油墨，通过石印机印出。

（二）雕塑

1. 雕塑的基本特征

雕塑是在立体的三维空间中，运用实体的物质材料进行造型的艺术。雕塑艺术是运用物质材料为媒介的，材料都是泥、石膏等可塑性的或坚硬的可雕材质。雕塑材料是占据空间的实体，雕塑是以体积作为艺术语言的特点的。在三维立体空间中塑造艺术形象，与其他的造型艺术不同，它只能表现一个瞬间的动作。雕塑以形象本身来表达它的主题思想，给人直接的、强烈的印象，引起观众的共鸣或联想。

教师可以从引导学生观察、解读教材提供的各种雕塑作品入手，通过分组讨论的形式让学生积极参与活动，培养其创作的基本技能，为课程学习打下扎实的基础。教师可以根据本课程的教学目标展开相应的教学活动，灵活地选择内容进行教学。让学生初步认识雕塑的基本含义，培养其运用雕塑的基本语言的表达能力，通过鉴赏优秀雕塑作品，培养学习兴趣和热情。组织学生参观艺术博物馆，欣赏优秀的雕塑作品，激发学生的学习热情。

2. 雕塑的艺术价值

雕塑作为造型艺术，它以独特的造型手段和艺术语言方式记录着人类的生活，反映出人们的审美理想。人们经常提到的雕塑的特性：是雕塑的恒久性与稳定性；雕塑的视觉震撼力。雕塑是以实体物质材料为媒介存在的，所以选用的材料，如岩石、青铜等物质的属性决定了雕塑较之其他造型艺术更容易留存，有着更为长久的保存期限。随着时代的发展，雕塑的材料也趋于多样性，向人们展示了古代与现代的艺术成就，雕塑也被称为"凝固的历史"。

雕塑以其三维空间给人们强大的视觉震撼力和永世难以磨灭的印象。我们发现大部分的雕塑都是出于宗教目的而创造的，如中国的宗教石窟雕塑，人们试图通过规模宏大雕塑表达自己对佛的崇敬与虔诚；各种纪念碑为纪念英雄而造，希望让后人能永远地记住历史，使人们在仰视时，肃然起敬。教师根据教材的要求，让学生更多地解读雕塑艺术的经典之作，通过艺术实践，增强其对雕与塑的认识与理解，感受雕塑的艺术魅力。

3. 丰富多彩的雕塑风格

中国雕塑的精神特征是强调神、韵、气的统一。神，在绘画上强调眼神，雕塑上强调情态、动态与体态。韵，是赋有诗性、神性的悠游的线条之美。

中国雕塑的视觉特征是线体结合。中国雕塑的"体"强调心理、意理、情理，是精神之体和心性之体。

二、"绘画·雕塑"的教学建议

（一）绘画中"形"的表现带来视觉冲击

1. 用眼去观察，用心去体察

画家运用独特的观察方式通过绘画的技巧与不同形式表达别致想法。绘画的观察从绘画的角度观察事物，用自己的心灵仔细体察而有取舍。绘画创作依据形式语言，在教学中，利用与绘画本身相关的观察方式尤为重要，学生从局部看问题与思考，有利于用整体的观察方法去体会。

（1）让学生通过欣赏教材中的范例，选出的关于"形"的表现技法的优秀作品，激发对生活中不同美的关注和感动。

（2）以钢质的水壶为例，让学生先看，用手来触摸它的质感，壶盖打开，听铿锵的声音，这样实实在在的感受就能让学生以新的眼光来看待对象。高中的学生自我意识强，学生找到自己的表现目标后，会很有兴趣地投入到表现过程中去。

学生们会遇到各自不同的问题，引导学生深入到观察客观对象造型美感和内在美感的方法。如以圆圈等简单的图形元素去组织表现正负"形",学生的实践经验就会被充分调动起来,受兴趣的驱使,会有更多的探索意识。学生的注意点各自不同的侧重,如有的偏向结构,有的偏向量感和质感。还要注意到有些学生,因对表现技巧缺乏信心,且疏于思考,以盲目无意识为出发点乱涂鸦。老师就要适当地提醒,针对情况施以相应的指导。

对构造的理解与掌握,学生通过练习才能够感悟到绘画中"形"的封闭性,由外至内的掌握绘画中"形"的表现技能。

2. 有效地练习,明确地表现

结构是联系,是形和形、形体和形体、此物和彼物间的联系。生活中客观存在的形体,是内在与外在的统一,对物象轮廓的强化处理要建立在对物象理解与观察之上。

在对物象基本结构与比例关系掌握的基础上,运用木质模型人对物象动态特征进行解析,尝试对某一个比较简单的对象进行夸张处理,练习过程中,引导学生关注形的动势。

对于物象结构、比例,观察的角度有些变化,学生从构思等方面就会出现困难。有了正确的观察方法后,实际能力远低于要求的标准,这时候,老师要给予学生更好的帮助,让学生投入地去描绘。同时,老师的循序渐进的耐心指导也非常重要,采取弱化客观性的表现方法,依据题材、内容和物象进行切合自身的表现。肯定学生的不同表现方法,使他们充满自信,在方法上面都可以是多样的。要引导学生依靠自己的想法选择适合的造型方法。学生会在有序的练习中不失去热情,很投入地去表现,他们的绘画作品表现效果可能不一定理想,但学生认真而完全的投入是非常可贵的。

绘画中的构图,不同的构图方式形成各异的视觉印象。构图中物象的取舍首先是"取"什么,然后是如何"取"。构图涉及的很多形式法则,是绘画的基础。传统绘画里,称之为章法或布局。构图是要去经营的,是观察要动脑筋思考,练习结构比例,还有将这些形组合安排在画面中都需要巧妙的构思。教材中采用优秀作品呈现艺术家在构图取舍过程中的个性化选择,说明绘画构图目的是为了表达主题。不同的绘画主题需要不断尝试新的构图方式,在学生完成构图布局的这一步骤中,要尽可能地去鼓励他们多样且具有个性特征的构图方式,让他们更自由地根据主观愿望来选择不同的物象作为组织画面的形象,从不同的构图方式中更深地理解绘画中的"形"。

3. 关于对学生评价的问题

在对形与形体的学习过程中，学生的认识与理解是有差异的，教师针对不同层次的学生给予恰当的评价非常有必要。学生的作品呈现的不是功用的构图，是表达了他们的感动、敏锐，还有表达了多少他们对于点、线、面、空间等基本构图要素的运用能力。他们参与写生活动的积极性，能否表达主观意愿和思想，产生的结果是有差距的。他们会接受教师与同学的建议，选择最能适合表达自己能力与想法的方式，用发展的眼光整体评价学生作业显得十分重要。

只要学生大胆尝试，获得最恰当和最自如的心灵表达方式，绘画中的"形"会生成具备真正意义的视觉冲击力。

（二）强调"双基"，还是关注感悟

强调"双基"，还是关注感悟，这是在公开课普遍反映出的现象引起的话题，不少教师以为，进入新课改就不能提"双基"，课上一强调"双基"，就意味着教学方法陈旧，思想观念没有转变。因此，出现了课上热热闹闹，课后什么都没学到的低效课堂。无效的教学行为，也是当前高中美术课堂教学要纠正的误区。我们不否认热热闹闹的课堂教学，的确让学生多少感受到美术文化，释放了学生的表现欲望，形成了宽松、开放式的教学氛围。然而，高中学生是基础教育最高的学习阶段，对知识与技能有较高的要求与目标，而美术教学是要根据课标的精神，教科书内容的要求，让学生在学习与训练中，掌握必备的知识与能力。高中美术课程不同的选修模块，正是要求学生在选修中，学习其中的三个模块，以此来提高自身的审美素养，这要通过每一节课堂教学来实现这一目标。"绘画"模块内容的丰富多样，要求教师有效利用教材与课堂，既要重视学生的知识的传授，也要重视艺术实践，适度强调"双基"，又要根据学生不同的层次及需要，关注学生对美术教学活动的参与，在体验中感悟美术的魅力，提高学生基本的美术素养。

从"绘画"模块的教学来说，它是以一定的材料和工具，运用造型的方法和手段进行美术创造的活动。"绘画"模块是在义务教育阶段美术课程中的"造型·表现"学习领域基础上的进一步提高与拓展。"绘画"模块的教学活动能帮助学生认识造型活动的基本规律和过程，提高表现生活和表达自己的思想、情感的能力。对于普通高中学生来说，对美术活动及作品的感悟是重要的，关键在于培养学生对美术的兴趣。感悟作品，表达情感，决不能是空洞的，它需要"双基"作基础。因此，强调"双基"，是为了更好地感悟，这是两个紧密相连的有机整体，是不能割裂开的，不论是课改前的只强调"双基"，还是课改中的一味忽视"双

基"，这都是不符合教育培养目标的，没有"双基"的美术感悟只能是一句空话。古代有纪昌学射的故事，从这个故事中，我们也可以理解到在绘画的学习中"双基"的重要性。学习任何知识和技艺，由浅入深，循序渐进，打下扎扎实实的基础，然后才会得到真正的提高。

在"绘画"模块的学习中，教师要组织学生鉴赏具有鲜明艺术特色、文化内涵以及与生活经验相关联的经典绘画作品，引导学生用学到的美术术语来表达自己对作品的感受与理解。在教师讲解、示范和学生自己的练习中感受和认识形体的明暗、虚实和色彩的冷暖以及空间等现象，通过绘画活动，学习和运用线条、比例、构图、明暗、透视和色彩等知识。在练习中让学生尝试使用多种工具、材料，体验不同的艺术效果，选择具象或抽象的绘画语言和方式表达自己的思想、情感和生活经验。在教学中，教师可根据学校和学生的实际情况，有选择地学习中国画、素描、水粉画、水彩画、油画、版画及卡通等绘画类别中的基本知识和基本技法，并进行临摹和创作实践，以语言和文字的形式评价自己和他人的绘画作品。

（三）多元形体强烈的视觉冲击力

高中美术课程中的"绘画"模块，是高中美术教学"美术鉴赏"模块以外，常被首选的模块，而绘画的学习，能帮助高中学生认识造型活动的一些基本规律和过程，促进学生认识绘画的多元性，拓宽学生的美术视野，提高其表现生活和表达自己思想感情的绘画能力。

通过"绘画"模块中"绘画中的形"单元教学，我们看到学生在这之前已加深了对线条的理解，提高了线造型表达与运用的能力，不同的线条能引发不同的感受，可以用不同的线条借助名家的作品来抒发个人的情感。

但在整个高中绘画教学过程中我们也明显地感觉到，学生在深入学习物象的基本型和比例关系以及在表达物象的空间体积时，其作业反映出的一些问题带有一定的普遍性，如在"形的视觉形象"和"形的空间及质感"。学习内容中，存在着表现物体的比例关系问题、透视问题、明暗规律问题以及物体的前后遮挡等问题。因而，影响学习的情绪和效果。在强调素质教育的今天，我们如何认识和应对在高中绘画—形的学习中遇到的这一普遍的现象？如何通过师生的课堂教学活动来帮助学生顺利掌握相关的知识技能？首先要求教师在高中美术"绘画"模块的教学思想上给予准确的定位是十分重要的。其次，课堂教学活动的设计思路、形式、方法均要符合高中美术绘画教学的特点与学情。

1. 充分认识"绘画"模块在培养学生对形体空间认识中的积极作用

高中美术课标在学习要求中明确指出:"认识绘画的基本特征和基本要素,感受和认识形体的明暗、虚实和色彩冷暖以及空间等现象,通过绘画活动,学习和运用比例、构图、明暗、透视、色彩等基础知识。"

由此看出,高中美术"绘画"模块的学习,需要学生掌握表现物体的比例、形体透视、体积与空间的能力。高中绘画是义务教育美术课程中"造型·表现"基础的提高和拓展。"绘画"模块明确地把我们带到了美术专业领域。因此,我们教师在思想上应充分认识到高中美术"绘画"模块的教学,既不是应试的"专业型"美术,也不是"走马观花"的义务教育美术,而应是"下马观花"的"生活型"的美术,这是他们的区别所在。

绘画教学一旦进入空间表现领域,就意味着学生必须通过循序渐进的训练途径来逐步掌握绘画语言表现的图示程序。

绘画活动常常作为个体活动而缺乏相互间的信息交流与互动,加之有些教师在思想认识上的误区:认为高中学生的绘画课仅是一种在繁重的多学科文化知识学习后的一种调节剂,不可有什么高的要求,让学生自己画为主,教师仅简单的介绍一下即可,这种想法和教学思想,往往会导致高中"绘画"模块的学习流于形式,并遭到学生的冷遇。因此,在"绘画"模块的教学中,以积极的态势培养学生对形体空间的认识与感悟,是"绘画"模块要追求的教学目标之一。

2. 艺术实践是提高学生对形体空间理解的有效途径

高中美术绘画的教学活动存在着教师如何优教、优导,学生如何优学、优练的问题,其实质仍是优化教育、教学过程,进而达到有效教学的目的。教师的优教、优导,首先应从激发学生的兴趣入手,激发兴趣是实现知识掌握率达到最佳效果的关键。培养兴趣的关键环节是激发思维,增加趣味性的目的是使学生通过实践活动达到对事物的知识、规律、方法的深刻理解。因此,教师的"导"必须要导出兴趣。

教材中绘画造型的"二分之一"、"三分之一"比较法的学习与运用,在实际教学中,仅靠教师讲一遍,多数学生既没有兴趣也并不能够完全领会。此比较法实际上是绘画中重要的整体观察的方法和习惯,是要充分调动全班学生的兴趣和关注度去参与探究才能真正解决。

(四)在丰富的色彩感受中表达情感

高中美术课程"绘画"模块色彩教学内容的设置,对提高学生在生活中欣赏和运用色彩起了很大的作用,但是在我们的教学中往往忽略了色彩情感的作用,偏重于对色彩的理论分析,以及对已有色彩理论成果的再现,不注重学生对色彩运用的感性分析,不尊重学生对色彩的感觉、体验。这要求教师要结合学生生活中的色彩体验,让学生运用相关知识,欣赏美术作品中的色彩表现,通过丰富的色彩感受,激发学生情感体验,并理解色彩的心理属性,构建形象生动的色彩观,敢于选择和运用色彩语言,大胆地表达自己的思想和情感,并灵活运用色彩丰富生活,体会色彩带来的审美享受。

模式化色彩教学呆板、程式化,限制了学生的自我审美感受。一位教师上"色彩的情感"时就采用了模式化教学方法,使色彩教学陷入抽象的概念之中,忽视了色彩在人的情感中的作用。

1. 以教师主导型的教学方法传授色彩基础知识

教师的主导作用是色彩教学中必不可少。由于在课程改革中认识上的偏差,有的教师色彩教学单纯强调学生的主体作用,最终导致课堂教学处在一种浮躁的状态,直接影响教学的效果。在教学中,我们要通过教师的主导作用,认识色彩及其色彩在美术作品中的表现方法,必要的基础知识训练可以通过不同形式的活动,让学生在活动中感悟色彩,在"玩耍"中体验色彩的丰富,并强化对色彩知识的认识与理解,增强对色彩的兴趣。

2. 以学生自主型的教学方法让学生感悟色彩

色彩教学是一种"感知的教育",要用色彩的眼光观察世界。面对色彩人们都会有情感反应,即观察有色物体时因刺激的不同而出现各种各样的情感反应。每个人观察方式不同,对色彩产生的感情会不同。

3. 以师生互动的教学方式感受色彩的变化

高中美术课程"绘画"模块注重理解与练习的技能训练,通过表现活动与学生的生活经验、情感需要、音乐联想相结合,运用所学方法将对色彩变化的感受表达出来,师生互动方式的教学优势凸现。

(五)古代雕塑艺术写实手法与写意风格的碰撞

我们在对雕塑艺术风格的鉴赏中,常常会把写实与写意作为重要特征。写实一般是将一个事物形象具体描写、刻画出来;写意主要是将一个事物的神或意象描写、刻画出来。写实,重形似;写意,重神似。写实是描绘现实的具象;写意是拓展现实的意象。中国古代雕塑表现手法和艺术风格常常是将具象的形,通过意象的刻画,表现一种审美理想,追求雕塑艺术特有的艺术风格。

中国古代雕塑历史悠久,从表现手法到艺术理念等都有别于西方雕塑,长期以来形成了自己独特的艺术风格,融会了中华民族的文化素养、审美意识、思维方式、美学思想和哲学观念，形成了中国雕塑的艺术语言。由于历史发展的各个时期审美观念的变化，其写实与写意的表现手法成为不同时期雕塑艺术的重要特征。

中国古代雕塑以其生动鲜明的艺术形象反映了不同时期人类的思想感情和审美观念。秦始皇陵的兵马俑让世人见识到了古代雕塑魅力，其高超的艺术手法，真人大小的体量，庞大的阵容，展示了秦军威严的形象，它是中国古代雕塑中陶俑的杰出作品。东汉的《击鼓说唱俑》以其夸张的表现手法，富有表情的动作，意象而生动地表现了一位古代说唱艺人的形象。

我国古代雕塑基本上可以分为陵墓雕塑及宗教庙宇雕塑两大类，如秦、汉、隋、唐时期的陵墓雕塑，以及遍及大江南北的宗教雕塑都是写实与写意雕塑的典范。这些作品富有时代特色的艺术表现形式，忠实地记录了中华民族灿烂辉煌的文明史和历代社会的现状，是我们研究历史、继承传统的形象生动的素材，也是显现雕塑写实或写意的造型风格。

写意处于写实与抽象之间，它既不会使人产生一览无余的简单感觉，也不会令人有望而却步的深奥感觉，它引导人们在一种似曾相识的心理作用之下，感觉古代雕塑作品的整体与局部，体会雕塑要传达的主题与思想。例如，我国著名麦积山石窟的供养人，风格写实，衣纹秀丽流畅，体态匀称，塑造精彩细腻，整个塑像着重于人物性格和心理状态的刻画。山东灵岩寺罗汉，每尊像都各有性格和不同心理状态的表现，它们都是以性格鲜明、感情丰富的真人为对象来塑造的，技法上达到了相当高的境地。与此风格较接近的是山西太原晋祠圣母殿的45尊侍女像，其身体丰满与俊秀，脸形清秀与圆润，性格和年龄迥异，口有情，目有神，姿势自然，每一个都能表现出不同的思想感情。

（六）"美术鉴赏"的教学建议

在高中美术鉴赏模块教学内容中对原始美术把握的知识要点：造型艺术在人类的生活中扮演着重要的角色，甚至在文字出现之前，人们就掌握了用各种材料表现形象、满足生存中对原始美的追求；中国原始社会比较有代表性的美术作品，以及这些作品与人们的生活以及观念之间的关系；西方比较有代表性的原始美术作品，以及这些作品与原始人的生活以及观念之间的关系。

1. 中国原始社会部分基础知识

表 6-1

状况时代	文化类型（以时间序）	代表美术	形式特征	功能	类型
旧石器时代	磨制石器、钻孔骨头、贝壳等	石器、骨器、贝壳等	从生产的要求出发，对造型有了初步的认识旧石器晚期出现了简单的装饰用品	生产、生活装饰	直接取材于自然中的骨、贝壳等
新石器时代	仰韶文化：半坡类型；庙底沟类型	人面鱼纹盆	纹饰大多画在器物最显眼的位置上，质朴明快	图腾可能为信仰	彩陶
新石器时代	仰韶文化：半坡类型；庙底沟类型	鹰搏	写实、夸张和变形相结合，神态逼真	酒器祭祀用的神器	彩陶
新石器时代	马家窑文化：马家窑类型；半山类型；马厂类型	漩涡纹尖底瓶	纹饰大多为几何纹、人物纹和动物纹，且以几何纹居多；纹样为波浪纹、漩涡纹或垂幛纹。纹饰线条生动流利，装饰图案构成繁密，变化丰富有序	实用（造型）美观（纹饰）	彩陶
新石器时代	马家窑文化：马家窑类型；半山类型；马厂类型	漩涡纹瓶		实用（造型）美观（纹饰）	彩陶
新石器时代	马家窑文化：马家窑类型；半山类型；马厂类型	舞蹈彩陶盆		记录信息装饰	彩陶
新石器时代	龙山文化	白陶鬶	造型别致、实用又美观	实用（造型）美观（造型）	彩陶
新石器时代	良渚文化	武进寺良渚文化遗址玉琮	外方内圆，以浮雕和刻线为装饰，装饰纹样凶悍奇异，刻工精细	族徽或者图腾	玉石

续表

状况时代	文化类型（以时间序）	代表美术	形式特征	功能	类型
新石器时代	红山文化	玉龙	呈c字形，极具张力；龙身光洁，蜷曲如钩；龙首呈猪嘴形，长吻修目，颈后飘扬；蜷曲中隐含着升腾，安逸中透露着威猛，令人望而敬畏	族徽或者图腾	玉石
		彩陶女神头像	造型生动，手法简练，较为写实	神灵崇拜生殖崇拜	雕塑
		孕妇像	造型生动，手法简练，生育崇拜信仰，着重表现具有特殊含义的女性特征	生殖崇拜	雕塑

2. 西方原始社会部分基础知识

表 6-2

时代状况	文化类型（以时间序）	代表美术作品	形式特征	功能	类型
旧石器时代	奥瑞纳时期	维林多夫的裸女	造型生动，手法简练，突出欲生殖人的相关人体部位	生殖崇拜	雕塑
	马格林时期	阿尔塔米拉洞穴壁画（西班牙）拉斯科洞穴壁画（法国）	能够使用简单的颜色与粗犷的线条表现动物的形象	巫术仪式	洞穴壁画

续表

时代状况	文化类型（以时间序）	代表美术作品	形式特征	功能	类型
新石器时代		英国巨石建筑	巨石阵的主体由几十块巨大的石柱组成，这些石柱排成几个完整的同心圆；结合了天文历法建造；属原始的框架结构建筑。	祭祀太阳神	宗教建筑

3. 教材中选用图片的分类

表6-3

图像特征	图像范例	功能特征	推测原始人的审美观念
规整的图像	陶罐与纹样	实用与美观	审美意识在物质上的体现
符号化的图像	玉龙	精神（宗教、象征）	图腾标志
夸张处理的图像	维林多夫的裸女	精神（生殖崇拜）	反映先民的思想意识.祈求丰产、丰收
写实性的图像	彩塑女神	精神	反映先民祈求丰产、丰收的思想意识

第四节 "书法·篆刻"系列文化传承的问题

一、"书法·篆刻"的基础知识

(一) 书法

1. 书法艺术文化传承的主要脉络

2008年奥运会开幕式，在中国画的长卷中展开，淋漓尽致地展现了中国书法的魅力。中国古代书法艺术，是一幅壮丽的长卷，让人叹为观止。

文字的诞生是人类告别蛮荒走向文明理性时代的标志，文字是语言的表象，任何民族的文字，是劳动人民在劳动生活中从无到有、从多头尝试到约定俗成逐步孕育、发掘出来的。它随着社会的发展而发展，有着漫长的历程。

古老的汉字生生不息，其间经历了漫长的过程，承载了中华民族上下五千年的悠久历史，汉字的书写成为独立的艺术形态。汉字作为汉文化的载体，它的产生宣告了中华文明的开端，特有书法艺术，像奔流不息的长河，博大精深。它在世界艺苑中独树一帜，放射出灿烂的光彩。西方许多国家也越来越重视对中国书法艺术的研究。

汉字从原始萌芽到成熟的甲骨文主要经历了原始社会到战国这段时期。夏、商、西周，汉字形成了成熟的甲骨文体系。这是中华文明的起源时期，生产力水平低下，人们对自然现象不能作出合理的解释，图腾信仰、生殖崇拜等都对原始的文化形态产生了影响。古老的文明形态合而不分。商周时期生活中的祭祀、田渔、收成、风雨疾病等都要占卜，且把占卜的时间，姓名，结果等用刀刻在龟甲或牛骨上面，所以甲骨文亦称"卜辞"或"龟甲文字"。汉字的形成是自然而必然的历史的选择。

2. 书法工具材料和执笔的基本要求

要想学好书法，对于书法工具也必须了解和掌握，只有选对了工具，才能达到想要的效果。

毛笔，据说是秦始皇的大将蒙恬创制的。毛笔具有尖、齐、圆、健四大优点。

墨，出现很早，可分为油烟墨、漆烟墨和松烟墨。随着现代工业的发展，出现了专供书画之用的墨汁，方便了使用。

纸，我国的四大发明之一，最早在西汉墓出土的文物中，后来经东汉蔡伦采用多种原料和改进的方法制纸，使纸的质量和产量都大大提高。最著名的当属宣纸，自唐以来，历代相传。

砚，在西汉时期就已使用，凡石质细、能保持湿润、发墨光润都是好砚。

除文房四宝，还应包括印床、印规、铁笔等。

3. 书法结字特点分析

（1）篆书：中锋用笔与圆形结字

篆书的用笔是中锋，结字是圆形的。篆书指隶书以前所有的古文字。篆书用笔的基本特征和它出现时的形态有关。最初看见的篆书是甲骨文，最古老的篆书是商周金文。甲骨文是用金属器具刻在骨头和龟甲上的。甲骨文和金文使用的书写工具都是硬质的金属器，硬质器具刻画出来的线条是凹下去的，是中锋锲进的。中国书法用笔的第一个特点是中锋用笔，中锋圆劲的用笔是篆书的基本笔法。

但也有例外——简牍的书写。简牍时代是和甲骨文时代并存的。简牍和甲骨、金石稍有变异，在用笔上稍稍有些侧锋，这是由于工具的变换，篆书的根本要求是中锋用笔。

篆书结字的审美特征是圆。篆书的书写只能用圆转才能保持中锋书写。中国书法在长期发展中形成了圆劲中锋刻画与中锋用笔和圆结构的创作状态。

（2）隶书：侧锋用笔与方形结构

中国书法在距今1800年至2300年间，发生了第二次重大演变——隶书。隶书的特征是侧锋用笔和方形结构。被称为隶书的艺术特征是因为它有"蚕头雁尾"。"蚕头雁尾"在开始和结尾之间的变化，侧锋就伴随隶书产生了。

在方的结构形成以后，线条书写与成形的规定性就发生了变化。起笔和收笔时，有笔锋的变换，书写时对起、收的刻画就形成了"蚕头雁尾"。发展到隶书，在思考把字写得更美的时候，要修饰它的笔画，出现了侧锋写方块字。没有侧锋就没有其后更为辉煌的中国书法。

书法由篆书的圆发展到隶书的方、由中锋发展到侧锋和文字书体的发展是关联的，方块字的出现是文字与书法的双重努力的结果。

（3）行、楷书：中、侧锋并用与方圆兼施

公元3世纪到4世纪，中国书法发生了第三次重大演变——行书与楷书。现在的行、楷书，由八种不同形态的点画组成。王羲之在中国书法史上创造就是确立和完善了楷书与行书的"新体"。汉字的每个点画形态都不一样，每个点画形态必然有它基本的规定性。由点画组成的字，其形态可以说它是方，也可以说它是圆。可以像颜真卿写得方一些，最后变成活字印刷的字模，但是就字来说，它既方又圆。篆书和隶书的特征非常明显，篆书是圆的，隶书是方的。楷书和行书是方圆兼施。正是点画的八种形态和方圆兼施形成了中国书法最经典的模式。

中锋的审美特征是遒劲，侧锋审美特征是姿媚。是点画经过刻画以后产生的审美想象，是遒劲与姿媚交融的艺术图象。没有中锋就没有古拙的形质和遒劲的美。王羲之称为"书圣"，因他做到了"古质"与"今妍"、"遒""媚"的结合。

（二）篆刻

1. 中国印章的特点与艺术价值

篆刻是我们中华民族灿烂文化的奇葩，是文字的艺术。中国篆刻艺术有悠久的传统，最早出现于春秋战国时期。印是一种授予，是一种权力，是一种信任，也是郑重的承诺。印章的留空处，在白文叫留红，朱文称空白。

作为古老的中国传统艺术形式，篆刻对书体、布局和线条有着精深的要求。中国艺术追求似与不似之间的至境，有直接可感的具体形象，给人的想象和幻想留下了空间。它是具象的，又是写意的；它是确定的，又是未定的。

中国文字发展时间的绵延，在印面之内跌宕生姿，以有情、有致的方式呈现出来，虽几经更迭，仍能以温润的光泽，引人玩味，这就是篆刻的艺术。

篆刻艺术，出现两个高度发展的历史阶段。一是战国、秦汉、魏晋六朝时期，篆刻用料主要为玉石、金等——"古代篆刻艺术时期"。发展到唐、宋、元时期，处于衰微的时期。由于楷书的应用取代了篆书，官印和私印分家，使篆刻艺术走上了下坡路。到了元末出现了转机，王冕发现了花乳石可以入印，使石料成了治印的理想材料。明代，篆刻艺术进入了复兴时期。明清篆刻迎来了发展高峰期，篆刻艺术特点主要是流派纷呈。文彭、何震对流派篆刻艺术的开创起了重大的作用。这以后的时期内篆刻艺术流派纷呈，一时间篆刻艺术呈现出了繁荣的景象，直至近现代篆刻大师吴昌硕、齐白石，形成了完整的中国篆刻历史。篆刻艺术是书法、章法、刀法三者完美的结合，有豪壮飘逸的书法笔意，有优美悦目的绘画构图，可称得上"方寸之间，气象万千"。

印章的印背高起有孔，穿戴而佩的地方称为印纽。纽可有各种不同的造型，如璃、兽、龟、豪驼等，起到装饰作用。穿纽的丝织物称为印绶，置印的锦盒或木匣称为印盒或印匣，是印章的附属物。

2. 篆刻工具材料的基本要求

学习篆刻之前，须做好有关准备工作。否则"临渴掘井"，会影响学习进度与成绩。篆刻学习的准备工作要充分，要备置有关的印谱和工具书等。学习刻印的工具材料要选置恰当，过少则用时不便，过好一般价钱较贵，过贱则难于适用。

3. 篆刻的方法及优秀作品的赏析

（1）篆刻的基本方法

篆刻必先篆后刻。写印稿：选用能吸水的纸，盖在用砂纸磨平的石章面上，在轮廓内，用小楷笔蘸上浓墨，根据印稿，反复多写几次，选一张配篆、章法满意的。待印稿墨迹干后，对准所刻的印面将稿纸反覆在上面，把稿纸涂上清水，用有吸水性能的纸，吸掉浮在上面的余水。用四层毛边纸或宣纸盖于其上，墨稿便复印在章面上了。若发现个别的笔画未印清晰，可用墨笔再勾描清晰，便可运刀锲刻了。

刻字的方法：刻字运用时，无论是刻"白文"或"朱文"印线条，方向都要由右向左或由上向下。在刻弧形的线条时要石随刀转，采用"双刀"刻字，先刻完笔画的一边后，再锲刻未完成的另一边。要求印面的凹处呈倒梯形，盖印文的线条显得变化，可得金石气息。

"冲刀"以刀角须要刻之线条推刀向前，用无名指紧抵石章边缘，以控制速度，要一节一节地冲，可冲角度较小。

"切刀"执刀角度较冲刀直，切刀所切线条较短，将长线条分段，以若干重复动作完成。因纯用切刀缺乏气势，依靠全身之虚劲，通过肘腕运到指间。

（2）历代流派篆刻及风格特征

①风格质朴的春秋战国时期

春秋战国，是诸侯割据、战火纷飞的时代；是百家争鸣、思想活跃的时代。各个思想会渗透到各种领域，印章也逐步登上政治的舞台。苏秦佩六国相印游说诸国就是证。

印章的特点：无论书体、材质，还是尺寸、形状，均无特殊定制。文字之奇诡难辨，反映了这个时期的印人不受某些条框的束缚，使印章呈现出自然、率真、质朴的艺术风格。印章风格趋于古朴平整。

②古朴典雅的秦汉时期

汉朝基本沿袭秦制,儒家治国思想逐步形成。为体现统治者的权威,专门创造了用于印章的文字:"缪篆"。其特点是:在印章的章法中极易体现出伸缩挪让的艺术效果,迎合了儒家谦和恭让的中庸哲理。汉代印章中蕴涵的美学思想,奠定了中国印学史上不可替代的地位。

③印章衰退的唐宋时期

唐宋是书法、绘画的鼎盛时期,印章远不如两汉时期。尤其到了宋代,七叠篆、九叠篆被官印广泛使用,印章风格也由汉代的白文印变为边宽厚重的细朱文印。唐宋的民间印章,毕竟受社会大文化的影响,气韵已不及前人。

④文人刻印的明清时期

明清时期的社会变革,促进了艺术思想的碰撞和衍生。在社会文化环境适合的土壤中的大量发现,一些失意文人介入印章创作的领域,在汲取前人精髓的基础上,将自己的情感及书法、绘画的某些因素注入创作之中,使方寸天地中呈现出气象万千的新面貌,产生出浙、皖诸家流派。

(三)篆刻与中国画

1. 中国画中书法的表现形式

(1)书体及书写规范:书法艺术的各种书体在中国画中都有体现。有时在一幅画面中可以包容几组不同书体、大小不一的书法形式。书法艺术竖写左行的书写规范在中国画题款中同样沿用,但有时画家根据画面构成的需要也会从左向右题写,两种不同方向的书写形式,会对观者视觉引导起到一定的作用,或将观者带入画内,或引向画外。可见在画中的书写形式是灵活、自由的,没有绝对的限制。

(2)书法的结体与布局:书法的结体与布局在画面中既有沿用书法的表现形式,使书法在画面中保持着独立的审美功能,也有书画布局相互依托,在书写时与画面结构紧密关联,因势利导随形取势与画面布局组成有机的整体,但其用笔、结字与行气仍然具备书法的艺术美,这也使书法布局形式,依托画面有了更自由的发挥空间,出现新颖的布局形式。随着书画结合的发展,画中书写内容逐渐细化成为一种趋势。在很多作品中题款的文字较多,在画幅中占有较大空间,视为长款。长款利于展示书法的气势和视觉的冲击力,如清代的石涛和郑板桥多擅长款,有的长达六百多字。也有很多作品只题穷款,以简洁取胜。其中将款书隐藏于画面的边角或物象的笔墨之中的又称为藏款。穷款、藏款都是为了减弱书法在画面上的表现,凸显画面造型的美感。另外,中国画的画幅形式、装裱形式也给书画的结合提供了共存的空间。

从以上书法与绘画的结合形式中我们可归纳出四种类型：

1）明款式：画中书法题款安排在画面的空白处，书法特征明显，独立成势，可与画面形成较强对比和呼应，起到均衡画面、调节空间关系的作用。

2）藏款式：画中书法题款安排在画面物象的笔墨之内，书法特征若隐若现、含蓄朦胧，与笔墨既融为一体，又形成弱对比，丰富了画面层次，又起到了均衡画面、调节空间关系的作用。

3）明款兼藏款式：画中书法题款经营，某一部分在画面笔墨之外，另一部分在笔墨之中，书法与表现物象有分有合，扩充了画面的造型体量，加强了造型的气势，同时仍能起到均衡画面、调节空间关系的作用。

4）线、面式：字体单列组合成线状，横向组合有扩充感；纵向组合有挺拔感。字体两列以上组合成矩阵形、不规则形，在画面中占用的空间较大，可独立成势，可与画面笔墨结合互补增势。

2. 中国画中篆刻的表现形式

（1）篆刻艺术的形式特征

篆章的印面大小由印材的体量决定，一幅中国画中需要多大的篆章要视具体画幅而定，其形制的或方或圆或长或不规则，又取决于款书的大小和不同的钤印部位，历来画家都根据约定俗成的样式和比例，虽没有绝对的限定，但也有一定的规律可循，例如名章多用稍小的规则形，闲章常为规则形和非规则形兼用。印面的形制界定了印章独立的属性。篆刻艺术界面虽小，但每一枚印章都是一件完整独立的艺术作品，印面边界的形制、印面布局、书体结构、刀法、立意充满了篆刻艺术的审美魅力。

能够入印的字体有古文、大篆、小篆、汉隶、魏碑、楷书、行书、草书，其中篆书入印最多，以刀代笔，是对书法用笔的再创造，富有"金石味"。篆刻艺术的肖形、花纹图案印注重造型轮廓的刻画，形象简洁、线条凝练、古朴，有朱文、白文之分。

钤印的色彩至今是以红色色系钤印为主，偶用赭、土黄色，篆刻所钤印的红色色系，已成为篆刻艺术的标识色彩，它早已突破了视觉审美的功能，与中国书画的用墨（黑色）共同构成了表现我们民族审美内涵的独特语言载体，具有民族文化的象征性。

（2）篆刻艺术在中国画中的表现形式

1）钤印：在中国画作品中每枚印章钤印是完整的体现篆刻作品的风貌，钤印的色彩在画中的运用与篆刻艺术的用色是一致的，入画印面的大小，是依据题款字体的大小或画幅的大小来选择，与篆刻艺术的印面差别不大，篆刻艺术在画中保持着原有的审美功能。

2）名章、堂号章、闲章：名章和堂号章通常是钤在落款、画题、记、跋的后面，有时也钤在题款的侧面或里面，也有钤在款题之上的，印面的大小通常近似于后一款的字体，在画面中占有的空间很小，对画面结构影响不大。闲章的大小、钤盖的位置是自由的，可依据画面的需要钤印，画面空白处、题款上、画面的物象上都可以钤盖闲章，数量虽不多，形制却富有变化，在画面中的分布多是松散的。名章和闲章在中国画作品中占有的空间都不大、印章与印章的位置不集中，但它们对平衡画面、连接与分割画面空间、收聚画面的气势起到了一定的作用，几枚红色的印章既在画里又似在画外，是画中独特的形式语言。

3）鉴藏印：历代的中国画作品中很多钤有鉴藏印，有些作品是经过不同时代的鉴藏家钤印，鉴藏印逐渐增多，印面的大小、形式不一，位置错乱，就绘画形式美而言是干扰、破坏了原作的画面结构。唐代韩滉作品《五牛图》画中并无印章，后经历代鉴藏者钤印已达三十八枚，这些形制、大小、形式各不相同的印章，见空插针，竞相争艳，原作的画面空间受到了破坏，这样的作品不在少数。也有的收藏家懂得画面布局形式，在藏品中精心的钤盖鉴藏印，使其与画心结合，补画面之不足。鉴藏印是鉴藏家为鉴赏或注明收藏经历而钤印，对考证作品起到了重要作用，是我们民族文化的一种特有现象，也成为中国画附加的表现形式。

我们也可从上述篆刻与书法、绘画的结合形式中归纳出四种类型：

1）明印式：印章钤在画面笔墨和款书之外，位置多为画面空白边角处，印章特征明显，篆刻作品在画面中得到充分的展示，对画面章法起到一定的补充作用。

2）叠印式：印章钤在款书上或画幅的笔墨上形成叠加，印文效果会受到一定的影响，但钤印红色仍很跳跃、明亮，印章和笔墨、款书叠加，交融的部位各自的造型特征减弱，但增加了画面的层次感，起到了丰富画面整体效果的作用。

3）**单印式：画中只钤名章，起凭信作用，对画面结构影响不大。**

4）散印式：数量不多，几枚印钤在画中通常是分散安排，名章和闲章在画中的位置多为画幅的边角，对补充画面结构之不足，活跃画面气氛，引申作品意境，起到了一定的作用。

书法、篆刻的展示都属于一次性定型的造型艺术，其入画的关键，一是书法、篆刻的质量，更为重要的是书法、篆刻在画面中位置的经营能与画材形成有机的整体。这种整体的把握是在其构成形式规律的框架中体现个性的差异。书法、篆刻在画面中位置安排得当，则可以相辅相成，反之则会失败。正如清代方薰在《山静居画论》中所说的："一图必有一款题处。题是其处则称，题非其处则不称。故画有由题而妙，亦有由题而败者，此又画后之经营也。"

二、"书法·篆刻"的教学建议

（一）朴素的语言，古朴的形式

隶书——"佐书"，"八分"，是继小篆后通行的实用书体。是古文字发展的必然趋势。秦始皇时期因"奏事繁多"篆字书写起来相对麻烦，将篆字圆转的笔画改为方折成为隶字。

汉代隶书发展到极盛，取代小篆成为标准字体。东汉隶书发展已成熟，涌现出众多风格迥异的隶书碑刻。魏晋以降，隶书逐渐势微。清代，在碑学复兴浪潮中隶书再度受到重视，隶书的书家在继承汉隶风格的基础上加以创新，形成独特的时代风貌。今日，隶书已成为具有独立审美形式的书体，备受群众喜爱。

隶书是朴素的语言。隶书是出于实用目的快写而自然发展起来的书体，其出身是非正式场合的。隶书结构自然朴茂，多草意畅达，逸气横生，能反映出书写者的性情；即使从规矩严格的汉碑来看，隶书中几乎没有勾画，笔法相对单一，不像楷书那样起笔。隶书较唐楷纵逸和朴茂。

隶书在线条和用笔上加强了方、圆、提、按和快慢的变化。正是在这个基础上，书法才有了向楷书、草书、行书发展的可能性。隶书的演变过程，起到书法从自然阶段向自觉阶段过渡的关键作用。草书也是一样。要了解楷书须要先了解篆隶之变，只有掌握了它，才能够步人书写的自由王国。

隶书的教学要依据"书法"模块的内容要求，结合简短的历史知识和视频片断，学生能够轻松了解隶书产生的时代必然性。通过对古隶、简帛书和小篆的比较，学生了解隶书在书法发展中承前启后的突出地位，通过具体的结构和点画赏析，激发学生研究学习隶书的兴趣。教师要将赏析与实践有机结合，在书写中体验隶书的朴素美。

（二）在临帖中体验中国传统艺术的特色

1. 为什么要临摹

临摹是站在巨人肩上前行，是学书的不二法门。遵循的技巧和审美标准无不是在历代书法家的大量实践中完善和成熟起来的。这些技巧和审美内涵都烙印在经典法帖之中。

2. 临帖要达到的要求

（1）和古人过招

初学者只有通过对经典法帖的准确临摹，才能更全面和深刻地领会到书法中诸如笔法、笔势和章法处理上的微妙义理。马虎临摹丢掉是原作审美中最核心的部分。对传统书法切入的深度，反映出书写者基本功积淀的深厚程度。临摹要敢于和古人过招，要能经得起推敲，做到以假乱真。

（2）神形兼备

临摹的不同阶段有不同的侧重点，善于带着问题去临摹。"形"解决后，把临摹的侧重点放在神形兼备上，保持动作的连贯和流畅。

（3）通晓"理"与"法"，做到融会贯通

美的追求是持之以恒、"痛苦"跋涉的过程。书法作品要达到神形兼备的高度，必须以"理"与"法"融会贯通为前提。和合理的处理，是"心"与"手"的高度协调。通过对书论、古典文学等书籍的阅读提高字外修养，用智慧加深对书法各方面理念和美学原理的思考。

（4）感受书法中蕴涵的传统文化精神

书法是人综合修养的无声而具体展示，在中国传统审美中有着特殊的意义。只会拿毛笔而不及其他，不能算真正的书法家。

（三）临摹的方法

1. 选什么帖

学生择帖时可以在教师的指导下，依据书法学习的认识规律选择自己喜欢法帖进行学习，不可强同。可以提高学生的学习兴趣，达到事半功倍的效果。

2. 临摹中应该如何观察帖

书法临摹分为对临、背临和意临，对临过程中如何引导学生科学观察至关重要。观察是人们认识世界、进行各种创造性劳动的基础，科学的基本的研究方法就是观察。临摹之前首先要作好观察的准备，制定出观察的计划，设法充分调动各部分神经，把自己有意观察的结果体现在自己作品之中。再和原作进行对比，只有这样循环进行才会不断提高。

3. 了解古人的写字状态

临摹还必须了解原作者的书写状态，如：古人用什么笔进行书写？握笔的姿势怎样？原作者的书写时的心境也要研究，这样才能更契合原作精神。

4. 在教师讲授临摹的过程中，不能盲目地依照字帖上文字排版顺序一概而过进行地毯式教学，要按不同的偏旁、部首和结构组合规律，分类教学。教师还要研究如何调动学生的学习兴趣，让学生养成主动提出问题的能力，把知识教学转化为能力。

第五节　开启学生思维的文化性美术教学

一、把美术课上成文化课

（一）怎么把美术课上成文化课

高中美术新课程改革提出，要在文化情境中来认识美术。

从美术学科的角度来考虑，它提升了美术学科的内涵，使美术学习成为文化的学习。

从文化的多样性角度来考虑，加深学生对文化多样性的了解。

从美术学科与其他学科横向联系的角度来考虑，促进学生通过美术学习对其他学科的学习。

从学生分析问题和解决问题的能力角度来考虑，帮助学生学会用历史唯物主义的观点看待问题。

美术课程具有人文化性质的基本理念，人文精神使形式化的美术知识和技能变得具有生命力，赋予美术本体最大的价值。

现在高中美术课程面临的实际问题是：在数理化等课程学习压力日益繁重的情况下，如何让美术成为系统的文理学科课程学习中，而不是诸多文理课程学习中的陪衬。这一研究目标，是未来高中美术课程教学实施研究的方向。

绝大多数的教师，都将高中阶段的艺术课视为副科，认为这样的课就是休闲的，是紧张文化课程学习间隙用于打瞌睡的课。在高中学校里，艺术课成为数理化等课程的附属，可以随时被其他科目教师撤换掉的一门课。

作为美术课程本身，如何在高中阶段整体课程里生存。虽国家课程里规定了必修课程，但在各个学校执行中，实际开课率的"水分"非常大。这样的状况，如何使高中美术新课程里那么多的教学板块得以实施呢？

首先，重视每节美术课的教学导入设计，非常符合学校、学生实际情况。如何让学生喜欢美术，除了靠教师自身的魅力外，教学设计是很重要的。以此整合的手法引导高中学生对学习主题产生兴趣，转向有深度的探究过程。

高中学生在这样的生活背景下没日没夜地只是在苦苦学习文理课程。教学导入引发出学生对自己学习生活的心理反馈。

2. 深入教学研究

教师在美术课堂教学中要突出关注学生们的社会情绪能力。在学生的学习发展过程中，教师要为学生搭建合适个体心理活动状态的"脚手架"，在课程教学设计以及学习指导和评价上考虑学生们的"最近发展区"。

高中美术课程的学习里，学生们过去对这一教学主题内容了解与把握有多少？摸清了基本教学情况后，在学习指导与评价上，要考虑学生的这些因素，这样美术教学才能达到有效的学习目标。

有效的美术学习要强调学生们的主动参与；需要应用发展性评测，在美术学习过程中建立很多评测点；要建立对高中学生认知的分析系统，让学生们知道自己是怎么认识美术学科问题的。这些必须贯彻在美术教师培训、教材编写和教学实践中。美术教育课堂教学目标的达成，要让学生们建立正确的学科概念、认识社会的概念，这样才会影响学生们创新思维潜在能量的开启。

自然科学被称为科学的，对问题的探讨需要基于实证的研究，以科学的态度分析思考美术课程，基于对教学问题、学生学习问题本质的反思与认识。美术教育是要帮助学生们尽早地建立起正确的、经过了历史考验的人文化概念，发展探究能力、语言和交流能力等，以利于未来的发展。

（二）美术文化的构成要素及课堂教学实施

1. 教学设计是教学的核心

如在"从《韩熙载夜宴图》——怎样运用自己的眼睛"采用社会学鉴赏的方式引导学生感知。从历史学、政治学等角度来分析《韩熙载夜宴图》，这样可以启发学生对作品中韩熙载展开探究式的学习。

2. 比较研究贯穿教学活动

比较是人类认识事物的较高级阶段，是认识事物的独特角度。通过对两个事物描述和分析完成认识，比较的意义还在于它的实践性。比较研究能够使高中学生发现中西方美术作品的异同点，更加准确和深刻地认识艺术作品，对美术文化有比较到位的理解。

3. 观念形态的引领

高中学生有自己对问题独立的见解，已经形成了基本的价值观。美术教师应该给予的观念形态引领又是美术课程所必须施行的"教化"。

二、应该深入思考与讨论的问题

应该深入思考与讨论的问题有:
1. 美术教师的知识储备与成长;
2. 课堂教学中美术教师讲授与学生互动的关系;
3. 高中美术新课程课堂教学的有效性;
4 对高中美术新课程教材的再认识;
5. 高中美术新课程中的理解性教学研究。

(一)思考"学习型课程"

究竟什么是课程?这是一个老问题了,也是新课程改革中思考最多的问题。但凡是读一些教育学、课程论的著作,我们就可以如数家珍地列举课程专家们思辨出的种种课程定义。

但是,"课程"这个东西是外国的,中国传统教育里所讲究的是教与学,这来自不同的哲学观作用下的不同思维方法。课程改革后,谈论最多的是,是需要建立课程意识。

美术教师是课堂美术教学的设计者、执行者,同时还是学习者。美术教师本身对一个学科领域和多个学科领域的关联所形成的文化情境展开探究,从边缘摸索走向中心的参与体验,这个过程就是真实的课程;而参与者在课堂学习中生成的问题是课程的核心知识,参与的过程与解决问题的方式就是课程实施的途径和方式。

为上好一节高中美术课,在对一个学科领域和多个领域的关联所形成的文化情境展开探究,从一开始的多学科交互边缘摸索走向过程中心的参与体验,随着自主学习的进程,个人的知识储备由开始的不足,逐渐得到补充,从能够应对教学,到比较从容地把握课堂,这个过程始终处于一种自我学习的状态。从这个角度讲,美术教师的专业成长,必然要与教师自己的教学生活紧密关联,要从不断推进的学习型课程中得到反思。

(二)美术课堂上讲授与对话各占什么样的比例最好

对话型的高中美术鉴赏教学,也可以说课程形式,也许它与相对"完美"的课程教学形式比较会有不少的留白,但是,这个的留白却能够给众多学生的参与设置可以介入的多个人口,并可以提供一种效仿的成长路径。这样的教学归宿是所谓"正规"课程教学可遇不可求的境地。但是,这样的课程教学有着太多的不确定性,课堂上会让人感觉乱糟糟的,而且如果在公开课上用这样的方式上课,容易使能够到手的成果有瑕疵。

但是，这也许就是高中美术鉴赏课开放式主题课程设计的突出特征：生成性——把原本由课程专家所制定的课程的一切要素，在对话型的高中美术鉴赏教学里，被动态性、不确定性、开放性所打破。

尝试在教师的主要讲授线索中，即兴选择一个话题，由此展开与学生的对话、与美术文化的对话，让教学活动形成一个小高潮，这样教学比平稳地讲述要更能够抓住学生的学习兴趣，促进教学有效性的达成。一个教师在美术鉴赏课堂上的表现，需要达到的目标是，要让学生在"想"，而不是单纯让学生去"听"、"记"。引导学生去"想"，教师的设问就有讲究，就需要思路，而不能一味的在自己讲述。有了话题线索，启发学生主动参与，这样的过程就是在引导学生"想"，有了"想"就有了思维方法，有了思维方法，学生就有了发展的基础。

（三）好课的标准是什么

按照尹少淳先生的论点，优秀的美术课，每个人的标准是不一样的。他的看法比较简单：

"学生为你的课心动、行动，体验愉快，获得知识或技能上的收益就是好课。"

好课则为教学有效。高中美术鉴赏课教学的有效性，最终的评价点应该落实在哪里呢？可由下面的思考展开：讲授式的教学与对话型的教学反映了两种教学认识论，"知识传递型"教学认识论与"知识建构型"教学认识论。而后者是新课程改革最为强调和推进的教育理念。

如果用"知识建构型"教学认识论来评价和检验美术鉴赏课的教学有效性，是以多元的美术文化建构的知识观和学习观作为理论基础，其特点可以归纳为：主张人类历史以来的美术文化，作为知识在学校教育中传递的话，要涉及两个维度——"明示知识"和"默会知识"，按照与修海林先生的讨论并与艺术课堂教学实践研究结合，得出的概念可以称为"已知知识"和"迁移学习"。

人类知识的进步正是上述这两个知识维度互动的产物。作为文化传递的美术新课程，构成其知识的进步也必须依据这两个知识维度展开互动，使学习者得以收获。注意：反复将教师和学生并列放在一起，同是学习者，这样的观念确立是非常重要的。

按照"知识建构型"教学认识论的主张，真正的美术鉴赏课学习过程，一定要涉及人类知识的"默会知识"的维度，在美术史的学习方面，"默会知识"的维度指的是什么呢？因为"默会知识"总是同具体的、特定的社会生活情境联系在一起的，是与学习者所处的社会生活实践息息相关的。这就涉及对学生的学习心理研究，对脑科学的研究，按照"知识传递型"教学认识论教学的话，教师用语言传递这些已经确立的概念与知识点就可以了，在这样的教学认识论中，学生好比是学习的容器，教师传递的知识进入其中就算完成教学任务，教师不会再研究什么"默会知识"。而要在"默会知识"的维度上进行教学研究，那就需要深入学习阿恩海姆的《艺术思维》《艺术与视知觉》，苏珊·朗格的《艺术问题》《情感与形式》等著作，以及还要研究脑科学等新兴的科学发展成果。但如今真正在研究学习这些著作的老师太少了。

在美术课程教学里，最具体的表现就是，历史以来的经典艺术作品，属于"明示知识"、"已知知识"，也就是已经存在的知识及概念。而社会生活里无处不在的视觉文化影响因子，则属于"默会知识"，这是在每个人心灵深处都存在的文化烙印，或者说文化因子，这些"默会知识"与教师讲述的课题内容产生碰撞的时候，要通过"迁移学习"使学生对其理解与深刻地认知。

"知识建构型"教学认识论主张美术鉴赏课里所谓的"知识"，并不是靠教师单一地传递，而是学习者自身建构起来的。这就是说，任何学习都是一种主观能动的活动，都是一种对话性的文化实践，绝不是教师片面灌输的、被动的活动。在美术课程教学里，应该是一种对文化的对话性交流、沟通、认同、思考，而不仅仅是人们所看到的某种具体的艺术学科技术再现。特别是在网络信息充分发展的今天，美术课程教科书里的知识与概念在网络上都能搜索到，学校教育的最终目标应该是教学生一种整合思维的方法，引导学生能够用这样的方法来解决对知识的选择和利用，促进自身的发展。

当今国际教育界风行的"情境认知学习理论"，实际上就是这种学习观和知识观的典型代表。高旭彬老师的美术鉴赏课教学，已经沿着在文化情境中来认识和理解美术的思路来构成自己的教学内容，这是在高中美术鉴赏课的教学实践中验证"情境认知学习理论"。

基于"情境认知学习理论"教学认识论的高中美术新课程教学研究分为两个层次：

要对美术鉴赏课堂教学里的"社会互动过程"展开分析；

要对美术鉴赏课堂教学里的"个人认知过程"进行分析；

这两个层次，是课程研究的潮流。美术课程与教学研究要真正地使课堂教学研究成为一种现实，首先就要着眼于对目前教育研究方法的改造。

高中美术鉴赏课"有效教学"研究的实际价值就在于，它能推动美术课程拓展对教学活动三位一体多元视界的分析,并能同时推动美术课程与教学研究方法的转型。

(四)教材与教学

"教材"是课程与教学中极其重要的基本用语之一,在课程与教学理论与实践中占有举足轻重的地位和作用。但是,在新课程改革以来,众说纷纭、似是而非的"教材"概念已经成为教育对话与交流的严重障碍,同时也正在影响着新一轮基础教育课程改革的深入发展。

所谓的"教材"也就是课本。中国近代美术教育受日本影响,比较重视教材的编写与使用。这与美国以及欧洲国家根据课程标准只列出课程举例、美术教师手册、课程框架及举例而不提供教科书,有着比较大的区别。

三、对文化与美术文化的认识

自五四"新文化运动"起,中国整个人文学术界对"文化"的研究就被作为以整体论、主体论的"哲学方法"解读当时的"中国社会问题"的思路。这种研究借鉴和吸收了不少西方学者的思想、文献资料和研究构架,承接和延续了中国近代学术传统,形成了自身的哲学特色,诸多先贤的这种努力已有累累硕果。

从20世纪80年代以来,以"文化的眼光"考量社会现实,以"文化战略"筹划社会发展,已经蔚然成风。如在20世纪的80年代,中国民间美术研究中,廉晓春先生提出"女红文化"——母亲的艺术,这样的文化概念,具有相当的前瞻性与奠基意义。

面对目前我国社会美术文化研究的思想态势,所谓的"泛文化"倾向比较严重,受到了某些学者的批评。如"视觉文化""图像文化""视觉图像文化"的反复出现及混合使用,某些研究者可能并不明白文化最终的意义所在,而拎着"文化"的词语添加到某种事情上,使人看起来好似是有文化。难怪别人在批评说搞什么"泛文化"了。

在美术教育领域里,真正研究美术文化或艺术文化,研究者应该着力于:对美术文化的哲学形上建构要进行探索;对解决当前美术文化的现实问题探索性的哲学式的思考尝试必须要进行。

"什么是文化",不必再重复泰勒等前辈学者几百种"文化学"的文化定义。定义其实大多都是涉及或属于"人类学"的和"社会学"范畴的论述与解释,研究文化须与人类学和社会学相联系。

美术教育领域的学者，自 2000 年基础教育课程标准进入开始，美术课程标准组和艺术课程标准组就对文化展开深入的思考。黑格尔说：艺术最终要回归到哲学。从哲学的高度，以对象化的思维方式直觉到，文化是"存在着的"精神"氛围"。

在学校的艺术教育中，各年龄段的班级由不同的学生构成了文化的"场域"，授课的美术教师自身又代表了另一种文化，美术教师的文化代表的某种价值引领，在美术课里到底应将学生们引向何方？这依旧是美术文化在左右着教学发展的脉络，由教材、课题内容、相关资源等方面架构着。一节美术课的主题是一个存在的"场"，"场"里有着已存在着的精神氛围，氛围的构成要素是要通过这个班级几十个学生与教师共同的价值共享，无须争论美术课程到底是什么样的课程了。对教师来说，作为观察者和文化的引导者，是这个文化的"场"中，是在这样的氛围里。谈到文化或美术文化，并不是割裂了美术的技能性特征。在任何美术技能中，技能本身由操作技能的人达成，这个人就为某种技能带来了某种文化的影响。

第六节　将信息技术与美术教学完美融合

一、高中美术课程信息化

（一）高中美术课程信息化的形象、直观、生动

高中美术课程信息化形象、生动、直观，显示在传统教学手段下很难表达的教学内容或无法观察到的现象。高中美术课程信息化运用视听结合的方式展示教学内容，为高中生提供形象、生动的艺术作品。高中美术课程信息化以它独特的感染力，吸引高中生参与到知识的建构中来，让他们快乐地参与。

多媒体可以模拟肉眼看不到或看不清的过程。如美术作品，我们用PPT展示的方式，可以把局部展示出来，放大或者缩小；对于难以看到真迹的雕像，也可以通过电脑的3D技术展示出来。

（二）高中美术课程信息化信息量大，教学效率高

高中美术课程信息化可以增加高中美术课堂的信息量，提高美术教学效率，解决学时紧张的方法之一。高中美术课程信息化可以在同一时间内，展出一系列相关的学习内容，它能扣住教学目标，多体裁、多视角、多形式、多方位表达相同的信息，可以比较彻底地分解信息的难易、繁简、系统，为高中生减轻了认识上的困难。高中美术课程信息化，从横向和纵向给学生理解的思路，横向探寻艺术家对艺术作品的认识、欣赏、鉴赏及评价；纵向从时间上追溯美术及其相关艺术家的历史背景，用信息技术独特的方式展示出来。

高中美术课本所提供的艺术作品数量总是有限的，加之画幅小，不能完全展示出画所体现的艺术效果，也无法满足高中生美术欣赏的需求。而高中生需要更多的艺术体验就必须要有除教材以外的载体来提供。

特别是在美术鉴赏的教学的过程中，只有在收集资料或信息的基础上，才可以进行自主学习和探究，才有可能与同学之间进行合作、交往与交流。这里美术的相关信息包括：图像、文字、声音等方面的信息。

（三）高中美术课程信息化的评价机制

要使高中美术课程信息化达到最好的效果，还必须建立评价机制。达到最好的效果，用质性评价方式，可能促进教学相长。质性评价是比较全面反映教育现象和课程现象的真实情况，为改进教育和课程实践提供真实的依据。而师生通过交互白板，将有更多参与协作学习的机会，有利于提高个人技能和人际交往能力，高效地处理复杂的概念和问题。而评价的过程有助于教师在教学过程中动态地调整教学方法与教学策略，优化教学效果。

（四）高中美术课程信息化的能力培养

1. 培养高中生综合实践活动的能力

把信息技术运用在美术教学中，培养高中生的综合实践能力，是素质教育在美术教学中的体现。在实践中，巧妙地把美术教学与其它学科联系起来，带领学生关注现实生活，提高高中生的美术实践能力。

2. 有利于高中生的理解力和探究能力发挥

在高中美术教学过程中，在注意知识的确定性的同时，也要注意知识的不确定性。一些问题要给予结论，一些问题可以让学生通过思考，寻找结论。

3. 有利于培养高中生从整体关系来思考知识问题的能力

由于信息技术有着巨大的资料整理功能，所以它可以把高中美术知识组织成一个知识网络，形成框架性的知识。这样可以让学生去思考知识内外部关系，学会融会贯通。教师引导学生微观地进入知识，宏观地把握知识的关系。与信息技术结合最为紧密的高中美术课程模块有美术鉴赏、摄影与摄像、电脑绘画与电脑设计。

4. 有利于提升高中生善用现代媒体艺术与信息技术的能力。

现代媒体艺术是一种艺术与科技相结合的创作活动，与一般传统美术创作是完全不同的艺术活动。它借助高科技手段，创作艺术作品，给人带来不一样的经历和成果。

二、信息课程化——交互式电子白板在高中美术课堂教学中的应用

（一）创设情境，展现知识

在运用交互白板进行美术教学的过程中，教师通过预设的美术课程资源进行教学情境创设。创设一种画美的意境。因为在学习过程中，学生接触到怎样的情

境，就会激发相应的学习兴趣。所以在美术课堂导入时，教师需要找到与教学内容相关的资源，创设独特的情境吸引学生，学生便对学习内容感兴趣。在画面的对比之下，唤起高中生以往的学习经验和知识储备，进行知识的建构。

（二）设计教学，整合资源

交互白板的使用，可以让美术教师在教学活动中有所创新，从新的角度去设计美术教学，显得更加有创意。利用电子白板可以很轻易地解决PPT或动画课件中难以实现的交互问题；教师可以在课堂上，使用遮罩功能，集中学生听讲的注意力；使用文字拉幕来突出教学中的重点和难点；利用电子白板中前置、后置、对象移动、翻转、透明度等功能来诠释教学中的难点。

交互白板系统里有大量的美术学科的资源，需要美术教师根据自己所需的教学内容和教学目标，对资源库中的美术素材进行挑选和整理，形成上课所需要的课件。当然也可以利用计算机及网络中的各类艺术资源，也可以根据美术课堂实际教学内容的需要，教师自己运用电脑软件进行绘制。

（三）电子备课，教学生成

普通的课件展示，是教师提前进行教学预设的备课结果。它很难在教学过程中，去不断地修改。但是交互白板的教学，因为有了自带的工具与资源库的及时修改功能，可以在教师互动过程中，发现问题，及时给予更正，因此提高课堂教学的生成性。使美术课堂教学不但精彩而且效率高。

信息技术与高中美术课程的整合，可以增进高中生主动学习美术的兴趣；促进高中生对美术知识的理解；有些难以理解的抽象画，通过多媒体展示，可以让学生从不同的角度和方式去理解，去体会。

三、信息技术在高中美术教学中的具体运用

（一）信息技术在美术鉴赏中的有效运用

美术鉴赏是高中美术课程内容系列之一，它能帮助学生在欣赏鉴别与评价美术作品的过程中，逐步提高审美能力，形成热爱本国文化、尊重世界多元文化的情感。课标在成就标准中提到：运用多种方法或利用现代信息技术收集美术的有关信息。

多媒体教学有着直观性，它能展示美术最前沿、最真实的东西，让学生有直接观察和感受形状、空间、材质、色彩等等。为参与美术鉴赏提供了便利，激发了学习的兴趣，为进一步的鉴赏活动打下了基础。

多媒体教学有着生动性，它通过动画、声音，展示了艺术作品栩栩如生、活灵活现的一面，把学生带入特定的情境、意境，感受和欣赏美术的艺术魅力。为更深入地学习、鉴别美术作品提供了可能。

多媒体教学有着互动性，它不是单独地像艺术作品展示那么简单，而是可以产生互动。同时欣赏着作品的其他人，可以通过网络来交流自己对作品的理解，一改过去在同一时间、同一地点、一部分人的交流。

（二）信息技术在绘画·雕塑中的有效运用

绘画·雕塑是以一定的材料和工具，运用造型的方法和手段进行美术创造的活动。过去人们用实实在在的工具进行创造。比如：现代信息技术的发展，绘画可以脱离手工，以另一种机器的方式取代，速度更快，精确性高，成果多。机器雕刻与手工雕刻是有一定的差距，这个差距可以通过后期制作得到改善。

制作出来的绘画和雕像是需要通过艺术交流才得获得生命力，作者也会因此得到提高。而信息技术的网络平台刚是一个很好的交流平台，大家可以互相展示和欣赏作品。

（三）信息技术在设计·工艺中的有效运用

高中美术课程标准要求：学习计算机平面设计的基本操作方法，初步认识计算机三维立体设计的基本过程。传统的图纸设计演变成计算机平面设计，对学生的信息技术能力是个考验，要学会运用相关的平面设计软件，才能绘制好图。美术教学中，设计·工艺内容系列是与生活最贴近的艺术，生活中无处不在。关注生活，更有利于高中生学习设计·工艺，信息技术这个工具也要善用，制造更精美的艺术作品。

美术教师在讲解设计作品时，可以借助计算机动画模拟技术，生动形象地讲解。

（四）信息技术在书法·篆刻中的有效运用

课标指出：书法、篆刻是用中国特有的传统工具和方法，塑造汉字的艺术形象、抒发情感的活动。学习它能提高学生的书写能力，及对中国传统文化理解和认同。首先，图像和声音讲解同步，让学生听得清楚，看得明白。克服了书法教学中单一、枯燥的纯粹写字的缺陷。其次，导入时，运用信息技术创设故事情景，引发学生兴趣。最后，运用信息技术营造宽松氛围。

学生学得轻松，教师教得自如，运用信息技术优化书法教学，高效地完成书法教学任务，同时也提高了学生的综合素质。

（五）信息技术在现代媒体艺术中的有效运用

新课标指出：现代媒体艺术是运用影像设备与技术、计算机设备与技术以及互联网络资源表达观点、思想和情感的新兴视觉艺术形式。信息技术与现代媒体艺术的关系是你中有我，我中有你，密不可分。现代媒体艺术包括摄影摄像和电脑绘画及电脑设计。

近年来出现了一种虚拟现实技术，也称之为灵境技术或者人工环境，虚拟现实是利用电脑模拟产生一个三维空间的虚拟世界，提供使用者关于视觉、听觉、触觉等感官的模拟，让使用者如同身历其境一般，可以及时、没有限制地观察三度空间内的事物。掌握了信息技术在现代媒体艺术的运用，我们就能从另一个不同的视野去看待现代美术的发展趋势，对提高我们审美和美术素养有着重要作用。

现代信息技术与美术课程整合改变了高中生传统的学习方式。把过去单调的学习方式转变了生动、有趣和高效的学习方式，信息技术的运用，让美术学习更具有时代性，内容也更加的丰富多彩。

四、利用信息技术搭建美术学习平台

现代信息技术的发展，在网络上搭建美术学习的平台成为了可能。学生可以利用计算机软件进行绘画，成果可以通过资源共享。通过DV的方式把手工作品和自己的诠释上传到网络，和大家一块交流。开通网络教室，定期地开展美术作品欣赏互相学习、评价。作业过程中遇到难题，可求助于互联网，即时可以得到解决的方案。以上这些对高中生的美术学习带来兴趣和方便，有利于提升他们的信息素养。

建立美术学习专题网站，把相关高中美术学习资源搜集、链接起来。这样做可以扩大高中生学习视野，不过，教师要引导学生如何查阅自己所需要的资源，不要漫无目的地查找。建立美术学习专题网站，可以丰富美术教学资源，同时也有利于改善教学互动，但在资源的系列优化和评价的整体优化上还需要多努力。要想真正做到整合，必须要做到"高中美术课程的信息化"，信息化教学与传统教学要互为补充、互为延伸、融为一体，从而实现课程的整体优化。数字化交互式的方式引入高中美术课堂教学可以实现教师与学生、学生与学生的个别交互和群体交互。对教师来说，可以从容地与每一位学生交换意见，可以随时把自己的关注投向每一个学生。

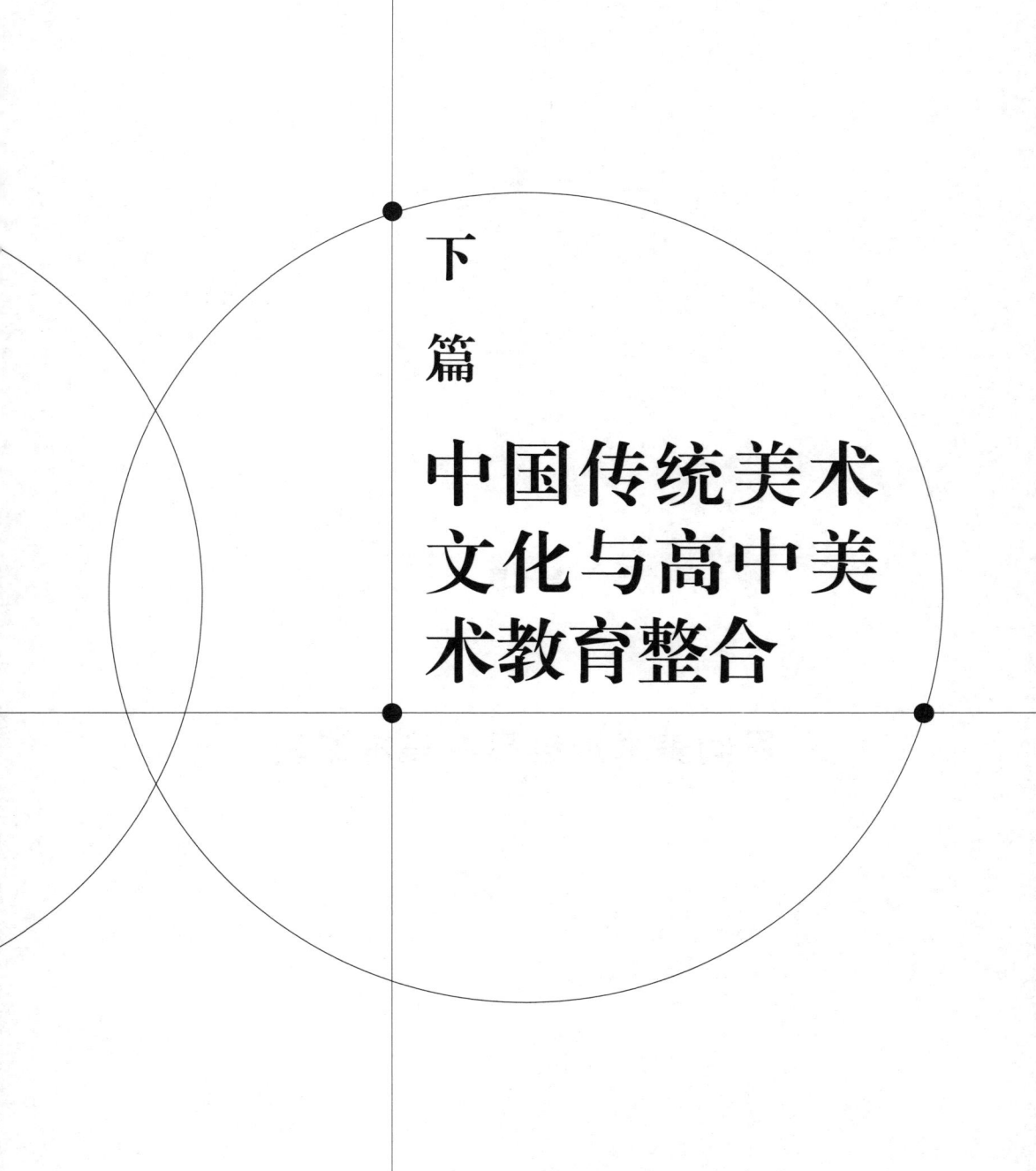

下篇

中国传统美术文化与高中美术教育整合

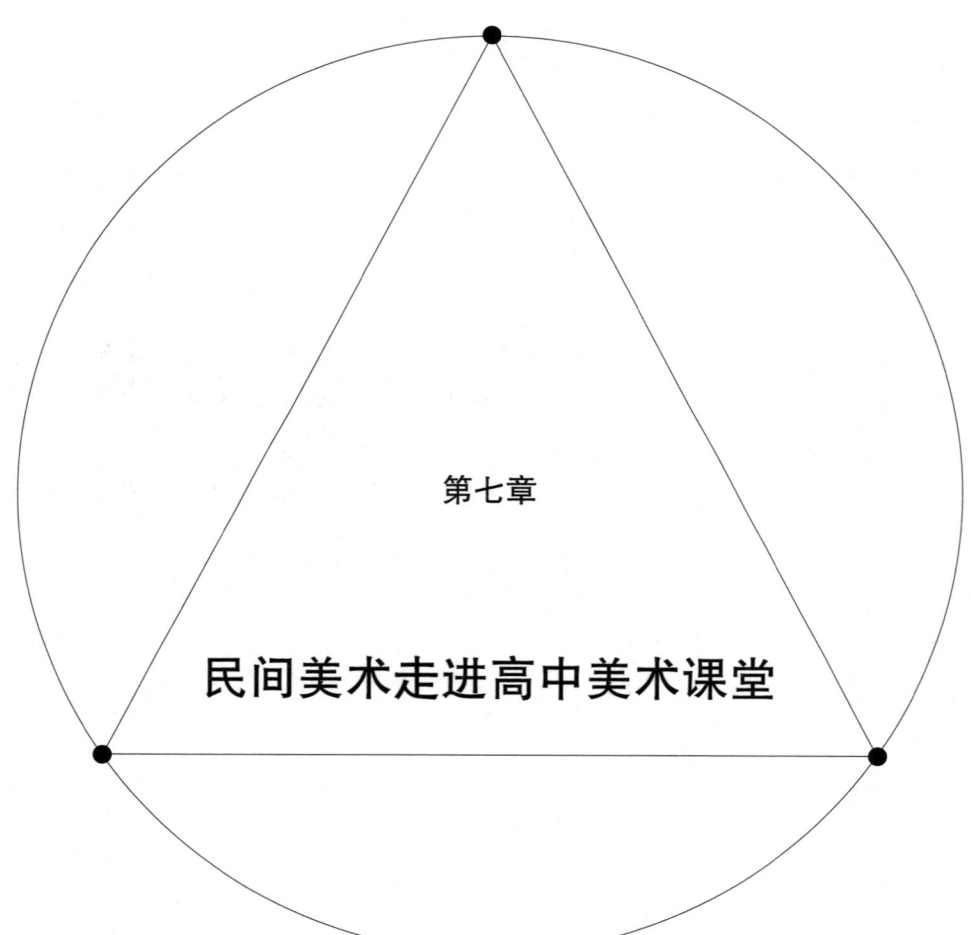

第七章

民间美术走进高中美术课堂

第一节　民间美术与高中美术

一、民间美术与高中美术教学的关系

探索民间美术与学校美术教育的关系是改革课程资源的重要内容。学校要结合自身的办学实力与实际学情来选择教学内容，形成独具特色的艺术教育。民间美术已融入到传统美术教学中，形成了独具特色的教育资源。现阶段已经有很多民间艺人参与到民间美术的保护工作中。民间美术是美术教育的重要组成部分，将民间美术课程设定在中学美术教育体系中既能够促进学生的全方位发展，又能将民间美术与传统美术教学进行完美地传承和发展。

高中美术教学和民间美术进行结合。高中美术老师应仔细寻找课本内容与民间美术的磨合点，使学生自发对比课本内容和民间美术艺术内容，也可以给学生创造条件，到实践中去探索民间美术。

二、民间美术在高中美术教学实践中的意义

在新课程的不断改革和推进下，高中美术教育不断调整和更新，经过不懈的努力，已取得了效果。《美术课程标准》让我们在新的高度思考中学美术教育，探索出适合当下国情的中学美术教育的路途。

民间美术反映了人民的审美观念和民间习俗、文化以及广大民众的价值取向。彰显了不同区域的民俗内涵和审美理念，传承了民族独具特色的文化内涵，是珍贵的文化财富。民间美术有很多艺术形式，如剪纸、年画及皮影画等。高中美术教学中融入具有民间美术，可以起到陶冶情操、加深学生的民族情感的作用。

民间美术作品的创作源于生活，很多民间美术作品中都包含着乐观、奋发向上、善良、美丽的情怀，能净化心灵、塑造我们的气质、丰富了社会文化生活、

满足了精神需求，帮助高中学生的生活和学习创作，使高中学生有积极健康向上的生活态度，让高中生更热爱本土的文化，深入地认识和了解民族文化。将民间美术融入高中美术教学，让民间美术更加顺畅地继承。

民间美术融入高中美术课堂，教师是主导力量，起至关重要的作用。民间美术传承的重要途径是教育，通过民间美术教学，将民族文化传递给下一代。深挖优秀的民间美术资源，与高中美术教学进行融合，形成特色的美术课程体系。高中美术教学要传授给学生美术知识和相关技能，注重秉承传统文化的核心理念。通过学习地方民间美术，培养学生的自身气质，体验人生的哲理，让学生接受中国民间传统美德教育以及民族精神的洗礼。

继承和发扬民间美术，青年学生是主要力量。民间美术融入高中美术课堂，通过学习民间美术，接受传统文化的学习，在面对外来文化冲击下，学生能保留自己的文化精髓，使文化得到全球化的发展和传承。民间美术走进高中美术课堂，对培养学生的民族情怀有着重要意义。民间美术能够打动人们的心灵，唤醒高中生的民族自信心，将民间美术融于高中美术教育，对高中美术课堂教育实践有着重要的意义。

在我们的课堂上，可以聘请一些民间艺人和艺术家进入到我们的课堂，为学生讲解和示范，也可以让学生去一些生产民间艺术品的制作作坊和制作工厂，切身观察和体会民间艺术的制作过程，将理论与实际进行恰当的结合。

民间美术是中华民族传统文化的重要组成部分。民间美术是劳动人民集体智慧的结晶。民间美术是民间艺人最多、流传最广泛、特色最浓厚、价值最高的特色艺术体系，其涵盖的内容极其广泛和丰富。现在国家大力提倡学习传统民族文化，有些国家小学阶段就开设有关本国传统文化的课程，这给学生接触民族文化提供了有利条件；而我国美术教材中涉及民间传统文化的部分很少，学生从小接触不到，同时又深受西方文化的影响，因此难免对本土文化越来越陌生。现在国家鼓励学习优秀的传统文化，让民间美术进入高中美术课堂，不仅会给美术教学带来一系列有利影响，也会进一步推动传统文化的全面发展。

三、民间美术走进高中美术课堂存在的问题分析

（一）高中美术课程缺少当地民间美术的课程内容

随着新课程改革的不断深入和推进，高中美术课程已经成为高中教学中不可缺少的部分，美术课程也得到了很多学校和领导的关注，慢慢有了一些效果。但

是因为各种条件的限制，致使当前高中美术教学的进展速度较慢。在美术教学中应该把美术教材与地方民间美术资源相结合。学生对于民间美术比较陌生，如果把地方美术资源引入到美术课堂中，学生会更加亲切，学习的积极性也会相应提高。在高中美术教材中我们可以看到，有关民间美术的教学内容特别少，不能满足学生对传统文化学习的需要，因此开发民间美术教学资源、因地制宜、就地取材，显得十分重要。

人美版普通高中教科书高一年级教材，是鉴赏课类别，其中西方性质的内容占了四分之三，而民间美术性质的内容只有一个课时。随着课程改革的不断深入，民间美术的内容并没有增多，这一体系设立使西方绘画造型体系极大程度影响到了我们，多种原因导致西方美术内容成为美术教学的主要部分。西方美术教学的部分，在学生的思想中根深蒂固，从而造成对民族艺术的认识和了解却越来越少。提到油画，人人都能懂，说到剪纸年画，人们反而感觉十分陌生。民间美术能够熏陶我们的精神内涵并能成为中化民族中最为宝贵的传统文化，这是我们自己的文化。在教学中，我们要想让民族传统文化在高中生思想中扎根，就必须扭转美术教材中以西方作品为主的局面。

（二）高中美术教师缺少利用当地民间美术的意识

教师在继承和发扬民间美术中起到关键的作用。教师要做到善于取材，不仅要充分利用好教材，还要凌驾于教材之上。教师不仅要使用教材还要开发出优秀实用的教材，教师要做到引导学生积极主动地去了解和认识民间美术。学习美术的目的是让高中生体验美、欣赏美，培养学生审美、欣赏和灵活应用的能力。在普通高中课程标准实验教科书第十六课《中国民间美术》一课中，详细地介绍了我国特有的民间艺术形式。教师的教学不应该是理论和技巧上的单一讲授，教师应该结合当地的民间美术资源讲授课程，选取传统的民间美术形式进行课程的讲解，如固安王秀白陶，固安邢氏纸雕，霸州年画等。通过对当地民间美术的了解和学习，培养学生学习传统文化的兴趣，从而达到弘扬中华民族的传统文化的目的。

（三）学校不重视开发当地的民间美术资源

学校和教师对于高中美术科目的重视度不足。目前，高中美术科目不是高考科目，以至于部分学校为了升学率不开设美术这一学科，即使开设了也不会让学生学习美术方面的知识，而让学生自习或者做其他科目的作业，这样久而久之，社会上对美术课的重视度便越来越低。

学校要积极建立橱窗以及美术室，充分利用到学校的走廊和橱窗口，将民间美术作品置于其上。这样不仅可以美化我们的校园环境，还能营造一股浓厚的艺术氛围。要加强橱窗的更新频率，也可以创设固安民间美术展览这一栏目，展出固安窑的白陶、邢氏纸雕、焦氏脸谱等经典作品。每次下课学生都会看到身边的民间美术作品，这样可以在一定程度上提升高中学生对民间美术的关注度，培养其兴趣。其次，在教室前可以布置一块画框，里面放着学生在美术课上制作的民间美术作品，通过这样一系列的布置，就可以为学校的美术学习营造良好的氛围。此外，我们的美术专业教室的布置内容可以更为丰富多彩，学生置身于美术专业教室里学习，就能受到民间美术的熏陶。

当今互联网的发展日新月异，要想让民间美术融入美术教学的实践探析中，学校可以根据自身的有利条件来创设多媒体教学，使之更加现代化。不仅如此，学校要加强美术课程资源的开发和利用，利用各种先进设备来促进民间美术资源的应用和开发。

四、民间美术走进高中美术课堂的策略与方法

（一）与美术教学相结合

加强学校美术教育工作是全面推进素质教育以及促进学生全面发展的一项紧迫任务。在美术课堂上，如何通过活动来提高学生的应用美术的能力，例如审美、文化素质的培养，学校应当予以重视。这也就意味着重视民间美术教学是普通高中学校的选择和责任。

当前教育体系中，大部分学校都是采用全国统一教材进行教学，而全国各地的美术教育情况又存在一定的差异，这表明教材编写者不够了解甚至不了解当地的特色美术，且对当地民风民俗的认识不够，与培养人才的办学宗旨不符。近几年，人民对于传统文化的发展提出了保护的观念。希望发展具有当地特色的地域性文化，以此来保护传统文化的发展。推进民间美术保护工作的进程，需要进行传统文化的保护工作。因此，推进地方民间美术进课堂、进机关、进企业，不失为一种很好的方式。而在我们的课堂之上，也要与之相对应，加大对传统美术教学的重视。这也是学校培养新一代美术人才，促进学生全面发展的综合性需求。在实际教学过程中，也要重视现阶段的教学过程与传统美术教学的互动。在高中的美术课堂上，要结合活动，将实际教学与当地文化紧密的结合起来，形成具有当地特色的美术教学，当发展到一定的阶段之后，即可形成一个完整的系统体系。

在我国建设传统民族文化教育过程中，重视对传统文化的传承和发展，民间艺术就是"母体艺术"，将其引入到实际课程教学中，不仅能够让广大学生了解到当地的艺术文化，更能够将当地的实际发展情况以美术的形式展现出来。对于高中生来说，学习当地的文化，可以提高其艺术修养，让其对当地的历史有更加深刻的了解和认识，这对文化的传承和传播具有重要的意义。所以，运用将当地的民间美术引入到课堂中这一新的课堂模式，不仅能够提高学生对民间美术的接受程度，还能让他们更好地体验和感受充满民间美术气息的社会生活，加强学生对本地文化的了解。民间艺术，不仅能够研究当时人们的审美，还能体现出当时文明的发展历史，是弘扬民族文化的重要方式。从社会发展的角度来说，这也是促进社会和谐发展的关键。

对于美术教育工作者来说，也有保护民间艺术，向学生传播传统美术文化的责任。通过对传统文化的保护和传播，培养出一批新型美术人才，用他们对民间美术的热爱来继承和弘扬传统民间美术。美术教育更是一种重要的文化继承方式，有必要将当地的美术文化与教学结合在一起，只有这样，才能更好地承担起相应的责任。

开发当地优秀民间美术并且形成学校特色的美术教育，汲取当地民间美术的精华，使其慢慢渗透到高中美术课程中。美术教师可以结合高中美术教育的特点和自身的对民间美术的研究，选择本地区特有的民间美术形式，形成自己独特的美术教育体系。如结合美术课程标准，可侧重挖掘固安焦氏脸谱、王秀白陶、邢氏纸雕、霸州改良年画制作等，编写出特色教案，将当地具有特色和代表性的美术作品展现在实际教学中。

此外需要注意的是，我们的美术教学不同于其他文化课，它具有很强的开放性，我们可以利用这一特性，走访具有代表性的美术地区，也可将那些继承了传统美术的艺人请到我们的课堂上，帮助我们了解这些技术。当今社会年轻人对于传统艺术的学习意愿越来越低，导致传统艺术掌握在少数人的手中且继承人堪忧。而将这些掌握传统艺术的人请到我们的课堂上，就能够让孩子从小对这些传统艺术有一定的了解，从而掌握民间美术的精髓。还有很多传统的作画手法，更是需要他们与学生进行面对面的交流，让学生了解民间艺术的真实特点。

除了课堂上的学习，学生们还可以在课堂之外进行学习，陶艺大师王秀在当地有陶艺体验馆，教师可以带学生走出课堂，去体验馆亲身体验优秀的民间美术。开展调查活动，让学生们自己去了解民间美术。这些学生生在廊坊，长在廊坊，他们生活的方方面面都与廊坊分不开。而我们的美术教学则可利用这一特点,将教学活动与学生的生活进行联系,从而提升学生们对于美术的关注程度,也加深了学生对美术的了解程度,更有益于学习。

学校要重视对学生的传统美术意识的培养,在教学内容之中,要加入这一模块,同时,美术老师还要组织学生积极参与民间美术活动,让学生们对其有一定的了解。同时,教师还可以结合当地特有的文化和教学条件,开展特色型的教学,形成具有自身特色的教学风格。

提升美术教师民间美术的素养、自身专业素质。教师采用何种方式进行教学,对学生而言,这都是影响他们学习的重要因素。所以老师在授课之前可以联系民间艺人,主动与他们学习,也可以请他们对学生进行教学。在多方的共同努力之下,一定能够更好的传播民间美术。面向全体学生,把民间美术与校园教学结合起来,形成一个新的系统。我国民间美术的历史十分悠久,有多种多样的美术形式,而这些美术形式存在于学生生活的各个方面,只要引导学生认真观察和发现,生活中到处弥漫着民间美术之美。

(二)与社会生活相结合

民间美术的飞速发展使得我国传统文化得到了更好的传承。中华民族传统文化有了更好的载体。劳动群众的生活与民间美术融合在一起,民间美术体现着劳动生活最质朴的艺术思想和语言。

人们进行物质创造的根本目的是为了满足生活、生产的需要。人们的生产、生活都离不开民间美术。所以,民间美术来源于生活却高于生活。人的本质则决定了工艺生产的实用与审美、物质与精神一体的基本性质。民间美术源自于劳动者的生活,劳动者的生活是民间美术创造者的生活。民间美术的奠基人是劳动者,它蕴藏着劳动者的美好情感,是民间美术与生活的基础。

民间美术存在于生活之中,生活中也融入了民间美术。比如说民间美术中的门神图像就是通过它在生活中的特定位置和功能来与生活联结的。由于民间美术与民间的仪式、节日、游戏、庆典的时间性和过程性总是紧密相连,所以民间美术在本质上是行为的、表演的。创作民间美术作品的语言媒介可以是生活里一切可视的、可造型的材料。

(三)与现代设计相结合

现代艺术设计中的元素也有很多是来源于民间美术。民间美术的创作目的是实用与审美的完美结合。这和现代设计的实用、审美的特征是相同的。因此,无论从创作形式或者审美角度上来说,民间美术和现代艺术之间依然存在很强的联系。在现代设计中,加入民间美术元素能够丰富设计内容,使其更有年代感、更传统，也更具民族性。

现代设计中融入了很多民间元素，如：陶瓷、剪纸、年画、皮影、刺绣等。民间美术元素可以和现代设计相互融合、促进和发展。

民间美术在发展的过程中越来越概念化、越来越符号化。在提到某一元素的同时，都会想到与之相关的民间美术元素。例如到了春节，人们都会看到大红灯笼、春联、门神、福字、年画等民间元素。提到年画，人们则会想到杨柳青、朱仙镇、桃花坞、胖娃娃、并蒂荷花、双鲤鱼等等。这些民间美术元素都在现代设计中得到了很好的应用。例如在春节大型商场促销的广告中，福字、灯笼、红色成为了主打的设计风格。这种概念式的引用使来购物的人们感觉到喜气洋洋的节日氛围，进而达到烘托春节的氛围和刺激人们消费的主要目的。

每一项民间美术文化都有着自己的独特的魅力。例如，在中式家具的设计中细节的雕花、打磨等工艺都很突出。在西式家具中比如欧式家具美式家具中也融入了越来越多的具有中国特色的民间美术元素。现在很多设计者都应用了民间美术的设计精华，提取了具有代表性的象征性的民间美术元素，打造出既符合现代人审美，又饱含历史文化内涵的具有民族特色的家居设计。除此之外，传统文化概念式的引入在室内设计的应用也很多。

传统的民间美术和现代设计有了相互依存和相互转化的关系，给设计师的创意带来了诸多的灵感。现代设计中民间美术的运用要保持创新和发展的态度。民间美术来源于生活，来自于广大的劳动群众之手，符合大众的审美需求，符合新时代的发展要求。随着社会的发展，定制化、个性化和创新化的发展成为了人们的审美方向，只有对民间美术进行不断的创新和发展，带给人们纯粹的设计享受，才能使现代艺术设计与传统民间文化相互融合相互发展。

第二节 民间美术资源在高中美术教育中的运用

一、民间美术资源在高中美术教育中运用的重要性

民间美术资源是我国特色文化的组成部分，是我国人文精神的体现。民间美术蕴含着整个中华民族对自然的感知、对哲学的思考、对审美的认识，包含着中华文化的民族情感。但是，由于对传统文化缺乏重视，一些民间美术资源正在流失，今人作为中华文化的传承者，必须挽救先辈留下的宝贵文化遗产，传承文化瑰宝。目前，我国美术教育者充分认识到民间美术资源的重要性，认识到民间美术资源是美术教育的根本，是弘扬民族文化、传承人文精神的有效途径，并在美术教育中合理、有效地运用民间美术资源。民间美术资源在高中美术教育中的运用，有助于让学生了解我国传统且具有民族特色的美术文化的价值，让学生认识民间美术，对民间美术产生兴趣，培养学生继承和发扬传统文化的意识。高中美术教育工作者应从基础做起，将民间美术资源与美术教育融合在一起，形成具有鲜明特色的美术教育形式。民间美术资源在高中美术教育中的运用在很大程度上丰富了教学形式，拓展了课内外教学资源。同时，学生通过接触民间美术资源，进一步了解我国的传统文化、历史发展、人文景观、民间风俗等。让学生产生亲切感，了解民间美术资源的艺术价值，对于民间美术资源的文化传承具有重要意义。

二、民间美术资源在高中美术教育中有效运用的途径

（一）激发学生学习民间美术的兴趣

兴趣决定态度，只有充分调动学生学习民间美术的兴趣，才能有效发挥高中美术教学的作用。在高中美术教学中，教师需要改变以往刻板的教学形式，充分发挥民间美术资源多样性、独特性的作用，让学生提高对民间美术资源的兴趣。

在美术教学中，教师可从地区民间美术资源入手，通过挖掘学生身边的美术文化资源，让学生直观感受到民间美术的魅力。高中美术教育需要改变以往刻板的教学形式，解除课本教学的束缚，从青少年充满好奇和渴望认知的心理出发，让学生从沉闷的课堂教学中解脱出来，切身感受民间美术的美感。如，美术教师可以组织学生到当地的美术馆参观，让其直观感受民间美术资源的魅力，这样就丰富了课堂教学形式，学生更愿意参与其中，从而有效地实现民间美术资源在美术教育中的运用。

（二）聘请本地美术艺人授课

民间美术资源来源于生活，活跃在民间，它的精髓往往只有民间美术艺人才能够掌握。要想有效实现民间美术在高中美术教育中的融合，只有理论研究是远远不够的，必须结合艺术的实际情况开展教学，深化学生对民间美术艺术的理解，改变固有的教师授课形式。所以，在高中美术教育过程中，需要聘请德艺双馨的民间美术艺人来学校为学生授课，展示民间美术作品。如果说民间美术是中国传统文化的载体，那么民间美术艺人就是民间美术资源的开拓者和发扬者，是传统艺术的继承人。民间美术资源有着多种多样的表现形式，没有艺术传承人的口传身教，只是通过理论教育，学生很难掌握要领。同时，民间美术资源富有趣味，有助于提高学生的学习兴趣，让他们热爱民间美术，积极传承和发扬民间美术。

（三）高中美术教育须因地制宜，发扬地方特色

我国地域辽阔，民间美术资源丰富，所以不同地区的高中美术教育要有所侧重，因地制宜，发挥地方特色，传承和发展地区民间美术资源。学校也需要根据地区民间美术资源的特点和分布情况，科学、合理、有目的、有计划地设置课程。教学应具有针对性，针对学生的不同兴趣进行深层次的专业划分，让学生专心学习某项民间美术，做到术业有专攻，有助于专业人才的培养。高中美术教育应该因地制宜，充分利用地区民间美术资源，让学生感受到美术教学的亲切感，这样更容易将美术教学融入学生的生活，让学生主动发现生活中的民间美术资源，从而有助于提高高中美术教学质量。

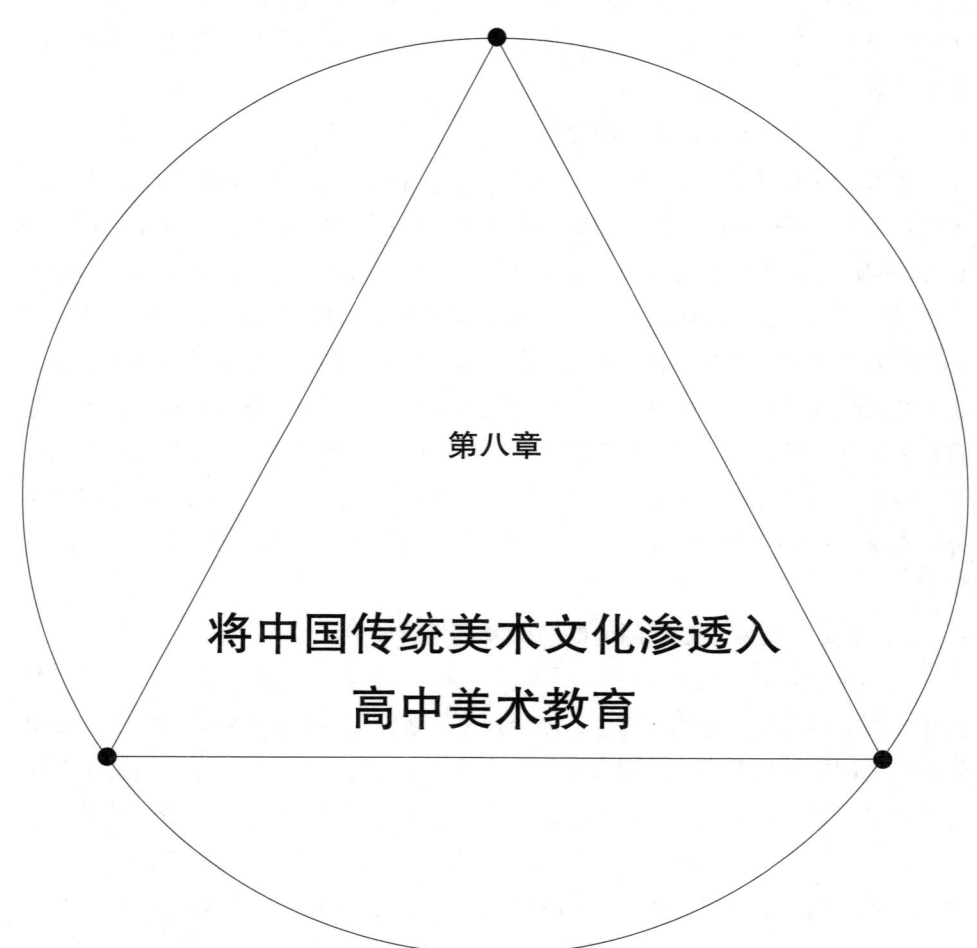

第八章

将中国传统美术文化渗透入
高中美术教育

第一节　高中美术教学中渗透中国传统文化的意义与策略

一、高中美术教学中渗透中国传统文化的意义

中华民族的发展与进步需要对优秀传统文化进行传承与发扬，而高中美术教学要想在现阶段的激烈的文化竞争中得到继续的生存，就需要实现与中国传统文化进行的相互融合，突出自身的教学特点。在高中美术教学中渗透中国传统文化有利于美术教育的进步，我国历史悠久，在五千年的历史进程中产生了丰富的文化遗产，艺术瑰宝、文化古物数不胜数，秦始皇陵兵马俑更是被列入了世界八大奇迹之一，对世界文化的发展都做出突出的贡献。在高中美术教学中将中国传统文化渗透其中，能够提高学生民族自豪感，使其更加热爱自己的国家与民族文化，对传统文化中的民族精神进行继承，有利于德育教育的开展，传统文化的渗透能够让美术教学内涵更加丰富，在教学中让学生意识到担负的传承优秀传统文化的责任，实现美术教学与中国传统文化的共同发展。

二、高中美术教学中渗透中国传统文化的策略

1. 注重挖掘素材，增强学生对中国传统文化的认同

中华民族历史悠久，民族文化更是丰富多样，吸引着人们去探索。传统文化是民族文化的重要组成部分，是整个民族能够发展进步的纽带，寄托了人们的精神与情感。在高中美术教学中为了对中国传统文化进行渗透，就需要重视对美术文化素材的挖掘，指导学生进行探究，从而能够正确看待传统文化所具备的作用价值。比如在《中国古代工艺美术欣赏》这一节课中，就包含了陶器、青铜器、织绣等传统文化在内，在《中国绘画欣赏》中包含有古代壁画、古代山水画、花

鸟画等文化元素，对这些文化资源进行挖掘，在欣赏古代美术作品的同时引导学生感受传统文化的魅力，结合教师的讲解使其感受传统文化的精髓。在教学中为了更好的展示美术作品可以借助多媒体，增强教学的生动性，比如，在《民间美术》的教学中，通过多媒体向学生展示桃花坞年画、双面绣、北京风筝等制作过程，加深学生的记忆，感受传统技艺的博大精深，增强学生的民族自豪感，提升其审美能力。

2. 融合中国传统文化开展美术实践教学

高中美术教学活动的实施，教师应该为学生创造更多的美术实践机会，让学生通过实践对中国传统文化有一个更加深入的认识与了解，对培养学生的美术素养也是非常有利的。教师可以选择带领学生去学校周边的景区或郊区进行美术写生，布置给学生相应主题的写生作业，让学生在欣赏美景的同时去完成美术创作，通过开展多样化的美术实践活动让中国传统文化渗透其中，提高美术素养。教师还可以邀请当地的民间画家或工艺美术家到学校为学生讲解美术知识，让学生在民间艺术家的指导下学习美术知识，感受中国传统文化的魅力。教师可以组织学生创办手工艺、山水画等主题的社团，鼓励学生参与其中，学生通过社团活动能够了解到相关艺术品的历史文化与制作技巧，同时对中国传统艺术文化的内涵加强认识，体会到继承和发扬传统文化的意义。在美术课堂上教师也可以将剪纸、风筝、刺绣等工艺品与教学内容相结合，让学生自己进行工艺品的制作再结合教师的讲解，了解这些民间工艺品的价值与魅力。

3. 采取多样化的教学方式，加强文化内涵的渗透

中国传统文化在美术教学中的渗透有利于学生进行自主感知，在教学中以教材为基础对教学形式进行不断丰富，对传统教学方式进行创新，让课堂教学变得更加丰富多彩，增强课堂的艺术氛围，实现文化内涵在教学过程中的渗透。根据学生的特点创设适合的情境进行课堂导入，在教学前让学生先观看相关视频，使其产生直观的感受，激发学生的探索欲望。比如，在对秦长城、秦陵兵马俑、帛画、彩陶、版画等具有代表性的作品进行讲解的时候，就可以先通过播放相关图片与视频进行教学导入，让学生了解这些传统艺术的产生过程及发展演变的历史，增强学生的印象，使学生感受到传统的魅力与内涵。

三、在高中美术教育中渗透中国传统艺术文化的作用

想要让中国传统艺术文化成功渗透进入高中美术教育中，现今我国高中美术

教师们应当意识到中国传统文化的作用，只有这样高中教学管理部门和高中美术教师们才知晓美术教学改革的方向，进而让美术教育的质量得到大幅度的提升。下面列举在高中美术教育中渗透中国传统艺术文化的作用。

（一）有利于传承中国传统艺术文化

在现代艺术占据主流的时代，传统艺术文化的传承和发展所面临的障碍逐渐增多，如何将我国传统艺术文化完善地开发和保护已经成为现今政府部门最为重要的任务之一。在高中美术教育中渗透传统艺术文化是一条新的思路。高中学生正处于对于一切未知事物拥有强烈好奇心的年纪，这个年纪的他们通常拥有着活跃的思维能力和想象能力，这些都是承载和发展中国传统文化的重要媒介和枢纽。倘若在高中美术教育中完善科学地融入中国传统艺术文化，中国传统艺术文化就会得到良好的维护。

（二）有助于提升高中学生的美学素养

不少高中阶段的美术教师们在进行美术教学的时候，往往注重技巧的教授，这种教学方式虽然可以在一定程度上提升高中学生的美术能力，但是这种教学方式并不能让高中学生的美学素养得到全方位的提升。当下一些高中美术教师们已经认识到了这一点，部分教师开始转变美术教学策略，在美术教育中融入了美术素养培养。但是高中阶段的学生拥有极强的求知欲望，他们对于知识的渴望像一块干涩的海绵对于水的需求一样。因此，美术课堂中少量的美学素养教学知识并不能满足高中学生们的需求。基于此，融入传统文化艺术对于现今高中学生们大有裨益，对于他们的美学素养提升大有帮助。

第二节 从高中美术教学中传统文化的运用看中国传统文化的继承与发展

一、高中民间美术教学的现状

自从改革开放以来,美术教育呈现良好的趋势发展着,但是有些因为观念的原因导致存在与"新课程标准"不相符合之处。虽然高中美术新课程标准强调了学习民间美术的重要性,但是在许多学校却没有履行这一任务,很多地方的高中美术教学忽略了这点。我们可以看到,很多高中学校为了追求片面的升学率认为数理化等科目知识的重要性,每天加强学生对其学习,没有很好地加强艺术类科目的学习。有的高中实施了美术教育的学习,但课程设置的内容却是为了美术考试,偏重技能的训练,也是追求升学率。这样,高中学生根本就不能彻底地了解到我国的民间美术,对其了解是少之甚少,更别说设置剪纸课程供学生去欣赏和学习,对我国传统文化的继承与发展问题没有引起足够的重视。因此,我们应该清楚地意识到国民教育也包括当代美术教育,特别是中学美术教育。

按照《新课程标准解读》中指出:"关注学习与文化情境的关系,在接纳世界多元文化的同时,尊重本民族文化特色",并且在谈及中学美术教材教法与教案这部分中也强调了要在美术课堂上渗透美术文化,加强学生情感的交流和引导他们参与文化的传承与交流。因此,我们可以看出美术教育与民族特色息息相关,把民间美术与美术课堂教学结合在一起的必要性,并对民族文化加以更多地尊重与采纳。在日常生活中,我们应该吸收优秀的民间美术,深刻意识到劳动人民的结晶和"劳动是人类创造力的源泉",进而热爱我国的民间美术。现如今的高中生,更加要懂得民间美术是一种本原文化,是一门世界的、民族的、最广泛的、最科学和最具价值的学科,要引起他们对民间美术的重视,加强对我国传统文化的学习,以便能更好地继承和发扬我国的优秀文化。

在民间美术中，我们更应该注意到的是具有象征意义的剪纸艺术是一种让世人都惊叹的精湛的剪纸艺术。在民间美术中，剪纸的材料简单，成本不高，而且剪纸的图案形式给人们带来了很大的视觉享受，因此，它可以说是最流行和最普遍的。

二、民间美术在高中美术教育中继承与发展的教学思考

民间美术一直随着人们生活的发展而变化着，体现了人们的精神思想，其中很多艺术形式最终所体现地是对生命的礼赞。所以，可以起到对高中生积极的教育作用。因此，我们对高中学生进行美术技能训练的同时，也应该把我国民间美术与高中美术课堂相结合，让学生发现我国的传统文化博大精深并对其深入地学习。民间美术剪纸作为民间生活的艺术产品和一种民族文化的载体，其内涵丰富和样式精美，是精髓的民间美术的代表，蕴含深厚的文化内涵，种类繁多，寓意深刻，并且积淀了大量精华的中华传统文化，在世界文化中占有举足轻重的地位。在我国各民族人类对于美术的学习方面，他们具有高度的审美能力和卓越的创造才能，所创造出来的民间美术是极具意义和内涵的。民间美术出现在各民族生活当中的方方面面，它产生、流传和发展于其中，可谓是我国传统文化的精华组成部分。所以，把民间美术普及到美术课堂是亟待解决的问题，这关系到学生教育的未来和国家未来的发展。

在高中美术教学中，要弘扬民族文化，就是要将民间文化和民间美术作为义务教育的重要内容。通过这种方式，在价值观、文化修养、行为规范等方面培养出来的新一代公民就会具有民族情感和爱国意识。这样，我国的民族文化就可以被他们世代相传。以目前的局势来看，尽管有些民间美术教学内容在高中美术教材中都有穿插，但是很多教师为了轻车熟路，省事省力，在进行知识和技法传授的时候都是根据自身所熟知的内容来讲解。还有些教师对民间美术的意义认识不深，对其也没认真去专研和学习，在授课时绕过很多与民间美术相关的知识，这些都是民间美术教学状况所存在的不足。社会越发达越进步，就越应该重视在人类文明进程中起过重大作用的传统文化。中国加入世贸组织与全球经济一体化后，文化资源和文化市场都将进一步对外开放。民间剪纸应该抓住机遇，寻求更大的发展空间，让我们优秀的民族文化瑰宝和东方人的价值观、审美观通过文化走向市场。

参考文献

[1] 郭苗. 在高中美术欣赏教学中加强美术文化的传播[D]. 华中师范大学，2017.

[2] 苏亮. 民间美术资源在高中美术教育中的有效运用[J]. 美术教育研究，2017，No.14304：177.

[3] 杨丹. 民间美术走进高中美术课堂的教学实践探析[D]. 河北师范大学，2018.

[4] 惠映清. 在高中美术教育中渗透中国传统艺术文化[J]. 美术教育研究，2017，No.15516：166.

[5] 陶玲. 以剪纸在高中美术教学中的运用看传统文化的继承与发展[D]. 华中师范大学，2012.

[6] 罗京彦. 信息技术与高中美术课程的整合研究[D]. 广州大学，2013.

[7] 王锐，依晓雷. 美术教学理论与方法[M]. 哈尔滨：哈尔滨地图出版社，2006.

[8] 尹少淳. 美术教育学新编[M]. 北京：高等教育出版社，2009.

[9] 尹少淳. 走进文化的美术课程[M]. 重庆：西南师范大学出版社，2006.

[10] 李力加. 走向多元的美术教学[M]. 长沙：湖南美术出版社 2009.

[11] 钱初熹. 美术教学理论与方法[M]. 北京：高等教育出版社，2005.

[12] 徐建融，钱初熹，胡知凡. 美术教育展望[M]. 上海：华东师范大学出版社，2002.

[13] 赵英水. 走进高中美术教学现场[M]. 北京：首都师范大学出版社，2008.

[14] 翁震宇. 美术教育概论[M]. 杭州：中国美术学院出版社，2009.

[15] 陈琼花. 视觉艺术教育[M]. 台湾：三民书局，2004.

[16] 郑勤砚. 中国传统美术教育思想[M]. 石家庄：河北美术出版社，2010.

[17] 蒋良. 美术的教学选择[M]. 长沙：湖南美术出版社，1998.

[18] 傅幼康. 有效教学. 高中美术教学中的问题与对策[M]. 长春：东北师范大学出版社，2010.

[19] 马斯洛. 动机与人格[M]. 许金声，程朝翔，译. 北京：华夏出版社，

[20] 堪晓. 当代美术教育与实践[M]. 广州：华南理工大学出版社，2016.

[21] 顾明远. 教育大词典[M]. 上海：上海教育出版社，1998.

[22] 马骋. 瓷绘丹青：历代瓷画解读与辨识[M]. 上海：上海大学出版社，2008.4

[23] 李秉德. 教学论[M]. 北京：人民教育出版社，1991.

[24] 陈雨前，郑乃章，李兴华. 景德镇陶瓷文化概论[M]. 南昌：江西高校出版社，2004.

[25] 田慧生，李如密. 教学论[M]. 石家庄：河北教育出版社，1982.

[26] 唐家路，潘鲁生. 中国民间美术学导论[M]. 哈尔滨：黑龙江美术出版社，2000.

[27] 彭修银. 中国绘画艺术论[M]. 太原：山西教育出版社，2001.

[28] 段鹏. 当代艺术与学校美术教育[M]. 长沙：湖南美术出版社，2012.

[29] 陈嫣嫣，叶乐，欧阳聘婷. 美术艺术与教学实践研究[M]. 北京：中国水利水电出版社，2015.